中华姓氏简史丛书 主编 袁义达 邱家儒

【张姓简史】

張

主编 赵杰

江西人民出版社
Jiangxi People's Publishing House
全国百佳出版社

目录

前言

中华五千年文明之所以生生不息，发展繁荣，原因有很多，其中姓氏与家庭的作用不容忽视。

姓氏是中国先人的伟大发明，姓氏也是一种传统文化，它关系着我们的历史和血脉。华夏古今，按儒家思想的观点，先有家后有国，家是国的重要组成部分。用今天的话说，家庭是一个国家组成的最基本的细胞。在古代，家与家族是紧密联系在一起的，所谓的家，往往是指某个姓氏的家族，譬如张家李家王家，古时多是如此称谓某个大家庭。

关于姓氏的由来，上可追溯到母系社会，中国最古老的姓氏姬、妫、姒、妘、姜、姞、姚等，无不打着母系社会的烙印。而在上古时期，姓与氏却是两个不同的概念，姓是表示有血缘关系的世系群的称号，起源于母系社会；而氏则是同姓衍生的分支，起源于父系社会。到了夏代，人们开始有个人名字，并常常把姓和氏连在一起。到了战国以后，姓氏逐渐合而为一，汉代则通称为姓，这样，上自天子下至庶民都有了姓名。所以后来说，姓是血缘关系的徽号，氏是高低贵贱的标志，而名是同族间人与人相互区别的符号。

在上古时期，为了繁衍壮大各自的族群，争夺赖以生存的有限社会资源，族群与族群之间经常发生激烈的征战，直至黄帝统一华夏之后，这种氏族间的大征战才逐渐平息下来。社会进入升平时期，各大家族迅速繁衍，人口骤增。

在人类发展史上，人工取火、文字的发明和弓箭的发明使用被看作人类文明史上的三大进步。弓箭的发明，其历史可追溯到中华民族传说史上的黄帝时代。作为中华姓氏中最大姓之一的张姓，其血脉传承就源自黄帝，多部姓氏古籍和张氏谱牒都认同这种说法。中国第一部有关姓氏的著作《世本》对张氏的来源就是这样记载的："黄帝子挥为弓正，始制弧矢，张网罗，姓张氏。"后来的姓氏著作也有类似记载："黄帝第五子挥，为弓正，观弧星，始制弓矢，主祀弧，因姓张氏。"张姓始祖挥为黄帝之后，因发明弓矢而得姓张氏，这是有据可查的历史记载，也是今天张姓家族的共识。

传说在洪荒时代，有一个簇聚于姬水之旁的轩辕氏族部落。那时的先民还没有完全摆脱蒙昧，渔猎而食，茹毛饮血。为了生存，采摘自然果蔬、打鱼狩猎成为当时最重要的获取食物的手段。为了生命安全，还要杀死那些威胁生命的猛兽，就需要打制石块和棍棒，作为猎杀工具。为了各自氏族部落的发展、争夺有限的食物资源，部落之间的争战在所难免，这就更需要伤人性命的利器。

就是在这种背景下，作为轩辕黄帝之子的挥，官为弓正，肩负着保障氏族部落安全的责任。他通过夜观弧星，见有流星从天空划过，灵感一动，进而试验发明了弓矢。发明一种可以远距离射杀目标的工具，在远古的洪荒时期可以说是一个划时代的发明，对于渔猎、对于猛兽甚至于对部落间的争战都会起到决定胜负的作用，所以才有了后来的征九黎、战炎帝、灭蚩尤、统一华夏的壮举。而挥因发明弓矢而立下不朽功勋，得赐姓弓长"张"氏。从此，黄帝血脉中又一伟大的姓氏诞生了。

至于张姓始祖挥出生何处、封姓何地，这个话题虽然备受关注，但是至今谁都难以说清楚。因为自黄帝时期到古文字形成，中间相隔了将近一千年的历史。按今天古文字学家的观点，自古文字形成至今，约有四千年的历史；而黄帝时期，正是由图画符号向古文字过渡、演变的起始时期，对于黄帝时代的事情，不可能以文字记载而以传后世。所以，这段千年历史阶段中出现的复杂事物和众多人物，只能靠代代相传的口碑昭示于后代。即使有能与今人交流的文字出现之初的记述，也只能当作当时能听到的口头传说。因此，史学界又称这段时期为“传说时期”。对于这些传说的真实性，只能靠今人甚至后人的努力和以事实为据的考证，或者说把希望寄托在考古和研究发现上。同样，关于张姓起源地的研究，也只能按照后来古籍记载和今人多数认同的观点，有个“大体”说法。

按张姓家族影响最大的一部明代《张氏统宗世谱》记载，挥“国于青阳，后改清河郡”。也就是说，张姓的先人自从在古青阳得姓之后，就在清河这片古老的土地上渔猎农耕、繁衍生息，用血与火、弓与矢默默地书写着“弓长张”家族悲壮与辉煌的发展史。尽管他们历经战乱，南徙北迁，甚至迁播海外，但在他们的族谱之前常冠以“清河”之名，或是在谱书的版心标上“清河堂”字样，以示不忘祖先之地。其次，就是在家训或楹联中常见“清河世泽，瓜瓞连绵”“清河世泽，唐相家声”等等，也透露出张姓始祖地的信息。

当然，这只是关于张姓起源的一个主要说法，张姓起源“青阳”，大都认同这一说法；但古青阳到底在何处？青阳流域涉及多处地方，而张姓始祖挥公的“青阳”封地在今天的什么位置？却并非众口一词，且各有自己的考证、依据和说法。在本书中，我们也做了一番探讨，以便求得与历史事实更靠近一些。

在张氏家族的发展历程中，张氏的家乘谱牒、郡望堂号、族规家训、祠堂楹联、名人佚事等，彰显着自己独特的姓氏文化。张氏家族正是依靠家族文化的凝聚力，虽然迁播四海，却各成桑梓，成为中国的著族大姓。1990年中国第四次人口普查统计数字显示，中国大陆张姓人口7800万；到第五次人口普查，张姓人口已近8000万，加上定居海外（包括港、澳、台地区在内）者，张姓人口当有“亿人”之多。

张姓创造了璀璨的姓氏文化。

其一，郡望与堂号的形成。

郡望的形成与中国古代行政建置密切相关，所以有必要先说一下“郡”的设置。秦统一天下后，实行郡县治，行政区划设三十六个郡，郡下设县。汉袭秦制，但郡治区划增至八十余个，汉高帝四年析巨鹿郡置清河郡。郡县制一直延续至唐代以后，后来郡县个数也增至一百多个。关于郡望，据有关资料，汉代已见端倪，晋至唐初，郡望逐渐形成。所谓郡望，是指某个姓氏的发源地或发祥地。

关于张姓郡望，唐初《贞观氏族志》记载有六个，即入官谱的有六个郡望：清河、吴郡、南阳、沛郡、梁国和弘农，其作用是标明家世出身、社会等级和地位。到开元时期，在孙缅的《唐韵》中，张姓郡望已增至十四个。唐中后期的《元和姓纂》列举张姓郡望最多，已达到四十三个。

堂号代表某一支派，多以先人的功业或言行来命名。张姓堂号数以百计。堂号兴起于明嘉靖年间，朝廷准许一般官员和庶民独立建造祠堂。以“清河堂”为堂号的张姓支派最多，据著名谱牒专家张海瀛先生统计，“清河堂占天下张姓人口一半之多”。因为族谱上记载清河郡是张氏得姓郡望，为让子孙后代记住自己的源头，遂以郡望为堂号。

以言行命名堂号的，以“百忍堂”最为知名。唐高宗时的寿张县（今山东西部与河南交界处）张公艺九世同堂，人口几百，和睦相处。高宗偕百官从泰山封禅归来，路经寿张县访贤，亲临张公艺宅。高宗问张公艺治家方法，公艺答：“老夫自幼接受家训，慈爱宽仁，无殊能，仅诚意待人，一忍字而已。”遂取笔墨，书写了一百个“忍”字。高宗龙颜大悦，赠绢万匹，并亲书“百忍义门”四个大字。张公艺去世后，后人为纪念这位能忍、善治家的贤人，为他修建了“百忍堂”。其后代遂以“百忍堂”为堂号。

其二，族规与家训的创立。

族规与家训的思想内核是儒家思想，道德教化的寓意最多。族规，亦称家规，比家训更具约束力和强制性。在古代，每个家族都很重视族规家训，“凡属子孙，俱宜遵守，勿许废弛。实之秘之，以为万事家法”（《锡山张氏统谱》）。

族规与家训实际就是一个家族的齐家之道，多是根据当时国家和社会价值取向及伦理道德的要求，为族众和子孙规定修身处世、齐家治国的原则、规范、训语和禁戒等。

湖南桑田张氏《家训二十条》载：

一、孝父母；二、友兄弟；三、敬叔伯；四、睦宗族；五、正夫妇；六、慎交游；七、饬闺范；八、正名分；九、广阴功；十、勤颂读；十一、务农桑；十二、尚廉耻；十三、崇节俭；十四、恤孤幼；十五、奖善行；十六、锄奸恶；十七、戒骄盈；十八、戒嫖赌；十九、戒酗酒；二十、禁健讼。

张姓族规、家训在当下仍有积极的教育意义。

其三，祠堂与名联遗存。

张姓人口近亿，支脉纷繁，所以张姓祠堂遗存甚多，南方要比北方遗存多。据张森霖先生主编的《闽台张氏宗祠文化博览》一书记载，仅南方闽台地区，现存张氏宗祠即有一百四十九座，最早的建于宋、元，多经修葺或重建。明代原祠有少量遗存，其他大多为清代和民国建筑。

祠堂建成后往往会请名人撰写楹联，楹联内容大多记述先人功德。譬如："兵书三卷桥边授，忍字百篇家内藏。"上联典出西汉张良事，下联典出唐代张公艺事。还有长联如："得姓由轩辕，大儒一人，名重两篇，辅汉三杰，功高四朝，敕封五虎，博物六志，貂冠七叶，犹是清河祖源；宗功昭世德，位列八仙，鼎甲九成，平兴十策，忍书百字，金鉴千秋，青钱万选，道陵亿尊，依然文献宗支。"此联为江西省上犹县张氏宗祠联，为清代太史张翱所撰。联语将数字依次嵌入，一气呵成，自然贴切，又道出了张姓来源及其众多历史人物。

其四，道教传播与神仙信仰。

中国道教的兴起与传播一开始就与张姓有关。东汉顺帝时期，张良八世孙张陵（道陵）客居四川，学道于鹤鸣山，他依据《太平经》造作道书，自称出于"太上老君"口授，在巴蜀地区少数民族原始宗教信仰的基础上创立了五斗米道，奉老子为教主，以《道德经》为主要经典。汉灵帝末期，河北巨鹿人张角依《太平经》，结合民间巫术以及黄老崇拜，创立了民间符箓派道教——太平道。由于顺应了农民经济"均平"、政治"平等"的强烈愿望，十余年间，其众徒竟达数十万，遍布中国北部八州。因为社会矛盾激化，张角便利用谶语“苍天已死，黄天当立，岁在甲子，天下大吉”为起义口号，开始发动针对统治者的武装起义。大规模的黄巾军起义虽被镇压，但余部仍坚持了二十年的传道与斗争。直至公元七世纪末，波斯明教传入中国，与道教混合，仍尊张角为教祖，可见其影响的深远。

张道陵创立的五斗米教经过其孙在汉中近三十年以政教合一形式的大力推广和不断完善，逐渐成形。至南北朝时期，五斗米道又进行重大改革，完成了从民间宗教向官方正统宗教的演变，在唐、宋时代对社会影响重大，形成与佛教、儒教三足鼎立之格局，流传至今。

中国道教的一个特点就是供奉“神仙”和修道“成仙”，所以在道教中有众多张姓“神仙”。虽然历史上张姓人口是最多之一的姓氏，但却没有一位“张姓”皇帝。每当有人问起张姓这一问题时，回答者却并不气馁，并振振有词地说：“老天爷（玉皇大帝）就姓张，上管天，下管地，中间管人。还要做皇帝的干什么？”的确，民间信仰认为玉皇大帝是“三界主宰”。并且除玉皇大帝外，还有众多张姓神仙，比如张果老、灶王爷、张天师、文昌君、张三丰、张铤、张太尉、张奇神等，蔚为壮观。

其五，灿若星辰的张姓名人。

张氏人口甚众，历史上名人也多，仅《二十五史》“人名索引”就载明张姓名人一千二百位左右。另外，明代陵迪知编纂的《万姓统谱》列张姓人物六百多人。在中国历史的各个时期，张姓代有名人，历朝历代的宰相就多达六七十人，其他武官、将军更是不计其数，其中既是高官又是文人科学家的名流更是灿若星辰，光耀华夏，如张仪、张良、张骞、张衡、张仲景、张九龄、张志和、张择端、张载、张栻、张居正、张廷玉、张之洞、张大千等等，在历史长河中织就了一道耀眼的名人风景线。

第一章 张姓文化寻源

今人普遍认为张姓始祖挥是轩辕黄帝的儿子，那么，我们的寻源就先要从黄帝说起。对于五千年前后有关黄帝的记载，最早见于春秋时代的典籍，如《逸周书》《左传》《国语》《竹书纪年》《世本》《山海经》《尚书大传》等以及诸子百家的有关著作，多是带有神话色彩的传说。

黄帝

黄帝时代，正是仰韶文化与龙山文化交汇时期，根据今天的考古发现，有些传说得到证实，但其间从黄帝时代到文字形成仍有一千年的文字空白，所以黄帝时期仍然属于“传说历史”时期。

第一节
黄帝时期的传说

远古时候，人类没有房屋，据说就野宿洞穴或露宿原野，无遮无蔽，经常受到野兽的伤害。后来有智人想出了在树上做巢的方法，使人类躲开了野兽。这个人被大家推举为领袖，称为有巢氏。

远古时候，人类吃的是野生瓜果，还有河蚌蛤蜊。这些生冷的东西又硬又腥，不好消化，人吃了容易生各种病，许多人年纪很小就夭折了。据说后来有个人想出了钻木取火的方法，用火把瓜果蚌蛤烧熟了吃，以利于消化。有了火，人类就脱离了茹毛饮血的蛮荒时代。这个人也被大家推举为领袖，称为燧人氏。

后来改变原始人类命运的是被后代尊为“三皇”的补天的女娲、教人渔猎的伏羲和教民农耕的神农氏。

女娲实际上是母系社会的领袖，对于女性生育、人口繁衍发挥了至关重要的作用。

传说伏羲教人结网，捕鱼打猎；还教人把渔猎得来的鱼虾、野兽肉放在陶器里煮熟了吃，并把活着的野兽畜养起来。伏羲氏还创制了八卦，作为占卜和记事之用。八卦其实是后代人制作的，只是传说中把功劳归于伏羲氏了。

神农氏勇尝百草，教民农耕，在传说中是远古时代贡献最大的领袖。传说神农氏时代，人口已经比较多了。人们依靠打猎已经吃不饱肚子。猎人们一清早带着石器和木棒去打猎，常常奔忙了一整天还毫无所获，只好饿着肚子、拖着疲劳的双腿回来。偶尔猎到了一只野猪，整个氏族百十口人围拢来分配，每个人只能分到一小块肉，仍吃不饱。小孩子饿得哇哇哭叫，妇女和老人听了更加心烦意乱。猎手们也垂头丧气地坐在地上发呆。人们都陷入了极度的苦恼。

一个偶然的机会，神农氏发现人们扔在地上的瓜子和果核到第二年会生根发芽，长出新的瓜蔓和果树。他还发现植物的生长与天气有关系，天气暖和的时候，植物发芽长叶，开花结果；天气寒冷的时候，植物落叶枯萎。

他决定利用天气的变化对植物进行培植，这样就可以有计划地收集果实种子作为食物，补充打猎的不足。

神农氏还发现植物的生长不仅与天气有关系，跟土地也有关系，有些植物喜欢生长在黄土里，有些植物喜欢生长在黑土里，有些植物喜欢干燥的土壤，有些植物喜欢潮湿的土地。他把观察到的种种现象记下来，指导人们更好地种植。

人们开始了农业生产，不但生活有了保障，产品还有剩余，于是出现了交换关系，出现了最初的集市贸易。人们把本氏族生产的多余的东西拿到集市上去，与别的氏族交换自己所没有的东西，办法是“日中为市”，即当太阳在天空正中的正午时分，大家都来赶集，进行交换。

随着原始人类生活方式的改变，人口也迅速增加，氏族公社不断扩大或者合并，逐渐地形成部落，几个部落又联合起来，成为部落联盟，部落联盟也可以叫作部族。黄帝是我国古代黄河流域一个很有名的部族联盟的领袖。

据说黄帝姓公孙，也有人说他姓姬，名叫轩辕，出生于寿丘，即今山东西北部。他一生下来就很聪明，很早就会说话，小小年纪就懂得了许多道理。长大以后，他热心为族众办事，被大家推举为部落首领。

黄帝

黄帝做了部族首领，领导人们改变了游猎生活，教大家修盖房屋、驯养家畜、种植五谷、制陶琢玉，在黄河流域定居下来。为了便利黄河两岸的交通，黄帝还创制了舟和车。为了跟别的部落打仗，人们又用玉石磨制成各种兵器。

传说黄帝还叫他的史官仓颉创造文字，改变了远古时代结绳记事的笨法子，开始改用文字来记载事物。其实，按发现的龙山文化早期的岩画，那时所谓的文字不过是些象形图画和简单符号罢了。

由于仓颉造了字，人们也就懂得了数字，发明了用算术计数。黄帝还叫他的臣子大挠创制了甲子计时，就是用甲、乙、丙、丁、戊、己、庚、辛、壬、癸十个天干和子、丑、寅、卯、辰、巳、午、未、申、酉、戌、亥十二个地支相配，用来记录年、月、日、时。十个天干轮六回，十二个地支轮五回，正好是六十年。这叫作一个“甲子”。

据说当时人们已经懂得音乐，发明了磬、鼓等乐器。黄帝命令一个名叫伶伦的乐师，用竹子做成三寸九分长的能发十二个音的律吕，用来校正各种乐器的声音，使得各种乐器能够十分和谐地演奏。

黄帝

在黄帝时期，人们已经懂得用医药来治疗疾病。有一本中医学的基础理论书《黄帝内经》，其实是战国、秦、汉时代的著作，却传说是黄帝时期一位名叫岐伯的医者写的。

据说黄帝的妻子名叫嫘祖，来自南方的西陵，会养蚕织布，是一个很聪明能干的人。她看到当时的人们冬天披兽皮，夏天把树叶串起来围在腰上，没有衣服穿，就教人们养蚕缫丝，把丝织成绸子，还染成各种颜色，用来做衣服穿。后人为感谢嫘祖的这个重大发明，尊称她为“先蚕娘娘”。

从这许许多多传说看来，在黄帝的时期，我们的祖先已经开始过文明的生活，进入了新石器时代的盛期。难怪人们一直把黄帝当作中华民族的杰出代表、中国人共同的祖先，中国人都愿意说自己是“炎黄子孙”。

在黄帝部族开始过文明生活的时候，中国的土地上还存在着许多其他部族。黄河流域的西北方有一个部族，首领是姓姜的炎帝。炎帝部族看到黄河中游地方好，就逐渐向东南迁徙。他们来到黄河中游，与已经住在那里的九黎部族发生了冲突，炎帝部族被打败了。炎帝只好带着他的族人逃到黄帝部族居住的地盘，又和黄帝部族发生了冲突，在阪泉这个地方打了一仗。

阪泉在现在河北省涿鹿县东南，地势很险要。炎帝部族和黄帝部族各自占领有利地形，打得十分激烈，大规模的战斗就有三次，最后黄帝打败了炎帝。炎帝在黄帝面前服输，同意把两个部族合并，由黄帝担任这个合并后的黄炎部族首领。还有一种说法，炎帝和黄帝本是同父异母兄弟，炎帝居长，比黄帝大许多岁，而九黎族首领蚩尤则是炎帝的后裔，只因自视势强，与炎帝翻了脸。这个黄炎部族或炎黄部族就是中华民族最早的雏形。后来中国人也常称自己是炎黄裔胄。

炎黄二族合并以后，炎帝要求黄帝帮他洗雪当初被九黎部族打败的耻辱。而这时九黎部族也在向东南迁徙，威胁炎黄部族的安全。九黎部族首领蚩尤打败过炎帝，因而趾高气扬，根本没有把黄炎部族放在眼里。

蚩尤据说也是个很了不起的人物。他有兄弟八十一人，也有说是他有八十一寨精兵，个个都是人面兽身、铜头铁额，有八条胳膊、九个脚趾，脸上还有各种颜色的花纹，能吃沙和石子。这些当然都是古书上夸张的描写。根据这些描写，我们可以推测，蚩尤大概是一个野蛮部族的首领，他的九黎部族比起黄炎部族来要落后得多。

为了报仇，也为了抵抗九黎部族的威胁，黄帝和炎帝做了许多准备工作。他们带领族人磨制了许多石刀、石斧，练出了一支精锐部队。这支部队的几个分队用虎豹熊罴等猛兽的名字命名。虎队的首领身披虎皮，豹队的首领身披豹皮，借用猛兽的威风来壮大声势，吓唬敌人。他们还制定了周密的作战方案。

黄炎部族和九黎部族的大战终于在涿鹿爆发了。作战双方一边由蚩尤和他的八十一个兄弟打头阵，一边是黄帝和炎帝指挥的虎豹熊罴队作先锋。据古书上描写，这场大战打得十分激烈，双方都请来了鬼神助战。

大战一开始，黄帝命令应龙担任大将，截断江河，准备用大水淹死蚩尤。蚩尤不甘示弱，他早已请来风伯雨师，请他们刮起大风下起大雨。黄帝看到蚩尤能呼风唤雨，就赶快请来女神旱魃，叫她用猛烈的阳光和干燥的狂风驱散蚩尤呼唤来的大风和大雨。

蚩尤在第一个回合中输了，就使出了一个绝招，作起大雾来。大雾弥漫了三天三夜，弄得黄炎部族的人伸手不见五指，都迷失了方向，不但看不清对面的敌人，就连自己人也都失散了。黄帝赶紧派大将风后，叫他按照天上北斗星的斗杓能指示方向的原理制造了指南车，用来辨别方向。他们依靠指南车，确定蚩尤的大本营所在，发动了一次猛烈的进攻。这时候蚩尤正在为自己所作的大雾洋洋得意，以为这一下黄炎部族迷失了方向，动弹不得，胜利一定是属于自己了。他万万没有料到，黄帝他们靠着指南车的指引，已经冲到了他的大本营面前。蚩尤想要抵抗已经来不及了，终于被打翻在地，做了俘虏。

关于黄帝打败蚩尤还有另外的说法。据说，黄帝部落靠石斧、石刀和木棒等武器，根本打不过用铜戈铜矛武装起来的蚩尤部落。在战争的危急关头，黄帝有一个叫挥的儿子，非常聪明，爱动脑肋，通过夜观弧矢星而受启发，发明了弓矢，通过远距离射杀蚩尤兵，才使黄帝部族取得了最终胜利。而这位叫“挥”的发明人，便是后来张姓的受姓始祖。

黄帝捉了蚩尤，派应龙把他押到凶黎之谷，砍了他的脑袋，黄帝和炎帝还把蚩尤的九黎部族全部并入了炎黄部族，所以今天才有“黎民百姓”的称谓。一些不肯投降的九黎部族的残部匆匆逃到南方的海边和海岛上，他们就是后来的黎族祖先。九黎或黎族其实也是在中华大地是成长起来的兄弟民族。

在传说中，涿鹿大战被夸大得十分荒诞，但是也为我们提供了研究中国远古时期历史发展的一些线索。它说明远古时期部族或部落联盟之间是有利害冲突的，并且经常发生激烈战争；也说明中华民族源远流长，是在人们和自然的斗争中、在部族和部族的斗争中逐渐形成和发展起来的。

第二节
弓长张得姓由来的传说与辩证

弓长合成一个“张”字,是形声字;而篆书的形状,很像一个人持弓欲射。今天在甲骨文中虽然没有发现“张”字，但是在金文、石鼓文中有很多，写法也不相同。虽然写法各异,却有一个共同的特点,就是“弓”或与“矢”组合、或与“长”组合，“弓”是主体。今天但凡问起张姓人的姓氏，他们总会自豪地回答：“弓长张。”

“张”字在现代的释义很多，但本义按《说文解字》:“张，施弓弦也。从弓,长声。”两个“弓”字组在一起,谓之强弓,“弓”与“长”组在一起，意思是长弓或大弓。

弓与张为什么渊源难分？这要从古代发现弓矢说起。

按现在出版的《中国古代发现》一书记载，说是据考古发现“距今七千年前，已发现出土的石箭镞”。这个说法好像已成定论，谁都不会怀疑出土实物的实证。但我们对这种说法还是有一些疑虑或猜想。首先，出土的箭镞形状是“箭镞”，就一定是用在弓矢或者箭的上面吗？古人渔猎，尤其是对小动物或鱼类，首先有可能用的是投掷器，类似后来铜铁时代的鱼叉一样。再者说，那时的弓发明了没有？不好证实，因弓和矢杆都是木质的，不会遗存这么多年。“箭镞”一定要依赖弓发射，才可称“箭镞。”

根据古文献记载，到距今五千年左右的轩辕黄帝时期，才有弓和矢的发现，那么，弓和矢又是谁发明的呢？

关于弓、矢的起源，古籍记载很多，但说法不一。春秋时的《墨子·非儒下》和战国时期的《吕氏春秋 · 勿躬篇》均说：“古者，羿作弓。”——这显然是受“羿射九日”神话传说的影响。战国时期的《山海经 · 海内经》篇载：“少昊生般，般始为弓矢。”今辑战国时《世本》则说：“牟夷作矢，挥作弓。”不同版本的《世本》又说：“黄帝子挥为弓正，始制弧矢。”东汉《说文解字》则说：“古者挥作弓。”此外《风俗通义》《新唐书·宰相世表》《元和姓纂》《姓氏考略》等均谓：黄帝第五子挥，为弓正，观弧制矢，主祀弧星，因姓张氏。

挥公

当代学者史国强在《挥公与有穷氏》一文中称：“考诸文献，谓始制弓者，记般者二，倕者一，黄帝者一，羿者三，谓挥者凡二十余见。”考证者最后说：“据此，始制弓者无论几说，经过考论，剥茧抽丝，去伪存真，就只剩下挥一人了。认定挥为弓祖，官为弓正，世掌其职，为张姓始祖，当不会错。”

那么，挥又是在什么时代背景下发明的弓矢呢？我们还要从黄帝时代的联盟部落说起。

炎帝部落到榆罔时期逐渐衰落下去，北方轩辕部落迅速崛起。经阪泉大战，炎黄等多个部落走向联合，炎帝榆罔退居南方，由轩辕掌管联盟部落。

挥公像

轩辕力倡农耕、畜牧驯养、筑屋造车、养蚕织丝、制陶琢玉，多业并举，联盟各部落呈现一派兴旺景象。轩辕在涿鹿建起轩辕城，夯土而筑，城内还修建了供奉天地的合宫、祭天台等建筑，最早显现出文明社会的端倪。

曾经与炎帝发生过战争的九黎族部落首领蚩尤率族人经过在东海边十几年的休养生息，也迅速壮大起来。尽管蚩尤领导的部落生活仍以渔猎为主，不事农耕，但蚩尤部落最先发明了冶铜造戈，兴兵尚武，是一个很善于打仗的部落。尤其是蚩尤，他使用两把铜斧，骁勇善战，有万夫不当之勇。东海周边不少小部落被蚩尤部落吞并，更有胆小的部落首领自缚其身，口中衔玉，主动向蚩尤称臣。

蚩尤部落眼见北方轩辕部落人畜兴旺、衣食无忧的生活状态，便向轩辕部落发起掠夺性的战争。开始，仁义的轩辕首领以为蚩尤部落缺衣少食才来掠夺，便想以牛羊粮食等相赠，劝蚩尤停止战争，以免生灵涂炭。蚩尤一时答应，一时又反悔，他以为轩辕部落是惧怕他的铜矛才来求和。在向北方推进的掠夺战争中，蚩尤逐渐产生了占据北方、夺取轩辕王位的想法，并且越战越勇。

《太平御览》云，“黄帝与蚩尤九战九不胜”，因为轩辕部落的棍棒竹矛、玉石兵器很难敌挡蚩尤的铜制兵器，虽然轩辕部落人多势众，但很难打败和赶走入侵的蚩尤部落，眼睁睁地看着蚩尤部落在北方大肆掠抢和烧杀，战争相持有二三年之久。

如何打败蚩尤？正在众人心急如焚的情况下，轩辕第五子挥，也是部落里的一员部将，日夜思想改进兵器，已在桑园边熬过许多不眠之夜。他是轩辕的第三妃彤鱼氏所生，自幼聪颖，喜欢研究天象和自然规律。这一夜，他站在桑园边的土岗上，正观察天象，忽见一颗流星滑过弓形的弧矢星，就像被弧矢九星弹射出去的一样，射向天狼星。他一下受到很大启发，欣喜若狂，于是折桑弯弓，革皮为弦，削柘为矢，制成弓矢。在弓矢的试射过程中，他发现木矢虽尖，但射不穿厚硬的野猪皮，难以成为杀敌的利器。

发明弓箭图

最后，又经多个不眠之夜，他制成石箭镞，弓矢更加完善，射程也达到百步以上，一下可射穿几层兽皮。

对于弓矢的发明，轩辕部落欢欣鼓舞，士气倍增。轩辕命部落军民折桑弯弓，大造弓矢；并命琢玉作坊、制陶作坊多磨制石箭镞，很快就造弓数千张。又经过简短训练，使众多轩辕军掌握了弓矢的使用。某一日，在琢鹿，轩辕部落与蚩尤部落展开决战，两军对垒，战鼓一阵紧似一阵。当蚩尤军冲来时，轩辕军万箭齐发，相距几十步甚至百步远，蚩尤军便纷纷倒下。轩辕军乘胜追击，一举将蚩尤军打败。蚩尤受箭伤后，夺路向南而逃，后被轩辕军追赶几十里路后斩杀。

持续几年的战争，轩辕部落终于大获全胜。北方有两个游牧部落也曾窥探中原，见用弓矢武装起来的轩辕军无坚不摧、锋芒难挡，便主动示好，与轩辕部落结盟。四夷平定后，轩辕便在涿鹿之地的釜山与多个部落举行“合符”会盟。所谓合符，即是在一块不大的石头上刻上图案形的几个文字，然后将石符一分为二，结盟方与轩辕方各持一半，这便是结盟的信物。“釜山合符”结盟仪式完成以后，其他部落首领又共同推举轩辕为轩辕黄帝，统领天下所有部落。于是，华夏大地上第一个大一统的原始国家形成了，这也是中华民族走向文明社会的开端。

轩辕称帝后，要封赏部落有功之人。轩辕部落首先想到挥发明弓矢，因为使用弓矢，才取得战争的决定性胜利。轩辕黄帝第五子——挥于是被黄帝官封弓正，赐姓张氏，封国青阳。从此，挥这位掌管利器和国家安全的正官并青阳王便成为张氏受姓始祖。

弓箭的发明在人类文明史上具有划时代的意义，它大大提高了人类防御和征服自然的能力，使早期人类在与大型猛兽的对抗中获得了绝对优势，对于空中飞行的禽鸟也不再束手无策。猎物的增多，无疑会大大改善人类衣食条件，促进人类体质和智力水平的提高。同时，这项发明用于战场，弓箭又成为保家卫国的利器。恩格斯曾经评价：“弓箭对于蒙昧时代，正如铁剑对于野蛮时代和火器对于文明时代一样，乃是决定性的武器。”在新式枪炮发明前数千年，弓箭一直是人们打猎的主要工具和作战用的主要武器，直到 21 世纪的今天仍是一项十分重要的传统体育项目。可见弓箭在民族文化乃至人类文明进程中的巨大作用。因此，世人认定挥公是弓箭的发明者，意义十分重大。它不但说明张姓的得姓始祖在华夏民族走出蒙昧和野蛮时代、跨入文明时代的历史进程中做出了巨大的贡献，而且是数千年来始终激励张氏永远开拓进取的强大精神力量。

第三节
张姓远古世系表

1. 黄帝轩辕公系表（一 —五世）

少典公世：少典，名豈，有熊氏国君，都河南新郑，徙寿丘。妣有蟜氏附宝，生两子：长神农、次轩辕。

一世轩辕：黄帝轩辕公，本姓公孙，居于姬水，更姓姬，居轩辕之丘，妃四人。

元妃西陵氏嫘祖，生三子：长昌意、次玄嚣、三龙苗。

次妃方雷氏，生二子：长休、次清。

三妃彤鱼氏，生二子：长挥、次夷鼓。

四妃嫫母，生二子：长苍林、次禺阳。

二世昌意：姬姓，官居若水。生颛顼。

玄嚣：少昊金天氏，己姓，官居江（泜）水。生蟜极。

龙苗：姬姓，生吾融。

休：帝鸿氏，姬姓，生白民、嘻。

清：姬姓，生少昊。

挥：本姓姬，字天禄，佐父黄帝为弓正，观弧制矢，赐姓张氏，国封青阳，后易为清河郡。生昧、般、选、盛。

夷鼓：纪姓，生左人。

苍林：姬姓，生始均。

禺阳：任姓，生禺京、垂梁、儋人。

三世颛顼：高阳氏，生穷蝉、骆明。

蟜极：生帝喾。

吾融：生卞明。

白民：其后不详。

嘻：生季格。

少昊：生倍。

昧：佐帝为水正，生允格、台骀。

般：其后不详。

选：其后不详。

盛：其后不详。

左人：其后不详。

始均：为北狄祖。

禺京：其后不详。

垂梁：生番禺。

儋人：其后不详。

四世穷蝉：高平氏，生敬康。

骆明：之后有伯益。

帝喾：高辛氏，生挚、唐尧、契、弃。

卞明：其后不详。

季格：生帝魁。

倍：其后不详。

允格：其后不详。

台骀：左交阳为水正，徙山西太原，生伊源。

番禺：生奚仲。

五世敬康：生句望。

挚：生穷奇。

唐尧：名放勋，生丹朱。

契：其后不详。

弃：生不窋。

帝魁：其后不详。

伊源：世袭水正，世居太原，生谟、侯（尧帝大夫，世居太原）、简竹、突美。

奚仲：生吉光。

2. 张氏统宗世系表（一—八十世）

世系祖讳名号

张氏先祖黄帝，轩辕公。本姓公孙，赐姓姬氏，继父少典公为有熊国君，平定蚩尤后，诸侯尊为黄帝，以代炎帝。世居寿丘，徙轩辕之丘，妣四后。

一世受姓始祖，挥公，字天禄，号玉爵。轩辕公之第五男，佐父为弓正，赐姓张氏，国封青阳，世居轩辕之丘，徙居青阳（后易清河），妣夫人：诸葛氏、姜氏。

二世昧公，讳文钦，为玄冥师，官水正。

般公，讳文光。

选公，讳文选。

盛公，讳文盛。

三世允格公。

台骀公，袭父职为水正，颛顼帝封诸侯汾川，掌水旱瘼疫之职。

四世伊源公，官水正。

五世谟公。

侯公，尧帝之大夫。

简竹公。

突美公。

六世纪公。义公。居若公。敬和公。立芳公。

正公。果公，尧帝侍郎。唐玄宗光禄大夫，赐号果老。

德公。威公，名成。寔公。

七世芳公。

纺公。

圣公。道公。

泰公。昇公。

乾公。坤公。

青公。

绍公。

伯绍公。

八世相公。

远大公。中华公。

平公。

福公。寿公。

先公。宝公。仪公。

峻公。齐公。广公。

敦吾公。

元公。

伯明公，夏之农正官。

九世依先公。

雄公。

英公。

项公。

坚公，字刺渴，为天官主事，载《文苑集》。

单公，字郭，因筑灶致死，遂为灶神，即司命真君。《抱朴子》云：单公为黄帝九世孙也。

斋公。

大致公，又名郊，官火正。

乐公。育公。

有伦公。有球公。有后公。

十世重熙公，袭父职，为火正。

方公。

十一世光英公，袭父职，为火正。

十二世天杰公，佐禹治水，任四岳诸侯。

厥旦公。

十三世钦若公，袭父职，迁防山。

考公。

十四世检公，名桃，夏朝人，仲康王大夫。榆公。

珍公，字金作。

十五世噶公，仲康王大夫。卧公。

古公。

十六世宜公，帝相大夫，妣夫人姚氏。

刘公。处公，为田之官。来公。

十七世阳公，字试奇，夏帝相大夫。申公。

禄公。

寿公。

厚公。

十八世安公，任大夫。

戊公。盛公。

十九世孝公，名老，少康之大夫。

纬公。

二十世承公，帝槐之大夫。

点公，帝槐之大夫。

二十一世訾公，或名爨，帝芒之大夫。

遐公。
二十二世琦公。玑公。珍公。
二十三世契公。希公，字用梁，帝扃之大夫，世居帝都。
二十四世志恒公，双名燧，号子发，帝廑之大夫，妣夫人常氏。
志学公。
二十五世仲权公，又名泰，帝孔甲之大夫，妣夫人唐氏。
仲奏公。
二十六世还公，帝发之大夫，妣夫人善氏，世居山西帝都。
二十七世纯公，字济时，商汤之大夫，妣夫人伏氏，徙亳。
二十八世质公，讳质明，妣夫人王氏，居商汤帝都亳。
二十九世厢公，讳嵩，字仲山，御驾将军，妣夫人赵氏。
三十世亮公。
启公。
三十一世立公，字子吕，妣鲍氏。位公。
三十二世瑰公，雍巳之大夫。璇公。
三十三世株公。枝公。
三十四世圉公。成丁公。庖公，字振壬，讳雍，妣蕉氏。
三十五世颢公，讳明灏，妣黄氏。
三十六世珍公。珠公，字宗洙，讳善明，妣郑氏。玉公。
三十七世逊攸公，名易，妣常氏。逊作公，讳敏。
三十八世都公，字元和，讳郁，妣祚氏。
三十九世助公，字归光，妣王氏。
四十世顺乙公，又名须，妣姬氏。顺天公。
四十一世圆公，字虞高，为将军，妣傅氏，封夫人，世居亳。
四十二世元峻公。萧公，讳辛萧，江东提点，妣夫人姜氏，徙舒城。
四十三世昶公，又名永，字成良，妣刘氏。
四十四世浚公，字爱丁，商小乙王将军，妣夫人姬氏。启衍公。
四十五世惠公，字少壬，商殷武丁王将军，妣夫人祝氏，徙殷。
四十六世谊公，字承厚，商之豫州牧，妣夫人宋氏，徙居汝南。
四十七世澡公。稳公，讳季，商武乙王之太史，妣夫人雷氏，王徙芮城。

四十八世元公，字光猷，商帝乙之大夫，妣夫人彭氏。申公。

咸公。

四十九世正公，周武王之大夫，徙帝都。奎公。

五十世炳公，字卿能，周成王之大夫，妣夫人唐氏。

五十一世毕辰公。拱辰公，讳斗，周成王先锋，妣夫人邓氏，世居帝都。

五十二世本公，讳本泰，周昭王之卿士，妣夫人苏氏，世居帝都。

五十三世灼公，字鲜，妣夫人沃氏。介公。

五十四世衮公，字史锡，周穆王之大夫，妣夫人安氏。

五十五世伟公。麟公，字仁瑞，周夷王大夫，妣夫人王氏。

五十六世宏公，讳广大，周厉王之大夫，妣夫人刘氏。

五十七世道公，讳无忌，字道行，袭父职，妣夫人黄氏。

五十八世元思公。仲公，讳广明，周宣王卿士，封文昌帝君，妣夫人陈氏，居鲁隐居防山。

五十九世逸公，周之大夫，居鲁国。

六十世伯谦公。

六十一世信明公。

六十二世寔公，又名实德。贵公。

六十三世禹臣公，号晋国，周平王之司徒，徙洛邑帝都。

六十四世玄驭公，晋之大夫，居鲁曲阜。元驭公。

六十五世熙公。

六十六世叔元公，双名原淑，晋之大夫，徙居洛邑。

六十七世奉义公，周敬王时为晋之大夫，徙居曲沃（今山西闻喜县）。

六十八世高陵公，仁晋为上大夫，妣夫人王氏，世居曲沃邑。

六十九世武宣公（或宣武公）。

七十世侯公，字义昭，讳佐侯，周考王时为晋之大夫，妣夫人邵氏。

七十一世老公，讳伯原，名盈，又名老毛，晋之中军司马，以善颂称于时，妣夫人傅氏。

七十二世君臣公，晋之中军司马，平王即位而改修官，世居曲沃。

七十三世趯公，晋之大夫。

七十四世骼公，讳僖，晋之大夫，妣夫人孟氏，居张趯邑。

七十五世进明公，晋亡仕赵，为大夫，世居张趯邑。匄公。

七十六世孟谈公，韩之国师，徙居禀延。

誉公，选大梁，为大梁派始祖。

七十七世抑朔公，韩相，妣夫人邓氏。望朔公。正朔公。

仪公，魏相，战国时以游说取功。

七十八世开池公，相韩仕襄哀王。开地公，字正明，相韩昭侯、宣惠王、襄哀王三主，妣夫人朱氏，世居禀延。封章公。

七十九世平公，字友墨，相韩厘王、焯王二主，父子四世五人相韩，妣夫人陈氏。廉公。

伯辽公。苍公，秦御史，汉封北平侯。

八十世胜公，陈留派。良公，字子房，号仁寿，辅汉为国师，定天下，封留侯，谥文成。

晏公，徙西安杜陵。

耳公。奉公，嗣康侯，居广东廉州。

3. 世祖挥公部分后裔世系表（一—七十五世）

一世轩辕五子，挥：主祀弧星，始造弓矢，世掌其职，赐姓曰张，与兄玄嚣同封青阳，故号青阳氏，望出太原，遂居清河。生昧、般。

二世挥公长子，昧：号若。为玄冥，司水正，封渚汾州掌水旱疫之职。世享其祀，庙存太原县城。生允格、台骀。

挥公次子，般：亦封司水正。无传。

三世昧公长子，允格：无传。

昧公次子，台骀：号颛，总司父职，宣汾漳大泽。帝嘉之，庙存太原。生伊源、仁源。

四世台骀长子，伊源：号须，司水正。升茂州侯。生谟、侯、简竹、突美。

台骀次子，仁源：失考。

五世伊源长子，谟：生纪、义。

伊源次子，侯：尧时大夫，幽州侯。生若、敬和、立芳。

伊源三子，简竹：尧时大夫。生正、果。

伊源四子，突美：尧时大夫，司农。生德、成、实。

六世谟公长子，纪：尧时大夫。生坤、芳。

谟公次子，义：无传。

侯公长子，若：尧时为大夫，舜时封茂州侯。生圣、道。

侯公次子，敬和：尧时大夫。生泰、升。

侯公三子，立芳：号师，尧时大夫。生乾、坤。

简竹长子，正：无传。

简竹次子，果：尧时仕中，精水土之术，辨翕雍之气，作历数星斗之书。寿高千年，后养气于云阳，往来汾晋祠，常乘白驴，休则叠之如纸，置于笥中；乘则水巽中，后成驴矣！唐开元年复见，自言生于尧时丙子（尧三十三年），帝奇之，赐号“神峰大仙”，上八洞神仙。

七世纪公次子，芳：尧时大夫。生相。

若公长子，圣：尧时公侯。

若公次子，道：失传。

敬和长子，泰：失传。

敬和次子，升：尧时大夫，生先、贵、义。

立芳长子，乾：尧时大夫。

立芳次子，坤：尧时大夫。生敦吾。

八世芳公之子，相：舜时大夫。生依。

升公长子，先：生坚（即玉皇）。

升公次子，贵：无传。

升公三子，义：生单（即灶君）。

坤公之子，敦吾：号阳，舜时大夫，生郊。

九世相公之子，依：生稀。

先公之子，坚：字刺渴，养白雀，窃公车，驾白龙，根香岩山修道，共修三万七千劫，功果圆满，济物利人，通明之主，云霄之尊，诸圣之师，万天之主，人神仙佛称为金阙玄穹主玉皇大天尊陛下。

义公之子，单：字子郭，义之子，司应正夫人。《抱朴子》云：黄帝之后，因筑而游，遂封焉。上奏善事，下降吉祥，东厨司命灶王府君。

敦吾之子，郊：名安，虞时大夫，司火正，生重熙。

十世依公之子，稀：舜时大夫，失考。

郊公之子，重熙：虞时为火正，生吴光。

十一世重熙之子，吴光：舜时大夫，生天杰。

十二世吴光之子，天杰：字喾，少而神清气爽，有巨人之志，后助禹治水土有功，为禹司空，为四岳诸侯之长，生钦若。

十三世天杰之子，钦若：禹时司徒，与诸侯会禹于涂山，受典则迁防山，生桃、榆。

十四世钦若长子，桃：字奇，为帝三世时大夫，生契。

钦若次子，榆：生临、卧。

十五世桃公之子，契：帝不降时大夫，生希（玺）。

榆公长子，临：无传。

榆公次子，卧：仲康时左丞相，学仙术不知所终，生宣。

十六世契公之子，希（玺）：王屑时大夫，生燧、赞。

卧公之子，宣：生阳。

十七世希公之子，燧：帝历时大夫，生泰。

希公之子，赞：无传。

十八世宣公之子，阳：生安。

燧公之子，泰：孔甲时侍中，生还。

宣公之子，安：因浞弑异，辛酉年为侯，不就，生考。

十九世泰公之子，还：王癸时大夫，生经、纯。

安公之子，考：生承。

二十世还公次子，纯：夏杰时大夫，生赞。

考公之子，承：生喾、黉。

二十一世纯公之子，赞：商汤时大夫，生钝。

承公之子，喾：生琬、琦、瓘。

二十二世赞公之子，钝：太甲时大夫，生康。

二十三世钝公之子，康：沃丁时大夫，生启。

二十四世康公之子，启：太康时大夫，生立。

二十五世启公之子，立：小甲时大夫，生瑰。

二十六世立公之子，瑰：雍巳时侍郎，生和。

二十七世瑰公之子，和：仲丁时大夫，生雍、庚。

二十八世和公之子，雍：亶甲时大夫，太戌时封平侯王，生显。

二十九世雍公之子，显：祖乙时大夫，生沐。

三十世显公之子，沐：祖辛时大夫，生逊。

三十一世沐公之子，逊：沃甲时天官尚书，生郢。

三十二世逊公之子，郢：祖丁时司空，生取。

三十三世郢公之子，取：商南庚时大夫，生愿、领、顺。

三十四世取公三子，顺：商阳甲时太守，生圉。

三十五世顺公之子，圉：盘庚时侍中，生肃。

三十六世圉公之子，肃：小辛时大夫，生永。

三十七世肃公之子，永：小乙时大夫，生浚。

三十八世永公之子，浚：武丁时授将军，生会。

三十九世浚公之子，会：武丁时大夫，生轩。

四十世会公之子，轩：祖甲时司空，生稳、利、和。

四十一世轩公长子，稳：武乙时大夫，生元。

四十二世稳公之子，元：武乙时天官尚书，生正。

四十三世元公之子，正：帝乙时为司马、南伯侯，生奎。

四十四世正公之子，奎：纣王时元帅，守渑池尽忠，生炳。

四十五世奎公之子，炳：周成王时隐居不仕，生辰、振。

四十六世炳公长子，辰：周成王时前将军，康王时大夫，生本。

四十七世辰公之子，本：周昭王时司空，生灼、炯。

四十八世本公长子，灼：周穆王时大夫，生衮、兖。

四十九世灼公次子，兖：懿王时太守，生麟。

五十世兖公之子，麟：懿王时大夫，生宏。

五十一世麟公之子，宏：懿王时工部尚书，封英烈大帝，侍主尽忠，居四川梓童县，生道。

五十二世宏公之子，道：号吉甫，厉王时卿仕封伯爵，与奸相不睦，归隐防山，娶赵氏，生仲。

五十三世道公之子，仲：字广明，号仲辅，又名勋亚。周宣王时为卿仕，为张姓历史记载第一人。早在东汉就得到张姓祖先的认可，如东汉《张迁碑》记载："君讳迁，字公方，陈留己吾人也。君之先出自有周，周宣王中兴，有张仲以孝友为行，披览《诗雅》，焕知其祖。"碑文将张仲作为张氏祖先。

《诗经·小雅·六月》中有一段记叙周宣王北伐玁狁的事，赞美宣王时期的中兴功臣尹吉甫，同时也提到了尹吉甫的好友张仲。诗文中有一段云："吉甫燕喜。既多受祉。来归自镐。我行永久。饮御诸友。炰鳖脍鲤。侯谁在矣。张仲孝友。"

五十四世仲公三子，然明：周幽王时司寇，生秀。

五十五世然明之子，秀：周平王时大夫，生卓。

五十六世秀公之子，卓：周平王时司空，生宪。

五十七世卓公之子，宪：周相王时大夫，生俊。

五十八世宪公之子，俊：周厘王时大夫，生义。

五十九世俊公之子，义：周襄王时隐居不仕，入山修炼，生晋。

六十世义公之子，晋：周匡王时大夫，生凝、凌。

六十一世晋公长子，凝：定王时司空，生侯。

晋公次子，凌：定王时司寇，忠孝博学，封左丞相，生孟谈。

六十二世凝公之子，侯：简王时大夫、司马、太子太师，生老。

凌公之子，孟谈：赵国将军、军师、丞相，生郊、刺、部。

六十三世侯公之子，老：灵王时大夫、中军司马、司徒，生君。

孟谈公长子，郊：灵王时大夫，生征。

六十四世老公之子，君：灵王时卿士、三卿之长，生趯（惕）。

郊公之子，征：智勇过人，谋略盖世，授将军职，兼理国事，生策。

六十五世君公之子，趯：昭王时大夫，生骼。

征公之子，策：生仪。

六十六世趯公之子，骼：鲁国大夫、上卿，生进明、权。

六十七世骼公长子，进明：晋王时卿士，生誉。

六十八世进明之子，誉：字子敬，晋王时大夫，生鲂。

六十九世誉公之子，鲂：字明仁，战国时大夫，生卿、员。

七十世鲂公长子，卿：秦嬴王时侍中，汉高祖封荣陵侯，生苍。

鲂公次子，员：号去疾，秦时大夫、韩国上将军，生仲。

七十一世卿公之子，苍：住四川彭水，秦司马、韩御史，拜汉、淮等四国相印，汉御史大夫、丞相，封北平王，谥文侯，生奉、康。

员公之子，仲：字子策，秦时大夫，韩国郎中令、司空，生寿、焘。

七十二世苍公长子，奉：嗣北平侯，为尚书，生类。

苍公次子，康：生毅。

仲公长子，寿：字恩伯，韩国侍中、右将军，生开地（又曰奉祀）。

七十三世奉公之子，类：封康侯、太帝卿、卫将军。

寿公之子，开地：号奉祀，任韩昭侯、宣惠王、襄哀王三朝之相，生平、厌。

七十四世开地长子，平：任韩悼王、厘王相，生胜、良。

开地次子，厌：任韩国辅国将军、司空、司马，生晏。

七十五世平公长子，胜：封列侯，生常。

平公次子，良：字子房，禹州人氏。秦始皇时并吞六国，灭韩时，张良以万金之资招募力士，欲为韩报仇。及始皇东游至博浪沙时，良以椎锤之，误中副车，逃至下邳。至圯桥，遇黄石公，“拾履得授兵法”。后为汉高祖国师，封留侯，加封文武。良生于戊午年八月十八日午时，三访广成公主，入山修炼，娶妻周氏，生二子：辟疆、不疑。

厌公之子，晏：西域御史，丞相府长史，生瞻师、释之、仲。

4. 说明

表1：黄帝轩辕公世系（一—五世），原载台湾《张氏统宗世谱溯源》一书，是张桂元先生依据《通志》、《汉书》人物表、四库全书史部、明嘉靖《张氏统宗世谱》、古今图书集成“明伦编”等书目列表而制。编者改竖排表格为横排文字，并依据相关史料纠正其中明显错讹。

表2：张氏统宗世谱世系表（一—八十世），据嘉靖《张氏统宗世谱》和今修福建《仙游张氏族谱》重新排列。

表3：始祖挥公部分后裔世系录（一—七十五世），选自重庆市长寿

地区《张氏家谱汇编》，是张姓一支之世系。

尽管所选均是古世系，但仔细对照，有不一致处。古世系多是依据古代典籍和史料连缀而成。其中，有一部分是血缘世系；而前半部分大多可称为“文化世系”。编者原本欲将表 2 和表 3 放入“张姓血缘寻根”一章，考虑其“文化寻源”痕迹明显，故仍在此章列入。不过，据一部张氏宗谱记载，黄帝至先秦的古世系多由本族先人纵横家张仪口传后世以记之。似有所本。另外，有谱排列张良不是第八十世，而是七十五世，或其他世。不同地域的张氏宗谱有不同记载。尤其是始祖挥公之后二、三世，有谱记载不是挥公之后，如二世昧公、三世允格和台骀，有证据表明为少昊金天氏之后。这也是“文化寻源”又一例证。此事提醒张姓族人重视，要深入研究、广征博引、去伪存真，以正本清源。

第二章 张姓血缘寻根

张姓始祖挥公是轩辕黄帝之子还是孙？黄帝包括挥公与炎帝、蚩尤、颛顼等又存在怎样的血缘关系？历来争论颇多，而且典籍与谱牒的记载多有不同。本章试作辨析。

第一节 文献典籍记载解读

战国时期的《竹书纪年》卷之一载："黄帝轩辕氏，母曰附宝，见大电绕北斗枢星，光照郊野，感而孕二十五月，而生帝于寿丘。"

《竹书纪年》前编载："少典之君，娶于有蟜氏之女，曰安登，生神农。三日而能言，七日而齿具，三岁而知稼穑。"神农即炎帝。

西汉时期《大戴礼记》卷七载："孔子曰，黄帝，少典之子也，曰轩辕。生而神灵，弱而能言，幼而慧齐，长而敦敏，成而聪明。治五气，设五星，抚万民，度四方。教熊罴貔豹虎，以与赤帝战于阪泉之野。"赤帝亦指炎帝。

东汉时期《新书》卷二载："炎帝者，黄帝同父异母兄弟也，各有天下之半。故战涿鹿之野，血流漂杵。"

宋代罗泌《路史》载："阪泉氏蚩尤，姜姓，炎帝之裔也。"

《大戴礼记》卷七又载："黄帝产昌意，昌意产高阳，是为颛顼帝。"又载："黄帝居轩辕之丘，娶于西陵氏之子，谓之嫘祖氏，产青阳及昌意。青阳降居泜水，昌意降居若水。昌意娶于蜀山氏，蜀山氏之子谓之昌濮氏，产颛顼。"

战国时期的《山海经·海内经》则载："黄帝妻雷（嫘）祖，生昌意，昌意生韩流，韩流生帝颛顼。"

综上所录，我们可以梳理出这样的血缘关系：一、黄帝与炎帝是同父异母兄弟；二、蚩尤姜姓，是炎帝后裔；三、颛顼帝是黄帝孙或曾孙。以上三帝加上蚩尤，应是我们华夏民族的共有祖先。具体说到张姓始祖挥，按黄帝第五子说，炎帝则是挥的叔伯辈，蚩尤则是晚辈，而颛瑞帝则是挥的侄辈或孙辈。退一步讲，如按另外一种说法——挥是黄帝之孙，就颛顼帝而言，或是挥的同辈，或是挥的侄辈。

下面再引证关于张姓始祖挥的有关记载。

西周时期左丘明的《国语》是最先记载有关授姓的典籍之一。《国语》卷一〇"晋语四"云："凡黄帝之子，二十五宗。其得姓者十四人，为十二姓，姬、酉、祁、已、滕、箴、任、荀、僖、姞、儇、依是也。惟青阳与苍林氏，同于黄帝，故皆为姬姓。"并没有提到张姓。东汉应劭《风俗通义》载："张、王、李、赵，黄帝赐姓也。"有后代学者认为，张姓始祖挥出自青阳氏，是黄帝之孙，原为姬姓；也有学者认为，青阳氏即是挥，"青阳生挥"是"青阳王挥"之误刻。总之，青阳与挥有不解之缘。

成书于战国晚期的中国第一部研究姓氏的典籍《世本》为先秦重要史籍，司马迁撰《史记》即采用其史料，西汉的学者亦多称引。原本约在南宋以后亡佚，之后不断有人辑录，清代辑录者不下十家，今存辑录汇编为《世本八种》。今摘录有关张姓起源记载三则：

1. 清代著名姓氏研究者张澍辑本："挥作弓。挥自黄帝子也……挥以弧矢命世。"

2. 秦嘉谟辑补本："黄帝第五子青阳生挥，为弓正，观弧星，始制弓矢，主祀弧星，因姓张氏。”挥为青阳子，为黄帝孙。

今有张姓学者依据家谱记载，提出不同观点：此处“黄帝第五子青阳生挥”是“青阳王挥”之误刻，清代辑录者是受唐代《元和姓纂》的误导而致。编者查阅典籍记载，在黄帝之子的排序（行）中也并未见“青阳”是黄帝“第五子”的说法，而多说“挥”是黄帝“第五子”。

3. 另一种清代辑本则记：“黄帝子挥为弓正，始制弧矢，张罗网，姓张氏。”

我们再看其他典籍的有关记载。

东汉献帝时，泰山太守应劭著《风俗通义》云：“张氏，黄帝第五子挥始造弦，实张网罗，世掌其职，后因氏焉。”

东汉许慎的《说文解字》也证实是挥作弓：“弓，以近穷远，象形。古者挥作弓。”

从以上记载可得出的结论是：挥是弓矢发明者，因发明弓矢，世掌其职，得姓张氏，为张姓始祖。而挥到底是黄帝之子还是孙？《世本》上为什么说法不一？这和清代所辑《世本》受到《元和姓纂》影响有关。

张氏始祖挥公为“黄帝之孙，青阳之子”的说法始见于唐人林宝所著《元和姓纂》：“黄帝第五子青阳生挥为弓正。”

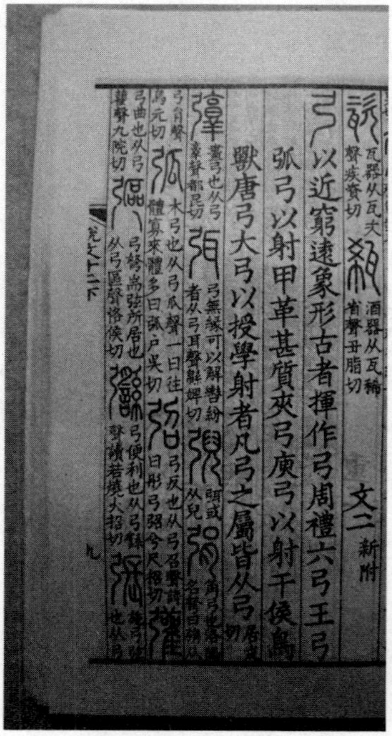
弓以近窮遠象形古者揮作弓周禮六弓王弓弧弓以射甲革甚質夾弓庾弓以射干侯鳥獸唐弓大弓以授學射者凡弓之屬皆从弓

《说文解字》

《元和姓纂》久已散佚，清乾隆年间从《永乐大典》中辑出，以韵为序，编为十卷。此处“青阳生挥”，是《元和姓纂》有误刻还是后人在《永乐大典》中有误抄？不得而知。

该书撰写于唐宪宗时期，著者林宝是济南人，官居朝议郎、太常博士。《元和姓纂》的内容是先列皇族李氏，余者依唐韵分 206 部，每韵之内大姓为首，记载唐朝的各姓氏来历和家谱。全书共收录姓氏 1232 个，书中论姓氏之源，多据《世本》《风俗通义》《世本族姓记》《姓源韵谱》《姓苑》《英贤传》等书。但林宝编撰此书共历时二百余天，其考辨多有不足，典引也多有谬误、缺漏，故为后世史家所不引。所以，南宋洪迈在《容斋随笔》中批评说：“《元和姓纂》，诞妄最多。”

《新唐书》

受《元和姓纂》影响，宋欧阳修等所著之《新唐书·宰相世系表》也引用其说，曰：“张氏出自姬姓。黄帝之子少昊青阳氏第五子挥，为弓正，始制弓矢，子孙赐姓张氏。”并且推演、增加了“张姓出自姬姓”，把黄帝第五子“青阳生挥”具体解释为“黄帝少昊青阳氏第五子挥”。

北宋大中年间，由陈彭年等奉诏编著的《大宋重修广韵》就修正了林宝的《元和姓纂》中关于张氏始祖挥为黄帝孙的说法，曰：“轩辕第五子挥始造弦，实张网罗，世掌其职，后因氏焉。”

《新唐书》是北宋嘉祐年间编汇的一部唐史，其中列传主要由宋祁负责，本纪、志、表由欧阳修负责。宋祁曾任知制诰，有文名，历时十余年完成列传。而政治家、大文豪欧阳修却因参加推行“庆历新政”的活动被贬地方，到至和年间才重入京朝。等到他写本纪、志、表，已是嘉祐五年。由于时间关系，该书汇列传、本纪、志、表之时并没有经过严格审核。《新唐书·宰相世系表》中载有唐一朝任宰相的九十八姓三百六十九人的家谱世系，文献多基于唐林宝的《元和姓纂》，其中错误难免。所以南宋时期罗泌著《路史》时，在其后记中特别指出：“黄帝子挥封于张为张氏，《新唐书·宰相世系表》以少昊第五子挥始制弓矢，子孙赐姓张氏……其言无据。”

《路史》认为《新唐书·宰相世系表》“挥为青阳少昊第五子……其言无据”，因为遍查史料，从未发现有“少昊青阳氏生挥”的记载，所以否定了其说。

按司马迁《史记·五帝本纪》记载：“黄帝二十五子，其得姓者十四人。”“黄帝居轩辕之丘，而娶于西陵之女，是为嫘祖。嫘祖为黄帝正妃，生二子，其后皆有天下：其一曰玄嚣，是为青阳，青阳降居江水（编者注，见《大戴礼记》记载，其‘江水’应为‘泜水’之误）；其二曰昌意，降居若水。”

我们从史料得知，黄帝有四妃，嫘祖为元妃，其后还有方雷氏、彤鱼氏、嫫姆，共生二十五子。玄嚣青阳氏如按兄弟排行，应为长子，怎会是“第五子青阳氏”？有何依据？恐怕应是记载有误。

后来的姓氏著作和张姓谱牒都受到《元和姓纂》及《新唐书·宰相世系表》的影响。明代嘉靖年间两部影响最大的同名谱《张氏统宗世谱》的说法竟然也不一致。张浚等人主修的统谱曰：“黄帝第三妃彤鱼氏生子曰挥”；张宪等人主修的统谱曰：“黄帝子少昊青阳氏第五子挥为弓正。”两部同名谱，两种说法，一说黄帝子，一说黄帝孙。张姓始祖挥公到底是黄帝子？还是黄帝孙？“受封地”或者说“源出地”又在何处？我们再来看姓氏著作和张氏诸多谱牒的记载。

第二节
姓氏著作记载解读

先看相关文献对张姓始祖挥公受封地亦即张姓起源地都有什么说法。

张氏研究者张华封认为：首先提出张氏起源地问题的是东汉学者王符，他在其著作《潜夫论·志氏姓第三十五》中提出：“今河东有张姓，西张城，岂晋张之祖所出耶？”张华封认为今山西省西南部古汾州之地西张城为“古张国”，是挥公受封之地。

仅按“岂晋张之祖所出耶”字面意思来理解，无论是反问句还是肯定句，我们也只能正解为：张城仅是“晋张”之祖地。如宋代《路史》作者罗泌就不认为此处是封国得姓之地，而认为挥之封国“张”在“邢之任”，即今清河县西边的任县。赵福寿认为清河与任县相距甚近，应为古青阳之国范围，所以应是挥公受封得姓之地。

以上两种观点都还缺乏足够的证据。

我们以为，以上两种观点主要来自东汉的《潜夫论》，《潜夫论》对于张姓受封地语焉未详。宋罗泌的《路史》卷二十四“黄帝后姬姓国”云:“张，挥之封。然黄帝臣自有张若,故河东解有张阳城。汉之东张,今邢之任县是。”意思是说，张国是挥始封之地。但是，黄帝时代就有臣张若，所以河东张国即今天河北省邢台市的任县一带。《路史》的本意是，黄帝之后出自姬姓有多个小国，共记载了二十六个不同姓氏的国名，其中有两个张国，一是晋地解张国，一是冀州东张国，只不过是春秋和汉代的两个侯国，而绝不是远古时代张姓始祖挥公受封之国。

对受封地或姓氏出处进行寻根溯源，是随着晋唐门阀观念的兴起及官方和家族修谱的兴起而开始的,目的是区别门第、许其婚媾。自南朝至唐初，由官方先修谱，可入官谱的主要是士族大姓；但留存至今的却很少，敦煌出土的唐代《氏族志》等谱四种多是残卷。《氏族志》跋文曰：“以前太史曰:尧置九州,今为八十五郡,合三百九十八姓。今贞观八年五月十日壬辰。自今已后，明加禁约。前件郡姓出处，许其通婚媾。结婚之始，非旧委悉，必须精加研究，知其囊谱之相承不虚，然后可为匹。”

官谱虽为“别门第、许婚媾”，但起初各姓氏多以郡望入谱，并看重姓氏出处。唐贞观时期，官方入谱张氏郡望有六：清河郡、吴郡、南阳郡、沛郡、梁国郡和弘农郡。清河郡位列第一位。《新唐书》作者在《高士廉传》后有一段赞语评论晋唐谱系、郡望与姓氏关系：“古者受姓受氏以旌有功，是时人皆土著，所以推知昭穆，使百代不相乱也。”说明得姓受氏与郡望相关。

今天研究唐代郡望的学者郭峰在《唐代士族个案研究》一书中对“清河郡”作了这样的表述：“唐初至唐末，张氏诸郡望中，清河、南阳两望是影响最大的两望。随着时间的推移，两望影响有升降变化。南阳一望的社会影响保持到高武时期，玄宗时期减弱，肃、代至宪宗时期剧降。清河一望则是呈逐步上升趋势，至唐后期，成为社会影响最大的一望……发展到一定程度，郡望就失去了显示某支家族身份、地位、家世的意义，而成为社会同姓成员共有的姓望标志。”

所以，自唐代开始，张姓族人多将清河认作“得姓郡望”，是张姓源出之地。

我们再看其他姓氏著作是怎样记载的。

北宋《姓解》载：“张氏，出自轩辕黄帝第五子挥，始造弦弧，以张罗网取禽鸟，世掌其职，遂以为氏。”《姓解》并未涉得姓之地。

宋修《百家姓考略》记载：“张，商音，清河郡。黄帝第五子青阳生挥，观弧星，始制弓矢，为弓正，主祀弧，遂为张氏。”

元人撰《氏族大会》载：“张，商音，清河。黄帝第五子青阳生挥，为弓正，观弧星，始制弓矢，主祀弧星，因姓张氏。”

明代杨明信撰《姓源珠玑》载：“张，清河。黄帝第五子青阳生挥，为弓正，观弧星，始制弓矢，主祀弧，为张氏。”

明代凌迪知撰《万姓统谱·张》载：“张，清河。商音。黄帝第五子青阳生挥。为弓正，观弧星，始制弓矢。主祀弧星，为张氏。”

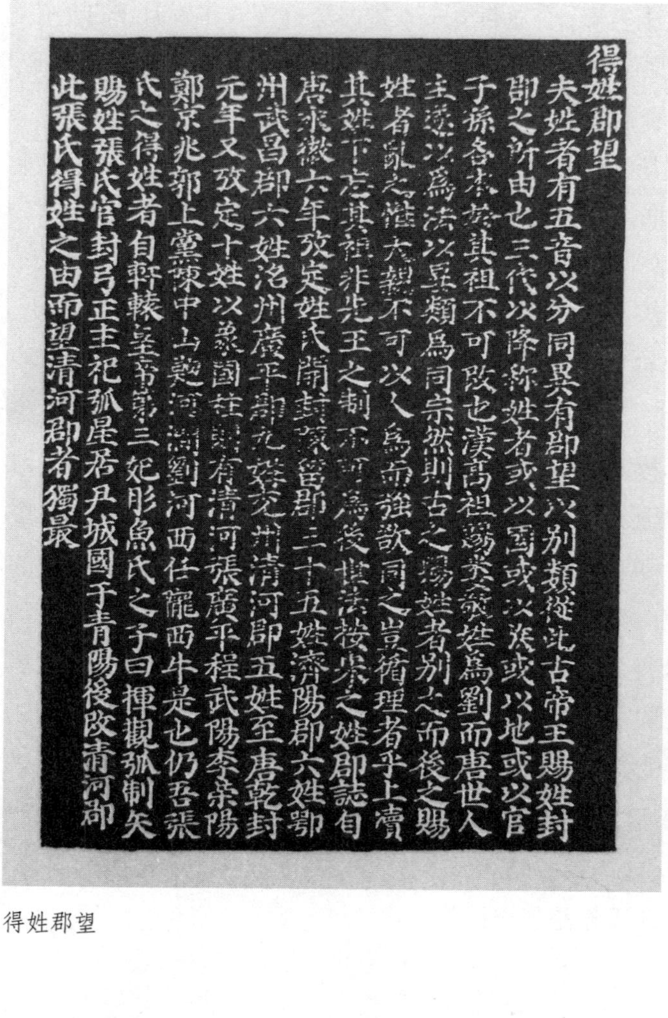
得姓郡望
夫姓者有五音以分同異有郡望以別類從此古帝王賜姓封
郡之所由也三代以降称姓者或以國或以族或以地或以官
子孫各本其祖不可改也漢高祖賜婁敬姓為劉而唐世人
主遂以為法以異類為同宗然則古之賜姓者別之而後之賜
姓者亂之雖大勢不可以人為而強欲同之豈循理者乎上瀆
其姓下忘其祖非先王之制不可為後世法按宋之姓郡誌自
唐永徽六年改定姓氏開封陳留郡三十五姓濟陽郡六姓鄂
州武昌郡六姓洛州廣平郡九姓兗州清河郡五姓至唐乾封
元年又改定十姓以象國姓則有清河張廣平程武陽李榮陽
鄭京兆郭上黨藥中山甄河間劉河西任隴西牛是也仍吾張
氏之得姓者自軒轅皇帝第三妃彤魚氏之子曰揮觀弧制矢
賜姓張氏官封弓正主祀弧星居丹城國于青陽後改清河郡
此張氏得姓之由而望清河郡者獨最

得姓郡望

明代李日华撰《姓氏谱纂》载："张，清河。黄帝第五子为弓矢，主祀弧，为张氏。"

明代傅作兴撰《文竿汇氏》载："张，清河。黄帝第五子青阳生挥，为宫（弓）正，观弧星，始为弓矢，主祀弧，为张氏。"

清代熊峻运撰《氏族笺释》载："张，清河郡，系出金天氏少昊第五子挥，始制弓矢，赐姓张氏。"

笔者认为在各书开篇提出的是得姓之地。书中记载"张，清河"，不仅仅指张姓郡望，而是说张姓的源头。如明代杨明信的书名就是《姓源珠玑》，笔者理解为"清河"是指张姓"姓源"所在地。

前面已说唐代贞观时张姓郡望有六个，再后来发展为十四个郡望，再后来三十多个郡望，到宋元时已达四十三个郡望。当然，"清河郡望"声名卓著，影响很大。但是在郡望形成和发展过程中，郡望数量有消有涨，郡望声名有强有弱，郡望等级排名时前时后，清河郡望也不例外。尤其是到北宋以后，清河已不再是郡治，而改为贝州；到明代，则降为清河县。但为什么在姓氏著作中说张姓只记"清河"？这是笔者理解"清河"不仅仅作为郡望的依据。

所以说，自唐代"张姓源出清河"之说广为流传后，并影响到宋明时代的姓氏研究者，故有这样的记载；而张姓现存谱牒和张姓族人更是多数认同这一观点。

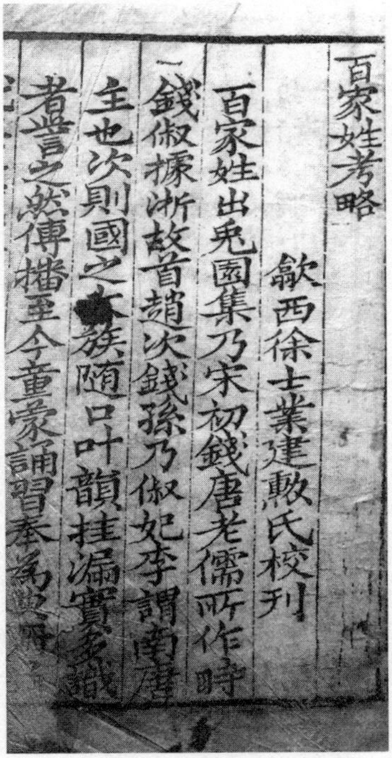
百家姓考略

歙西徐士業建敷氏校刊

百家姓出兎園集乃宋初錢唐老儒所作時

錢俶據浙故首趙次錢孫乃俶妃李謂南唐

主也次則國之大族隨口叶韻挂漏實多識

者譏之然傳播至今童蒙誦習奉爲

《百家姓考略》

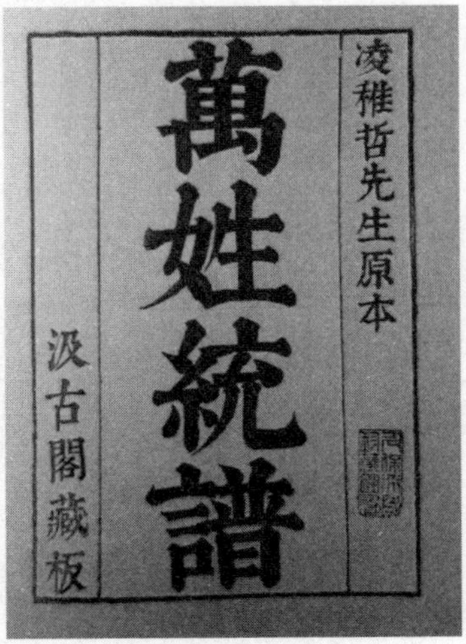
凌稚哲先生原本

萬姓統譜

汲古閣藏板

《万姓统谱》

第三节
张氏谱牒记载解读

由于岁月的湮废，张氏古谱难觅。按照《姓名文化杂说》一书作者李润生的说法,在汉代就出现了《帝王年谱》《氏族谱》《万姓谱》等谱牒著作。张姓源出黄帝之后，又是望族大姓，这些著作必然有关于张氏的记载——这只是推测，至今无缘得见。

本章上一节也曾提到，晋唐时期官谱、私谱已经兴起。而到宋代，随着欧苏关于世系体例的问世，庶民修谱也蔚然成风。但是，由于纸张保存时间的局限，加上战乱不断，今人难得再见唐宋时代的著作。

幸好张氏自有有心人传抄老谱，使较早的记载得以流传下来。今有重庆市长寿地区张氏分会编有《张氏家谱汇编》，其中录有“江西、湖北老谱”序，谱中第一则序是“大唐长庆四年贵溪县天师通元撰，大清嘉庆二年七十二爨众重录”，是迄今见到传抄最早的张姓谱序。

序云:“按:张本姬姓,出自公孙名轩辕黄帝第五子也。三妃彤鱼氏生挥,始造弓矢……正,主祀弧星,赐姓张氏,封青阳王,居尹城至五十二世……”

此则记载稍晚于唐代林宝《元和姓纂》，但却坚持挥为黄帝第五子说，并最先提出“三妃彤氏生挥”和挥“封青阳王”。如果此则记载传抄无误的话，这是一种很重要、很关键的提法。

还有令人庆幸的是：湖北张梁森（也是一位有成就的姓氏研究者）家藏一部民国二十一年第八次续修的《张氏宗谱》，沿袭南宋江西南康远祖首修《张氏宗谱》，并完整保留了宋修谱的原貌。宋修谱由南宋著名理学家朱熹作序，本族张宽（南宋进士）作源流考序。序言内容再次佐证了上则唐代序之不谬，或者说是张姓渊源的主流说法。

《张氏宗谱》“宽公始修源流序”载:“吾族原姬姓。自黄帝轩辕第五子挥，善制弓矢，命为弓正，主祀弧星，赐姓为张。因国于青阳，故封青阳王。吾族张姓以此始。二世祖若公，生颛公，颛生须。须生桃，桃生师，师生宣，宣生阳，阳生宓，于帝相时为奉政大夫……”

这则记载，除与唐序相吻合外，还传达给我们三个信息：一是首次提出始祖揮封地在青阳；二是说明揮公因就国被封王；三是关于五帝之一的颛顼，与记载中“颛生须”是否有关联？“颛生须”是否误记？“颛顼”是一代帝王，还是两代帝王？如果颛顼帝确是挥公之后，那么我们在前面已探讨的挥与几位帝王的血缘关系，颛顼是挥公的孙辈，可谓有证。有当代研究者说：“颛顼为挥公授姓。”此说则不足信。

另一部较早的张氏谱书是南宋《张氏支谱》，原序为“宋丞相吉州文天祥撰”，文曰：“谱何为而作？盖欲叙昭穆、明尊卑、别亲疏之异同也。然上无贤士莫作于前，下无令子莫述于后。有作于前，有述于后，余于张氏见之矣。按旧谱：原系轩辕第五子，名挥，造弓取兽，因赐姓张。传至周有张仲，汉有张良，以迄于今……”

该序为当朝宰相、大名士、抗金英雄文天祥所作，其可信度是比较高的，序中虽没说挥公受封地，却肯定挥公是黄帝之子。张姓谱书只是自明以后才对黄帝与挥的关系有他说。

其次，对于张姓起源地有明确记载而又较早的谱牒，还有明初永乐年

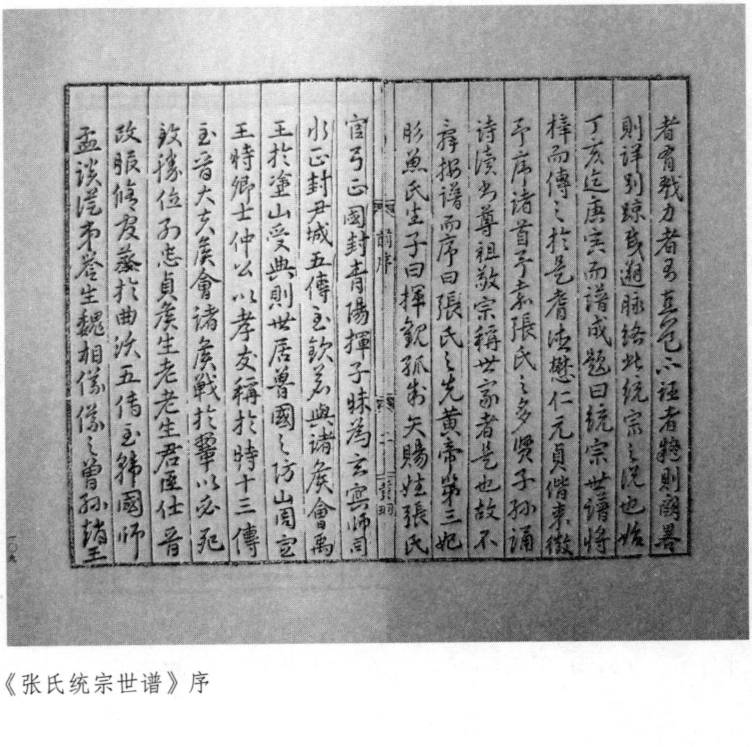
者有戮力者多矣亦證者鮮則簡畧
則詳別踈或邇脈絡此統宗之說也始
丁亥迄庚寅而譜成題曰統宗世譜將
梓而傳之於是者凍懋仁元貞偕來徵
予序諸首予素張氏之多賢子孫誦
詩讀書尊祖敬宗稱世家者是也故不
辭按譜而序曰張氏之先黃帝第三妃
彤魚氏生子曰揮觀弧制矢賜姓張氏
前序 張 十 貴明
官弓正國封青陽揮子昧為玄冥師司
水正封尹城五傳至欽爲與諸侯會禹
王於塗山受典則世居魯國之防山周宣
王特卿士仲以孝友稱於時十三傳
至晉大夫侯會諸侯戰於犨以忠死
敦孫位爲忠貞侯生老老生君臣仕晉
政服館發於曲沃五傳至韓國師
孟談遷布巷生魏相儀儀之曾孫趙王

《张氏统宗世谱》序

间张君绍在闽南《张氏宗谱·序言》中的记载："余固痛念祖庙之不可失，苗裔之不可疏。会耄耋老成，及搜久远之遗，又各执宗谱之序以对，凡星宇下，无非清河公之派衍也。"

说明天下张姓均出自"清河公之派衍"，即始祖在清河。

其三，还有两部影响巨大的《张氏统宗世谱》。一是张浚等人在明朝嘉靖年间集全国各地一百四十九位饱学之士汇编的《张氏统宗世谱》，谱中"得姓郡望"篇记载："吾张氏得姓者自轩辕黄帝第三妃彤鱼氏之子曰挥，观弧制矢，赐姓张氏，官封弓正，主祀弧星，居尹城，国于青阳，后改清河郡。此张氏得姓之由，而清河郡者独最。"

明确提出"国于青阳，后改清河郡"，即今天被海外张姓族人认作"张姓源出之地"的河北省清河县。

《张氏统宗世谱溯源》刊旧谱"张氏流传纪略世系"明确记载："张氏出自清河郡，黄帝第五子主嗣，派号为张氏，由来已久矣。"

明代万历年间程文肃纂修的安徽泾川县《泾川张氏宗谱》"张氏统谱序"云："予按：青河郡张氏其先出轩辕皇（黄）帝第五子挥公，观弧制矢，赐姓曰张，官封弓正，主祀弧星，国于青阳，后改清河郡。"

清河郡西汉初置，治地在清阳。"青阳"（古"青"与"清"通用）即"清水之阳"。清河境内在汉代以前有一条古老的大清河，西汉清河郡国、清渊县（后改临清县）皆因此而得名。按北魏郦道元《水经注疏》"大河"条解释，清河上游与古清水和古淇水有关，古淇水的流向是："东过内黄县南，为白沟……又东北过馆陶县北，又东北过清渊县西，又东北过广宗县东，为清河。"接下又云："清河东北经广宗县故城南。清河之右有李云墓，云字先祖，甘陵人，好学，善阴阳，举孝廉，迁白马令……清河又东北经县故城西，汉高祖置清河郡，治此。"西汉清河郡治地在清阳县，清阳县后注释"清阳王都"，所以有统宗世谱载"青阳，后改清河郡"之说。大清河流经若干岁月后，在隋唐之前，因黄河夺河入海，泥沙将大清河湮废，黄河又南迁。隋唐大运河在清渊县（今临西县）和今清河境内即大致沿大清河流向而开挖。北宋末，又因"黄河北流"而淤废，故又有元、明、京杭大运河改道。后来为疏水又沿大清河大致走向开挖了一条人工河，名曰"清阳江"，民国后改名为"清凉江"，现在河水荡漾，碧波依旧。

通过以上记载和大清河流经历史及其变迁,可见统谱中所说的“青阳”即“清水之阳”,指的不是“清阳流域”,而是实实在在的地名。清阳流域的地名应该很多,而挥“国封青阳”则是实指地名。

但是,因为记载中提到“居尹城,国于青阳”,尹城今属山西古汾州之地,统谱中便有挥公的第二代“昧公居之”的记载,而成为“尹城派”即全国各地“通派之祖”。该统谱谱序(也是当时大名士费宏所作)说得更明确一些:“张氏之先,黄帝第三妃彤鱼氏生子曰挥,观弧制矢,赐姓张氏,官封弓正,国封青阳。挥子昧为玄冥师,司水正,封尹城。”明确说挥后第二代其中一子昧,封在尹城。

该谱于明嘉靖十四年修成后影响巨大。考证者说该谱是江西张姓富户张浚募集百多名士修成,对张氏家族无疑是一个重大贡献。但其中“尹城”之说也给后人带来很大麻烦。

自此便有了“张姓源出太原”的新说法。

差不多在同时期,明嘉靖十五年,由张宪、张阳辉主修的同名《张氏统宗世谱》,与上谱记载基本相同,区别只有“张氏出自姬姓,黄帝子少昊青阳氏第五子挥为弓正……”把挥记载为黄帝之孙。此后的张姓家谱关于得姓起源,多受这两部统宗世谱的影响;而挥公为黄帝之孙说,也是受后部统谱影响,极少数张氏宗谱也有附和的。

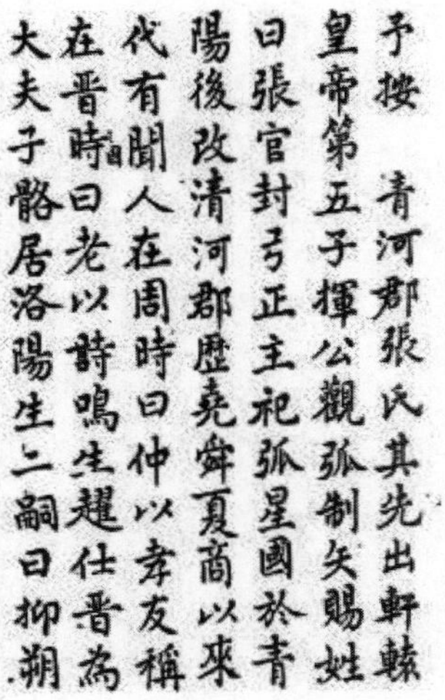
予按 青河郡張氏其先出軒轅
皇帝第五子揮公觀弧制矢賜姓
曰張官封弓正主祀弧星國於青
陽後改清河郡歷堯舜夏商以來
代有聞人在周時曰仲以孝友稱
在晉時曰老以詩鳴生趯仕晉為
大夫子骼居洛陽生二嗣曰柳朔

明谱序

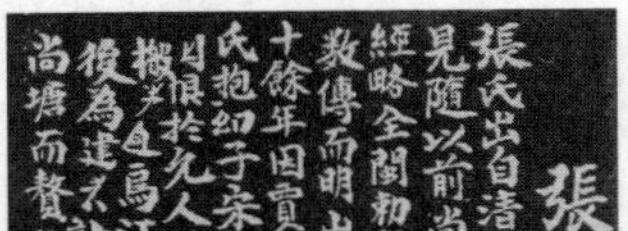
張氏流傳紀略世係
張氏出自清河郡黃帝第五子主嗣派號為張氏由來已久矣歷朝各有表
見隨以前尚矣漳之有張也自伯紀公始本河南祥符縣人唐儀鳳間從陳元光
經略全閩勅封副指揮使威武福德上將軍鎮守漳洲因家於漳張氏始發蹟焉
數傳而明山號九十翁娶妻林氏生七子越九傳而為恭議大夫故號恭議公在朝
十餘年因貫早章奏亂朝綱欽隱居不仕後宋帝避元於閩粵公奔赴
氏抱幼子宋來隨回於漳至漳過木棉庵閩鄭虎臣誅賈似道處所猶為甘臣錄
日恨於先人於元宵祈禱得仙人夢云要得分明北只得一部西林鯉魚池後
搬移過烏江渡口看望地形如鯉魚像問之即一都西林地界因卜居西林
後為建不計嗣後建祠西林卜年卜世依缺綿延擊基於斯我愿仔公由和
尚塘而贅於麥閣基官狀詳於列傳計愿仔公自洪武七年贅麥迄今

流传纪略世系

对这两部明代《张氏统宗世谱》,今天的姓氏研究者张梁森依据家藏续修宋代《张氏宗谱》,撰文《中华张氏源流世系再证》,提出了如下观点:

1. 张姓出自“清河说”是前人的定论。后人没有依据或依据并不成立,不应轻易更改。

2.“青阳生挥”是“青阳王挥”之误刻。

其误刻源于唐后期林宝撰写的《元和姓纂》所云:“黄帝第五子青阳‘生’挥，为弓正”句。挥是黄帝之子，而不是孙。

3. 挥“居尹城”没依据，“尹城”非地名。

挥“居尹城”说此前从无记载;而“尹城”不是地名,是王、侯居地通称，如后代首都、官衙之称。

4. 昧、允格、台骀不是挥公之后，而是金天氏之后。

《左传句解》:“昔金天氏有裔子(孙子),曰昧,为玄冥师,生允、台骀”，子承父业，治水于晋阳之地，台骀被封侯，后代分为沈姓、姒姓、蓐姓和黄姓四个小国。台骀死后，四个后代传人一直祭祀他。至晋，四小国被灭。

编者对上文观点基本认同,《元和姓纂》这部书确实谬误甚多，为史家所不引，正如洪迈在《容斋随笔》所批评的 :“《元和姓纂》，诞妄最多。”但是对“尹城”非地名之说却不敢苟同。在《中国历史地名辞典》上虽然查不到“尹城”地名，但是《通志 · 氏族略》上却有记载 :“尹氏，少昊之子，封于尹城，因以为氏。子孙世为周卿士，采食于尹。今汾州有尹吉甫墓，即其封也。”根据此记载，使人联想起《新唐书·宰相世系表》的话:“张氏出自姬姓,黄帝子少昊青阳氏第五子挥为弓正……”而典籍上又有“少昊金天氏”之说，张宪的《张氏统宗世谱》是否张冠李戴，将两个“少昊”之子弄混了，才有挥“居尹城”？编者是大胆推测。今人张华封对此有较为严谨的论证(书后附文章)，故不多说。

我们再看其他谱牒记载。

明代崇祯十四年洞壶《清河张宗谱》序载 :“赐姓受封，总原一本。我族系出清河,本黄帝苗裔,后显于汉,历唐宋元明,代不乏人,史不绝书，其典型固未远也。”

“我族系出清河”之“我族”是指“张姓”一族还是仅指“清河张一族”？我们认为是后者，专指“清河堂”一支。

再看湖南省图书馆收藏的善本《张氏南轩族谱》记述 :“吾族本黄帝后裔，始祖为弓正，封清河，赐姓张，此郡所自始也。”可见，“吾族”是指全国张姓一族。

另据清道光九年抄录“积庆堂”内“张氏流传征略世系”云：“张氏出自清河郡。黄帝第五子主祀弧，号为张氏，由来已久矣。”

明版《张氏族谱》谱序云：“张之受姓，昉于轩辕之子，天下之张厥初，无不本于一人耳，濮阳吾祖之所自出……”其结尾处还有诗为证：“吾家本名族，受姓轩辕氏，濮阳蕃本根，分合清有几……”这则记载说明濮阳一支张氏出自轩辕之子，但并未说明张姓发源之地在何处。

清代王仁俊辑《姓氏考略》又云：“黄帝子挥，始造弓矢，受封于张，其后遂为弓氏和张氏。”受封于张之“张”，指张国或张城。张华封考张姓源出山西晋阳之地，似乎有所本。

现藏湖南图书馆的丰城《张氏宗谱·卷首》记载：“阅先代著籍江西丰城，来自明初，堂号清河。因思天下之姓张者，共出清河一脉，而兹何异焉。”这是清河堂一支的宗谱，显然有以己门推及天下张姓人之嫌。

《马来西亚张氏志》则说：“考轩辕皇帝第三妃彤鱼氏，生有第五子曰挥。初，帝命为弓正官，因赐姓为张，此清河张氏自始也。”将清河张氏与源出之地合而为一。

明确记载张姓始祖挥公封地的谱牒，还有清早期四川的《简阳张氏宗谱》，其序言分别作于康熙四十年和乾隆三年。《家谱原始记》载：“述吾族张氏，系出黄帝有熊氏，姓公孙，御讳轩辕。之子名挥，始造弧矢，张网罗，世掌其职，子孙因以为张姓，受封清河观君（津），分符冀州之域，即今广平府清河县。子孙显于晋，后显于吴。克平荆楚，驻师黄州府麻城县孝感乡明珠坊，麻姑山下……军民两宗族派，繁集历朝以来，世受国恩……”

清河县在明清曾隶属广平府，而谱中“观君”系“观津”之误。观津地名出现很早，西汉窦太后即是清河郡东武城县观津人。先属清河郡武城县，今属河北省故城县，在今清河县境北十几华里处。谱中明确记载，张姓受封清河观津，即广平府的清河县。

台湾张桂元先生退休后致力于张氏研究，花多年心血编成《张氏统宗世谱溯源》之皇皇巨著。其《张氏始祖挥公特记》曰：“挥公本姓姬，黄帝轩辕公第三妃彤鱼氏所生之长子，总排行为黄帝第五子，随轩辕公征战蚩尤……夜观天上流星……萌生机智……赶制弓矢，发挥巨大无比威力而获全胜，逼使蚩尤入海被杀，夷平众患……论功行赏，以第五子掌弓正……以长弓为姓赐之，即张氏之始也。主祀弧星，封国青阳，居河北省冀州婺（武）城县明德乡归仁里，后改清河郡……”

《张氏统宗世谱溯源》

文中“婺城”应为“武城”，西汉初置，名曰“东武城”（西武城在山西晋地，故加“东”字以别），隶属清河郡。西汉初置清河郡，下辖十四县，郡址在“青阳王都”，即今清河县城南二十五华里汉甘陵附近，辖区包括清河县全境及今河北省临西县、威县、南宫市、枣强县，山东省的武城县、夏津县、高唐县、平原县、茌平县、临清市、冠县等。隋唐之初，因隋唐大运河开通，清河境成为南北交通要道，清河郡随移至今清河古城西北十华里处，本是东武城县城址，遂去武城名而置清河郡。后，原东武向东北迁移三十华里，在今清河县与故城县交界处别置武城县。文中所说“明德乡归仁里”，应在今清河县古城西北。

《张氏源谭》

“香港张氏宗亲总会特刊”载《张氏世系源流考》说：“我张氏受赐姓之始祖挥，乃轩辕黄帝第五子，为三妃彤鱼氏所生，观弧星，司弓正之职，始制弓矢，赐姓张氏，世居清河。”

关于古今张氏族谱记载“张姓出清河”者居多，其他则较少见。

关于张姓始祖挥公是黄帝子或孙的问题，我们倾向于《张氏源谭》一书的观点：“尊重多数史料，尊重大多数传世的张氏族谱及现代张氏后裔们的研究成果，我们认为‘挥为黄帝子，观弧矢九星，始制弓矢，封弓正，赐张氏’，为天下张氏的祖先是正确的。还有，古代天文学家所讲的张宿，是二十八宿之一，共六颗星，其星位又正好在轩辕星座之下，那么张挥为轩辕黄帝之子，应该是古代圣贤们从天象中给我们的昭示吧。”

以上两点，当然还有继续探讨的必要。如果没有新的史料发现和考古证实，我们认为应尊重今天绝大多数张姓族人的广泛认同感。

因编者条件所限，查阅张氏谱书很有限，所以，遗珠、纰漏、失敬之处难免，尚望海涵。

最后，把湖北大治清河堂《张氏大成宗谱》所载《始祖青阳王挥公受姓历代朝世歌》附录于后。尽管这只是张姓一个大支脉的朝代歌，却是张姓古世系歌。刊印之误字，已由张梁森先生做了纠正。

始祖青阳王挥公　受姓历代朝世歌

挥公受姓敕青阳，轩辕其父命氏张。
二世若公颛顼侯，三代颛公帝喾皇。
四须尧时五桃舜，桃公有弟榆雁行。
叔祖榆公卧其后，我祖桃公师禹王。
师子宣公仲康肃，七宣八扬帝相详。
九世密安安我祖，长密任官时少康。
安子考公居十世，帝杼其君亟其祥。
亟公帝槐黄帝芒，十一二世祖名扬。
琦公帝世不降契，十三四世又清详。
希公帝扃十五世，燧赞二子帝廑帮。
我祖泰公孔甲史，奏厉赞公房下昌。
此为十六七世祖，十八还公子诞双。
还公帝发昧生养，经纯二子居桀亡。
质公汤时纯公子，十九廿世夏传商。
钝公太甲廿一世，沃丁廿二公名康。
太庚启公少甲立，廿三四世祖尤彰。
立子瑰公雍已世，和公太戊廿六详。
廿七八世雍显继，亶甲祖乙二代皇。
廿九三十沐逊祖，祖辛沃甲两皇帮。

三一二世郢生取，祖丁南庚又其王。
三三四世顺圆及，阳甲盘庚计时光。
三五六世肃永出，小辛小乙在其场。
三七八世浚会代，父子同仕武丁王。
三九宣公继父志，时任司马祖甲疆。
四十稳公廪辛日，豫州太守佐朝纲。
元公武乙正帝乙，四十二世又清详。
四三奎公纣元帅，四四炳公周成王。
四五辰公康王将，四六本公时昭王。
四七八世灼衮上，父隐子仕时穆王。
四九麟公懿王庶，五十宏祖夷之氓。
五一道公属王世，生子仲公孝友堂。
相宣生象幽王日，秀公平时三代详。
五五卓公宪五六，父子相继桓王邦。
五七入世凌与义，厘襄五八正家帮。
五九六十世上祖，晋生凝公匡定王。
六一侯公兄弟二，仲氏明伯佐简王。
伯生张老六二世，我祖老公际灵王。
佐晋泽民得美誉，善颂善祷世称扬。
生子君巫六三世，巫生趯祖景生疆。
六四趯祖生子二，骼体二公五六帮。
体公子二正望朔，我骼子名柳朔行。
父子仕晋救郑难，独立释援时敬王。
六七八世誉舫继，六九去疾子策将。
七十七一七二世，策公寿公开地当。
七三平公七四继，西汉留侯字子房。
五世相韩悲韩灭，因佐高祖剿秦邦。
后落赤松归辟谷，生子不疑长辟疆。
次子不疑嗣后职，七五世上亦同详。
七六典高七七默，默公有弟黔名彰。

黔徙涿州飞其后，默公之子万年昌。
年娶宋氏七八世，传子嵩公五桂芳。
嵩任武帝左辅国，身居七九世蕃昌。
子壮赞睦彭通辈，八十八一广开壮。
长壮娶周生子四，郁邵祁郢子名扬。
祁迁太源郢闽中，郁迁安门邵范阳。
二房赞公娶卜氏，子三谐语诙其行。
诙迁上舍语福建，长子谐公迁敦煌。
睦公三房娶陈氏，子二泳议随任杭。
议避莽乱泾洲适，泳留杭州作居场。
四房彭公刘氏娶，子三讬训讯其详。
讬迁云南训陕西，讯适庐洲尽开庄。
我房通公为太守，官任清河令闻扬。
娶华一子诚无妄，宣帝官任大理行。
娶刘子一里仁辈，此为八二世代昌。
八三四世大顺起，道陵道宏其子帮。
长陵龙虎山得道，次宏永不抚汉王。
顺受桐柏真人诰，宏生子觉八五详。
娶杨生嗣嗣陈娶，嗣生匏公樊氏娘。
此统八五六七世，八八九世另来详。
八有湛公八九起，起生二子文春当。
文生子璁春生琎，九十世上又通场。
九四材荣荣生敏，九五矩公属材房。
九六七世瓒元俊，元俊光州太守行。
辉公恂卿九八九，辉为黄门大侍郎。
恂卿太守吉州地，娶高子权百世昌。
权娶欧阳开百一，子袒晃景昇翯行。
袒居汴梁娶谢氏，晃迁彭城娶孙娘。
昇迁汴梁周氏女，翯迁福州姚氏黄。
隆英积等世百二，世隆娶郭徙浙江。

世积娶钟苏州派，百三世上祖孟良。
叔祖仲良娶李氏，季良任守潼关疆。
娶吴徙居扬州去，其嗣量必亦蕃昌。
孟祖尚书工部任，娶周子二百世当。
百世杰公兄弟二，俊娶洪氏字国香。
我祖国英杰公子，娶刘五桂又齐芳。
长名杞公娶刘氏，次曰埜公陈家娘。
三曰桂公娶郑女，迁为新安富户张。
五有柴公叔祖辈，统居东京老居场。
我祖四房明经弟，实甫讳朴是其行。
任迁长沙为县尹，娶李携子著大唐。
子二安宁名字号，卒官时值禄山强。
不克归葬因卜地，吉葬于其万绶庄。
长房安公裔守此，我祖避奸入吴江。
不爱闹事寻辟公，一直隐入武宁乡。
地名紫鹿高冈地，扬曰青牛古涧场。
朴公居世百零五，百零六世安宁帮。
安公平素行方九，娶黄娶朱子五双。
今其后裔天下满，我祖孙枝厉蕃昌。
宁公康叔行方十，御史大夫显名扬。
聂刘二妣共六出，六桂齐芳显大唐。
琼琣二人聂氏妣，□瑗璇瓘刘家娘。
兄弟俱居进士第，六监书香尽显扬。
由此以后听另叙，何妨敬叙送各房。
各房族众须爱惜，陈桂受祀香火堂。

道光年挥公百四十五世孙邑首庠生沿铭敬西氏纂述

第三章 张姓起源的不同说法

有关张姓起源和得姓地，除青阳即“清河说”外，历史上还有“解张说”“张国说”和尹城即“太原说”。在张姓家族不断发展壮大的进程中，新的家庭成员不断融入，又有汉族中改姓、赐姓、异姓联宗说和少数民族“改姓说”。

其说之多，是因为人们对张氏这个著族大姓重视和关注；因某种功德和原因，由汉民族和少数民族改姓而融入张姓族群的，则像一股股涓涓细流汇入大河，汇聚成滚滚洪流，波澜壮阔，已成为张姓家族中不可分割的群体。我们不必厚此薄彼，如果没有这些细支细流的汇入加盟，就没有今天张姓家族如此恢宏壮大。

第一节 张姓起源“三说”

姓氏是如何起源的？关于中国姓氏来源以及姓与氏区别的记载，最早见于《左氏春秋》一书，“隐公八年”篇记载：“天子建德，因生以赐姓，胙之土而命之氏。诸侯以字为谥，因以为族，官有世功，则有官族，邑亦如之。”意思是说，天子立有德之人为诸侯，依照他的生地而赐姓，分封土地而赐给氏。诸侯以字作为谥号，后人以此为氏族。累世做官而有功绩，后人亦以官为氏族，也有以封邑为氏族的。概括地说，姓氏最初的来源主要有“因生赐姓氏”“因德赐姓氏”“因地赐姓氏”三种。

关于张氏起源，在历史上流传比较有影响和广泛的说法，除去“因德赐姓氏”的“国封青阳”之“清河说”外,还有“因地赐姓氏”的“解张说”和“古张国说”以及同是“因德赐姓氏”的“太原说”。

一、解张说

张氏始祖解张说出自宋朝郑樵的《通志》。《通志·氏族略》曰：“张氏世仕晋。晋分为三,又世仕韩,此即晋之公族以字为氏者……按晋有解张，字张侯，自此晋国世有张氏。则因张侯之字以命氏，可无疑也。赵有张谈，韩有张开地，赵韩分晋，皆张侯之裔也。”

春秋时晋国公族中确有解张其人。《左传·成公二年》载，晋景公十二年癸酉（前 588），晋国与齐国战于鞍（今山东历城西北），晋国执政亲临前线指挥，张侯为执政御车。执政被箭射伤，鲜血一直流到脚下，但击鼓之声一直没有中断。张侯亦被箭射伤手和肘部，张侯把箭拔下来扔掉，左手执辔驶车，右手协助执政击鼓，带领全军奋战。张侯在最危急的关头没有后退，终于赢得了鞍之战的最后胜利，被誉为“圣勇”。

春秋时，晋国公族中虽说有解张其人，但这并不能说明解张就是张氏开宗立姓之始祖。因为在解张之前，现存的《诗经》中早已有关于张仲其人的正式记载。

《诗经·小雅·六月》云：

吉甫燕喜，既多受祉，来归自镐，我行永久；
饮御诸友，炰鳖脍鲤，侯谁在矣，张仲孝友。

把这首四言诗译成白话，就是：

吉甫燕饮，喜气洋洋，接受周王百般厚赏。

大将吉甫，镐地归来，行军征战，时日久长。

盛情设宴，众友齐集，红烧甲鱼，细片金鲤。

济济众友，谁在座中？赫赫大名，张仲孝友。

这里“吉甫”指西周宣王时（前827—前782）的大臣尹吉甫。尹吉甫本来姓兮，名甲，字吉甫，亦称兮伯吉甫（甲父）。因食封于尹（今山西隰县东北），遂为尹姓。宣王即位的第五年，即公元前822年，宣王就派尹吉甫讨伐猃狁。猃狁在商末周初亦称鬼方，或叫犬戎，这些称谓都带有侮辱的性质。尹吉甫是个文武双全的人，且善于从失败中总结经验，转败为胜。他讨伐猃狁开头打了败仗，其后便率军至中都邑（今山西平遥），增城筑台训练军队，提高作战能力。他所筑的城名曰京陵城，亦称金陵城，史称“尹吉甫点将台”，至今犹存，在今平遥县城亲翰门（下东门）南120米处。“点将台”与城墙联为一体，平面呈“凸”字形，周长180米，高12米。尹吉甫率领的军队在这里经过严格的训练和整顿以后，又对猃狁做了调查，在知己知彼的情况下，终于大败猃狁，把猃狁驱逐到了太原以北。尹吉甫把斩获的猃狁首级和俘虏献给宣王，宣王给他记了大功。《诗经》所写的正是尹吉甫得胜还朝受到宣王嘉奖后从周都镐京（今陕西咸阳）回到驻地中都邑（山西平遥）同好友欢宴时的情景。“侯谁在矣，张仲孝友。”这里虽未说明张仲是哪里人，但肯定距中都邑（平遥）不会很远。尹吉甫自从讨伐猃狁获胜以后，就一直驻守在中都邑，直至谢世。尹吉甫谢世后就埋葬在这里。他的墓冢坐北朝南，至今犹存。明万历二十五年（1597），知县周之度于墓前竖碑，上书“周卿士尹吉甫神道碑”。此碑曾一度被埋没，1983年在墓南100米处出土后才又重新竖立于原位（《平遥县志》，中华书局1999年版，第474、479页）。

《诗经》记载的周宣王时的尹吉甫和张仲都比晋国的解张要早出二百五十年左右。张仲是见于文献记载的最早的张氏先民。二百多年以后才出世的解张怎么能成为张氏开宗立姓之始祖呢？所以，始祖解张说，一般不为人们特别是张氏族人所认可。

二、古张国说

清王仁俊所辑《姓氏考略》云：“黄帝子挥，始造弓矢，受封于张，其后遂为弓氏和张氏。”今人姓氏著述，如史国强所著之《中国姓氏起源》（山东大学出版社 1990 年版）和张海彤、金连昌主编之《百家姓探源》（首都师范大学出版社 1996 年版）以及陈明远、汪宗虎所著之《中国姓氏大全》（北京出版社 1987 年版）均引此说。这是有根据的。

《汉书·地理志》云：“昔在黄帝，作舟车以济不通，旁行天下，方制万里，划野分州，得百里之国万区。”宋罗泌所撰之《路史·国名记》记载：“黄帝之子所封之国有陈、昌、张、资、寇、郦、瞿等，凡七十。”可见，古张国是存在的。那么它在何地呢?

《蒲州府志》记载，诸侯国张就在其郡地。其文曰：“张，《国名记》云古挥之封，或云黄帝臣张若封。王符云：‘今河东有张城，西张城，至晋为大夫张老采。岂晋张之祖所出耶？’”文中所称王符，东汉人，上述其言出自其著《潜夫论》；张若，据《庄子》记载乃黄帝时人物，张氏家谱记载其即挥子昧。

《山西通志·临虞今古分合辩》云：“临晋旧志引《括地志》云：张扬城一名东张城，在蒲州虞乡县西北四十里。”刘纬毅编著之《山西历史地名录》曰：“东张城：在虞乡西北有张扬故城，一名东张村，今称东开张村。”可见，古张城即今山西省永济市之东，就是古张国，亦即挥之封地张。

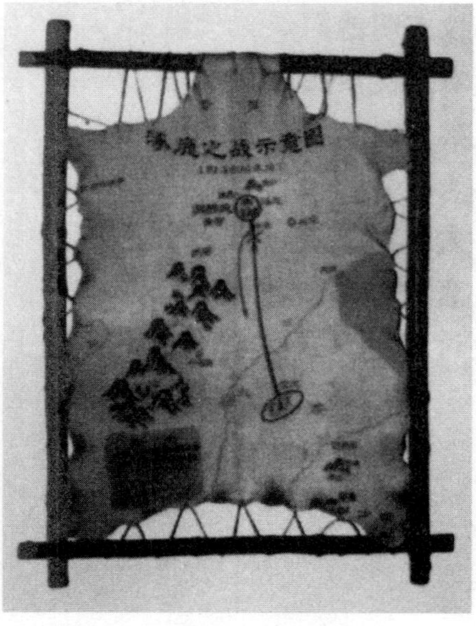

涿鹿之战示意图

张国，其地属古之解（或者紧邻解）。春秋时，晋献公于解地置解梁城，故解又称解梁。而《解县志》云“解梁也称涿鹿”，黄帝与蚩尤涿鹿之战就发生于此。解名即得之于此战。《孔子三朝记》云：“黄帝杀蚩尤，其血化为卤，因其尸解，故名其地为解。”《路史·外纪四》云：“黄帝战蚩尤于中冀而诛之，爰谓之解。解者，宋之解州，今山西之解县也。”涿鹿大战后，“黄帝邑于涿鹿之阿”（即解梁），“舜都蒲坂”，“禹都安邑”。蒲坂、安邑均属解。史称“尧都平阳”（今临汾市），然而也有“尧天舜地，尧都禹城”之说。可知，包括解在内的河东之地曾是黄帝以至尧、舜、禹这些中华民族早期领袖统帅各部族及部落联盟的中心地区。挥是黄帝胄胤，在黄帝开拓时期，官为弓正，主管制作弓矢，职责重要，被封于京畿，正在情理之中。而以封地为姓，是汉族得姓的又一重要来源。

以封地为姓说和以职官为姓说都认为挥是张姓得姓始祖，得姓与制作弓矢有关，这是具有根本性的共同点，本质上并不排斥，可以求同存异。

这也是今人张华封力主的观点。他对古张国有进一步阐释和叙述：

词典语曰：发祥地，旧指帝王祖先兴起的地方。引其意，挥得姓之封地或固定居地，就是张姓源起之地，亦即张姓发祥地。如前所述，挥封于张（国），张在解，则解地自然就是张姓的发祥地。无论是挥封于张而得张姓还是因挥为张姓而使其封地得名张，都是如此。但是，可能由于以职官为姓说已被普遍接受（这并不错），且影响较大的明朝两部《张氏统宗世谱》分别认同清河郡和太原府为张姓源出之地，以致以封地为姓说和张姓发祥地为古张国的观点未能引起广泛的重视。但是，这一观点现代又重新引起了学者的关注。上述邓洪波先生新著《中华姓氏通书·张姓》就写道：“湘人何光岳先生经过考证，提出了河东张城（今山西永济县东北）可能是张姓始居地的新说，值得重视。”本文赞同此说。理由是：一、东汉学者王符即已提出此点，此观点有具体事实根据；二、弓氏与张氏同祖同源的观点确认古张国是得姓始祖挥之封国；三、《蒲州府志》确认古张国在其郡地并认为是张挥之封；四、山西是张姓早期集中居地，春秋时古籍所记述的张姓著名人物基本都在晋；五、解是黄帝与炎帝、与蚩尤阪泉之战和涿鹿之战战地，也是黄帝“都”邑，张国位在“京畿”，与挥负责制作弓箭的重要地位相一致。

三、太原说

张姓起源“太原说”，始于明嘉靖永乐年间两部《张氏族宗世谱》面世之后，并且有相当影响。今按《太原张氏史略》所载，节选如下：

现存的张氏族谱，绝大多数是明清两代编修的。这些张氏族谱很多都尊奉张挥为开宗立姓之始祖，太原尹城为张挥受封之地。明代嘉靖年间，张宪、张阳辉主编的《张氏统宗世谱》(以下简称《统宗世谱》)之《本源纪》载：

“尹城派,始祖挥公,受封之国在山西太原府属之地。挥生昧,为玄冥师。昧生台骀，能业其官，宣汾洮，障大泽，以处太原，帝用嘉之，封诸汾川，掌水旱属疫之职，即山川之神也。世飨其祀。今太原县有庙存焉。”

“鲁国派，在山东兖州府曲阜县所属之地。周武王封周公旦于鲁国，晋改国为郡，隋改曲阜县。周宣王时召公辅政，逢逸民仲山甫荐仲公于朝，王以为卿，公不愿仕，隐居曲阜之防山。派出尹城。”

“曲沃派，在山西平阳府城南一百二十里，古冀州之城。春秋时，晋平公即位之初，中军司马张君臣改服修官蒸于曲沃。汉改河东郡，后魏复置曲沃县。派出鲁国。”

“廪延派，在河南开封府城西北九十里，春秋时属郑之廪延，战国时韩王建都之地。秦置酸枣县，汉属陈留郡，梁属开封府，宋改延津县。韩相开地居之。派出曲沃。”

上述《本源纪》表明，山西太原尹城即为张氏始祖张挥受封之地，故曰“尹城派”。鲁国派源于尹城派，曲沃派又源于鲁国派，廪延派则源于曲沃派。它们的渊源关系如下：

尹城派→鲁国派→曲沃派→廪延派

可见，太原尹城既是张氏开宗立姓之处，张挥即为张氏开宗立姓之始祖。清嘉庆二十一年（1816）编修的《张氏合修家谱·宗庙》载：“始赐姓张挥公庙在山西太原府太原县尹城里。”

其实，这里的尹城指的就是古晋阳城。古晋阳称曰尹城，得名于晋阳城西门外的尹公祠。清道光《太原县志》卷二载：“尹公祠在县城西门外，祀赵简子之臣尹铎，知县金砺建，岁以六月二十八日祭。”可见，尹公祠乃是为纪念春秋时人尹铎而修建的。

明万历《太原府志》卷八载："台骀泽，一名晋泽，太原县南十里。晋水下流，汇而为泽，中产蒲、鱼，民人利之。泽广二十里，今为汾水所没，尽为民田。其旁有昌宁公庙，即台骀神也。"

台骀早在先秦时代就被神化了。据成书于战国时期的《左传·昭公元年》记载："昔金天氏有裔子曰昧，为玄冥师，生允格、台骀。台骀能业其官，宣汾洮，障大泽，以处大原。帝用嘉之，封诸汾川……台骀，汾神也。"

传说台骀为治洪水，南北奔波。他率领民人疏导汾水和洮水时，奋战在灵石山头，日夜施工，挖山不止，终于打开灵石口，将汾水导入黄河，空出了晋阳湖。此即"打开灵石口，空出晋阳湖"这个在山西广泛流传的民间传说之由来。

金天氏即少昊青阳氏。少昊，又号金天氏，代号也。"大原"即指"太原"。古"大"与"太"通用。大而高平之地谓太原。这里所说的太原并不是专用地名。正如今人杨伯峻《春秋左传注》所说："此太原非地名，乃指汾水流域一带高平之地。"《左传》杜注曰："太原，晋阳也，台骀之所定居。"先秦时代的所谓"太原"，就是指台骀居住的高平之地。战国以后，太原才变成特定的地名称谓。太原之得名即出自台骀所居的高平之地。

据道光《太原县志》卷三记载："青阳庙在县西十五里，今废。"但其遗址依然存在。以青阳氏命名的青阳沟，从古至今，代代相传，妇孺皆知。青阳沟南是张家坟，赵国谋臣张孟谈之墓就在这里。王郭村有条街叫张家巷，这里仍有十几处处于花园中的望月楼，是用明矾和生铁修筑的，特别坚固，是明代建筑。外院还有供骑马用的上马石。相传，旧时张家媳妇乘车、骑马都必须从外院起步。张家乃是王郭村的名门望族。王郭村的得名，并不是因为该村姓王的民户多，"王郭"系指帝王城郭之意，王郭在晋阳的历史上曾有过很高的地位。

然而，随着时间的推移和台骀神化程度的加强，淡化了台骀与张家一脉相承的血缘关系。后来，姓氏起源与谱牒学研究者依据文献记载，追根溯源，才廓清迷雾，弄明白台骀与张姓的血缘关系。

综上所述，张挥是张姓开宗立姓之始祖，太原晋源区王郭村残在的昌宁公庙就是极其古老的张氏之祖庙。

第二节
汉族改姓、赐姓、异姓联宗说

在张姓发展史上，还不断增添新的成员。大概由于张氏得姓与弓、矢有关，内含一种发明睿智和雄壮军武之气，令人仰慕，所以历代帝王便常常对为国立下卓著功勋的武猛将帅赐姓为张，以作奖赏；也有出于某种社会原因，由他姓自行改为张姓。另外，还有同宗异姓和异姓联宗之说。这都更加丰富了张姓来源的文化内涵。

张燕本姓褚

东汉末年，农民起义军中有黑山军，其首领张燕，本姓褚，常山真定（今河北正定）人。张角领导黄巾军起义时，他聚众万余人响应，不久归并张角领导的起义军。张角死后，他被推为首领，遂改姓张。后与常山、赵郡、上党、中山、河内的各路起义军联合，号为“黑山军”，张燕被推为首领。后降朝廷，归顺曹操，任平北将军，封安国亭侯，食邑五百户。其子张方、孙张融先后嗣承侯爵，成为曹魏时期的贵族世家。

张辽本姓聂

三国时期魏国大将张辽（169—222），字文远，为西汉名士马邑巨富聂壹之后，世居代州雁门郡，因其父避仇改为张姓。张辽虽然是聂氏改张姓，但他却尽得张姓军武之气。在曹操与陈兰、梅成的天柱山之战中，张辽率兵冒死攻入高峻险狭的山谷，全歼陈、梅之军。张辽屯兵合肥之时，被东吴大军包围。张辽亲率八百敢死士卒，趁夜硬闯吴军大营，其武猛之威震慑吴军。曹操拜其为东征将军。其后屡立战功，封晋阳侯。公元222年病死军中，谥刚侯。儿子张虎、孙子张统先后嗣袭晋阳侯爵。张辽的哥哥张讯也因战功被封为列侯。这支改姓张姓成为魏晋时显赫的张氏世家。

前凉王为他们赐姓张

前凉王张天锡未称王前与安定人梁景、敦煌人刘肃相友善。公元363

年，在梁景、刘肃的辅佐下，张天赐篡夺了前凉政权，自立为王。为酬其功，张天锡赐二人张姓，视为己子，并依例以“大”为辈分起字，改梁、刘二人姓名为张大奕、张大诚。其后裔皆为张姓。

渤海高霸改姓张

辽代渤海高霸弃高改姓张氏。其子张佑、孙张匡都仕于辽，官至节度使，成为地方军政长官。张匡有两个儿子：长子玄征，在金代曾任彰信军节度使；次子玄素，字子贞，历任金代静江军、镇西军、兴平军节度使和东京路都转动使等，金世宗时官至户部尚书。他为官以厚道、正直著名，史称“厚而刚毅，人畏惮之”。玄征之子汝弼，字仲佐，以父荫补军正，正隆二年（1157）中进士。因其妹嫁金世宗为妃，所以屡屡升迁，累任吏部尚书、参知政事、尚书左丞。

高霸的另一曾孙张浩，字浩然，也是金代初期声名显赫的大臣。金太祖天辅年间，就以精于出谋划策而被任命为承应御前文字。天会八年（1130）赐进士及第，授秘书郎。天眷二年（1139）参与制订“内外礼仪程序”，迁礼部尚书。海陵王即位，为参知政事，进尚书左丞。世宗即位，拜为太师、尚书令，封南阳郡王。大定三年（1163）去世，谥号文康。张浩有五个儿子：汝为、汝霖、汝能、汝方、汝猷。张汝霖，字仲泽，少年时就聪慧好学，深得父亲喜欢，张浩称赞他是张家的千里驹。贞元二年（1154）赐进士及第，历任翰林待制、刑部侍郎、中都路都运使、御史大夫、太子少师，拜参知政事、尚书右丞，进拜平章政事，封芮国公。世宗临终前，与太尉徒单克宁等同受命为顾命大臣，迎立章宗完颜憬登位。明昌六年（1191）去世，改封莘国公，谥“文襄”。

张兴祖本姓汪

明初大将张德胜的养子，名兴祖，原本姓汪，后从养父改姓张。张德胜战死，追封蔡国公。张德胜的亲生儿子张宣年幼，遂由兴祖嗣爵。张兴祖嗣爵后，不负众望，亲自领兵打败陈友谅、张士诚，并数败元军，屡立战功。洪武初年，张宣长大成人，遂袭父爵，被任命为宣武卫指挥同知。与此同时，张兴祖被废封爵，恢复汪姓。后来，汪兴祖之子年幼，便由张宣负责抚养，直至长大成人。张汪两家相互抚养、相互转姓，被传为佳话。

张廖同宗

在闽南、粤东和台湾有个张廖姓，但不是通常所说的复姓，而是一种独特的异姓同宗的姓氏。张廖姓起源于明朝洪武初年福建诏安县官陂乡，始祖是张愿仔。

官陂《张廖姓族谱》记载，张廖始祖张愿仔，字再辉，云霄西林和尚塘人，其父叫张天正，母为陈氏。明洪武七年（1374），张愿仔由云霄西林和尚塘到官陵游学，其后执教于当地富户名叫廖化的家中。廖化又称廖三九郎，膝下只有一女，取名大娘，品貌端庄，秉性贤淑，尚未婚配。廖化为人和善，见愿仔善良朴实，忠厚勤勉，是理想的东床之选，便招赘为嗣，待若亲生儿子，并且把全部田园产业都交给张愿仔掌管。愿仔事岳父母犹如亲生父母，克敬克孝，闻名乡里。廖三九郎因恐他百年之后愿仔忘廖返张，故立誓曰："得我业而承我廖者昌，得我业而忘我廖者不昌。"愿仔遂立誓曰："生当姓廖，死必归张。"

廖化谢世后，官陂寥姓家族中有人犯罪，累及族人，族中无人敢到官府申辩。这时张愿仔挺身而出，以廖姓家族代表的身份赴官府进行申辩。不料这场官司拖延多年，结案后，张愿仔身患重病，临终时嘱咐他的儿子友来说："余感廖公之恩，余死后，尔当姓廖，代父报德；死当姓张，以存祖姓。生死不忘，张廖俱昌。"其子友来遂立誓曰："生则姓廖，殁乃书张。"于是张廖二姓遂成一脉，其子孙后代生时姓廖，死后书张。故有"活廖死张""人廖神张""张骨廖皮"之说。其后张廖姓便流传开来。

以张愿仔和廖大娘为开姓始祖的张廖姓，目前已传至二十五世，分布于官陂的十七个村落。为使后世子孙共知张廖姓木本水源，张廖族人取张姓郡望"清河"和廖姓郡望"武威"各一字，以"清武堂"为本家族标识。

张廖姓传到第六世时，有张廖道丈和张廖道行两兄弟在官陂溪口村建宗祠曰"上祀堂"。上祀堂分上下厅，兄弟分家时，兄得上厅，弟得下厅。据风水先生说，得下厅者要外出，方能兴旺。所以张廖道行派下子孙每一代除少数留下守祖外，其余大多外迁，一部分移居台湾，又有一些迁徙日本等地。

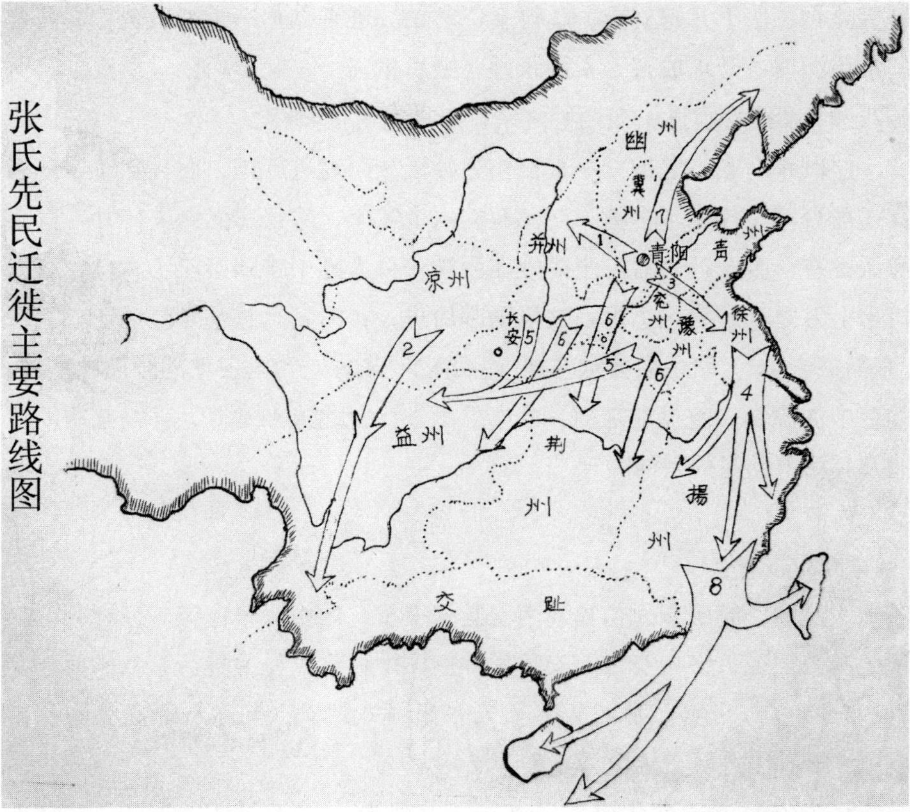

张氏先民迁徙图

在台湾的张廖子孙主要分布于云林县西螺镇和二仑乡、台中市西屯区、台中县大雅乡、台北县土城乡、南投县南投镇等地，人口达十万以上。台湾各地的张廖姓宗祠，如云林县西螺镇“张廖姓崇远堂大宗祠”、二仑乡“清武家庙垂裕堂”、台中市西屯区“张廖家庙承右堂”等，多达三十余座。

张简同宗

张简同宗起源于福建南靖县梅林乡，始祖是简德润。

据南靖《长教简氏族谱》记载：简德润号居敬，于元至正元年（1341）游学到梅林村，设书馆教学。有一位风水先生到其书馆投宿，受到盛情款待。风水先生为报恩，指梅林村牛栏下厝背吉地一穴为“风水宝地”。简德润依言将其曾祖简评士之骨骸移葬此地。邻村长教富户张进兴膝下一子，婚后死亡，遗下儿媳刘氏，孝行奉侍翁姑。进兴欲招一子婿入赘，观简德润学识渊博，乃求成亲，入籍张姓。婚后生三子，又娶卢氏，生五子。所传八子，承张简血脉，兼两姓之宗，于是有了张简姓。

这段张简联宗之谊，一直被作为姓氏渊源写进族谱，而且随着子孙后裔迁居台湾又传到了台湾。简德润的八个儿子，除长房无嗣失传外，其余房派都有众多子孙入台。张简姓在台湾一百大姓中排列第三十六位，有人口十七万之众。为纪念祖宗这段肇基历史，台湾嘉义、基隆等地还成立了"张简宗亲会"。宗亲会会堂内挂"德润南天"匾额。台湾各地的张简氏宗祠，如台中溯源堂、南投惠宗祠、草屯思孝堂、台北追来堂等，都是祭祀简德润及其派下列祖列宗的。

张颜同宗

张颜同宗起源于元初福建南安县安平里，始祖为张德谅。《颜氏族谱》记载，张德谅，字均安，南安县攀林里田中村人，兄弟排行第二。元大德（1295—1307）初年，张均安入赘安平里颜八郎家，同颜八郎之女颜乙泰成亲，子孙因姓颜，遂世为安平颜氏。

张均安与颜乙泰生有二子，长子名师圆，生于元大德九年（1305）。为不忘祖姓，遂规定男性子孙去世后填定神主牌位时仍书张氏，以表示父系香火的延续。"生颜死张"遂为颜氏族人和张氏族人所认可。从此，安平颜氏既是福建颜姓的支派，同时又是张姓的一个支派。安平颜氏裔孙一直参加福建晋江张氏宗族祭祀祖先的各项活动。

异姓联宗

"异姓联宗"主要流行于福建。其典型代表就是"张孙联宗"。张孙联宗起源于福建泉州塔江，其始祖是孙彦爵。福建泉州塔江《孙氏族谱》记载，孙氏于北宋时入泉州，历世仕宋，至七世定居于南塘，第九世懋夫公生有三子：长必友、次必美、三彦爵。后来彦爵入赘于塔江张世慷之女，因家焉。其时塔江张氏在天灾人祸的打击下，人口逐年减少，很多人纷纷外迁。在这种情况下，张世慷遂允许彦爵公仍以孙氏为姓，但却是张家的当然继承者，故又以张孙为氏。后来，孙彦爵的子孙均以张孙为姓，繁衍生息，人丁兴旺，成为海滨巨族。塔江张孙氏每逢祭祀列祖，都是先祭东瓮孙公。塔江张孙氏还参加当地张氏举办的恭迎入闽始祖张延鲁的各项活动。目前，塔江张孙氏有三千多人。

第三节
少数民族改姓说

中国是一个多民族国家，除汉族外，有五十五个少数民族。在民族融合的历史长河中，姓氏变迁屡见不鲜。其中，少数民族中改为张姓的就有很多。

匈奴张氏

匈奴自先秦时期便生活在我国的北方。东汉时，匈奴分裂成南北两部，南匈奴归附汉室。三国曹魏时期，曹操在今山西汾阳地区设置西河郡，安置南匈奴屠各部，其中就有很多匈奴人为张姓。从文献中，我们可以看到有“屠各胡张”“西河胡张”的记载，这些就是匈奴张氏。《晋书·苻坚载记》云：“屠各张罔聚众数千，自称大卑子，坚遣邓羌讨平之。”《魏书·太宗纪》：“神瑞元年六月，屠各胡张文兴等流民七千余家内属。”“天兴元年三月，西河张贤等率营部内附。”

活动于汉末三国时期的羯族张姓也很多，《晋书·石勒载记》云：“胡部大张訇督、冯莫突等拥众数千，壁于上党，勒往从之。”《十六国·后赵录》云：“张季，字文伯，羌渠部人也。”

乌丸族张氏

乌丸也是我国古代北方的古老民族。东汉末年，侯国中山国相国张纯与乌丸首领结盟，起兵反对已衰败的东汉王朝，并自称天安定王，成为北方诸郡反汉的元帅。此后，张姓成为乌丸的贵族之姓，不少乌丸人改姓张。三国时间曹操平定乌丸，将其部落迁往内地。据说今河北南皮县张氏就有不少是乌丸张氏的后裔。

白族张氏

世居云南的白族酋长龙佑那于三国时被蜀相诸葛亮赐姓张，以后其子孙便姓张。公元7世纪中期，在云南洱海地区的诸多部落中，有一个由陇西辗转迁来、首领叫张进求的张姓部落。该部落繁衍生息，人口日多，移居各地，渐成大族。到明代初年，这些张氏分布到云南太和县洱西驿、云南县、浪穹县十二关、阿迷州东山江、猛丁塞（今元阳县老猛）、镇南州英武关、楚雄县、腾冲州、孟合驿、宁番（今北胜县）等地，并且很多人做了土司的驿丞、巡检、主簿、通把等，其中官阶最高的是腾冲州土司知州张铭。按照明代官制规定，土司官是世袭的，因此，明代的白族张氏大多属官宦人家，生活在社会的中上层。

彝族张氏

公元7年世纪70年代，乌蛮部的蒙舍龙和他的儿子细诺罗开始扩张势力，建立南诏政权。细诺罗势力推进到云南洱海地区。张进求诸部落因抵挡不住南诏的攻势，就将自己的部落政权“禅让”给了细诺罗。而细诺罗为了酬谢张氏，就将自己的大儿子罗波海改姓为张，名朝凤。这支张氏后来演进为彝族的一部分。清末杜文秀领导的云南各族人民起义的队伍中有一个叫张兴癸的彝族将领，史称他是南诏王细诺罗之后，其祖先就是改姓张的乌蛮人罗波海（即张朝凤）。

奚族张氏

奚族是一个活动于唐宋辽金时期的少数民族。唐代奚族张氏有知名人物张孝忠，曾任义武节度使。还有张忠志，世居范阳，善骑射，为国屡立战功，官至礼部尚书，封赵国公。

蒙古张氏

元朝末年，蒙将伯颜帖木儿归附明朝，明太祖赐其张姓，其玄孙张晟官至都督签事。鞑靼人哈剌尔敦，英勇善战，也被明成祖朱棣赐张姓，改名隆善。后来张隆善官至京都右军都督签事。鞑靼人奴儿也是明代一位有名的北方边疆守将，屡立战功，明宪宗为表彰他的英勇，赐其张姓，改名友，并任命他为金吾卫指挥使。

清朝有蒙古族治良匡氏伯尔格任岫岩防御使后，改姓张氏。现辽宁省岫岩满族自治县前营乡张氏多为其后。

女真族张氏

明代前期，女真族人咎卜官居女真千户，领兵征战，勇猛异常。其事迹传到京城，明成祖朱棣非常高兴，赐姓为张，改名志义。永乐八年（1410），张志义被任命为建州卫指挥使。

赫舍里氏张氏

分布于都英额、哈达、辉发、长白山、佛阿拉、伯都讷、宪颜等地的赫舍里氏，在清代有一部分改姓张氏。

扎库塔氏张氏

分布在扎库塔、松花江、长白山等地的扎库塔氏，在清代基本上改为张姓。

扎拉哩氏张氏

分布在瓦尔喀、扎库木、赫图阿拉等地的扎拉哩氏，在清代也基本改姓为张。

爱义氏张氏

分布在爱湖流域一带的爱义氏，在清代也有不少改为张氏。

瑶族张氏

瑶族有很多张氏，其祖源现难追溯，分布在今湖南、广西等省（区）的不少县份的瑶族中都有张氏。

壮族张氏

分布在广西的壮族有很多张氏。清代，广西上林县有一个著名壮族张姓家族，兄张鸿翩，康熙间任永宁州学正。弟张鸿慧，康熙四十一年（1702）举人，著有《女训》《家训》《童训》等。鸿翩之子张友朱，曾任庆远府学教授。友朱生滋，滋生鹏展，乾隆时官至通政使，著有《山左续抄》《三难通解训言述》。

黎族张氏

主要分布在海南岛的黎族也有张姓。清代有崖州（海南崖县）洋琳洞黎人张红须于道光九年（1809）领导当地农民起义。

高山族张氏

分布在台湾的高山族张姓甚多，来源不清。清代有张李成，1884 年中法战争中，他曾率兵在台湾淡水大败法国侵略军。

朝鲜族张氏

主要分布在我国东北地区的朝鲜族张氏，徙自汉代，渊源甚早，多是因汉代向高丽派遣官员，后遂定居高丽有关。在清代，朝鲜族张氏涌现出很多著名人物。张氏是朝鲜族大姓之一。

回族张氏

张姓是回族的大姓之一，其改姓年代上溯不清。回族姓氏以马、张、刘、苏、杨、陈、海、蔡、白为多。

土家族张氏

土家张氏渊源甚早，属望族。湖南龙山县曾有一个历元、明、清三代的张姓土司世家。据史书记载，元代有张氏兄弟二人，大哥张金隆任白岩洞长官，弟弟张义保任上溪土司知州。其家族数百年不衰，子孙繁衍昌盛，今湖南地域土家张氏基本上都是他们的后裔。

第四章 张姓人口迁徙史

鸟择良木而栖。伴随人口的繁衍增加和家族的壮大，无论是远古还是近代，为了生存的需要或使生活环境更好一些，张姓的迁徙从来没有中断过。这是一种自然选择。但是，在中国社会发展的进程中，还有被迫迁徙的情况。例如两汉之交的“王莽篡汉”时期、两晋交替时期的“永嘉之乱”、北宋以后的金蒙南进以及明初“燕王靖难”等，民众不断迁徙。张姓先民是手挽强弓利箭的勇敢、顽强家族，他们不畏前途莫测，不惧路途磨难，毅然走向陌生荒凉地域，开疆拓土，落地生根，谱写出一曲曲悲壮豪歌。一个家族的艰辛迁徙史，也从某个角度折射出中华民族发展史。

第一节 自然迁徙和第一次被迫迁徙

在黄帝时代的上古时期，华北冲积平原早已形成。自挥公发明弓矢、封青阳、赐张氏之后，手挽强弓利箭的挥公后裔高举着家族那面有军武之威的旗帜，在河湖交错、草木葱茏的广袤平原上勇敢渔猎，辛勤耕耘，用智慧描绘着张氏家族的拓荒蓝图，用汗水书写着开基立业的辉煌史册。我们可以想象："清河两岸的张氏后裔们过着升平歌舞的生活，日则渔猎于田野，夜则篝火欢歌。神秘弓箭的拥有，使其他部落不敢侵犯；充足的粮食来源，使张氏部落迅速壮大昌盛。"(《张氏源谭》)

勇敢的张氏先民，历经颛顼、帝喾、尧、舜、禹时期，迅速繁衍壮大，不得不从清河水畔走向神州大地。

据《张氏统宗世谱·张氏古今迁居地理图叙》记载："考之邃古洪荒之世，疆里未别，兽蹄鸟迹杂沓于中国。逮陶唐氏命禹叙九土，别九州，然后版籍定，而中国皆文物衣冠之族也。已按张氏自黄帝之子挥，历数千百年以来，古今迁居之地，虽禹贡九州之域，而建置沿革间有异同，畿甸藩封，因时损益，世远族繁，故家文献有不可得而尽志者……"

据文献记载和张氏族谱资料得知，张氏自远古时期就迁徙不止，所以在春秋乃至商周时期，张氏就出现了很多名人；至战国时期，张姓族人更是遍布华夏大地。商代初期，就有张嵩被封为"济国公"；见于《诗经》的"张仲孝友"，生活在周宣王时期的齐、卫之间；张良的八世祖张老则是"晋国大夫"；宋国则有大臣张丐……到"三家分晋"以后，张姓赫赫有名的人物张仪、张丑、张旄、张孟谈、张去疾、张谴、张开地等，已在秦、齐、楚、燕、韩、赵、魏等国建功立业。以上中国封建社会开端时期的张姓人口分布，是由张氏祖居之地的古冀州大地和张姓人口密集的关中地区向外辐射的结果，也是张姓繁衍迁徙的自然分布。

然而，在以后漫长的封建社会发展史上，由于战乱、封建割据和民族间的战争，张姓族人同其他姓氏的族人一起，不得不历经多次人口大迁徙。

第一次人口大迁徙，是因为两汉之交、王莽篡汉带来的战乱。

西汉末封建统治集团腐败没落，外戚王氏逐渐操控政权，致使流民遍地、起义不断。"元封四年（公元前107年），关东流民达到二百万口，无户籍的四十万。天汉二年（公元前99年）以后，南阳、楚、齐、燕、赵之间，农民起义不时发生。"（翦伯赞主编《中国史纲要》）

王莽篡汉之后，刘秀的军队在襄国和清河郡国与王莽新朝军发生夺位之战，同时也镇压农民起义军，祸及当地民生尤甚，致使大量人口外迁。

据台湾屏东县《清河百忍族谱》记载：张氏祖脉在清河，后“生子女众多，迁入徐州，逐渐南下。西汉末年，王莽当权，时元始元年九月十三日，一祖带领男妇族人众多，过扬子江，分往下塔衢州（在今浙江）、抚州（在今江西）、福州、韶关（即今韶关）、汀州（即今福建长汀）、赣州等处。一祖迁往建州（在今福建），一祖入湖州（在今浙江），一祖入演州（在今越南演州府）。各成桑梓，四海散处。后世子孙皆是亲生骨肉，不可弃也。”

这只是百忍堂其中一支的迁徙记录。推想当年，由于统治阶级的谋权夺位、武力相向，又由于民不聊生而揭竿而起的农民起义，狼烟遍地，民生难安，所以出现大量流民。两汉之交的迁徙可以说是第一次载入史册的人口被迫大迁徙。

第二节 永嘉之乱与人口南迁

两晋后期，内忧外患，国家分裂，君权不稳。因为晋惠帝是个白痴，外戚杨氏专权，政治腐败。司马氏子侄封王的有二十七个，其中有名且势力较大的有八个。这些王子羽翼丰满之后，先杀了辅国专权的杨骏，而后便开始了抢夺君权的争斗，史书上谓之“八王之乱”。八王自相残杀过程长达十六年，死了七个王，最后拥立未参与君权之争的司马炽做了皇帝，史称晋怀帝。即位之年，改年号为永嘉元年。“八王之乱”这才画上句号。

这场统治阶级内部争权夺利的争斗给民众带来了巨大的灾难，战乱中死了成千上万的士兵，几十万无辜的老百姓死亡。洛阳、长安两座名城遭到了严重的破坏，残败不堪。

黄河流域的广大农村成了战场，农业生产遭到破坏，再加上连年的灾荒，使得老百姓实在生活不下去了。许多人不得不离开家乡，流浪到别的地方去找活路。这种到处流浪的人失去了户籍，被称为“流民”。“流民问题”成了西晋末期的一个重大社会问题。

雪上加霜的事又发生了。活跃于华夏北方的一个少数民族匈奴的大单于刘渊借“八王之乱”尾声，于永兴元年（304）起兵离石郡（今属山西），终于实现入主中原的梦想，浩荡南下，利用各地农民起义和大量流民，迅速扩张势力，初都平阳，后都长安，国号汉，史称“前赵”。晋怀帝永嘉四年（310），刘渊死，其子刘聪继立。次年刘聪遣石勒灭晋军十余万人于苦县宁平城（今河南鹿邑西南），俘杀太尉王衍等。同年，派刘曜率兵破洛阳，俘怀帝，纵兵烧掠，杀王公士民三万余人。史称这一时期为“永嘉之乱”。

永嘉之乱时期，还发生了“五胡乱华”，被称为胡人的五个少数民族，即匈奴、鲜卑、羌、氐、羯，同窥中原，先后在北方建立起五胡十六国，致使北方局面混乱，社会颓败，汉民大量外迁。他们或走辽西，或走陇右，但是多数的还是渡江南徙。南渡的人通常是按籍贯聚集若干家，节节迁移，形成一个又一个的流民群。南渡的官僚也往往随身携带宗族谱牒，并且沿途收集流散的同姓人，以壮大自己的宗族队伍。南迁人口到达长江流域的总数至少有七十万人，还有约二十万南迁人口没有到达长江，聚居在今山东境内。据《晋书·地理志》《宋书·州郡志》等有关记载估计，当时有户籍的南迁人口约占晋北方人口的八分之一，约占南方人口的六分之一，扬州聚集南迁人口最多，占全部南迁人口半数以上。

从山东、江苏北部以及湖北、安徽北部南下的部分流民——他们被史称为“青徐流人”，辗转迁徙，初循淮水而下，越过大江，大都移民于太湖区域，即南京、镇江、常州一带，更远的则分布于浙江、福建沿海。

从河南、河北及黄河沿岸南下的被称为“司豫流人”。他们沿汝水而下长江，渡江后，分布于鄱阳湖区域，或再沿长江而下，到达皖苏中部，甚至溯赣江，到达粤、赣、闽交界处。后来形成的客家人正是以这部分流人的后裔为主体。还有“秦雍流人”，来自陕西、甘肃及山西，他们沿汉水顺流而下，到达洞庭湖水域，或溯湘水至桂林，沿西江到达广东中西部。

两晋交替、五胡乱华之际，中原张姓望族相率南奔。据《兴宁张氏谱钞》云：“十五世韪公，晋散骑常侍，随元帝南徙，寓居江左，生一子轩。”无论是衣冠士族，还是庶民家族，这些南迁的北方人被称为“侨人”。东晋为了控制这些流民，陆续建立起许多与“侨人”旧地同名的侨州、侨郡、侨县，使之著籍，也因此有了后来的“客家人”“江西老表”等称谓。

据《客家图志》所言，自古以来，客家人“宁卖祖宗田，不卖祖宗言”。战乱中，故土可以放弃，但祖宗的历史、祖上的遗训是万万不可舍弃的。

于是有的学者认为，客家人的故乡是在纸上的，也就是在一部族谱中。所以，客家人极其重视族谱的修纂，尤其重视族谱对后代的影响，他们“以郡望而自矜”，借祖上的光荣来激励后人建功立业，并靠自己的奋斗来“光宗耀祖”。他们无意间留下了大迁徙的历史踪迹。族谱,乃一宗族之宪志也。综文献，溯源流；知本根，辨主支；明世系，秩昭穆；述宗风，敦亲情；扬先德，志现况，未可道尽其功能。振骨靡，匡淋漓；励人心，裨世道；隆郡望，景名贤；振家声，启后昆；轨正史，开新纪，亦难概括其意义。

这也是今天南方重视谱且谱全而北方人缺谱且有断代之现象存在的原因。

永嘉之乱使张姓的先民同北方其他姓氏的人民一起背井离乡，大量南迁，形成了家族史上规模空前的人口大迁徙。这种迁徙持续百年左右。前面张氏家谱中提到的散骑常待张韪公是随东晋元帝南迁，而他的哥哥则留在老家方城（今河北省固安县西南）。据家谱另外记载，张韪哥哥及其后代在战乱中苦苦支撑，又坚持了三代，到曾孙张安辈上，已是东晋末与南北朝之际，实在忍受不了长期战乱之苦，被迫离弃居留近十代的家园，率族人南迁襄阳（今湖北襄樊）。

这说明，在旷日持久的战乱中，一个家族可能会有多次迁徙。

还有自今河南省固始县迁入福建的两支张氏家族。一是大田县元沙张氏。据明崇祯年间旧谱记载，其先祖自晋建兴二年（314）随五马渡江，由河南固始县入闽，有长微公次录公于建兴四年封为光禄大夫，后职改太守，生得六子。后录公卒赠温陵太守，家居泉郡，传下一十七代，宝皇元年温陵太守后裔分居于泉南兴化、漳、安等县，世代为官。

另一支是儒林张氏。明初名儒张廷芳主修的《儒林张氏家乘》记载：东晋末年，国相刘裕欲篡晋，以毒酒命郎中令张祎鸩恭帝。祎叹曰岂可鸩帝以求荣，乃自饮殉之。公元420年，张祎一支子孙为避祸，由光州固始县南徐入闽，居晋江一带，至唐末已成泉南望族。

第三节
宋末北人南迁

北宋末期的徽宗时代是一个朝廷懦弱无能、内有农民造反、外有北方民族南侵的时代。金朝女真人推翻北宋，汉政权南移临安（今杭州）建立南宋。蒙古人崛起，又灭掉金朝，继续南侵，尔后建立元朝，北方汉民经历了近一百五十年的长期战乱。抗金英雄岳飞《满江红·登黄鹤楼有感》词曰："……到而今，铁骑满郊畿，风尘恶。兵安在，膏锋锷。民安在，填沟壑。叹江山如故，千村寥落……"正是北方战乱生活的生动写照。

在长期的战乱中，北方特别是今河北、山西、山东等地受兵燹祸害尤深。北宋向金人割让三镇二十四州后，河北人民展开了保卫乡土的坚决斗争，"怀土顾恋，以死坚守"（《大金吊伐录·上》），使金人不能轻易攫取这些土地和人民。与此同时，北方遍地自发成立农民抗金队伍，忠义社、朝天寨、八字军、梁山水军等纷纷揭竿而起，组成几十万人队伍的比比皆是，"大者连城邑，小者保山泽"，有的只是以数十骑张旗帜而行。但是，终未抵挡住金人的大肆掠夺和屠杀。"有时竟在这些地区挨户搜捕壮丁，标价出卖，或驱往鞑靼和西夏去交换战马，甚至有成千的人被活埋。分散诸路州县的金军，经常凌虐捶掠当地居民，只要村里有一人从事抗金，便把一村男女老幼屠杀；有的据城抵抗，在城陷之后全城被屠……"（翦伯赞：《中国史纲要》）

蒙古人又南侵中原，使北方汉民包括张姓先民不得不经历第三次大移民。张姓人口随着流民大潮又开始向巴蜀、两淮、东南、岭南地区流移。在南移的大潮中，南方地区还伴有张姓东移或西移的行动，如南宋以临安为都城，一些名门望族往往东迁以靠近国家的政治经济文化中心。抗金名相张浚（四川绵竹人）就迁湖南宁乡，经数代发展，成为大族。

追随文天祥抗元的张铿，当文天祥被害菜市口后，他背负其骸骨南下，葬于文氏家乡吉安。宋亡后，他以宋遗臣自居而不仕元，寄居泰和县坝上，其子孙就在江西各地安家，散居丰城、吉安等地。

还有张明羲之子张镗，宋景炎二年（1277）响应文天祥号召，在湖南安化、宁乡各地招募民兵抗元，收复衡山、湘潭、攸县三县。次年兵败被俘，以无脸见先祖张浚于地下而拒降，大骂元将，被杀害。有子惟孝、惟考、惟遗三人。惟考因避父难隐居安化三洲，惟孝五传至四十一世张纬，也迁居福建。据民国二十五年张绍曾撰福州《清河张氏家谱》记载，惟遗字继宗，抗元兵败即东逃来到福建，遭元廷通缉，"遂匿名逃永福（今永泰），人呼之为六郎，是为居闽始祖"。其子孙后来迁到福州，又东渡台湾海峡，移居宝岛台湾和东南亚。

据张氏家谱史料记载，在两宋之间，自中原固始县先后迁入福建的就有三支。一是宁化石壁上市张氏开基祖张玄郎，南宋高宗时随父宣诚公迁南京应天府江宁县。二是南安官桥梅岭张氏迁祖张弥臬，进士出身的张弥臬于南京嘉定年间入闽任晋江县丞，因不满时局腐败而弃官离任。传说他在辞官返乡途中，路经泉州南安官桥梅岭，见其景美花洁、石室清静，遂隐居于石室岩，结庐吟咏，传衍后代。三是厦门板桥张氏迁祖张负于南宋末年举家南迁至晋江，后到现在板桥，开基于此，传衍三大房，世居廿四社。

被张姓家族认作张姓发源地的古清河郡，两汉至两晋为郡国，隋唐为郡，宋改贝州，而到北宋末年，宋徽宗、钦宗被金兵所囚，高宗南渡，京都移治于临安（今杭州境），中原士民纷纷南逃，"靖康南渡，衣冠文物荡然一空"。贝州境内，因为被金兵所占据，官方决黄汉之堤以水淹金兵，致使境内居民浮尸汪洋，十室九空。因为人口骤减，古郡国、州治的清河始降为县。

两宋的历史演变，与当年"五胡乱华"几乎是惊人一致。11 世纪刚开始，辽宁契丹人便以二十万大军南下，试图一举灭掉宋王朝。在主战派寇准等人力谏下，宋廷全力抗辽，打了胜仗，却签下了"澶渊之盟"，示弱于人。后与金人夹击辽国并灭之。金人竟视宋软弱可欺，渡过黄河，攻破开封，掳去徽宗、钦宗二帝，北宋就此而亡。

因为汉人是在异族的侵略下被迫南迁，所以在抗金、抗元的战争中涌现了诸多张姓英雄。如南宋抗金英雄张宪，曾随民族英雄岳飞东征西战，屡立战功。绍兴四年（1134）破伪齐，收随州、邓州；后又破金兵于颍昌（今河南许昌）、临颍等地，打败金兀术十二万大军，被擢升为观察使，结果却被奸相秦桧诬陷，与岳飞、岳云同时遇害。还有范阳（今河北涿州）抗元英雄张世杰、凤州（今陕西凤县）抗元英雄张珏等等，均力主抗元，以身许国，血洒疆场。

除众多血洒疆场的张姓英雄外，还有抗金名相张浚之子张栻，他本是一介书生，学于五峰（胡宏）之门，著有《论孟》《太极》《希贤录》等，人称南轩先生，官至秘书阁修撰。但据《宋史》记载，张浚死后，张栻数次上奏："吾与金人有不共戴天之仇……誓不言和，志务自强。"表现了强烈的民族忧患意识和反抗精神。

南宋初建炎年间龙图阁大学士张邵（乌江人，今安徽和县）出使金国，被金扣留十年，仍不屈服。襄阳人张惟孝熟读《春秋》，善于骑射。当鼎、澧等五个州危急之时，惟孝聚众万人击敌，数战数捷，闻名一时。

第四节 明清局部迁徙及流播海外

元末农民起义使蒙古贵族、色目大商人、上层僧侣和一部分汉族大地主受到极其沉重的打击，有的逃散，有的被农民军压服。蒙古最高统治者也于洪武元年（1368）被朱元璋的军队赶出了北京。明初，耕者重得其田，国家施行屯垦制，兴修水利，多业并举，人民得到休养生息。然而好景不长，在朱允炆继位后，因为"消藩"——削弱诸王权力，引起燕王朱棣以"靖难"名义发动反叛。在河北、河南、山东、皖北、淮北一线，双方展开"拉锯战"，一打就是四年。拉锯战中，许多农民本不愿意作战，但被强征入伍，成为民间所说"燕王扫北"的牺牲品。中原大地"十室九空无人处，万户萧疏鬼唱歌"。有传说，在冀、鲁、豫三省交界处的十字路口，摆上元宝，过三天三夜再去看，竟原封未动。也就是说，这一区域的的确确成为无人烟地带。

其间，有些能逃脱的殷实家族早就趁机迁徙。朱棣夺取皇位以后，面对杳无人烟的中原大地，又再次实行"大移民"。因洪武时期，在推翻元朝的废墟上，曾进行过迁民。洪武并永乐年间，约有五十年移民史。就当时广平府清河县而言，据明《清河县志》记载，邑内只余四千多人。所以，今天清河境内多数姓氏的先民来自山西。就清河张姓而言，除明朝以前土著外，先民分别来自山西、山东和京郊密云等地。

张健生主编的《固始张姓》一书对“明代移民”一节的考证较为详尽，节录如下：

据《明史·食货志》记载：洪武九年十一月，徙山西真定民无田者于凤阳屯田。迁山西泽（山西晋城）、潞（山西长治）二州无田农民于河北、山东、河南一带。元末的山西因为有元将扩廓贴木耳（绰号王保保）镇守，他骁勇善战，足智多谋，再加上那里四周都是群山峻岭，易守难攻。起义军多次进攻山西，可终因地势险要而屡攻不下。而且那些年风调雨顺，五谷丰登，百姓丰衣足食，安居乐业。中原一带的老百姓听说那里富庶，并且不打仗，便纷纷往那里逃。如此一来，与中原一带人烟稀少相比，山西倒是人满为患了。山西移民主要是今晋南与晋东南一带的太原府、平阳府、汾州、沁州、泽州、潞州、辽州等。平陆县今属山西省运城市所辖，位于山西省南端，地处秦晋豫黄河金三角地带，北靠中条山与河东盆地相依，南临黄河与河南省三门峡市相望，东接黄河小浪底枢纽与九朝古都洛阳、河南省会郑州为邻，西越芮城、华山与西安为邦。

山西各地的移民以洪洞县的广济寺为中转站。洪洞县是山西人口最多的县份，而且地处交通要道，北通幽燕、东接齐鲁、南达秦蜀、西临河陇，洪洞县北关的广济寺又是唐宋以来驿站，明朝政府在这是设局派员，在大槐树下集中移民队伍，发放川资凭照。官府规定，凡移民者必须到此办理迁移手续，领取“凭照川资”，然后从这里出发，按官方指派的方向，在官兵的监护下，分别迁往中原各地。

山东的移民则以枣林岗为中转站。枣林岗在今天山东兖州市。明初，济宁属兖州府。据查，康熙十一年《兖州府志·滋阳县》有枣林岗地名。明鲁王裔孙肇辉四子在公元1435年分封为安邱王于此地，史称安邱王府庄。明亡后，康熙初年，更名为枣林庄。清末，恢复为安邱王府庄，属兖州府辖区。该村位于兖州东部丘陵山区，地处兖州府城郊，正当济南各州县南下的交通要道，临微山湖和南北大运河，水陆交通十分方便。元末明初，未受战乱波及，人口较为稠密，具备了集中移民的基本要素。山东移民多来自济南府弘（州）、蔚（州）、定（州）、武（塑）。《霍邱县志·叶集镇》

的《台氏族谱》、《金寨县志·江店镇》的《卢氏族谱》都记录了明初至明中叶"接受了大批山东移民"。史家在公元1438年对霍邱县统计，移民及其后裔经百年发展，已占该县总人中的70%，多来自济宁、枣林岗（枣庄）。

江南移民来自苏州、杭州、松（江）、嘉（兴），还有江西。据《中国通史·明·休养生息，开垦荒田》记载：公元1307年，朱元璋下令迁苏、松、嘉、湖、杭无田农民四千余户去临濠（安徽怀远、定远、凤阳、嘉山境内），前后共徙江南民众四十万于凤阳。

移民政策：凡移民垦田，都由朝廷拨发路费、耕牛和籽种，免税三年，给钞二十锭以备农具。

移民的方法和步骤大体有遣返、军屯、商屯、民屯等几种，更多的还是采用招诱、征派等强迫的办法。徙民条例规定按"四口之家留一，六口之家留二，八口之家留三"的比例迁徙。民间传说官方采用诱骗形式，预先张贴告示：除广济寺大槐树底下的人可以不迁外，所有地方的人都必须迁。也有的传说限定某日凡不愿迁者都至大槐树下向官府禀告情由，可以免迁。结果，当成千上万的民众齐聚在大槐树下的时候，官府出其不意，调集大批官兵，一举将大槐树下团团包围，所到之人不论男女老幼，一律绳捆索绑，一串一串连接起来，全部强制迁移。

在明朝中叶，还有一场北人被迫南迁的记录。

明朝中期，由于土地日益集中和赋税徭役日益加重，农民衣不遮体，食不果腹，卖儿卖女。据《中国史纲要》记载，宣德时，许多地区出现流民结队流亡。正统年间，仅从山西流亡到南阳的人有十余万户；天顺成化年间，流民数量达一二百万。有的地区人口"逃亡过半"，甚至"十者只存其一"。其中，自然包括张姓先民。

与此同时，南方局部地区人口也有增加记录。据《客家图志》考证统计，明成化年间，江西、福建均人满为患，迁入韶州、嘉应州者甚多。到嘉靖十一年（1532），梅县程乡人口便达38366人，增长约4.5倍；兴宁四千多人，五华近万人，大埔则有近四万人。

但是，梅州人口只是一时激增，因为自弘治十六年（1503）起，瑶民、汉民起义便连绵不绝。嘉靖年间，曾遇大旱与蝗灾，继而地震发生、倭寇入侵，农民起义规模日益扩大，震动了闽、粤、赣三省，一直延续至明末崇祯年间，导致人口大量外迁。在东南沿海，客家人于嘉靖三十三年（1554）从程乡、长乐出发，迁移至海丰、归善，成千上万人到那里开矿。

万历十七年（1589）客畲冲突又引发移民潮，民众向岭南再迁徙，到达博罗等地。万历四十年（1612）客民一语出现在《永福县志》。约公元1630年，"客家"一词在广东出现，移民继续向广州等核心区域迁移，17世纪末进入珠江三角洲、四邑（今广东四会市）等地。

海外大规模移民始自明末清初。

汉朝，中国邻邦高丽（今朝鲜关马）、越南、琉球（今属日本）等因为是中国的附属国，朝廷派汉人官员去管理这些国家。这些官员多在域外落地生根。但这都还算不上海外大规模移民。自明末清初以至民国，许多人从福建、广东、江苏、浙江等地迁台湾、下南洋，遍布台湾地区和东南亚国家。

关于张姓人迁台，《固始张姓》一书有考证，现转引如下：

明末清初，浙中抗清义师领袖张名振、张煌言拥立鲁王抗战，兵败之后，子孙有移居金门、台湾者。福建惠安人张土木（郁），明崇祯六年中副榜，明亡不仕清，趁耿精忠之变，率族避乱金门，随后东渡台湾，安家东安坊，持斋念佛，并习辟谷之术，每日只吃茶果，年至九十九岁逝世。明巡抚张廷拱（固始人）的两个儿子张灏（字为三）、张瀛（字洽五）在复明无望后，也东迁台湾，落业承天府近郊。兄弟二人皆年高，兄卒年九十五，葬澎湖，弟卒年八十四，葬承天。

在郑成功的抗清队伍中有许多武猛的张姓子孙，仅配祀延平郡王（郑成功）祠（在今台南市）的就有定西侯张名振、建安伯张万礼、五军都督张英、前锋镇张鸿德、殉难江南的张廷臣、殉难澎湖的张显、殉难祖山的张风和殉难铜山的张进等八人。

连横《台湾通史》记载：同安人张灏于永历三十四年三月来台，担任明郑的兵部职方司郎中。他后来虽然返回了内地，但是与他同时来台的弟弟张瀛却就此留居台湾，成为最早的张姓开基祖之一。日人伊能嘉矩《台湾篇》云：梅丰人张佑，在当时的哆罗咽堡梅丰厝（今台南县白河镇玉丰里）开垦。在薛志亮《台湾县志》、王诗琅《台湾通志稿·人物篇》及《台南县志·人物志》等文献中，下列诸人——崇祯岁贡、惠安人张土榔，殿兵镇张荣，游兵镇张华、张庄、张骥，后提督中协张显，水师二级左营副将张钦，前锋营副将张佐春，果毅中镇下守备张福，左先锋镇张学尧，果毅后镇征正总班张猛，赫然在册。

清廷领有台湾之后，有关张姓在台湾开基立业的记录便多了。

伊能嘉矩《台湾篇》载：康熙二十四年，龙溪人张滥，与黄信垦于大慷榔西堡斗六尾庄。康熙三十二年，闽人张茂在学甲堡（今台南县学甲镇）开垦。康熙四十年，闽人张某与粤人邱姓在苗栗三堡铁砧山大安庄开垦郑津梁。雍正八年，陆丰人张附春在竹北一堡东势开垦。雍正十一年，漳州人张仲和在东螺西堡东势角西部（今彰化县境）开垦。乾隆元年，张征扬由彰化北进，前往竹北一堡公馆仟庄开垦。乾隆二十三年，张春抑与刘姓二人由林祀埔进入鲤鱼头堡开垦。乾隆四十年，张某垦于大肚下堡涂葛掘、水里港。乾隆四十一年，张、邱、罗、魏、吴、官、童、王、李诸姓购买新竹东镇营员仔山番仔湖冢牧埔。道光六年，粤人张阿吉与张捷合垦大甲上流水里坑。道光十年，粤人张寿华与张德正、苏贤才、陈立盛、叶华云垦于大甲上流水底寮、大茅埔。嘉庆元年，张国俊兴建屏东潮州镇广泽尊王庙。嘉庆年间，张捷和与张阿商、钟阿成、李世衙垦于东势角（今台中县东势镇）。咸丰三年，泉州人张某与朱、钟二姓避漳泉械斗，由基隆徙彭佳屿。

《云林沿革志》载：康熙末年，漳州人张某与吴姓开垦云林县仑背乡猫儿干社、南社埔地。雍正初年，闽人张某在今西螺镇开垦。雍正四年，教谕张方高至今云林县二仑乡新庄仔、大庄公馆开垦，并于十三年开銮仑背乡大有圳。雍正八年，闽人张某垦于今云林县东势乡同安厝、月眉。闽人张某垦于今云林县褒忠乡马鸣山。粤人张某与陈、吴二姓开垦海丰堡。乾隆初年，张济伯与张楚伯在今西螺镇吴厝为吴姓筑圳垦地。乾隆三十九年，闽人张某与吴、施二姓开垦今云林县麦寮乡施厝寮、雷厝。乾隆年间，张某垦于今云林县莿桐乡树子脚、顶麻园、湖子内。乾隆年间，张姓闽人与黄姓垦于今云林县斗六镇竹园子、施瓜寮、十三分等地。

周玺《彰化县志》载：雍正九年，粤人张启宁居于彰化阿束社附近，大甲西社番反，与乡人十八人驰救知县张宏章被害。

连横《台湾通史》载：雍正元年，粤人张振葛与张达京开垦栋东上堡神冈庄、潭子乾庄（今台中县）。雍正十二年，南安人张春始垦于新竹县大眉村（竹北大眉）。

盛清沂《台北县志稿·开辟志》载：乾隆二十六年，业主张必荣与张沛世兴筑万安、福安二圳，并招佃开垦海山、兴直、桃涧各堡（均在今台北县境），三十一年合筑永安圳。乾隆四十六年，闽人张治全垦于拳山堡深坑（今台北县深坑乡）。

《新竹文献会通讯》载：乾隆五十五年，张孝思垦于新竹县香山乡振湖陂。嘉庆五年，张光彩垦于新竹县树杞林。嘉庆九年，泉州人张聪垦于新竹县下树杞林。嘉庆十年，张大满与蔡细满由彰化入垦新竹县斗换坪。咸丰十三年，张秀钦开垦新竹县牛稠河粪箕窝。光绪六年，张某助林汝梅开垦新竹县斗换坪。

曾一平《汉人在奇莱开垦》载：道光五年，张启明与李合吉、吴全官等承垦奇莱平原（今花莲县）。

由此可见东南地区大陆移民曾经在台湾开垦诸多地方。张姓在台湾开基立业，为台湾的开发立下了不可磨灭的功绩。以上只是记录张姓迁台人士。而迁往东南亚地区乃至更遥远国度的民众，其迁出地除福建、江浙外，则集中于广东的梅州地区。

据《客家图志》，梅州地区华侨众多，是由于梅州地区人口从明末起就已爆满，加之山多田少，觅食维艰，他们只能背井离乡，渡海为生。

当年梅州客家过南洋的，大都在当地当锡矿工人，并要先做三年“新客”，清还了过海旅费之后，才能恢复自由，另选职业。

此外，迁徙海外还有另外的缘由。据罗香林《客家源流考》称：客家第五时期的迁徙，以太平天国失败后的余党、咸同年间广东西路土客械斗者以及刘永福所部的黑旗军为多。赤溪与惠州等地的客家人更远赴南北美洲或西印度群岛。还有远徙中南半岛、南洋英属荷属各地的，更有远至非洲与印度及澳洲等地的。其中自然有不少张氏族人。

第五章 张姓郡望堂号与人口分布

上一章叙述了历史上张姓人口的自然迁徙和被迫迁徙，这与当今人口的分布密切相关；而张姓郡望分布，则与历史上行政建置、人口分布也均有关联；堂号则是张姓不同宗支特有的文化符号和历史写照。

张姓郡望众多，堂号数量也多，人口分布广泛。有这样一句话：世界上各个角落，凡有人群的地方，便有张姓人。足见张姓人口之多和张姓分布的广泛性。张姓郡望的分布和诸多堂号的形成则有其深刻的文化背景和历史成因，是张姓历史文化的重要组成部分。

第一节 古代张姓郡望分布

“郡望”的说法最早兴起于魏晋，盛行于唐代。在魏晋至隋唐间，每郡多有显赫的士族出现，意即世居某郡为当地所仰望，故称郡望。

在本书前面已经叙述过，自入战国以后，张姓人口已自然分布于华夏大地。后又经历两汉之交、两晋之交等几次人口大迁徙，张姓族人在华夏的分布则更为广泛。张姓郡望也逐渐遍布华夏。

据现有史料，张氏郡望分布统计最早见于唐代初期。《贞观氏族志》中提到的张姓郡望有六个：贝州清河郡（即始祖得姓地，今河北清河县）七姓中有张氏，魏州弘农郡（今河南灵宝）四姓中有张氏，邓州南阳郡（今河南南阳）十姓中有张氏，宋州梁国郡（治今河南商丘）三姓中有张氏，徐州沛国郡（今江苏沛县）三姓中有张氏，苏州吴郡（今江苏苏州市）四姓中有张氏。这是唐代初年张氏的郡望，也是魏晋以来数百年间张姓郡望逐步形成的一个结果。

唐高宗永徽六年（655）正式考订全国姓氏，排列各地大姓望族，又列出张姓五大郡望：开封陈留郡（今河南开封）、济阳郡（今山东茌平县）、鄂州武昌郡（今湖北武昌市）、洛州广平郡（今河北鸡泽、永年）、兖州清河郡（今河北清河）。

唐高宗乾封元年（666），唐高宗又命大臣甄别确定“国柱”姓，它们是：清河张氏、广平程氏、武阳李氏、荥阳郑氏、中山鲍氏、河间刘氏、河西任氏、陇西牛氏。清河张氏被排在“国柱”之首。从中我们可以看出，清河张氏在盛唐时代其名声是何等显赫与崇隆。

唐宪宗元和七年（812），林宝撰成《元和姓纂》。该书列出张姓的郡望是：

清河郡（今清河县）	安定郡（今甘肃泾州）
范阳郡（今河涿县）	太原郡（今属山西）
南阳郡（今河南邓县）	敦煌郡（今属甘肃）
修武郡（今属河南）	上谷郡（今河北易县）
沛国郡（今属安徽）	梁国郡（今属河南）
荥阳郡（今属河南）	平原郡（今属河南）
京兆郡（今陕西西安）	吴郡（今苏州）
汲郡（今河南汲县）	始兴郡（今广东韶关）
河间郡（今属河北）	河东郡（今山西永济）
中山郡（今河北定州）	魏郡（今河南安阳）
郑州郡（今郑州市）	武威郡（今属甘肃）
冯翊郡（今属山西）	犍为郡（四川彭山）

大梁郡（今开封市）等（共四十三个）

这四十三个郡望是按照各地合族聚居而“丽甲当时”的标准选出来的。

唐初首列张姓郡望六个，其中有弘农郡；其后数次再列张姓郡望，或十四郡，或四十三郡，为什么均再无弘农郡？究其原因，可能与弘农郡建置更名有关。据《中国历史地名辞典》载：弘农郡，西汉元鼎四年（前113）置，治所在弘农县（今河南灵宝县东北故函关城）。东汉至北周一度改名恒农郡。十六国苻秦移陕县（今河南陕县），隋开皇三年（583）废，大业三年（607）复，义宁元年（617）改名风林郡。

据此看来，弘农郡虽建置于西汉，东汉便已改名，隋代复名，但仅存十年。郡望中不再见弘农郡，这或是其中一个原因。

北宋祥符年间（1008—1016），陈彭年奉诏修《广韵》，共列有十四个张姓郡望：清河、南阳、吴郡、安定、敦煌、武威、范阳、犍为、沛国、梁国、中山、汲郡、河内（今河南沁阳）、高平（今山西晋城）。这反映的主要是唐末五代以前的情况。

南宋绍兴三年（1133）献于朝廷的邓名世撰《古今姓氏书辩证》所定张氏郡望只有九个：河东、始兴、冯翊、吴郡、清河、中山、汲郡、魏郡、郑州。

从以上列举的郡望变迁中，可以看出三个特点；一是截至北宋以前，张姓郡望绝大部分仍集中在中原与西北地区，长江沿岸或长江以南的郡望很少。这说明，尽管历经两汉之交、两晋之交等几次人口大规模迁徙，张姓人口的主体仍在北方。只是到南宋以后，张姓族人才被迫大量南迁，其情形又与整个国家经济文化重心南移的情况相吻合。二是从唐初至北宋末年五百余年间，张姓郡望经历了一个由少至多又由多到少的演变过程。这从另一方面证明，北方张姓族人经过安史之乱、五代战乱、北人南侵的摧残打击，已有很多望族消失于兵火之中。三是自北宋以后，作为张氏得姓郡望的清河，其影响比以前小了很多。

第二节
主要郡望简介

上节记述了张姓郡望在华夏的分布及其历史变化情况。现据张海瀛《中华姓氏谱·张》一书及其他研究成果，将张姓郡望介绍如下：

清河郡　西汉高祖四年（前 203）置，治所在清阳县（今河北清河县东南部），领十四个县。在漫长的历史发展中，清河张姓得到快速繁衍，而且人才辈出，郡望显赫。主要原因有四：

其一，得姓郡望，挥公族群。如果承认青阳也即清河之初名，那么张姓的第一郡望当为挥公祖居地无疑。

其二，西汉张良嫡系。张良之孙张典回迁清河祖根地，此支系留侯张良嫡系。张良子不疑袭父封，后因参与谋杀楚国旧贵族，被削侯爵，家道中衰。不疑之子张典，字存敬，文帝时为清河太守，封清河郡公。典公遂居清河里仁乡孝节坊。典公子张默，汉文帝时官御史大夫，袭清河郡公。张默子张金，汉景帝时任大司马。清河既是张良后裔所在地，又是高官显宦的故乡，所以地位很高。

张良

汉文帝刘恒的夫人窦氏是清河观津（今河北故城县）人，刘恒为代王时的原配夫人，刘恒即位后被立为皇后。生子名启，刘启即帝位，是为景帝。汉景帝尊其生母窦氏为皇太后，又启用张良裔孙张金为大司马，掌握军权，清河的地位更加显贵。

其三，清河郡曾于古青阳立王都。东汉时，章帝的长子刘庆，宁贵人所生，被立为太子。章帝生母贾太后死后，章帝宠信窦皇后，听信窦皇后的谗言，将皇太子刘庆废为清河王，另立梁贵人所生之刘肇为太子。刘庆成年后，曾带领王室和妃子、儿子来清河就国，并建清河邸。据《后汉书》记载，清阳即是王都。太子刘肇与被废的太子刘庆关系甚密。刘肇即位，是为和帝，和帝对清河王刘庆格外尊重。和帝刘肇死后，其子刘隆刚生三个月即即帝位，九个月死去。在这种情况下，只好立清河王刘庆之子刘祜为帝，是为安帝。安帝即位后，尊其父清河王为孝德皇，尊其母左氏为孝德皇后。清河遂成为“至德淳懿”的同义语,在“以孝治天下”的两汉时代，清河的地位日益增高。

其四，唐朝宰相张文瓘家族。唐代宰相张文瓘一家兄弟子侄皆为显官，在清河郡被称为“三戟张家”“万石张家”,名满天下,“清河世泽,唐相家声”即源于此。故唐代清河郡望也是声隆誉远。

编者按：中国著名谱牒专家张海瀛先生分析清河郡望之所以显赫的原因，列举了四条:一是，得姓郡望，挥公族群;二是，西汉张良嫡系;三是，清河郡国曾于古青阳立王都；四是，唐朝宰相张文瓘家族。——其言有据。这既是张海瀛先生个人的观点，也为大多数张姓族人认同。

不过，也有今天的学者依据《新唐书·宰相世系表》，说清河郡望张姓始自魏晋时期太守岱，自河内徙清河之后。鉴于此说，现补充一则谱牒资料。据大明永乐年《清河家乘》序言记载:“……周末时,讳晁公,字琬采，仕齐国为呈侯;妣齐氏，同葬一穴。生三子，长僎，字殿邦;次仪;三有容，仕齐袭父爵。仪仕秦为相。策、鲂公当时，坟茔诸处，立庙清河，遂以清河为郡。至西汉，仕高祖，留侯名良，字子房，妣姜、苏氏，又慎、周氏，自以开国元勋鸣盛于时……”由此而知,葬于清河的“晁公”,比张良早五代，比岱早十五代。所以说，清河郡望张氏决非始自“岱”。

范阳郡　三国魏黄初七年（226）改涿郡为范阳郡，治所在涿县（今河北涿州市）。又唐天宝元年（742）改幽州为范阳郡，治所在蓟县（今北京西南）。乾元元年（758）复改为幽州。范阳张氏的开基始祖是东汉司空张皓之子张宇。张宇官范阳太守，定居范阳，是为范阳张氏开基始祖。后因避乱徙居方城。其孙张孟成博学多才，东汉冲帝、质帝时被封为肥如侯，又由方城迁回范阳，后被尊为张氏范阳派始祖。张孟成子名张平，三国魏时官渔阳郡守。张平子张华（232—300）字茂先，博览群书，学识渊博，受到晋武帝司马炎的赏识和重用。范阳张氏遂扬名天下。

太原郡　战国秦王嬴政元年（246），置太原郡，治所晋阳（今太原市晋源区）。按张海瀛先生的说法，太原尹城为张氏开宗立姓始祖张挥受封之地。按《张氏统宗世谱》记载:挥国封青阳。“挥子昧为玄冥师，司水正，封尹城。”所以太原是张姓族人繁衍较早、居住人口较多的郡望。

京兆郡 汉武帝太初元年（前104）置京兆郡，为三辅之一，治所在长安（今西安西北）。三国魏以京兆尹改置京兆郡。京兆张氏开基始祖是汉武帝时御史大夫张汤。张汤因主张反击匈奴、支持盐铁官营，受到武帝重用。京兆张氏由于张汤及其后裔人丁兴旺、人才辈出，遂成为天下张姓郡望所在地。

南阳郡 战国秦昭王三十五年（前272）置，治所在宛县（今河南南阳市）。南阳张氏开基始祖为张良六世孙张彭。其后裔张堪，字君游，官渔阳太守，曾率军击败匈奴侵袭，并兴修水利，劝课农桑，民众丰衣足食，安居乐业，此即历代备受人们称赞的"渔阳惠政"。自张堪官渔阳太守起，南阳张氏扬名天下。其后有科学家张衡和"医圣"张仲景。

敦煌郡 西汉元鼎六年（前111）置敦煌郡，治所在敦煌县（今甘肃敦煌市西）。这支张氏以张奂(104—181)威震西北,扬名天下。张奂尝言"大丈夫处世,当为国家立功边境"。桓帝时,累官安定属国都尉、使匈奴中郎将、度辽将军，屡立边功。其家族成为酒泉望族。

安定郡 西汉元鼎三年(前114)置安定郡,治所在高平(今宁夏固原)。此支张氏出自西汉赵王张耳之后。曹魏时期，张耳十五世孙安定乌氏（今甘肃平凉西北）人张烈出任外黄县（今河南杞县东）令，成为当地父母官。其子张显曾入皇宫主管皇帝御膳。张显子张轨（255—314），字士彦，永宁元年（301）被任命为护羌校尉、凉州刺史。他到任后，经过数年努力，终于稳定了凉州政局。张轨之后,张氏家族占据凉州长达七十多年。实际上,凉州是一个"官非王命，位由私议"的独立政权，史称前凉。安定张氏自张轨起名扬天下，成为望族。

襄阳郡 东汉建安十三年(208)置襄阳郡,治所在襄阳(今湖北襄樊)。襄阳张氏系晋司空张华之后裔。南朝刘宋时,张安之任青州主簿,徙居襄阳,是为襄阳张氏始祖。其子弘策，字真简，是文献皇后之叔父。襄阳张氏至张弘策已为梁高祖武帝之要员，威震梁朝。至张柬之拥立中宗，恢复李唐王朝，宰相业绩名垂青史，襄阳张氏遂扬名天下。

河东郡 秦置河东郡，治所在安邑（今山西夏县西北）。河东张氏系西晋司空张华之后裔。张华原配范阳人，其裔孙张吒子，隋代官河东郡丞，遂由范阳移居河东猗氏，是为河东张氏之祖。四传至张思义，官成纪（今甘肃秦安县北）县丞，生嘉贞、嘉佑二子。河东张氏以嘉贞、嘉佑兄弟二人并居将相高位，光耀门庭，扬名天下；又以嘉贞、延赏、弘靖祖孙三代连续拜相，为世人钦佩，史称“三相张家”。这是河东张氏最辉煌的时期，河东张氏遂名垂青史。

始兴郡　三国吴甘露元年（265）置始兴郡，治所曲江（今广东韶关东南）。始兴张氏亦系西晋司空张华之后裔。张华原配范阳人，其裔孙随晋室南迁，传至张君政，因官徙居韶州曲江，是为始兴张氏之始祖。君政官韶州别驾（刺史佐吏），生有六子、十四孙、二十九曾孙。在曾孙辈中，以张九龄相玄宗而名扬天下。

吴郡　楚汉之际置吴郡，治所吴县（今江苏苏州）。吴郡张氏乃是张嵩第四子张睦之后裔。张睦，字选公，东汉蜀郡太守，始居吴郡，是为吴郡张氏之始祖。其裔孙张显，南朝齐时官庐江太守。其子张绍，南朝梁时官零陵太守。张绍之子张冲，南朝陈时为国子博士，入隋为汉王侍读。张冲之子张后胤，字嗣宗，以名儒而闻名。唐高祖李渊镇守太原时，曾引后胤为客，为秦王李世民传授经书，封新野县公。唐高祖武德年间，晋升为员外散骑常侍。永徽中致仕，加金紫光禄大夫。享年八十三岁，卒赠礼部尚书，谥曰康，故称新野康公。陪葬太宗昭陵。张后胤为唐太宗之师，吴郡张氏以帝王之师名扬天下。

河间郡　西汉高祖时置河间郡，治所乐城（今河北献县东南）。河间张氏系西汉常山景王张耳之后裔。张耳与张良同为张氏始祖张挥第八十世孙，张挥即是共同祖先。张耳裔孙张羡少而好学，仕北魏。北周时，受到周世宗柴荣的器重，赐姓比罗氏，历官司职大夫、雍州刺史、司成大夫，封虞乡定公。北周高级官吏多为武将，唯有张羡以业儒为君臣所重。隋文帝杨坚受禅代周,请他“同坐宴语”,虽不仕隋,但曾上表劝杨坚以俭约治国。羡子名照，字士鸿，恢复张姓，官隋代冀州刺史。张羡十世孙张文蔚，天复四年（904）拜相，其族侄张浚光启三年（887）拜相。河间张氏以张文蔚和张浚叔侄为相扬名天下。

中山郡　西汉高祖时置中山郡，治所卢奴（今河北定州市），相当于今河北狼牙山以南、保定市安国以西、唐县新乐以东、滹沱河以北地区。中山张氏系西汉北平侯张苍之后裔。这支张氏以唐朝宰相张行成而名扬天下，成为望族。

魏郡 西汉高祖十二年（前195）置魏郡，治所邺县（河北临漳西南），相当于今河北大名、磁县、涉县、武安、临漳、肥乡、魏县、丘县、成安、广平、内黄等地。魏郡张氏以张公谨、张大安父子而闻名于世，成为望族。

洛阳郡 我国古都之一。汉、魏故城在今洛阳市白马寺东洛水北岸；隋、唐故城在汉城西十八里。此郡张氏多为晋散骑党侍张韪的六世孙张隆之后。

冯翊郡 三国魏改左冯翊置郡，治所在临晋（今陕西大荔），相当于今陕西韩城、黄龙以南，白水、蒲城以东和渭河以北地区。此支张氏的开基祖为后汉司空张皓少子广陵太守张纲，其曾孙张翼为冀州刺史。

平原郡 西汉置郡，治所在平原（今山东平原县西南），相当于今山东平原、陵县、禹城、齐河、临邑、商河、惠民、阳信等县。

蜀郡 战国秦置郡，治所在成都（今属四川）。西汉时相当于今四川松潘以南，北川、彭县、洪雅以西，峨边、古棉以北，邛崃山、大渡河以东，以及雅砻江之间康定以南冕宁以北的地域。此支张氏开基祖应为战国秦时蜀郡守张若。

武威郡 汉时置郡，治所在武威（今甘肃民勤县东北），相当于今甘肃黄河以西，武威以东及大东河、大西河流域地区。武威张氏为前凉王张轨之后。

犍为郡 西汉置郡，治所在敝邑县（今贵州遵义市西），相当于今四川简阳和新津以南，大足、合江、贵州绥阳以西，岷江下游、大渡河下游和金沙江下游以东，云南会泽、贵州水城以北地区。此支张氏开基祖为张嵩长子张壮（张良六世孙）。

沛郡 西汉置郡，治所在相县（今安徽濉溪县西北），相当于今安徽淮河以北、西肥河以东，河南夏邑、永城及江苏沛、丰等县地。此支张氏开基祖张睦（张良六世孙）。

梁郡 汉置郡，治所在睢阳（今河南商丘南），相当于今河南商丘市和商丘、虞城、民权、安徽砀山等地。此支张氏开基祖为名相张仪。

汲郡 晋时置郡，治所在汲县（今河南汲县西南），相当于今河南新乡市和新乡、汲县、辉县、获嘉、修武等地。此支张氏出自平原郡张氏之后，唐有大臣张镐。

上谷郡　战国燕置郡，秦代治所在沮阳（今河北怀来东南），相当于今河北张家口、小五台山以东，赤城、北京市延庆县以西，及内长城和昌平区以北地区。此支张氏出自上谷太守张翼之后。

第三节 张姓堂号简介

堂号和郡望一样，也是中国姓氏文化中特有的标识。堂号又是区别同姓不同宗族的徽记。堂号代表某一支派，多以先人的功业或言行来命名。

堂号的兴起始于明朝嘉靖年间祠堂的建造，祠堂为宗族活动提供了固定而专用的场所。各个宗族为了族人联络，遂陆续为各自的祠堂命名。此即堂号之由来。堂号有的书写为横额挂于堂前，有的悬挂于门外，有的写在灯笼上，有的写在钱袋、大斗等各种器物上。随着时间的推移，堂号名亦越来越有讲究。因为祠堂是族人祭祀祖先的场所，所以堂号的含义一般都是反映对祖先的崇拜、敬仰、怀念之情以及激励人们继承祖先遗志、弘扬祖先传统、增强宗族向心力和凝聚力的。有很多族谱就是用堂号刻印的，还有的将堂号书写或刻印于族谱的封面上。张氏作为一个源远流长、覆盖全国乃至遍布世界的大姓，其堂号是很多的。

一、得名较早的堂号

清河堂

清河郡因为是张氏得姓郡望所在地，有些从清河徙居外地的张氏衍派为了让子孙后代牢记他们是出自清河的张氏，遂以郡望为堂号，称“清河堂”。这样，在这一些家族中“郡望”与“堂号”便合而为一了。这些家族遂以“清河堂”的名义刻印他们的族谱。例如，清光绪十七年（1891）由张达道等主修的湖南平江《张氏重修大同宗谱》即是由“清

清河堂

河堂”刻印的。该谱始迁祖张孟常，唐宪宗时世居长安，后迁居湖南平江。第八世又由平江迁居龙门。又如，《湖南湘乡沙江张氏三修族谱》《上湘夏紫桥张氏五修族谱》《湘乡夏紫桥六修族谱》《湘潭六都张氏族谱》《张公南轩族谱》《湖南常德龙阳张氏续修族谱》等，都是南宋抗金名将张浚的后裔以“清河堂”的名义刻印的。

百忍堂

据《旧唐书》记载，张公艺，唐代寿张（今山东西部与河南交界处）人，其家九世同堂（即九代未曾分家析产），相安无事。唐高宗赴泰山祭祀，曾顺路亲临其宅，问其为何能和睦相处？公艺遂写一百个“忍”字作答。高宗连连称赞，赐以缣帛。到了明代中叶，张公艺的后裔为了继承和发扬先辈的伦理道德和人格风范，遂以“百忍”为堂号。现存的《灵岩张氏宗谱》三卷、《南望张氏宗谱》十八卷附一卷、《余姚禾山张氏宗谱》四卷都是以“百忍堂”名义印制的。

百忍堂

两铭堂

又作二铭堂，这是北宋哲学家张载的后裔通用的堂号。张载先世世居大梁，祖父名复，宋真宗时给事中；其父名迪，宋仁宗时殿中丞、知涪州（今属四川）事，后居官陕西，遂徙居凤翔眉县横渠镇。张载之子名因，字文益，官员外郎；其孙名京，字正之，官兵部郎中；其二世孙名楷，字楚昭，官乐平令，随宋室南渡，徙居江南，因与主和派宰相不合，弃官家居，占籍歙县。张横渠八世孙德庆公，始由歙县徙居锡山。横渠的后裔遍及陕西、湖南、江苏、浙江等地以及东南亚许多国家。他一生著述很多，备受理学家推崇的是《西铭》和《东铭》，全称“两铭”或“二铭”，故有“两铭堂”或“二铭堂”之堂号。

金鉴堂

这是唐朝名相张九龄后裔通用的堂号。张九龄遭李林甫诬陷罢相之前，曾进《千秋金镜录》，阐述历代王朝的兴废之道，供玄宗作为一面镜子对照。“安史之乱”爆发，唐玄宗出逃四川之后，领悟九龄之先觉，对《千秋金镜录》下诏褒奖，遣使祭九龄于韶州（此时张九龄已谢世十六年），并赐《千秋金镜录》曰“金鉴”。此即“金鉴堂”之由来。张九龄的后裔遍布广东、湖南、湖北、江苏、浙江、福建乃至东南亚各地。“金鉴堂”在这些地方广为流传。例如，湖南《上湘张氏全房支谱》五卷、《湘乡张氏叔房支谱》五卷、《张氏三修族谱》四卷首一卷、湖北《葛店张氏宗谱》二卷、江苏《金陵罗塘张氏族谱》十九卷等都是以“金鉴堂”的名义印制的。这些族谱所记载的家族全都是唐朝名相张九龄的后裔。

德远堂

这是福建省南靖县书洋乡塔下村张氏的堂号。现在该村还屹立着一座名曰“德远堂”的张氏宗祠。德远堂的开基祖张小一郎于明朝宣德元年（1426）携妻华氏、儿子光昭定居塔下村，其裔孙经过一百多年的艰苦创业，人丁兴旺，家业隆盛，遂于清朝康熙年间修建了这座“德远堂”。农历七月十四日被命名为德远堂肇基纪念日。每年的这一天是德远堂张氏裔孙聚合的盛大节日。谱载，第十二世祖名曰太和，太和之子名曰石敢。乾隆初，塔下连年灾荒，民不聊生。石敢家境不济，向本村屠夫赊了三斤猪肉过年。除夕夜，屠夫登门讨债，石敢无力偿还，屠夫便将锅里煮熟的猪肉拿走，同时又手抓了把草灰撒入锅中，使肉汤也不能喝。正值青春年华的张石敢受此大辱，悲愤万分，决心远走他乡，励志图强。大年初一，他离家远走，到了厦门，恰遇一船驶台，便登船随行，历尽苦难，最后定居台南，开基创业，繁衍子孙。后来经商致富，日益兴盛。张石敢的子孙曾多次回乡祭祖。该谱还记载，清同治九年（1879），德远堂第十次维修时，张石敢的裔孙不仅派人回乡捐款，而且还特意临摹了德远堂的壁画、牌楼、匾额、石柱题词等，回台湾后兴建了一座同样的祠堂，也命名为“德远堂”。据统计，台湾、香港再加上新加坡、泰国、日本、美国的德远堂后裔达五万之多。

余庆堂

这是浙江衢州府开化县张氏音铿村始祖成业公裔孙所用之堂号。“余庆”系指先代遗泽，即先人给子孙后代留下的幸福。“余庆”出自《易·坤·文言》:“积善之家，必有余庆。”张成业，名绍祖，唐元和进士，官拜江东提刑，居婺州金石门。后弃官迁居衢州开化音铿村，是为张氏音铿派始祖。其后，子孙繁衍，人丁兴旺，人才辈出，遂由音铿而遍及附近各邑，形成许多支派，诸如田坂、苏坂、龙川、棠谷、石川、隆源、秧坂、前洲、璜川、丽江、新桥等,“余庆堂”是这些支派共用的堂号。随着时间的推移和丁口的增多，各派又分别修建了各自的祠堂。这样，在总堂号“余庆堂”之外又出现许多分堂号，诸如石川崇德堂、隆源积厚堂、前洲和德堂等。

孝友堂

孝友堂是供奉周朝张仲的堂号。张仲，字广明，号仲甫，周宣王时卿士，生活在齐、卫之间，以孝友著称于世。最初记载见于《诗经·小雅·六月》，有“侯谁在矣，张仲孝友”之句，赞颂张仲孝友的美德。

燕贻堂

燕贻堂是唐代张说的后裔所供奉的堂号。据传，张说的母亲梦见玉燕入怀乃生张说，张说因功又被封为燕国公，遂名扬天下，其后即以“燕贻堂”为堂号。

京兆堂

京兆堂是西汉张汤的后裔所供奉的堂号。张汤，西汉杜陵（今陕西西安东南）人。武帝时历任廷尉、御史大夫等职。他建议铸造白金及五铢钱，并支持盐铁官营政策，主持制定“告缗令”（奖励告发逃避资产税，打击不法富商大贾的法令）。张汤之后张安世任侍中之职，其后多人封侯，名冠朝野，其后人遂以“京兆堂”为堂号。

精忠堂

精忠堂是南宋民族英雄张世杰后裔所供奉的堂号。张世杰，宋代范阳人，是与文天祥、陆秀夫齐名的民族英雄。他在南宋朝廷危若累卵之时坚持抗元，最后与长子一起壮烈殉国。其后人为了纪念他，以“精忠堂”为堂号。

二、河南固始堂号简介

历史上的河南固始县是张姓人口聚集之地，自两晋至唐宋元明，历代有张姓先民迁闽（今福建）的记录。固始张姓大多分属“清河堂”和“百忍堂”这两个堂号，其下分支又有多个堂号。现对固始其他堂号进行简介。

述德堂和正伦堂

述德堂、正伦堂共奉张以宁为一世祖。张以宁有两个儿子：长亮，次德山。亮公后裔立述德堂，德山后裔立正伦堂，立堂年代无从考证。

两堂聚居于固始东关张家街，后迁播各乡。谱载："因邑族人由东关张家街迁往各乡者皆予一族也。考老世谱，起锐公、士法公迁东张家院墙，克恭公迁南张家院墙，克懿公迁东瓦房，克绳公迁西瓦房，士敏公迁皋镇，国维公迁北庙集，国琦公、克宽公迁戴家店，克憙公迁张广庙，克志公迁郭陆滩，克绍公迁高庙集，克思公迁三里店，克恕公迁庞家大庄，又迁张家大庄即予老宅，咸丰丁巳年被逆焚毁。桂公迁五河堰，增公、国桢公与子振发迁张家河雷家桥……"

万兴堂

万兴堂张氏集聚于观堂乡王楼村一带，又称张桥口张氏。张氏先祖系山东枣庄人氏。朱元璋驾崩，地峡崩裂，黄水横流，天下大乱。张氏先祖兄弟三人（后人称"三太公祖"）从枣庄流落到河南固始。谱载：当时"天下大乱，灾疫流行，农田荒无人烟，十里无鸟啼，遍地无六畜，路上行人欲断魂，无人开荒种地"，遂落户港口、张桥口兴家立业。

"三太公祖"生下九男一女，排行十门，号称"老十门"，分居于张桥口、化港口、桥东、桥西、化东、化西等处。后裔陆续迁居固始各乡，并外迁河南的商城、淮滨、潢川、光山等县以及湖北麻城、北京、石家庄、台湾等地。

万顺堂

该家族堂号为"万顺堂"，为百忍万顺之意。祠堂在金寨县铁冲乡与水谷店乡交界的张家店，有一百三十户、五百多人，男丁二百八十名。集居地以段集镇钓鱼台村张老家为中心，段集镇童庙村、武庙余楼村、迎水村和固始县城南罗台子、石佛店等地为散居地。

该家族在明朝盛世时期由山西省平陆县枣林岗瓦西坝迁入固始县张老家村。因时代变迁，部分迁入商城鲢鱼山城东，并分散于金寨县水谷店、铁冲等。张老家原名牛老家，张姓迁入后改为张老家。本族迁入固始县共有三位始祖，即张祉、张证、张禄三胞兄弟，故后葬于固始县南门外四里玉后坟，辛山巳向，有碑志。该族系张祉之后。

复盛堂

该族由江西迁徙至固始县东乡。复盛堂在本地无宗祠，家谱据说在麻河。该族始迁祖张蔚公居石佛店北胡家洼胡小庙附近,墓葬在下山岔子（陈茔子前面）。其后裔散布在罗集、石佛店、张广庙、分水亭、武庙集一带。罗集分支的肇基祖为同胞兄弟二人：四公讳德辉，墓葬在罗集西五华里钱小庙北边，张家围东边，壬山丙向；另一祖名讳不详，其墓葬在德辉公墓东边隔河相对，相距不到一里，后裔分居在罗集、分水、石佛一带。

留余堂

留余堂张氏家族分布在固始西南乡一带，以草庙集乡单家冲为中心。该族原有祖祠在樟柏岭保（今郭陆滩镇樟柏岭村境内），因离家遥远，每逢春秋祭祀多遇阴雨阻隔，族人合议应当就近新建支祠。清咸丰十年，第十一世云桂公（四品封典）与长子嘉晋（广东连州直隶州州判）、次子嘉棋（同知衔）议商,一致决定捐产建祠。云桂公名下计有田稞一百石、册粮五十亩、草房八十余间，坐落在曾家冲曹家围子。此田房边屋内什物农器俱捐给支祠。当年十一月建成，名留余堂。

福兴堂

福兴堂位于沙河铺乡柯家楼村。柯家楼清属长兴里，民国属罗集区分水乡，今属沙河铺乡。清光绪年间，居住此地的福兴堂张姓建一高大楼房，远近闻名。县令听说后,要前往观看。张姓为迎接县令,从柯翰林（柯乔年，字松龄，家住洪埠乡戴店街，康熙四十二年进士，任翰林院检讨，官至奉天府丞）家借匾挂于堂上装点门面，县令误认为此家姓柯而称之为柯家楼，村庄遂用此名。

昆元堂

昆元堂，以石印馆名扬豫南、皖西一带。昆元堂是清代同治年间张炳臣家的堂号，因张炳臣首创固始县木刻印刷先例，大家习惯称为“张昆元堂”。炳臣子张民仁继承父业,先从事木刻印刷,后石板印刷技术传入中国,张民仁又改石印，并且试行彩色套印。石板印刷技术使昆元堂石印馆业务范围大为拓展，不仅可以承印县衙的各种文牍，还可印刷多种书籍。生意兴隆时，馆内工匠多达二十余人，业务远达潢州、商城以及湖北的麻城和安徽的六安、金寨、霍邱等地。昆元堂也遂以石印而扬名。

乐善堂　燕禧堂　仁寿堂

乐善堂、燕禧堂、仁寿堂三支张姓同一个祖坟，在汪棚三教村六里小队长冈子；用同一组辈字“……楝廷光生，乃宗世德，孝友贤仁；绳其祖绪，丕振家声”，上面至少还有12—20个字，不详。另有黎集“张铁铺”一支也是同宗、同辈字。目前，最高辈分是光字辈，仅一人，最小的可能在“德”“孝”之间。

燕禧堂多聚居在城内南后街西一带。张墨生、张伯琼是五六十年代名医，张浩（乃绶）是解放后为数不多的从政者。该支多以行医、教书为业。

仁寿堂原聚居在东关南大街一带，多以手工、商贩为业。原“亿大仁”毛烟号即其分支。张更生之子张乃大（建筑老板）是其传人。

乐善堂原聚居东关史湖街一带，初分三支，大门乃哈尔滨工学院高起的曾外公；二门无后；三门人丁兴旺。据2008年统计，乐善堂张栋熙公名下廷（儿）字辈五人；光（孙）字辈十四（内女四）人；生（玄孙）字辈三十五（内女十二）人；乃（曾孙）字辈五十九（内女二十九）人；世字辈六人。

三、福建龙岩堂号简介

福建古汀州府（今龙岩）一带是张姓北人南迁的聚集地，也是“南下三潮”（两汉之交，东晋至南北朝和北宋末金兵南下）故地，所以，古汀州既是张姓客家人“大本营”，又是自汀州乔迁海外的“侨乡之都”。《龙岩东肖“三户祠”·张氏族谱》即记载善公、隆公、靖公派下的“三户祠”后代的情况。现将该谱记录的堂号来历及其堂号分布转引如下：

永定张氏同本堂

“三户祠”张氏裔孙自永定孔夫迁居东肖（白土）溪兜后，东源公后裔子孙又分支各地并在祖居地兴建祖祠和厝、楼。在永定孔夫有祖祠，祠名“同本堂”；在东肖溪兜村有“三户祠”，祠名“追远堂”。

东肖溪连村著名的祖祠、厝、楼有：义文堂、仰兆基（改建为兴荣楼）、一川公厝（改建为振声楼）、六公厝、植槐堂（柏昌厝）、种德堂（石门厝）、用孝堂（已塌）、雍怡堂（源仔厝）、玉声楼（德镕厝）、艺丰楼（汝鳌厝）、孝恭堂、飘香堂（月飘公厝）、致祥堂（逸斋公厝，已废）、松端堂（松岩公厝）、陈公厝（井头厝）、义德堂（九峰公厝，部分已塌）、松椒堂（梧山公厝）、可继堂（次丹公厝）、笃怡堂（王野厝）、孝慈堂（老九厝）、松贞堂（七公厝）、厚德堂（原迈荣厝）、五星楼、日庆堂（起昌厝）、澄庆堂、尉泰楼、冠伦楼（炳超厝）、立本堂（来飘厝）、松蔚堂（一甲祠）、卜云堂、永谦公厝、瑞川厝、昌武厝、照德堂、同庆堂、二铭堂（海淇厝）、继垂堂（佑安厝）、聚奎堂（文灼公厝）、世昌楼（新楼）、乐怡堂、振声堂（声远厝）、步燕堂（孟昭公厝）、德雄庐（鸿大厝）、怡燕堂（采东厝）、保义堂（下九峰一民厝）、蔚坤堂。

东肖邦山有：思远堂、肇西堂、孝纯堂、宁远堂（可大厝）、松翠堂（已废）。

东肖龙泉前邦头有：乐道堂。

东肖联邦有：恕德堂。

东肖盂头有：松轩祠、乐德祠、东淑祠、爱敬堂、盂峰祠、怀德堂（已废）、承吉祠（已废）。

东肖连圣有：乐庆堂、回顺堂、见龙厝、月形厝、木芹厝、忠灵公厝。

东肖菜园铁山宫脚有：族义堂。

东肖黄邦有：勤裕堂（遂远堂）。

曹溪浮塘有：衍庆堂、笃庆堂。

曹溪董邦村有：诒燕堂、逸燕堂、震升堂、吉星堂、依德堂、厚德堂、继垂堂、典则堂、回锦堂、聚慈堂、荣德堂、肇兴楼、又新楼、维新楼。

雁石岩星有：承德堂、翼燕堂。

雁石厦老有：南山墘厝、学堂厝、应庆堂厝、翁林厝。

龙门赤水村有：贻燕堂、世德堂、景福堂。

龙门连坑有：泽忍堂。

龙门杨家畲有：清河堂。

中城北门有：百忍堂。

东城东新四角塘有：馥林基。

东城东门有：万选祠。

南城有：丰庆堂（潮龙厝）。

上杭古田西下（苧园）有：崇德堂、燕翼堂。

追远堂（三户祠）

“三户祠”张氏大宗祠“追远堂”，坐落东肖（白土）溪连村陈公厝右侧，东倚“奇迈风光”，西望“紫金晴雪”，大门左侧一井泉水（俗称陈公井）清甜可口，经年不断，供四方饮用、洗漱。

“追元堂”始建于明嘉靖乙酉年（1525），迄今近五百年，是“三户祠”张氏海内外众裔孙寻根思源、怀祖祭祖、凝聚后辈、加深亲情之宗地。经历代修缮，规模宏大肃穆，气势恢宏。屋顶龙凤飞峨，宫殿式样，堂内骑梁木瓜，拱架结构，石墩立柱，空宽无垠；上堂下厅，左右两廊，四周檐阶回绕，占地面积850平方米，建筑面积500平方米。供奉始祖东源公以及历代列祖列宗之神位。

历代修葺情况已无可考，1940年经溪兜村二十代裔孙、留日法学士载泗宗亲主持重修。1983年农历七月十六日，欣逢盛世，以海外汝鳌、志西、华木、松声等宗亲捐资支持，在第一、第二届“三户祠”理事会鸿年、金镛、水木、振金主持下进行重修。第三届理事锡钦、水木等于九十年代得到海外宗亲淑明、仁强等的捐资乐充，重修一世东源公、二世西陵公、四世松溪公、六世一川公等祖坟，恢复岁祭，以不忘祖恩。第四届修谱理事会于1997年6月倡议编修“三户祠”张氏宗谱以及全面整修“三户祠”大宗祠。2000年8月18日仲秋吉日兴工修祠，12月17日完工，共用去人民币64000余元，并于2001年1月6日、7日两天进行添丁打醮迎神赛佛，请了两台戏演出龙岩山歌戏和木偶戏。

立本堂

十四世祖来飘公亲手创建的立本堂（即来飘公厝）坐落在背靠奇迈山、面向紫金山（坐东向西）的风光吉地。立本堂规模宏大，气势雄伟，至今已有二百余年。立本堂占地约3500平方米，建筑面积1800平方米。立本堂正厅宽敞高深，正厅落有天井，左右有东西厅，下厅宽阔。大门内有大天井，大门外有大灰坪和一口池塘。池塘外有围墙。正厅左方有两排厢房，右方有一排房。正厅后有从南至北包围的牛角埒和相应宽敞的鸭头顶。整座建筑除大小厅、走廊、天井等外有四十余间房屋。除此之外，左右厢房外一米左右各有一排厕所，共有十余个厕池。右边厢房后还有一口水井，经年水源丰足，大旱之年也不干涸，水质清澈见底，清甜可口，是来飘公居家后裔子孙百余口人的饮用之水。

据祖上传说，立本堂工程浩大，耗用大量砖瓦、木料。来飘公特地建一座大型砖瓦厂，雇专人烧砖瓦，购买一片杉林，以供木材之用。来飘公厝的瓦片特别大、特别厚、特别重、特别密，后来立本堂几次维修都不用添砖加瓦。

来飘公厝在二百余年中也曾几次维修，1942 年维修后，五十余年间楹桷枯朽。1996 年 10 月，在海内外来飘公后裔的支持下，在裔孙炳河、汉波主持下进行大修，撤换枯朽楹桷，峨头全部重做，内外墙重新粉刷，地板全部铺成水泥地板。历时两个月，用工二百余个，耗资二万余元。

继垂堂（佑安厝）

继垂堂（佑安厝）始建于清道光年间，18 世纪初叶（旧谱载为十五世祖）继尧公袭祖业营造皮烟丝于河北京城之郊李家厝，生意兴隆。晚年告老回乡，遣子佑安公押白银十八担（每担一百斤，计一千八百斤），南返督造华堂，极尽豪奢之能事。继垂堂占地 1800 平方米，建筑面积 1600 平方米，为土木结构的“三堂四落”组合大厝。主屋坐东朝西，中轴线建正厅、后厅（观音厅）、下厅，前后厅有门相通。厅堂梁柱构架以神龛雕龙刻凤，精致巧妙，金碧辉煌。神龛前两柱约合抱，镂空精雕梅花二株，栩栩如生，观之真有望梅止渴之感。太平天国军过境，神龛人像遭利刃劈毁，其他雕刻亦于“文化大革命”期间遭破坏。石雕柱础，柱顶扎藤。正厅和后厅具辟天井，两侧巷道设侧门院落。正厅左右两小厅及下厅口均设木屋风门，前辟天井，筑围墙。南设棂门，另筑外大门，对面立影壁，厅堂两侧住房院落计四十一间，雕花门窗，向水斗坪开设。天井左右檐廊，四角四廊，有门通屋外，落与落有通廊连通。主屋前建内灰埕，南外侧建外灰埕、上灰埕，北外侧建厕所。屋内两侧水井各一口。墙体建筑用三合灰夯筑。屋面表瓦双披，脊角高翘，屋背有土，种以柏树，布局合理严谨。

拱星堂

北陵公一脉后嗣子孙散处在一甲、郑邦、连圣坑、龙门连坑、曹溪石粉岭等地。清乾隆四年（1739）已未岁，裔孙辈倡仪于龙岩川所内坊（即今之北门）永宁门内崇立祠宇，名曰拱星堂。坐丁向癸兼午子三系，丙午丙子分金，规模焕然可观。复捐金置座，设龛之位，于奉神灵而序昭穆，则先人之皿食得以及绵长，而子孙后裔岁时瞻拜，得以表其孝敬、爱谨志之（拱星堂后因城市建设所需已拆除）。

松蔚堂

东肖（白土）宗兴户四世祖松寨公、祖婆刘氏恭惠遗下基址一所，在溪兜牛路头墩卜吉安居，坐乙向辛兼辰戌分金，名曰松蔚堂。1984年甲子冬月重修神龛，恢复神主。

振声堂（声远厝）

振声堂（声远厝）乃十四世祖声远公所建，迄今已二百多年。声远厝房间总数四十间，设上、下厅和东、西厅，主屋后排为二层楼房，其余为平屋，均为土木结构。下厅前面建一灰埕，称内灰埕。内大门坐北朝南，内大门前又建一灰埕，称外灰埕。外灰埕的西、南向建筑围墙，其间再建一外大门，坐北朝南方向。占地面积约1800平方米。

步燕堂（孟昭公厝）

步燕堂（孟昭公厝），十三世祖孟昭公于清康熙年间所建，至今已有近三百年历史，占地面积约2000平方米，建筑面积约1300平方米。为了便于海内外宗亲寻根谒祖，1998年，众裔孙团结一致，同心同德，慷慨解囊，捐资数万元重修步燕堂（孟昭公厝），使之焕然一新。1999年正月初五日在龙岩族裔孙欢聚一堂，举行隆重的圆祠及祭祖活动。

怡燕堂（采东厝）

采东厝坐落于仙宫山西侧山脚，连城排头，系十三世祖孟昭公后裔十七代尧钦公于清道光年间所建，距今一百五十多年。厝正厅1996年前有"怡燕堂"额匾悬挂在顶端。

采东厝经多年的陆续增修扩建，占地面积约4000平方米（含晒谷埕），建筑面积3000余平方米，后面有二三层楼叠接，主体住屋七十多间，上下前中后厅共七个，还有附屋二十多间。后裔有二百多人，大部分侨居东南亚，居住乡里的除少数住户外，多数已迁出旧厝，另建新居。

张氏堂号还有很多，不再逐一介绍。现将张海瀛《中华姓氏谱·张》

一书中关于明清以来张姓族谱中所见堂号集中选录如下：

一本堂	二铭堂	九居堂	九裔堂	三立堂
三知堂	三治堂	三箧堂	于斯堂	大忍堂
义芬堂	大本堂	中和堂	文星堂	文德堂
世恩堂	世德堂	本立堂	四益堂	永思堂
乐育堂	东聚堂	永庆堂	务本堂	百忍堂
存著堂	存善堂	光裕堂	曲江堂	亦政堂
守经堂	聿修堂	余庆堂	孝友堂	孝思堂
志合堂	芹余堂	两铭堂	序源堂	怀义堂
怀德堂	寿康堂	青湖堂	忠义堂	尚义堂
尚德堂	味芹堂	明伦堂	明义堂	垂裕堂
和德堂	金陵堂	金鉴堂	建本堂	草圣堂
持纪堂	思存堂	思孝堂	思则堂	追远堂
衍庆堂	叙伦堂	冠英堂	亲睦堂	济美堂
笃亲堂	树德堂	和德堂	峻德堂	凌云堂
宝鉴堂	积庆堂	鸣珂堂	培本堂	萃敬堂
崇本堂	崇德堂	惇本堂	焕文堂	清河堂
绍忍堂	报本堂	万石堂	敬宗堂	敬睦堂
敬翠堂	敬宜堂	棣萼堂	集成堂	复古堂
诒谋堂	敦九堂	敦本堂	敦睦堂	尊经堂
尊礼堂	裕裔堂	睦族堂	诚心堂	雍睦堂
源远堂	福人堂	嘉顺堂	毓秀堂	横渠堂
德成堂	德征堂	燕贻堂	彝伦堂	继忍堂
铁耕堂				

第四节
国内张姓人口分布

据 1990 年中国“第四次全国人口普查”统计数字，张姓人口在中国大陆约有七千八百万。今已过去将近三十年，按照中国大陆人口增长情况推测，今日张姓人口在中国大陆应已突破八千万。关于张姓人口在国内的分布情况，今未见各省统计数字。现只是依据历史上的人口迁徙情况做个大体分析。

在之前章节关于人口大迁徙、郡望分布情况等的叙述中，我们已经对张姓人口在华夏的分布有了大体概念：在战国时期，各诸侯国已各有张姓人士；在汉唐时代，张姓已多达四十三个郡望，遍布华夏的东西南北。但张姓人口更多地聚集在黄河中下游地区，只是到了北宋以后才打破这种分布格局，长江两岸张姓人口增多，与北方相比较呈平衡状态。这种平衡状态还说明另一个问题，就是这时期的张姓人口还大都聚集在黄河中下游和长江两岸的中国腹地。只是在元、明、清代以后，因为战争、屯边驻守等多种原因，张姓人口才迁播到更广阔的地域乃至少数民族地区。

明代嘉靖年间张浚等人修编的全国《张氏统宗世谱》，卷首载有《古今迁居地舆庙墓图》十七幅，图中标明了张姓人口分布的府、州、县，是张姓人口在明朝中期的分布图。明代将全国划分为南、北两隶及十三个承宣布政使司，总共十五个大行区（河北当时为北直隶，隶属北京）。按上述迁居图，《龙岩东肖“三户祠”张氏族谱》把张氏人口在各区的分布情况以县为单位作了统计：

北京设 8 府、19 州、116 县，每县都有张姓，覆盖率 100%。

南京设 14 府、21 州、97 县，95 县有张姓，覆盖率 98%。

山东设 6 府、15 州、89 县，每县都有张姓，覆盖率 100%。

山西设 5 府、19 州、79 县，74 县都有张姓，覆盖率 94%。

河南设 8 府、21 州、96 县，93 县有张姓，覆盖率 97%。

陕西设 8 府、21 州、95 县，92 县有张姓，覆盖率 97%。

四川设 13 府、21 州、111 县，104 县有张姓，覆盖率 94%。

江西设 13 府、1 州、77 县，72 县有张姓，覆盖率 93%。

湖广设 15 府、108 县，106 县有张姓，覆盖率 98%。

浙江设 15 府、1 州、75 县，每县都有张姓，覆盖率 100%。

福建设 8 府、1 州、57 县，53 县有张姓，覆盖率 93%。

广东设 10 府、8 州、75 县，60 县有张姓，覆盖率 80%。

广西设 11 府、48 州、50 县，49 县有张姓，覆盖率 98%。

云南设 21 府、40 州、53 县，32 县有张姓，覆盖率 58%。

贵州设 10 府、9 州、14 县，3 县有张姓，覆盖率 21%。

总计全国 1194 个县中，有 1113 个县居住着张姓人口，总覆盖率达到 93.2%，这个比例相当高。

今天，可以说在中国的大江南北，凡有人群的地方，就有张姓人口存在。尽管张姓遍布各地，但是张姓人口居住的密集程度还是有区别的。在中国腹地，黄河中下游和长江流域，张姓人口密集程度最高。

现在，仅就掌握的资料，将张姓人口在边远地区的分布概况作一简要介绍。

位于东南沿海的浙江、福建两省，张姓是属于人口较多的姓氏。浙江的嵊县、宁海、余姚、江山等地，张姓人口居住较为密集，族众人多，影响较大。福建的福州、厦门以及长汀、宁化的客家人中张姓人较多。

在五岭以南广东的张姓人口，多为唐宋时代从福建、江西、湖南等地迁去的客家人，居住比较集中的地区有韶关、南雄、蕉岭、梅州、大埔、兴宁等地。

在西南地区的云南少数民族中有不少张姓人。“土司张姓”就是白族、彝族、哈尼族中的张氏，主要分布在保山、祥云、洱源、大理、元阳、北胜、开远、南华、腾冲等地。

在东汉末年天下大乱时，就有张姓族人迁往中国西部边陲的高昌（今属甘肃）、楼兰（今新疆罗布泊），多因“避难西奔”“避代不归”而留居当地。也有魏晋时期因屯田军垦留下来的。由于中原战乱，他们不能东返，才繁衍于西北大地乃至蒙古草原。所以今天这些地区有很多张姓族群。

自魏晋以后，就有张姓家族向东北三省扩展的记载，近代的“闯关东”也有中原地带河北、山东等地的张姓人群。在东北三省，张姓在辽宁分布较为密集，沈阳、辽阳、岫岩、绥县、锦县、兴城、朝阳、锦州、肇源等地是张姓居住较集中的地区。

在我国台湾岛的台北、彰化、嘉义和高雄等地有很多张姓居民。从明清之交到 20 世纪中叶，不少张姓人从福建、广东、江苏、浙江等地迁居台湾，因此，张姓成为台湾的大姓之一。依 1995 年的估计，台湾地区张姓人口约一百四十五万；据张氏有关资料统计，仅清河堂张氏后代就有六十多万人。所以，台湾向来有“无张不成乡”的谚语。在香港和澳门，尤其是香港，张姓也是大姓之一，各个居民社区均有张氏。

在我国的少数民族中，如满族、回族、蒙古族、朝鲜族、白族、苗族、彝族、瑶族、黎族、壮族、侗族、高山族、阿昌族、藏族、土家族、布朗族等，都有张姓人群。少数民族赐姓和改姓张多见于史书和谱牒；同时，还有通婚等原因改张姓的，这也是民族大融合的结果。

总之，在中国境内，无论是大陆，还是海岛、戈壁以及少数民族聚集地区，都有张姓人口存在。在中国边远地区，张姓人群的形成多数也有上千年的演进历史。

第五节
海外张姓人口分布

中国境外的张姓人口大多集中在中国的周边国家，亦即东南亚国家，所以我们通常称这些侨居国外的华人为“海外华人”。非洲和西欧国家也有不少张姓华人，但人口较少，不如东南亚国家相对集中。按海外对张姓人口的粗略统计，张姓人口有千万以上。

下面仅根据所见资料，分别对张姓人口相对集中的部分国家和地区作一简要介绍。

朝鲜张氏　朝鲜半岛是中国的邻邦。历史上，朝鲜很长时期是中国古代封建王朝的附属国，所以朝鲜半岛有很大一部分人祖籍中国大陆。据1983年韩国人口调查资料统计，韩国现有250个姓氏，其中祖籍中国大陆的姓氏多达136个，这些姓氏源自中国的人口达1000万之多。这仅是指韩国，还不包括朝鲜。

整个朝鲜半岛是张姓人较早到达并繁衍生息的域外地区之一。据《汉书·功臣表》载：汉武帝时，朝鲜王张洛归附汉朝，元封三年（前108）被封为几侯。这是我国文献中有关朝鲜张氏的最早记载。此后，中国政府也开始向朝鲜派驻汉人官员，参与管理政务，有的举家迁往。朝鲜人也开始引进汉文化，学习中国的四书五经。在通告的文字中，也是朝鲜文字同汉文夹杂，与今天的日本文字一样。朝鲜只是到近代才完全有了自己的文字。

历史上，朝鲜张氏人才辈出，堪称名门望族的人家比比皆是。朝鲜李朝时，画家张承业就是极有影响的现实主义画家。

马来西亚张氏 马来西亚的张姓在“东马”和“西马”支派繁多，人口甚众。他们主要来自福建、广东、广西、海南、台湾等地，最早在18世纪中叶的康熙年间迁入。1786年8月10日，英国海军到达这片原始森林的槟榔屿荒岛开辟时，已有五十八个渔民生活在这个荒岛上，其中有三个华人——张理、丘兆祥、马福春，他们已经在这里生活了几十年。张、丘、马三人情谊深厚，结拜为兄弟。大哥张理一直住在珍珠屿，而丘二哥与马三弟则在附近谋生。后来他们成为荒岛上华人心目中的“大伯公”。槟榔屿开埠十四年后（1799）正式建祠、立碑以纪念他们；同时也有更多的华人迁入。

现今坐落于槟城沓田仔街的张氏宗祠（又称张氏家庙）已有一百一十多年的历史。经历代繁衍，华人已占马来西亚总人口的27%，而张姓又是华人中的大姓。

新加坡张氏 新加坡是世界上除中国外第二个以华人为主体的多民族国家，华人占总人口的70%。张姓也是新加坡华人的主要姓氏之一。

张姓到达新加坡大约是在清朝中期。新加坡的张姓人口主要来自中国的广东、福建等沿海省市和台湾地区，也有从其他周边国家辗转而来的。

新加坡独立后不久，张氏宗亲就建起自己的宗亲组织——“新加坡张氏公会”。

越南张氏 越南历史上曾一度是中国封建王朝统治的地区，因而也是张氏华人最早到达的海外地区之一。早在汉朝时，张氏就到达越南地区。中国古代史书中的安南、占城都是在今越南境内。今天，张姓是越南华人的主要姓氏之一。

1860年法国殖民军侵入越南南部，抗法民族英雄张定（？—1864）1861年在鹅贡等地组织军队抵抗，得到广大民众的响应，并被推为平西大元帅，领导抗法斗争。1864年张定牺牲，其子张权在越柬边境继续指挥抗法战争，直到1870年。

泰国张氏 泰国也是张氏华人比较集中的国家之一。

张氏族人自清代始相继航海南渡，落足泰国。现居泰国的张氏族人主要来自广东、福建等沿海地区。

张氏后裔经过多年的繁衍生息，已遍布泰国各地及各阶层。泰国张氏华人虽已融入泰国社会，但他们仍建立了许多宗亲组织，并与刘、关、赵三姓华人共同发起组成了泰国龙冈亲义总会。

据载，广东人张青于清雍正年间迁居暹罗（泰国过去的名称），从事商务活动。张青曾充任暹罗国王的贸易使者出使清朝。

菲律宾张氏　菲律宾是南洋离中国大陆最近的国家，也是华人聚集的一个国家。华人已成为菲律宾的一个重要民族，甚至是菲律宾人口最多的少数民族。

张氏是菲律宾常见的华人姓氏和重要的族群。在菲律宾的历史上出现过许多著名的张姓华人。菲律宾马尼拉国际稻米研究所所长张德慈教授是著名的水稻专家，著有《中国早期稻作历史》。张素玉女士是菲律宾马尼拉迪大学文学院的著名学者。

印度尼西亚张氏　张姓到达印尼最迟应在清代，主要来自云南、广东等地。

张姓华人、华侨已经成为印尼社会中一支重要力量。清末即来到印尼的张维居是爪哇岛《民报》创办人。来自云南的张度渊是苏门答腊著名的华侨资本家。还有备受孙中山先生推崇的华侨实业家张振勋。

文莱张氏　文莱著名张姓人物有漳州人张民。张民迁居文莱后，为文莱工农商业的发展立下大功，文莱王特授予其拿督勋衔。

澳洲张氏　据澳大利亚统计局透露，现今居澳大利亚的华裔人口高达五十余万，而且日渐增长。这里的华人主要来自中国大陆、中国香港和越南、马来西亚等国家和地区。

张姓也是澳大利亚华人中主要姓氏。在澳大利亚近现代华人华侨的发展史上，涌现过许多著名的张姓人物，如澳大利亚心外科专家张任廉，兼任澳大利亚反贪污特别专员；还有澳大利亚国立大学人文科学院院士张光裕等一大批张姓名人。

北美张氏　北美主要包括美国、加拿大等位于北美洲的国家。华人华侨是北美众多民族中的一个重要族群。在美国和加拿大，华人都是优秀的少数民族。北美的华人、华侨主要来自中国大陆和港澳台地区。

张姓是北美华人社会中的主要姓氏之一。张姓最早到达北美的时间，现已无据可查。张姓移民大批迁徙北美开始于19世纪中叶，到20世纪达到高潮。

移民北美的张氏及其后裔大多融入了当地社会，但他们还保留着鲜明的中国文化传统。他们在异国他乡建立了宗亲组织，美国的张姓还参加了世界龙冈亲义公会、美洲龙冈亲义公会。北美的张氏华人、华侨，特别是在美国的张氏后裔，涌现出一大批著名人物，是当地华人的骄傲。

欧洲张氏　张姓开拓欧洲的历史较短，大约在公元19世纪末才开始涉足欧洲。20世纪前期和晚期则是张姓移民欧洲的高潮时期。时至今日，张氏族人的足迹已遍布欧洲各国。

在英国，有英国剑桥大学汉文系教授张心沧；在法国，有巴黎保安运输公司负责人张宗清。张玉良（1899—1977），著名女画家，迁居巴黎，对油画、水彩画、版画、浮雕、雕塑艺术，件件精通，是个独具风格的艺术家，在美、日、比、德、希腊、瑞士举办画展，获得极高的评价。

非洲张氏　张姓到达非洲大约在19世纪末、20世纪前期形成第一个高潮。据民国十八年（1929）上海侨务协进会非洲特派员莫次南所作的调查报告《亚非利加洲华侨概况》资料统计，当时非洲华人总数一万五千人，张姓就是其中的主要姓氏。

中华人民共和国成立后，因加强与非洲国家的联系，许多张姓成员随中国援非队伍一起进入非洲。20世纪80年代以后，随着中国的对外开放，更有大批中国大陆张氏来到非洲从事商贸、文化、建筑等工作。今天，张氏的足迹已遍布非洲大陆的每个角落。

第六章 张姓重要文化遗产

在张姓族谱或家乘中，载有不少皇帝诏书，有敕命、敕封和诰封等，这不仅是某个人的荣耀，而且是整个家族的荣耀，所以被敕封者会将诏书供奉在厅堂案头。

张氏家规家训，实际上就是一个家族的齐家之道。因时代、社会、地域的不同，历朝历代、各个宗支均有各自不同的家规家训，故遗世者很多。这些家规家训在守法、忠正、孝悌、友善等方面，对张姓家族有约束、训导、劝诫等作用，使家庭和睦、家族有作为，对促进社会发展进步也有积极意义。

名联多出自各地历代祠堂楹联，大多记载各个家族的功德、言行或名人典故。楹联对仗工整，意味隽永，在古今楹联艺术的长廊里熠熠生辉。

第一节 诏书选译

在皇权至上的封建社会，如果有哪位皇帝对臣民下一道敕命尤其是敕封或诰封，提携或封赏某个人，这不仅是某个人的荣耀，而且是整个家族的无上荣耀。这道敕命不但会被载入皇家史册、记入受封之家族谱，而且还会被受诰封者供奉起来。

在当今文物市场上，不仅有人热衷于收藏圣旨，还有人收藏“圣旨架”。所谓圣旨架，是指摆放圣旨的架子，每遇在春节等时节举行重大的祭祀活动时，这家人会把圣旨摆放到圣旨架上，同祖宗牌位放在一起，然后净手焚香，一同供奉。

就张姓而言，自两汉以降以至唐宋，“历代宗英辈出，族贤济济；国史方志，记载尤多。其中，有辅佐君王经国济世的宰相，有廉明清正善善恶恶的循吏，有威震河山叱咤风云的将帅，有忠贞报国凛然殉节的英烈，有博通典籍学贯古今的鸿儒……系以时境，较之人伦，出乎其类，拔乎其萃。平民庶众固然景仰嗟赞，即使天之骄子皇帝也得刮目相看”（李月波《清河张氏古世宗脉考叙》）。所以，历朝历代皇帝对张姓名臣大儒下过难以胜数的敕命诏书，见于史书、见于张氏谱牒者可谓多矣。仅《张氏统宗世谱》所载就有十几道。李月波对张氏有关“诏书诗文”作过注译，今选其几则诏书，试作简评。

在张姓历史人物谱上，西汉张良是最为显赫的人物。汉高祖七年和九年，分别对张良下过两道敕命，一是封“留侯用世，袭尔子孙”；一是“命某臣捧金衣一袭，拜先生之门，报先生之德”。这是何等的荣耀！汉高祖为何如此做？张良，字子房。其父祖两代凡相五君。秦灭韩，张良思报国仇，募勇士谋刺秦王于博浪沙，误中副车，被通缉，逃往下邳。后辅佐刘邦，灭暴秦，败项羽，统一天下，建立汉朝，为开国元勋，是汉高祖的左膀右臂。汉高祖视张良如手足，对其恩宠有加，评价张良“才高德懋，识远谋深……克当重任，无忝元勋”。这是对张良的最高评价。

还有两道敕命，是西汉昭帝和宣帝分别颁予右将军、光禄勋张安世的。张安世，字子孺，西汉时期杜陵（今陕西省西安市东南）人。在任右将军光禄勋期间，与大将军霍光共同谋废淫乱的昌邑王，又共同策立宣帝。因为张安世“辅政宿卫，肃敬不怠，十有三年，咸以康宁”，才被汉昭帝封为大司马车骑将军和“富平侯”。宣帝继位之初，立即加封张安世“万六百户”的食邑，其子孙“皆中郎将”。这也许是宣帝为报张安世“策立”之功而加封的。

其他敕命，唐睿宗颁诏张柬之，则是平反、追封其为“汉阳公”；宋太宗颁诏张齐贤，则是任命其为宰相之职；宋高宗颁诏张浚，同是“今特册封卿为右丞相”；宋孝宗给秘阁修撰张栻的敕命，则是对他功绩的赞扬以及对他本人的祝福。

上述皇帝对张姓名臣的诰封，不仅是这几个人的荣光，而且是整个张氏家族的荣耀。今将几道诏书特附录如下，并附译文，以便解读。

张良敕命

皇帝制诏：自古国家之治安，必由师臣为辅佐。是以求之版筑，傅说始沛商霖；载以后车，太公肇兴周室。尔国师张良，才高德懋，识远谋深，竭一心以扶新运，宣大业而创丕基，克当重任，无忝元勋。兹特进封留侯用世，袭尔子孙。尔其钦哉！勿替朕命！

大汉七年辛丑春正月初三日

译文

皇帝颁发诏命如下：自古以来，国家的清明安定，必须选用像师长般的大臣作为辅助。所以殷王武丁到傅岩找到筑墙的傅说，任为宰相，把他比作商朝久旱大地的沛然饱雨。周文王寻访姜尚于渭水之滨，用副车请回京师任为宰相，周朝开始繁荣昌盛。国师张良才能高强，品德美好，见识广远，谋略深邃，尽全心全意来扶保刚刚创建的汉朝，弘扬国家伟大事业，创立汉家强大基础，能够担当重任，不愧是国家头等的功臣，特晋升封为留侯，来治理国家。你的子孙可以继承你的爵位。你应当钦敬服从，不要辜负我的诏命！

大汉七年辛丑春正月初三日。

汉留侯张良敕命

皇帝敕曰：圣王定天下，必得贤臣以辅之，是以左股右肱，设官分职。今照国师张良，才高德赡，忠心辅王，朕躬难报往来之宏劳。是以命臣某捧金衣一袭，拜先生之门，报先生之德，俾张之子孙承其职业，以副朕意。

汝往钦哉！勿替朕命！

敕命

大汉九年春三月

之宝

译文

皇帝颁发诏命如下：圣明的帝王平定天下，必须得有贤能的大臣来辅助他，所以像左右腿和臂一样，设置官位，分掌其职。今考察国师张良，才能高强，品行诚实，忠心辅佐皇帝，朕难得时间亲自前往报答南征北战往来奔波的大功臣，因此，差遣使臣捧奉金衣一件，拜送先生门下，以表酬报先生的恩德，使张氏子孙继承你的爵位，以符合我的心意。你要像往常那样服从，不要辜负我的诏命！

大汉九年春三月。

之宝

张安世敕命

右将军光禄勋安世，辅政宿卫，肃敬不怠，十有三年，咸以康宁。夫亲亲任贤，唐虞之道也。其封安世为富平侯。

（《汉书·张汤传》）

译文

右将军光禄勋张安世辅助皇帝理政，带兵保卫皇宫，尽职尽责从不懈怠，十三年来，皇室及各大臣都赖以平安无事。亲近应当亲近的人，任命德才兼备的人，这是唐尧虞舜治理天下的法则。据此，敕封张安世为富平侯。

富平侯张安世敕命

夫褒有德，赏有功，古今之通义也。车骑将军、光禄勋、富平侯安世，宿卫忠正，宣德明恩，勤劳国家，守职秉义，以安宗庙。其益封万六百户，功次大将军光。安世子千秋、延寿、彭祖皆中郎将。

（《汉书·张安世传》）

译文

褒奖有道德的人，赏赐有功劳的人，这是从古至今普遍适用的法则。

车骑将军、光禄勋、富平侯张安世，值宿保卫皇宫，忠诚正直，发扬优秀品德，倡明皇帝恩泽，对国家勤恳尽力，恪尽职守，坚持正义。由于张安世认真负责，保障了朝廷的安全，加封张安世食邑一万六百户，功勋仅次于大将军霍光。安世之子千秋、延寿、彭祖都封为中郎将。

诏报张禹

祠谒既讫，当南礼大江，会得君奏，临汉回舆而旋。

（《后汉书·张禹传》）

译文

祭拜完毕皇陵之地的宗庙，正当准备南行去以礼祭拜长江之神，恰巧接到你的劝谏奏章，便掉转车辇返回京城。

张柬之制

制曰：褒德纪功，事华典册；饰终追远，理光名教。故吏部尚书张柬之，翼戴兴运，谟明帝道，经纶謇谔，风范犹存。往属回邪，构成衅咎，无辜放逐，沦没荒遐。言念勋贤，良深轸悼，宜加宠赠，式贲幽泉。可赠中书令，封汉阳公。

（《旧唐书·张柬之传》）

译文

睿宗皇帝颁发命令如下：褒扬有道德的人，铭记立功勋的人，使其事迹能够彪炳史册；以尊荣之礼祭葬死者，以缅怀之情礼祭祖先，亦可显耀名声与教化。原吏部尚书张柬之，辅佐和拥护中兴的大唐帝国，谋划倡明皇帝的治国之道。出谋划策，刚直不阿。其铮铮风度，还历历在目。往日遭到谗害构陷，定成罪责。清白无辜被贬官流放，沦落埋没边荒远地。谈论和思念起功勋卓著的先贤，非常痛心，应该加以恩赐，以此作为模式嘉奖黄泉之下的冤臣。可追赠为中书令，追封为汉阳郡公。

左丞相张齐贤敕命

太宗皇帝制曰：朕闻端揆重臣，必资启沃之才；师表朝班，实赖调和之责。苟非德望素优，曷克膺此特简？是以古有梦卜旁求之君，始获盐梅舟楫之佐。今尔丞相张齐贤，学识渊邃，殊堪顾问，性资忠亮，足任台衡。特加简命之隆，乃寄硕辅之托。尔宜奋励初心，共恢洪绪，宗社攸赖，朝野归心。尔其钦哉！

宋太平兴国二年（玉玺）丁丑年十月初五日

译文

大宋太宗皇帝颁发诏命如下：朕闻，宰相是朝廷重臣，必须凭借他忠诚开导皇帝的才能；成为朝廷大臣的表率，确实得靠他尽到协调政务和各种关系的职责。假如不是道德高尚素孚众望，怎么能够得到特殊选拔？所以古有到处求贤的国君，才能得到经国济世的宰相的辅佐。当今，你左丞相张齐贤学识渊博，很能胜任皇帝的参谋。禀性天资，忠诚坦白，足能担任宰相之职。特此加以选挑任命提升，把希望寄托在你这位宰相身上。你应像当初那样发奋图强、励精图治、恭奉王命，发展伟大的事业，国家倚为柱石，天下人心归附。你可要服从诏命啊！

宋太平兴国二年（玉玺）丁丑岁十月初五日

张浚敕命

奉天效命，皇帝敕曰：圣主承天，作君师于下土；良臣当国，行政教于家邦。故庶职分猷，责在同熙。帝载宰臣，宣力任专，总摄王纲。惟卿张浚，文韬武略，克追梦卜之良；伟业丰功，堪任铨衡之选。今特册封卿为右丞相。其必忠顺国家，扶植社稷，俾海宇宁静，以副朕命！

宋绍兴二十二年（玉玺）壬申岁五月初五日

译文

遵奉天道，制定敕命，皇帝颁发敕命如下：圣明的君主承奉天道，做国人的国君和师长；贤臣主持国事，为国家实施赏罚和教化。所以政务分别谋划，职责在于共同昌盛国家。当今国度的大臣，尽职尽力，专心致志，全面坚持朝廷的纲纪。唯有大臣张浚，文有治国的方略，武有用兵的计谋，贤能能够赶上殷朝傅说和周朝姜尚，从他所建树的丰功伟业来看，足能担当主宰国家大事的重任。今特地封你为右丞相，相信尔后必更忠顺朝廷，扶持国家立于不败之地，使四海太平安宁，以切实履行我的敕命！

宋绍兴二十二年（玉玺）壬申五月初五日

秘阁修撰张栻敕命

奉天敕命，皇帝敕曰：邦国治政，盖出于中枢；朝廷纪纲，尽归于会府。矧乃端揆之任，聿若师表之荣，苟非台铉之贤，曷慰缙绅之望？尔秘书阁修撰张栻，挺生英气，符合昌期。自光梦卜之求，遂合盐梅之寄，明谟匪懈，亮直不渝。于戏！进而论道经邦，必告嘉猷于尔后；退而承流宣化，覃敷膏泽于斯民。惟往钦哉！尚多受祉。

宋淳熙六年（玉玺）己酉岁九月初五日。

译文

遵奉天道制定敕命，皇帝颁发敕命如下：国家的治理和政事，主要由中央决定实施；天子的法律规章，都归宰相制定施行。何况尚书省长官的职务，就像堂堂师表那样荣耀，假如没有宰相的德才，何以慰藉士大夫们的期望？秘书阁修撰张栻，秀异威武，志趣才思符合昌盛的时代，自从受任便给朝廷增光，切合治国安邦的寄托。明确实施方略从不懈怠，忠诚耿直始终不渝。好啊！做官时，研讨方略治理国家，务求有良策上报；隐退后，承继前贤流风余韵，广传德政教化，对百姓普遍布施恩泽。希望你像往常那样服从，更希望你福寿绵长！

宋淳熙六年（玉玺）己酉岁九月初五日

第二节
家规选评

家规、家训实际就是一个家族的齐家之道。我国古代的家规、家训，通常是由家族中德高望重的长者根据当时国家和社会的价值取向以及伦理道德的要求，为族群和子孙制定的修身处世、齐家治国的原则、规范、训语和禁忌，要求家族所有成员遵从实行。在家族文化漫长的发展演变过程中，家规、家训的内容十分广泛，名称繁多。但家规与家训既有相近之处，又有不同之点：家规更强调约束性，不可轻易改变；家训则更注重教化性，劝导应该如何做。

所谓家规，包括宗规、族规、祠规、族约、公约、家法、家约、家矩、家制、家诫等，一般都视为家规类。

本节家规选自民国二十年版《锡山张纸统谱》中的“家规”、《清河张氏宗谱》中的“家法十则”“祠规八则”“祭义六则”、苍南县张氏旧谱家规十四条和新家规十六条以及洪湖桂花湾修谱族规等。

在古代，每个家族都重视家规族训，这是家长或族长对全体家族成员进行管理的依据。张姓家族之所以成为华夏的著族大姓，与各个宗支强化管理、和睦相处、齐心发展不无关系。

《锡山张氏统谱》所载“家规”列有十项内容：一冠婚——针对时弊，讲男女长至多大年龄方可“冠笄”（即规定男女头饰和衣着打扮），并告诫为人父母者应该如何管教子女、对待子女婚姻；二丧祭——厚葬薄葬量力而行，不可信诳诱、做佛事而置亲于不顾，家长须率子孙按时祭祀；三家长——一族之长要持守公正，率先垂范，既惩恶扬善，又要对族人善于教化；四宗子——区别于庶子的宗子，当“修德慎行，为祖宗祭祀之主”，不得“持尊高”，不得“挟富贵”等；五睦族——讲万派宗乎一源，对族人无亲无疏，都应济贫扶困，“喜相庆，忧相吊”；六治家——讲男耕女织，读书齐家，倡导“晨夕无旷”，不可“怠惰放肆”等；七内外——讲男女分工和纲常伦理大义，规范男女的行为准则；八卑幼——讲幼小少年应如何学做人，远避恶习；作为家长又应如何教育、如何惩戒等；九实务——讲成人要务实诚信，去华丽，崇俭朴，“巧不如拙，语不若默，奢不如约”，务求诚信笃实；十惧法——人能守法，则祸不生，要求“谨身、慎行、惧法、畏刑，见利思义，顺天所命”，谓之“药石之言”。

从以上列举的十项内容看，其实就是一个家族如何做人、做事的“十全大书”。时至今日，尽管时代变迁，这些家规已不合于当前的社会背景，但其中贯穿的儒家思想和做人做事的准则，虽然有的内容已经过时（甚至成为束缚人性的糟粕），然而，还是有诸多“金玉良言”可供今人借鉴和参考。

“清河张氏家法十则”与“锡山张氏家规”大同小异，只是内容少些，语言简练些，仍是关于如何做人、齐家的道理。

苍南张氏旧谱家规十四条（以下简称“旧家规十四条”）和新家规十六条（以下简称“新家规十六条”）虽出自一谱，内容却各异。“旧家规十四条”比锡山家规和清河家法更多了几分严厉，多了几项族中规矩：一如“重承祀”，讲继承关系，要先近后远，并“告祖宗，书立继约……立爱立贤，听从其便，未立之房不得图产争继”；二“防篡宗”，养异姓子不能承祀，宜早立继或纳妾，否则，终“致遗摈斥”；三“收遗族”，同族中人不可轻易放弃，“不得令其无依流为他族”；四“杜贪卖”“慎附葬”，主要讲坟地无论宽窄大小，后人不得便卖，坟地树木更不得随意砍伐，而葬穴时昭穆男女不得错乱；五“珍谱牒”，因为“谱牒所载，皆先人遗迹与同族要件，关系甚巨，收藏不可不秘，保护不可不周”。尤其是最后一款“珍谱牒”，在其他族规家法中较少见，可见苍南张氏对家谱的重视程度。上述增加的其他几款在今天看来早已过时，宗法及门户之见等已为时代所摈弃。

“新家规十六条”与“旧家规十四条”比较，多了依律制裁，对家族成员违戒者更具有震慑作用。如第一款“戒违犯父母以笃伦常”，说为人子者如对父母忤逆，“查律载：子孙违犯教令者，杖一百。有别项忤逆重情，又当分别问拟斩绞”。再如第八款“戒赌博抽头的安生业”，说世间下流莫如赌博，“查律载：赌博不分兵民……偶然开场、窝赌、抽头，枷号三个月，杖一百。经旬累月，放头，抽头，则又有分别，初犯，再犯，向拟流徙之例”。新家规中所有条款基本都按“大清律”给予处罚，甚为严厉。其他“戒废弛祭扫”“戒盗葬盗伐”“戒欺尊陵卑”“戒悔嫁卖”“戒盗窃为非”“戒兴谣造谤”“戒凶抢强割”“戒酗酒放肆”“戒停留异类”等款即使在今天看来也有借鉴意义。

清河张氏“祠规八则”和“祭义六则”则专讲祠堂祭祀之规则，并讲明对违背祠堂祭祀规则者予以怎样的惩罚。也就是说，这也是一种比较“刚性”的准则。

桂花湾堂“修谱族规”则是专讲修谱规矩，共列出八条，以便族人共同遵守。其中一条特列出“僧道不书，及抚出外姓而承外姓宗祀者不书，示自绝也”，“不书”即是不写入谱，可见清代对“僧道”的歧视。

总之，对所谓的“族规”和“家法”，今人应该用历史唯物主义的观点辩证地看待。属于中国优秀传统文化的东西则吸收，属于糟粕的东西就应予以去除。

锡山张氏家规

冠婚　夫冠，成人之始事，而婚，则男女之大端。近世来，不法诸古男子童稚之年即加巾帽，衣以纨绮；女子未笄，加以簪珥华丽之饰，是置男女于自侈自放之地，及其长成又何加焉？至于婚姻，亦多苟且，或指腹为盟，割襟为证，时异势殊，富贵非昔，男子邪放不修，女子狠戾不俭，甚至弃信背盟，搆讼速狱，此等之事甚为耻笑。凡今男女，俟其年十五二十方可冠笄，尤加教戒，责以成人之道。婚姻亦俟男女长成，量年度德，然后配合，庶几无悔。苟慕富贵于一时，必有终身之患也。凡为人父，宜自思之，毋蹈前辙，以起伦薄之风，而自贱其男女也。

丧祭　亲丧固所自尽，当遵文公家训。衣衾棺椁，称家厚薄，不在华丽，但在精洁坚固而已。殓葬如期，不可泥于葬师风水之说。暮迟岁月，又不可信浮屠诳诱，作佛事而置亲，为积恶有罪之人。此皆不孝，于礼甚明。祭既有祠，今用四仲之月，遵时祭礼也。岁终一祭，尽报先礼也。祠有田若干亩，量所入而出，祭物不在多品，务在精洁诚敬。先一日，家长率诸子孙，斋宿于外厥，明各盛服，以尽对越之诚。庶几，感格而祖宗之精灵在子孙一身，诚家中来也，毋肆怠慢，以取不孝之罪。为卑幼者，永遵法守，而为岁祀之常规焉。

家长　一族之表率，莫重于家长。家长之持守，莫甚于公正。盖正可以统卑幼，公可以明赏罚。以身先之，无不顺令。近世家长，或以私济公，以尊凌卑，拂人之性，则卑下有便安之议，赏罚无一定之规，遂至族属不和，家法紊废，假口结讼，视若途人，诚为可耻。今后家长，当洗心涤虑，以去夙端。子孙之善者，倘有颠沛，极力扶持，以济其事。恶者，告之祠堂，论以利害责之，责而不悛，然后告之于公府。事干大故，则斥逐之；小则仍加顾惜，俟其改过，方可录用。如是，则家道因之而可立，人心由之而可维。其自谅之，其自谅之！

宗子　姓氏莫甚于大宗，祀飨当崇乎嫡子。木本水源皆有根，委为宗子者，当修德慎行，为祖宗祭祀之主。苟或礼度，盛悉家长当教导之。家业微弱，家长当扶持之。虽诸伯叔不得恃尊高而凌虐诸庶子，不得挟富贵之欺。罔载诸经传，事属不敬。果若宗子行检不修，人品污下，临祭懈惰，无可观之容，家长率群幼告之祠堂，遵温公行礼，以小宗子之贤而能者易之，其子有亢□之风者，俾复主之则飨祀。合而本源正矣，宗妇之礼亦然，毋得视为泛语。

睦族　四肢本乎一体，万派宗乎一源，子孙同乎一祖，理势之自然也。近世以来，不知祖宗一体，所分之义，以毫末之利，而争之若仇敌，些小之忿，而视之若途人。夸张斗胜，恃富凌贫，以至讼结祸连，破家荡产，终不知悟，此皆祖宗罪人，天地逆子。殊不知，手足解而头目无所捍，藩篱撤而居室无以囹。今尔族属，当以范文正公为念，子孙固有亲疏，以祖宗视之则无亲疏也。喜相庆，忧相吊，服虽尽而义无穷。贫乏者赈贷之，患难者扶持之，岁时伏腊相与晏，集之蔚然可观。如是，和厚雍睦之风，虽江东之陈麟溪之郑盛，亦不过此。此皆格言，守之毋忽。

治家　男务耕读，女勤纺织，此治安之节要。夫家上以承祖宗，下以遗子孙，非治家之有法则不能立。家长于鸡鸣，即率男女起之。耕者，务使备农具播谷种，栽培灌溉，弗失其时。读者，置书籍，求师友，给以膏火之费，而责其成功。纺织者，自中偿之余，执麻枲，治丝兰，尽机杼之劳，供寒暑之服。晨夕无旷，则衣食充足，而家自裕矣。苟治之无法，怠惰放肆，男子不知稼穑之艰难，而惟识口体之奉；不知圣贤之道义，而惟资便利之巧；女子不知纺织之劳苦，而惟务服饰骄妒之习。如是，则家业破废，可计日而入于饥寒之境矣。可胜惜哉，斯言切直，有补家余，宜自鉴之，毋蹈覆辙。

内外　男子居外，女子居内，不亲授受。道路有左右之分，夜行有燃烛之训，盖所以重别也。要必女子自十二以上，不得辄出中门，男子自十四以上，亦不得辄入壶内。非婚嫁丧祭，不相聚会；又不得纵尼媪之类，出入壶间；亦不得使刀镊整容剃面，此皆召疑取祸之基。为舅姑丈夫者，教戒禁责，谕以纲常伦理大义，不得逾法越礼，纵其所行。或三五成群而烧香祈福，或男女混杂而饮酒踏青，此皆有伤风化，败坏彝伦。如是，牝鸡有晨鸣之祸，帷幕取不谨之讥。刚肠者宁不知所愧乎！务使内外肃清，男女有别，则人道立，而大木正矣。尔等其勖之哉！

卑幼　凡诸卑幼，事无擅专。寸铢尺帛之出入，必咨禀于家长，不得私作饮食，以乱家法。溺爱妻子，以伤彝伦。及有博弈、饮酒、纵欲、好财、斗勇、争讼，不顾父母之养，丧身破家，而不知悔者，皆由年少教养无法，约束不严故也。今后家长之御卑幼，教之读书以明礼义，正心以远物欲。倘有不道，先引入祠堂，告之祖宗，痛加责治。苟不改过，然后讼官以警将来，则上下之分严，而弟子之职尽矣。若尽其所为，不加禁治，必致凌忽长上，暴横□曲，破荡产业，睥睨亲友，而致有成者鲜矣。今尔家长，各宜省察，毋致子弟于不肖，而蹈覆灭之机也。勉之，勉之！

务实　人之言行，莫过于诚信。若以无为有，以非为是，夸大而无情，变诈而无实，谈人得失，与时浮沉，此皆狡薄儇僻之事。内不能信之父兄，外不能信之乡党，禽行兽心，掩失文过，竟亦何益？今尔子弟，务须立心平易，制行端谨，口无妄言，言必践实；去华丽之饰，崇俭朴之风，服食适宜，不可暴殄；嫁娶准礼，不宜侈费。孔子云，言忠信行笃敬，虽蛮貊之邦行矣。宋儒云，巧不如拙，语不若默，奢不如约。曾见房杜子孙，尚成饿殍；王谢门巷，尽生草莱。近世富贵之家，子孙多至颠沛失所，以其不务本分，穷奢极欲，以致此耳。为子弟者，盍自思之，务求诚信笃实，以免栀蜡，以议可也。

惧法　立法以制民，假刑以辅法，自古帝王治天下之不可一日无者也。人能守法，则祸不生，而刑自不及。君亲以忠孝，兄弟以友爱，乡党以信义，租税无逋负，徭役无辞避。毋夺在人之赀产，毋侵渔在官之钱物。不作赌博，不□奸宄，不肆暴横，不为盗贼，虽法纲高张，而头自不触。近世好名缘利之徒，上不能忠君孝亲，下不能从兄取友，纵嗜欲若虎狼，犯刑宪如饮食，自投机陷，丧家灭身，竟不知悔。尔等子孙，谨身，慎行，惧法，畏刑，见利思义，顺天所命，莫到官府，株守田园，梦寐不警，身心安静，粗衣粝食，终老何如。此药石之言，永当记之。

守约　已以凡例，悉属祖宗垂训。凡属子孙，俱宜遵守，勿许废弛。实之秘之，以为万世家法。

云鸾氏谨撰

——《锡山张氏统谱》民国十二年版

清河张氏家法十则

一、敦孝友　孝友乃人生之大节。孝为百行之源，友笃同胞之爱，所关非浅近也。况在家能孝，移之可以作忠，即显亲以全孝，此谓之大孝。

二、正士习　士习本于蒙养，若资质明敏，才可造就，务必培育成才。若父兄力不能资，族人当资助之，此乃光耀门庭之大计。

三、正名分　尊卑上下之分，自有至严之体，倘有以卑凌尊、以小加大者，尊长当面叱之以儆其后。若不改悔甚至下与仆贱同席并坐，狂呼猜掷者，必严加责罚。

四、重婚嫁　婚嫁为风化之源，必择门楣相对而后嫁娶。若图利多财而女下嫁，或贪其易娶而婢上婚，则夫妇之伦亵、家世之门第卑矣。

五、别男女　古人于男女内外立训最为严密，非过慎也，诚以闺门乃风化所关，此处一亏，则百端兀裂。必须杜渐防微，方可绝其弊端滋生。

六、端风俗　自古风俗贵淳厚。人性皆善，染于恶习则志惰行骄，以致伤风败俗。为父兄及其长者，必须严加教诲，令其归于勤俭，则风俗不期端而自端矣。

七、重本业　自古农桑为立国之本，男耕女织乃衣食之源，俯仰之资。不重本业，则家道必衰。凡尊长见里中有游手好闲者，必严加教诲。家常用度，必以俭为主。若有兴造喜庆之事，亦不得生逐末之心。本业勤而家计裕矣。

八、急赋税　钱粮赋税乃百姓正供，若顽抗拖欠，必至吏胥登门，以致官司惩治，玷辱门庭又不得减免，何不为急公善良之民，自得至乐乎？

九、息争讼　讼端兴，未有不倾家荡产者。故治家以无争讼为贵。偶有不平之事，当告之家长、祠者、里保，请其调处。听吾族中长者，共相减免，切勿争讼。息争讼，乃治家要务也。

十、禁异流　语曰，不信佛老，则僧道鲜入。若无籍隐客渐至，聚散出没无常，则将后患莫测。故凡异言异服面生可疑者，概不许潜身境内。梨园戏妇诱少年，伤风败俗，尤宜远斥。

——选自《清河张氏宗谱》

苍南张氏旧谱家规十四条

一、务根本　凡人无论朴秀，要当以根本为急务，如《家筑》所云十四则，果能遵而行之，慎终如始，则上不愧为贤父兄，下不愧为贤子孙。承先启后之道兼而尽之矣。慎毋自暴自弃，致损家声。

二、勤教戒　子弟之贤，半由父兄之教，若一任其放肆，断难有成。凡我族人，均宜随时训迪，庶免混从匪类，流为贱役。倘有不肖子弟藐视家箴敢行诸不法事，或家惩或送究，毋得纵容，致招大祸。

三、重承祀　立继承祀关系匪轻，总宜由亲及疏，凭族礼，告祖宗，书立继约。或应继之子本生父母不愿，即于别房议继，立爱立贤，听从其便，未立之房不得图产争继。议立之子不得以孙承祖，以弟承兄，致乖伦次。

四、防篡宗　无子立子，律有明文。若乞养异姓之子，纵一时权宜，终不能承祀，又启将来逐继之讼，是欲延根而卒断祀，殆累不小。嗣后族之无子者，或立继，或纳妾，总宜及早举行，慎毋抚异姓子，致遣摈斥。

五、收遗族　异姓即不可乱宗，同姓即不宜轻弃。族中有出抚异姓及随母入嫁之女，亲房人等亦宜格外留心，果能查系确实，凭族出具并无冒认字据即许归宗，不得令其无依流为他族，致坠宗祧。

六、严匹配　《诗》首关雎，《易》首乾坤，匹配之礼，古所最重。如有兄纳弟妇，弟收兄嫂，及本宗妇为夫所出，或改嫁后本宗人复娶为妻妾者，均于重法，公同送惩。更有孀居嫠妇，藉口无靠，坐堂招夫，尤属可耻，犯者屏逐。

七、慎婚嫁　男婚女嫁，只取门户相对。如系同姓，即隔属不得联姻。一姓子孙，十百年来不无迁徙异籍，概谓同姓不宗，结为婚姻，安知非祖宗骨血一脉而未，渎伦伤化无逾于此，违者斥命离异。

八、正妇道　妇人以柔顺为主，纺织、烹调用其职也。倘任悍虐之性，不孝翁姑，亏损妇道，以及抱养童媳，肆意凌磨，毫无畏忌，除责罚其夫若子外，立即传其母家，公议惩治，以正妇道。

九、重祖墓　祖宗坟墓体魄所安，其被人侵夺者，皆由碑界不立，祭扫终虚耳。为人子孙，须思身所自来，毋稍疏忽，或远或近，皆宜亲诣之。未有碑界者，急为竖立，即属自山亦宜立界、注记，为后兄弟分析以及业有变更也。

十、恤孤冢　亲房远族皆祖宗一脉而来，凡无嗣坟墓，权远者，固难清查；属在附近，须随时巡视，以免侵凌。寒食、清明一体挂扫，所费无几，而积德不小。在他人视之，若不知其为无后也，敢侵占乎？慎毋以族远情疏，漠不留意。

十一、杜贪卖　坟界阔狭，先人所存，后人即宜守而弗失。蓄禁树木，原以资荫护而壮观瞻，毋得擅自砍伐，以坏风水。田围界址即宽，亦不得贪图微利割卖与人，致始牵涉之累，违者传族重惩。

十二、慎附葬　死生一理，葬法不可不知。凡合葬一处，昭穆男女不得错乱，不得陵其上，不得踞其前，必实在可逼近处方可逼近。至名分攸关，媳少不得附翁，弟媳不得附夫兄，夫弟不得附嫂，违者斥迁。

十三、积公项　公项不论大小，须择老成谨慎之人管之，庶其愈积愈饶，或三年一轮，或一年一交，不得滥用，不得侵吞，不得恋管。倘为期未满，其人即有亏虚情形，劝令及早缴出，以免日久难还，致坏大局。

十四、珍谱牒　谱牒所载，皆先人遗迹与同族要件，关系甚巨，收藏不可不密，保护不可不周，毋得污坏、霉烂、典押、遗失以及轻借与人。倘有不肖子孙视为不足轻重，任其污毁散失，查出重惩仪罚。

——选自《苍南县张氏史志》

苍南新家规十六条（清）

一、戒违犯父母以笃伦常

父母之恩昊天罔权，为人子者，即克意承志孺慕终身，犹恐子职有缺。倘执拗故违，甚或忤触不法，则问心何忍，必遭刑诛。查律载："子孙违犯教令者，杖一百。有别项忤逆重情，又当分别问拟斩绞。"如族中有犯者，由户首会同房长，轻则祠堂责惩，重则公禀送究，以笃伦常。

二、戒废弛祭扫以重根本

物本乎天，人本乎祖，分有贵贱，事先则同，苟能于祠庙荐享不懈，坟墓祭扫以时，虽非孝思不匮，亦尚事死若生，乃有丞。尝龥词之期，并无蕴藻频繁之荐。视远祖近宗之墓，任狐猿鼠兔之巢，忘本昧良，莫此为甚。查律载："子孙供养有缺者，杖一百。"其不事祭扫者，诚与不知供养同。

如族中有犯者，由户首会同房长随时训饬，以重根本。

三、戒盗葬盗伐以妥先灵

祖坟墓地，立有界限，所植树木咸资庇荫。近有不本子孙于祖坟界内盗葬坟墓偷伐树木，殊非安妥先灵之道。查律载："于有主坟地内盗葬者，杖八十，勒限移葬。"此指平人而言，如子孙于公禁坟山盗葬者，亦应比照问拟。又例："子孙将祖父坟茔前列成行树木及坟旁散树高大株棵私自砍卖者，一株至五株，杖一百，枷号一个月；六株至十株，杖一百，枷号两个月；十一株至二十株，杖一百，徒三年。"如族中有犯者，由户首会同房长公禀送究，以妥先灵。

四、戒欺尊凌卑以敦族谊

蜂蚁尚有尊卑，人生岂无长幼？聚族而居，各宜循分。倘卑者傲慢自肆，全无敬长之心，尊者刚促为雄，徒有陵人之气，由是尊卑不协而家祸生矣。查律载，卑幼有心干犯尊长，尊长非理凌辱卑下，致酿事故，皆有从重问拟之文。如族中有犯者，由户首会同房长严加训饬，务命循规蹈矩，上和下睦，以敦族谊。

五、戒悔嫁卖以全节义

夫妇五伦之一，节义万化之原，女子一字终身不改，即犯七出犹难轻弃。乃有等伤风败类之徒，或将已聘之妻串通另适，或将已娶之妇商媒嫁卖，人伦仍圉，廉耻全亏。查律载："许嫁女，已报婚书，若再许他人，未成婚者，杖七十；已成婚者，杖八十。妇归前夫。"又："用财买休卖休，和同娶人妻者，本夫本妇及买休人各杖一百。"如族中有犯者，由户首合同房长公禀送究，以全节义。

六、戒盗窃为非以肃家风

父兄之教不先，子弟之率不谨，家有贤子弟由家有严父兄，若任子弟游手好闲不务本业，不事生理，以致饥寒切身，廉耻随失，小则鼠窃狗偷，大则行强劫掠，实属有玷宗族。查律载："强盗已行而不得财，杖一百，徒三千里；得财者，无分首从，皆斩。窃盗已行而不得财，笞五十；得财者，计赃论罪，初犯刺背，再犯及徒罪刺面，三犯及满贯拟绞。不能禁约之父兄，亦均罪有应得。"如族中有犯者，由户首合同房长，小则祠堂惩治，大则公禀送究，以肃家风。

七、戒轻生图赖以全身命

好生恶死，人情之常，沟渎自经，匹夫之谅。事有不平，尽可鸣族理处，或禀听断，自无不白之冤。乃愚昧者，动缘小忿捐躯，希倾他人之家，先丧自己之命，毕竟孽由自作，与人何尤。若尸亲藉命图赖，捏情妄告，更有应得之罪。查律载：“子孙将已死祖父母、父母身尸图赖者，杖一百，徒三年。其亲长等，杖八十，徒二年；大功、小功、缌麻递减一等。尊长将已死卑幼身尸图赖人者，杖八十，告官者随所告轻重，以拯告平人律反坐。因图赖而诈取人财物者，计赃准窃盗论。”如族中有犯者，由户首会同房长公禀送究，以全身命。

八、戒赌博抽头以安生业

世间下流莫如赌博，千百分罄于一掷，身家等若浮云，追至财产荡然，遭刑受辱，朋友之劝谏不听，妻子之苦谏成仇，一入迷途，如蛾扑火。尤可恨者，开场、窝赌、抽头、装圈、设局、诱骗，希取蝇头之利，甘同狗党之行。查律载：“赌博不分兵民，俱枷号两个月，杖一百。经旬累月，放头、抽头，则又有分别，初犯、再犯，问拟流徙之例。”如族中有犯者，由户首会同房长公禀送究，以安生业。

九、戒兴谣造谤以正人心

人非圣贤，孰能无过，惩恶扬善，仁厚之风。乃人心浇薄居多，每每挟私寻隙，或编作歌谣污人闺阃，或逞其黄鼓坏人声名，致使抱屈终身者有之，被诬自尽者有之，此等居心实同蛇蝎。查律载：“凡将暗昧不明奸赃事情污人名节，报复私仇，拟军。”又：“捏造奸赃款迹，写字贴编造谣歌，挟仇污蔑，致被诬之人忿激自尽者，照诬告致死例，拟绞。”如族中有犯者，由户首会同房长公禀送究，以正人心。

十、戒私宰耕牛以靖盗源

民事莫先于农务，农务必资于牛力，牛诚有功于人，岂可擅残其命；况私宰之端一起，盗牛之风必由渐而来，其害有深于农务者，殊非细故。查律载：“宰杀耕牛，私开圈店，及贩卖与宰耕牛之人，初犯枷号两个月，杖一百，若计只于本罪者，照盗牛例治罪。杀自己牛者，枷号一个月，杖八十，其残老病死者勿论。”如族中有犯者，由户首会同房长公禀送究，以靖盗源。

十一、戒凶抢强割以杜暴戾

物各有主，地各有界，彼此不容侵犯。有不知畏法者，动武逞凶抢夺财物，或将他人田禾擅自割取，倚强肆暴，罪不容恕。查律载：“白昼夺人财物者，杖一百，徙二千里，计赃重者，加窃盗罪二等。伤人者，斩。”又例载：“强斟田禾，依抢夺科之。”如族中有犯者，由户首会同房长公禀送究，以杜暴戾。

十二、戒教唆妄告以省讼端

聚族而居，难免雀角，凡遇小事争执，苟能平心息气，酌理准情，族众自有公评，族党可期雍睦。近有肆刀笔之能，弄雌黄之舌，借端唆讼，以曲为直，致使两造，度时失业，荡产倾家，言不实堪痛恨。查律载：“诬告人者，笞；罪加二等，流、徙、杖；罪加三等，死罪。未决者，杖、流加徙。”又例载：“教唆词讼诬告人之案，以主唆之人为首，听从控告之人为从，有赃者，计赃，以枉法从其重者论。”如族中有犯者，由户首会同房长查明，小则祠堂惩责，大则公禀送究，以省讼端。

十三、戒学习拳棍以端风俗

演拳弄棍，固属凶徒；咒水书符，亦系邪术。近日地方之不靖，何莫非此辈肇衅而起。查律载：“游手好闲，不务本业之流，自号教师，演拳弄棒教人，及投师学习者各杖一百，流三千里。”又例载：“左道异端，扇惑人民，为首者绞，为从者杖一百，流三千里。”如族中有犯者，由户首会同房长公禀送究，以端风俗。

十四、戒酗酒放肆以保身家

饮蜡吹豳，古今不废，只鸡斗酒，里巷常情，原以伸敬合欢安。可杯纵饮，乃嗜酒之徒，饮必尽醉，即醉则狂言无状，出语凌人，甚至逞强斗殴，每至酿成事故，酒之为害可胜言哉！查律载：“骂人者，笞一十；以手中殴人不成伤者，苔二十。”试思殴骂，即有拟笞之律，况酗酒滋事，情罪尤甚，其法更难枚举。如族中有犯者，由户首、房长及尊属人随时训饬，以保身家。

十五、戒停留异类以免贻累

凡异言异服来历不明之人，纵非逃犯，即属不安本分之徒，法律森严，断难漏网，一旦缉获，定究窝留。遇此辈者，即宜逐出境外，否则鸣众送官。倘贪图微利，窝顿容留，不唯身遭刑究，并且累及乡邻。查律载：“知他人犯罪事发而藏匿在家者，治罪人所犯罪减一等。”又例载：“容留外省流棍者，照勾引来历不明之人，拟军。”如族中有犯者，由户首会同房长公禀送究，以免贻累。

十六、戒户首偏徇以彰公道

户首统撮合族，凡族中有事，理宜秉公剖处，方足以资督率而分曲直。若一味趋火赴势，并且希图口腹，贪爱货财，以致颠倒是非，其何以服众耶？查律载：“凡事不应为而为者，笞四十；事理重者，杖八十。”如户首有偏徇袒护，实属不应，由合族卑革另举。房长有犯者，亦照此办理，以彰公道。

——选自《苍南县张氏史志》

桂花湾堂修谱族规

六世一揭，而为世系展卷，而高远备观。其无传未立后者不复揭；未婚及已婚未生子暂不揭，而亦揭者，姑随班次也。

世系必书。生聚殁葬，其不书者无考。又或于派祖之下，书某子某孙某氏徙某处，或远未及细证，故不悉志，非从略也，恐致传讹。

录实行所以视观型也。乡党之自好，不遗贤淑之内，行必载，从公议，非阿私也。

妇人贤淑只宜从夫，附见世系。惟苦节自贞或已有邀旌表者，则特书之，所以彰前而劝后也。

一人数娶咸有子，则于某氏之下书曰子几，示有后也；嫁母有子，亦书，示子不得绝母也。

原配曰娶，续娶曰续，其再曰某氏者亦续也，至于妾则曰副室。嫡庶之分不可不严也。

乏嗣者继之礼也，立亲立爱立贤必择其班行之相等者，既为嗣父之子，既载名某父之下，永远为派，仍至于本生父下注某子过继为某后，以不忘所自也。若其兄弟有子而本人独无，则于本名之下书“无出”二字，以其祖考沿有后也。

僧道不书，及抚出外姓而承外姓宗祀者不书，示自绝也。过房抚子必书，示有嗣也。又抚外姓之子，而承本姓宗教祀者不书，以示异种之类而乱宗也。

清河张氏祠规（八则）

一、宗祠乃冠婚丧祭之所，宜肃穆整洁，不得私堆什物，擅作工匠，违者以不孝论。

二、值年祠首，议照每年岁底洒扫内外厅堂及明堂两廊处所，铺陈香案灯烛，以俟元旦合族老幼拜贺新禧。

三、祠内桌凳祭器乐器等，无论新旧，祠首理当不时稽查，如有疏失及损坏，责令照式赔偿。

四、祠宇修缮需用砖瓦木料等项，理宜秉公估值给价，不得徇情亏损。

五、祠祭费资唯赖祠田山塘租息收入，故丰年不得徇情私让。倘有积余，存众生息，以备使用。不准恃蛮强借不还，违者以不孝论。

六、各房顶充祠首者，必须练达老成，素行端正，语言流畅。族长为一族之主，必择年高有德、为全族所敬服者充任。若年耄衰朽懒于理事，合族宜另行推举。

七、族中耆老绅衿，德高望重，通达事理，有料理族中重大事件之责，不得推委。族中如有劳作之事，由壮年男子充任，耆老等悉遵成宪一体优免，敬老尊贤之意也。

八、乡饮耆宾，一乡之善士也。凡本朝圣谕、本族祠规、祠禁及各条家训、家法，理宜于每月朔望及冬至祭期，会同诸乡饮耆宾，设立香案于祖祠门外，敬谨宣讲，劝化乡民，德化乡里。

——选自《清河张氏宗谱》

清河张氏祭义（六则）

一、古制，年有四祭。今上下通行者，唯春秋二祭。吾族春祭择日为清明后一日，秋祭择日为冬至正日。春秋二祭皆为不忘其先祖也。

二、祭前一日，祠首预设香案，谨备齐仪。祭祀由熟悉仪礼之贤达掌之，某通赞，某引赞，某读祭文，肃穆有序，不失宗庙之礼。

三、祭祀必作乐，非为人观听也，盖皇皇大祀，非作乐无以宣其威严。钟鼓管笙齐鸣，依韵和声以祈先祖神悦。

四、祭祀期间，设纠仪者一名，选刚直者为之。巡视站立班次，查核参加人员，清退不许参与之人，维护肃穆秩序。

五、祭毕，须循次就座，勿乱。再于席前肃立，作一揖而退，不失祭礼。

六、凡不许入祠祭祀之人，于祠门外设香烛祭品，另行祭祀。

——选自《清河张氏宗谱》

第三节 家训选评

中国历朝历代，大自国家小至家庭，历来注重儒家思想的灌输。国家的教育，多是通过学校、科举以至法规政令来施行；家庭的教育，则主要是通过制定家训和长者的言传身教来进行。

各个姓族都有自己的家训。在我国历史上最有名的家训首推南北朝时北齐临沂颜之推的《颜氏家训》。这个家训对后世影响极大，被列入家教范本。"古今家训，以此为祖。"张氏家训当然也受其影响。

家训名称繁多，叫法不一，如家教、家范、家仪、家要、家箴、家语、家言、祖训、族训等，但可通称为家训。

无论家规还是家训，它一旦以条文形式被确定下来，在整个家族中就具有不可轻视的权威性。在历史上，家规或家训对于教育子孙后代如何做人、如何处理社会关系以及如何居官发挥着重要作用。

家训与家规虽有小的区别，但有时又混为一体，如本节所选"旌阳张氏家规十八则"更近于家训，强制性弱一些，故选入本节。其后选入的是《清河张氏宗谱》"家训十三则"、清代"苍南张氏新增家训十六则"、郴州三石张氏"家箴十则""家训十条"、龙岩三户祠"张氏家训八律"、宜阳张氏"家训诗十首"、三户祠"张氏家训五字歌"等。

此节所选家训大体分为两大类：一是分条款式的叙述文字，或十八则、十六则、十三则和十则等；二是韵律形式或诗歌形式的七言句、五言句，也有八律、十则、几首等之分。虽然有些条款在今天已失去存在的意义，但其中属于中华民族传统美德的东西是社会公众在实践中创造并遵循的，仍属于中华民族的共同财富，值得重视。

从旌阳"家规十八则"、清河"家训十三则"、苍南"家训十六则"、三石张氏“家箴十则”和“家训十条”以及“桂花湾祠堂族训”等来分析，其中值得我们今天继承和发扬的传统美德有下列几种：

第一，孝敬父母，友爱兄弟。以上家训基本都将“敦孝弟”列为第一款。张氏自挥公开宗立姓之后，第一个载入史册的先祖就是张仲，他以孝敬父母、友爱兄弟而扬名天下。自此，以“孝友传家”的家风在张氏家族中代代相传，经久不衰。正是这种家风培育和造就了层出不穷的杰出人物和受人尊敬的忠孝典范，同时也极大地增强了张氏家族的荣誉感、自豪感、向心力和凝聚力。

第二，尊老扶幼，培育人才。“尊老扶幼”“抚恤孤寡”是一种美德，“培育人才”既是为家也是为国之根本。在“重贤能”一则中明确规定：“若资质明敏，才可造就，务必培育成才。若父兄力不能资，族人当资助之。”在“设义学”一则中进一步提出：“合族贫富不等，有欲从师而不能者……后当设为义学，延师傅、购书籍、筑馆舍，使人人得以向学。”据有关张氏谱书记载，有的家族还从族田、族产的收入中划出专门用以抚恤孤寡、培育人才的款项。

第三，克勤克俭，戒骄戒奢。很多张氏家训都把“克勤克俭、戒骄戒奢”视为家业成败的关键。上述家训多有“革奢侈”“守谦谨”“勤本业”“择常业”和“禁赌博”的明确规定。如果不遵守此训，“无事嬉游，势将靡恶不为”，则会“骄淫矜夸，将由恶终”，并警告“不得姑息，任其游荡”。

第四，自强不息，厚德载物。“自强不息”是“以人为本”的积极进取精神，“厚德载物”是“以和为贵”的博大宽容精神，这也是儒家一贯提倡的行为准则。在家训中的“植士品”“睦乡党”“戒争讼”“正品行”条中都有叙述。在张姓的史书记载中，实例也比比皆是。例如，西汉大司空张纯临终时告诫子孙不要无功受禄、承袭爵位，要积极进取，走出自己的人生之路。还有一位西汉人物叫张延寿，“以身无功德，上书力陈让封邑”，自己另谋生路。又如盛唐宰相张嘉贞为不让子孙坐享其成过游手好闲的生活，以“不立田园”来迫使他们努力上进，积极进取。这就是古人的胸怀。一个家庭要自强不息，一个国家也要自强不息，这都是我们今天应该继续弘扬的优良传统。

第五，敦亲睦族，谦卑戒讼。“友睦乡党”“谦卑忍让”“息事宁人”“不争少讼”都是儒家思想的中庸之道，也是贯穿于中国家训的思想教化。对“睦乡堂”“守廉谨”“敦故旧”“诲亲友”“息争讼”，上述家训都有表述。“近俗日薄，及以贪富相忌，贵势相凌”，都是不可取的；“即列三党九族”，就不能等同“路人”，“同患难”，“不遗贫贱”，“君子之厚道也”。再就是“若小有不平，亦宜忍让了事”，以免结怨；“不可听讼师棍党教唆”，不可动不动就打官司，以免“耗财破家”，“祸自己当”。

敖田五维张氏在旧谱基础之上与时俱进，结合社会现状，制定了新“家训十条”。如其中首提“男女平等，且分工有别，男治外、女治内”；但又见旧谱痕迹：“男不处私官，女不窥中门。”等等。

龙岩“张氏家训八律”、先儒“张氏家约十律”以及宜阳“张氏家训诗十首”都是采用古诗形式，朗朗上口，易记易诵，内容涉及“孝悌忠信、礼义廉耻”等旧家训常见条款。

“三户祠”张氏家训五字歌“十要”“十戒”，将家训编为五字歌，教育今人十条应该做的和十个方面不能做的，非常通俗易懂，也不失为一种好的教育方法。

以下选介部分张氏家训。

旌阳张氏家训（十八则）

周诗所云，君之宗之，盖使民知所统也。宗法废而民散矣！迨谱牒既修，世系昭穆以明，虽大宗难复，犹可仿其义以行之。使人各知所统，所以裨王道而助教化，岂浅鲜哉！然闻之先哲世家大家之分，凡历代簪缨不替，为世家；举动循礼义，子弟有家法，使一邑于是观法焉，为大家。吾张氏自大卿公居旌，世以礼义，为邑所推，近小不振，由父兄之教，不先子弟之率，不谨今昭穆灿如，祖功宗德，羹墙如见，使不申明约束，其勉为守礼蹈义之家，将何以无愧先绪乎！故仿古大宗之法，于一姓内择耆年有德为众推服者一人，立为宗长；次复于各族内择一人立为族长以副之；而绅衿通古今、识义理、方正不阿者，择数位以相辅佐。凡族有善为之褒，有恶为之戒。吉凶荒歉灾患，为之庆吊赒恤。与作侈举，财物出入，为之斟酌度量。暇日讲明礼义，临事辨别是非，有不率者则集众以加之责罚。庶几有统而不散，虽千万人之众，不异一家。古大宗小宗之法，不犹于吾族而犹有存欤！谨列家规一十八条于左，使合族永远遵而行之。

一、敦孝弟　孝弟为百行之原，为善至圣贤，必从孝顺立本。为恶至桀跖，每从悖逆兆端，观其为子为弟，而生平已概见矣！然事父事兄，本人人能知能行，而乃忤慢桀傲非天性独薄，由习俗日非也。凡为人子者，怡色惋容，务得父母欢心，生事尽力，死事尽哀，随分之当，尽竭力之能为，而道已无余焉！至于兄弟，本同一气，自少相依，以至白首共欢乐、同忧患莫过于此。近乃以锥刀之末，竞起争心，至于交结外人，而兄弟间反视如路人，甚如仇仇者。释氏所谓行颠倒行莫过是矣。嗣后，有不善于家庭，致父母怒怨，兄弟戈矛者，族长须再三教谕开导，或执不悛，则告之宗长加之扑罚，庶乎知儆也。书又有曰，于父不能字厥子，乃疾厥子，兄不念鞠子哀大，不友于弟，速由文王作罚，刑兹无赦。今为父溺爱偏听，以致伤慈者，不少兄之恃长凌弟者，往往有之。宗长族长，亦当训以天良，迪以民彝，则家庭之间，庶其归于太和之宇矣。

二、尽忠顺　君亲之义，无所逃于天地之间。国语曰，民生于三事之如一。左氏曰，子之能仕，父教之忠，是凡策名委质，常则尽力，变则效死，义所当然也。今乃学古人官计爵位之崇，卑官资之多少，以为能否荣辱，习俗愚陋智识，汗下亦已极矣。闻之山西县城出为官者，公忠廉洁著闻，则乡人皆加爱敬，否则鄙贱不齿，风俗特近古焉！我先世自留侯来，忠节直道，履洁怀清，世代不替，岂今者独营私肥家致忝厥祖乎？下至庶人，虽无一命得，以宣力而食，毛践土，力农事，勤输将，亦忠上之义也。敢有逋负迟延，致有愧于蜂蚁哉！况上不欠官粮，下不欠私债，俗语称为乐事。每见包揽营用，受累特深，少明利害，必不肯相率效尤也。其或昧此者，族长须共唾责之。

三、睦乡党　吾旌聚族而居，比邻接屋，皆一本九族之亲，葛之谊，固所宜敦，即异姓错处，而周恤保爱，以所以全生也。近俗日薄，乃以贫富相忌，贵势相凌，又或以少物而德色，因童稚以成衅，殴斗讦讼，伏深祸于不测，失计亦已甚矣！嗣后吉凶吊问患难周恤，务竭诚尽力。设或非礼相干，亦当情恕理遣。此非独厚邻之道，当然亦自卫之善策也。至亲戚一联葭莩，即列三党九族，不同路人明矣。问遗莫计往来，周给须当缓急，同患难，恤死亡，不遗贫贱，不弃旧姻，君子之厚道也。《周礼》司徒置不媚之刑，倘溺敝俗，相率于薄者，族长须以古谊训迪之。

四、肃闺阁　宫室必辨内外，男女不共浴堂，不共厕。男治外，女治内。男昼无故不处私室，妇无故不窥中门，夜行必以烛，妇入出中门必拥蔽其面。男仆非有缮修及大故，不入中门。女仆无故不出中门，出中门亦必拥蔽其面。铃下苍头主通内外之言传，致内外之物，毋得辄升堂室，入庖厨。以上载《司马公家仪》，大家所宜遵行者。然考之《礼》，男女七岁不共席，非丧非祭，不相授器，嫂叔不通言，所以别嫌疑也。又有宜戒者，家不得畜娈童俊仆，不宜引娼妓入门，禁纳三姑六婆，毋得群游寺院、观剧戏。能谨此数条尤有益风教。

五、谨婚姻　婚姻为人道之始，择配必慎。然扳援贵势，依附门第，毋论取轻召辱，且或恃骄贵，而不循妇顺，轻其夫，而不敬舅姑，其为室家累也多矣。俗语抬头嫁女，低头娶妇，其言最为有见。但娶妇虽不当扳富贵显，择善良有德之家；嫁女虽宜高门，亦必相女择配。慎勿指腹结婚，髫龀定盟，致贻后日之悔，其或贪赀而婚下贱，慕色而娶娼妓，则为贻笑贤达，玷辱祖宗矣。

六、慎交游　朋友为五伦之一，纳交者，或以道德，或以文章，或以术业，所取非一。然必其品行端方，心术诚正，庶安常同乐，患难同忧，无事资其教益，有事藉其济助，否则势力攀援，酒食征逐，一遇利害，眨眼若不相识，甚至入井下石，比比是矣。至于徒手饱食，三五成群，相诱狎邪，勾引赌博，败德速祸，破家亡身皆由于此。今后有溺于燕朋，比于匪类，宗族长须训戒谯让，庶几成德行而保家业矣。

七、教子弟　古者有胎教之法：能食教以右手，能言教之己名，唱喏安置。有知教之恭敬尊长，六岁教之数与方名，男习书字，女习女工；七岁男女不同席，不共食，八岁教之谦让礼节，九岁习经史，十岁就外傅。孔子曰：幼成若天性，习惯成自然。《颜氏家训》曰：教妇初来，教子婴孩。使幼不加教，听其侮詈父母，殴击兄姊，彼遂谓礼所当然，习以成性，不可复制。于是父疾其子，子怨其父，残忍背戾，无所不至矣。养而不教，禽犊之爱，童牛之牿，防之贵预，有识者宜慎此矣！自是以往资性明敏者，宜肄儒业，否则各令习一艺。若徒手而食，饱饭嬉游转盼，荡家鬻产，乞丐穷饿，甚且入于非类可不知所戒哉！

八、重师傅　习举业，所以博科第也，然先王制度典章，圣贤心法道德，皆于是乎存。而近世，徒为勋袭，以希遇合，于是二者并未能，赌门仞啜糟粕矣！前人有云，三吴盛时，主西席者，皆厚礼以聘名儒，近世圈鹿栏牛，抚一金若项王弄印，其所师遂皆庸陋无识，帖括之外，他无所知。不知儒者之学，上理国，下理身，外治世，内治家，使非自少经师儒指授，讲究经书子史，只作浮文读去矣！故教子弟须择名儒，欲致名儒必尽礼敬，然后教有规矩，学有原本。不独为士，具佐王之才，即资质庸下，退业商贾、农工，亦能知礼仪、明大体，不致流为市井浮嚣、山野犷悍。

九、植士品　士为四民之首，藉以作乡党，□目使能重规叠矩，非法不言不行，则宗族藉以为重，一姓细民童竖人，亦望而加敬，谓彼有人焉，不敢轻侮藐视也。若无学无识，言行迂疏，见解与庸愚无别，已不足取重乡邦，甚至卑污苟贱，靡不可为，市人得以揶揄远近，指以为戒，谈者藉以讥嘲，匪人引为口实，不独宫墙之玷，深为宗族之羞也。嗣后如前所言，则当崇重作养，如后一类，则当诮让儆戒，务使悔过图新，庶士品正，而四民亦相率而归于正矣。

十、择常业　《周礼》游惰之禁特严，亦以民生在勤，无事嬉游，势将靡恶不为，故有恒业，然后可保恒心也。然矢、函、巫、匠，择术又不可不慎。同一谋生之道，或近清贵，或不免人役，苟不能读书进取，光扬宗祖，亦择术业之善者为之，使上无玷于前人，下不贻辱于子孙则善矣。但少，父母须相材质为之审择，长则须自立志，不可苟且甘居下流也！

十一、禁赌博　四民各有常业，有志者，拮据卒瘏，目不暇给；而膏腴子弟，游手罢民，长年无事，永日难销，遂借樗蒲博弈为安身立命始之，呼卢喝雉，一掷百万，豪气欲并袁刘。洎乎资业已尽，生计无从，落为乞丐，入于盗贼，刑宪已及，欲悔无从。若彼游手，同具身心，手足何事不可为，而乃恃此觅食，为正人所不齿，乡曲所羞称。衣冠在列，则羞缩不前，亲宾宴会，则趑趄难进，妻孥不免冻馁，己身莫逃刑责，共在人类，独以此终身，清夜省思，尚何以自容乎？族内有此，父老当深责痛戒，不悛者，告宗长集众扑责，复不悛，鸣公究治，庶几风俗可更，积弊可绝乎！至有奸盗非为，有妨伦教为民害者，告官严治外，绝其族属，不使复与庙祭！

十二、戒刁讼　人贵礼让，使遇横逆，亦须自反。至于讦讼，已虽有理，亦不无过矣！故讼卦五爻皆凶，惟中正听讼之人，独为元吉，圣人之戒深矣。吾旌好讼，习为恶俗，其破家荡产者，比比皆是，礼义之家岂容蹈此！除事关大故，万不得已之外，忽属眊眦衅启锥刀，何难情恕理遣？至于事出同气，嫌生族属，尤当念一本之谊，何可太分你我，两不相下，贻笑他人。宗族长须当执理分析，原情劝戒，务使两平，不争不持，无戾礼义旧声，且可保家养福矣。至于假借公事，挟制官长，难启祸发，忘身及亲，尤为大戒。况蜂蚁尚知君臣，朝廷设官，妄于抗衡，自逞雄杰，岂忠顺之道乎！不幸有此，宗族苦口晓谕，惩戒可也。

十三、革奢侈　侈以亡家，俭可惜福，其事明载经史，历历不爽。况吾旌僻陋贫乡，地土瘠薄，少有产业者，皆由俭啬刻苦积累而成。若少荡放即归乌有。故风俗特与唐魏为近，比来在城之家，衣服饮宴辄欲依仿外郡，殊非久长之谋。《尚书》有云，骄淫矜夸，将由恶终，可不戒哉！姻婚、死葬、饮宴、问遗，务使俭不至陋，丰不至奢，始为得宜。不幸有失，亦宁俭勿奢可也。

十四、守谦谨　谦亨有终，谨慎不败，所以寡过者在是，所以进德者亦在是。昔晋三郤之亡，以其傲也。郑伯、有齐、庆封之死，以其肆也。周公戒伯禽曰：德行宽裕，守之以恭，聪明睿智，守之以愚。金人之铭曰强梁者，不得其死。好胜者必遇其敌。今寻常之人，富非有土，贵非有位，智不过于中人，学止等于下士，而或以傲为高，以放为达，将何以进德免祸乎！是为人子弟者，应当深戒矣！

十五、洁祭祀　鬼神飨诚，天子诸侯必有神仓御廪，本于亲耕，祭服本于后妃亲蚕，牛必在涤三月，犬鸡浃日，敬之至也。今人视祀典为具文，牺牲不必肥，粢盛不必丰洁，临祭，喧哗笑语，毫无如在之诚。孔子曰，祭必获福，若如此，鬼神将不来享，又何福之与有？故凡祭祀，必致斋于内，而祭前一日，宗人视壶濯豆笾告濯具，视牲告充举兽尾，告备举鼎镬，告洁祭之日，优乎有见，肃然有闻，事死如生，飨之必乐，已至必哀，如特牲祭义所云，庶可告无罪欤！

十六、省坟墓　祭墓非古然，东南土浅，造葬不深，常恐崩颓损坏，而风水之说，咸惑于堪舆家言。侵占地界，盗发偷葬，往往有之。设为子孙不常省亲，必致戮尸暴骸，为祸不浅，后裔可以世远，漠不关心也欤！

嗣后坟墓毋论世代多少，道里近远，春祭人人必须亲到，违则议罚，严立罚例于各清明簿。毋忽！

十七、设义学　教子弟，重师长，已有条约矣！然合族贫富不等，有欲从师而不能者，使伥伥无所知识，欲责以孝弟礼义，其将焉能！况又有美质，无于资用，半途中废者，深为可惜。后当设为义学，延师傅，购书籍，筑馆舍，使人人得以向学，庶一族无不通书之人，且无美材中弃之叹矣！

十八、置义冢　亡者以附土为安，死无所归，暴露浅土，殊为可悯。月令掩骼，埋胔，兼及兽骨，王朝必置义冢。诗云:“行有死人，尚或瑾之。”此不忍之，有同心也，况在同姓一本之亲乎！择买山地可造葬者，任族内贫贱择地无所并，无后之人得以安葬焉！是亡者体魄安，而共祖一体之人，其心亦无不为之皆安矣！

以上二条，非积有赀业不能行，惟族内有才力而抱仁心者，起而任其事，使富厚有余之家相为乐助，生息置买义田，然后行此有余。又凡科举会试，为之资送盘费，荒岁煮粥散米赈恤。更有余，则做育婴义举。族内有贫贱初生男女，难于举养者，为之收恤乳养，是补天地之有憾，俾一本之内，千万家无不得所之一人，反之于心，不亦大为愉快哉！故以此居条约之终，以待有才力之仁人云！

——摘自清《旌阳张氏通修宗谱》

清河张氏家训十三则

一、敦孝弟　五伦中唯父子兄弟乃天属之亲。人若无父母，此身何从而生。父母之生我，怀胎十月，养乳三年，饥寒疾痛，刻刻关心。师友婚配，事事萦怀。自老成蔑视耆旧，此最为轻狂恶习，亦将来不克长年之征也。子孙宜深戒之。

二、恤孤寡　子孙于祖宗乃一体分支也。族内人丁虽繁，总属一脉相传。不幸而有鳏寡孤独者，宜相扶恤。庶不愧同祖之谊。欺凌孤寡，天理不容，何以见祖宗于地下。吾不愿子孙有此行也。

三、重贤能　族中俊秀可成才者，宜特为引进，以鼓励族中后人。切不可以为非吾子弟而怀妒忌之心。立言制行，务要名实相符，始终如一，方可有成。

四、别尊卑　族中尊卑，原有定分世次，各有殊称名分。切不可戏虐亵伦，而防微杜渐最为重要。

五、别男女　闺门为风化之源，故齐家者必肃内外。男不入内，女不行外。闺门之地，俨若朝廷。

六、慎婚姻　嫁娶是儿女终身之事，不宜贪利，不宜图便。不宜慕目前之富贵,不宜就苟且之姻缘。必熟察其家世,审视其子女。苟其世德相承，家规整肃，虽贫可就。苟其历世济恶，家教无闻，虽富莫攀。至于婚嫁之礼，宜随家道丰俭得宜，不可妄费。又有厌生女，遂蹈溺女恶习，尤伤天理，最宜深戒。

七、崇祀典　古人祭必躬亲。吾族子孙每遇祭祀，或在家中，或在祠宇，必须至期早集，不得以事推托不至，且祭以诚敬为本，祭祀者必须衣冠整肃，拜跪有仪。不得哗于班，乱于次，戒之勿忽。

八、重坟墓　坟墓乃祖考体魂所栖，子孙宜勤加省视。除祭扫外，尤当防止坟墓崩坏，砍伐荫木。若有不肖子孙将坟山墓地卖予外姓，任其毁坏坟茔，斩断龙脉，则合族子孙必须鸣鼓攻之，或送官府追究，以泄神灵之怒。

九、谨丧制　凡丧制当以哀为本。又宜称家有无，不可尚浮华而忘哀痛。凡居丧，不听音乐，不与宴会，不行庆吊，无大故不得出外。至于缌麻服，各有等。礼制轻重，皆当致慎。

十、敦故旧　居乡邻里和睦，待亲戚不失礼仪。不因其富贵而过为趋承，不因其贫贱而任意菲薄。亲者不失其为亲，故者不失其为故。

十一、重国课　钱粮国课，最宜早完。如若拖欠，官必不容。变卖田产，也得交税纳粮。

十二、勤本业　凡子孙自成童后，宜相其才负，或读或耕或技艺或商贡，必执一业，以课其勤惰，方有所成。不得姑息，任其游荡。如无执业，必致骄惰成性，纵恣妄为，酣酒赌博，破家荡产。宜严忌之。

十三、戒争讼　古人云“讼则凶终”，应以为戒。事属细微，孰是孰非，族长自可调解。若小有不平，亦宜忍让了事，庶免结怨，耗财破家。此乃保全身家之要务也。

——选自《清河张氏宗谱》

（清）苍南张氏新增家训十六则

一、敦孝弟　诗曰："欲报之德，昊天同极。"又曰："凡今之人，莫如兄弟。"人于父母兄弟宜爱敬兼尽。近见人家子弟，常薄于一本之亲，同气之雅，耒锄德色。妇姑反唇，兄弟阋墙，寇仇相视，类皆天性凉薄，溺于私利。抑或轻听妇人之言，遂至视父兄如路人，等手足若仇敌，悖逆之行，莫此为甚。若此者，是亦禽兽也。亟宜戒之。

二、隆祭扫　豺獭犹知报本，况于人乎？祭义祭法，诸篇言祭祀者特详。曹子曰："慎终追远，民德归厚。"然则，奔走对越，怵惕凄怆，笃本原即以厚风俗，今人多竭诚于非矣之鬼，而忽略于其所生，是豺獭之不若也。可乎哉？

三、慎丧葬　子游曰："人未有自致者也，必也亲丧乎。"孟子曰："惟送死可以当大事。"今人治丧，唯务饰外，开筵设奠，功辄数十席、数百席不等，而于哭踊之节，殓殡之大，反苟简人事，有服子侄不尽哭临，人心之薄一至于此，天良具在，果能安乎？

四、展坟墓　祖宗依托之所，理宜于冬初春暮拜扫而修培之，如生存时定省以察其安与否也。若以先人体魄置之空山旷原之中，若无事焉，安用于孙何哉？如或陵夷焉，或渗漏焉，罗围外内有无坍毁，界碑有无移殁，以及水冲、兽穴、外人铲挖侵陵，概须详察清理，与为培护。此扫墓之不可缓，而修墓之不可略也，是在实有祖宗于其心者。

五、敦雍睦　昔范文正公云："吾宗族在吴中者甚多，虽有亲疏，自吾祖宗视之，均是子孙。"韩宗伯云，"让自美德，忍征大受。"况吾宗族中，诸父昆弟，岂伊异人，即一言之忤，一事之戾，造念数世前原是一身，理宜交相逊让，互为扶持，宗友以笃，族宜以犀。若挟嫌陷害，因利争竞，甚至操同室之戈，则骨肉皆仇敌也，各有人心，何甘为宗党败类乎？

六、重师傅　民生于三，事之如一，礼也。近世陋习，有厚养其子，而薄待其师者；有宽纵其子，而刻责其师者；甚有自高自侈，而辱及其师者，诸于此类，不可枚举。欲望子弟读书可乎哉？是宜择师教子，以礼接之，勿计锱铢，勿令吝啬，如君然，如亲然，至忠且敬，毋稍怠慢，不以姑息爱其子，不以功课限其师，慎始敬终，有如无已，然后子束于法，师感其诚，授者有心，受者亦不至自懈而自肆，即至愚不肖，鲜有不能渐进者，况娃子弟哉？择师者，其自思之。

七、勤学问　士人咀经嚼史，原期致用，不可自满自足，以自欺而欺人。果真其有成，则一旦出仕朝廷，出其素所学问，以与人家国事，宗枯蒙其麻，苍生受其福。就令穷而在下，即其平日之所讲习，亦足以教导子弟，扶翼宗党。同族中多以通儒，其所以保全必不少也。

八、务勤俭　先民有言，勤而不俭，譬如漏危，终日灌之而不见其满；俭而不勤，譬如石田，终岁穷力而卒无所获。故夫男耕女织，俭己啬用，起家之道。至于牧养、孳息、贸贩、转移，有资于家计者，皆当相时经营。若游闲失业，奢侈浪费，富者必至困窭，贫者饥寒交迫，流为盗贼。各户首、房长及尊辈人等，务宜加意督率警戒。

九、厚积累　于公积德，大开驷马之门；王氏植槐，卒获三公之贵。积善余庆，理固然也。夫为喜不必扫檗，不必权要，随分自尽，凡事存几分忠厚，便有如许功德，获报必显，始谷之道，莫善于此。

十、剀子弟　凡人未有生而圣贤者。近日教化不明，风俗益薄，人家子弟倨侮怠慢，习若性成，于父母前，不知父坐子立之礼；于兄长前，不知隅坐随行之礼，何有于外人乎？有子谓其为人也，孝弟自不至犯上作乱。子弟能言时，便教以尊卑长幼之序，爱敬退让之节。幼时如此，长时必能如此，在家如此，出门必能如此。易曰:“蒙以养正，圣功也。”孟子曰:“尧舜之道，孝弟而已矣。”为父兄者，可不权讲乎？

十一、崇女教　妇人之道，以顺为正，即令有才，亦主中馈成内助而已。近世妇女，多有咆哮撒泼，不敬翁姑，不顺夫主，参商姑嫂，凌虐养媳；或淫贱之妇，借端肆闹，动辄服毒，自轻自溺，以恐吓为胁制。其母家不知训饬，或反主纵，无论已死未死，辄麇集狂闹，致令其夫家破产。而女子亦有所恃，以为惯，始则藉以恐吓，继且丧其性命。果平时稍知礼义，顾廉耻，何至若此。古语云：“生女如鼠，犹恐其虎。”故女子幼小，即宜教以逊顺，尤当晓以守身大法。出嫁之女，遇有轻生之事，母家不准理落。不独女教修明，而救全性命正不少也。

十二、诲亲友　同寅协恭，和衷共济，国家所由隆盛也。推而至于亲戚之情，友朋之义，亦莫不然。笑语相洽，休戚相关，有无相通，总难相顾，情真而猜嫌泯，义重而意见融，何等安闲，何等畅快。当其不然，无端而寻仇焉，无端而构祸焉，怒藏怨宿，相对无聊，往来庆吊之礼，都成虚设，甚至摇唇鼓舌，衅起绳头，擦掌磨拳，讼成雀角，伤风败俗，未有甚于此者也。造至两败俱伤，始悔亲友之不笃焉，晚矣。

十三、严取予　人生富贵贫贱，皆有命数存乎其间，不可强也。若一味贪得不已，竟进不休，强之鬻，不出其本心；与之直，不合乎公道；或逼债以倾人之产，或牵牛以蹊人之田，甚而大称小斗，肥入瘦出，巧算锱铢，暗占升合，逞一时之机诈，贻数世之祸根。岂知神目如电，法网不疏，巷议在前，吏议在后，恶名一起，欲洗难除，众指交加，不摧自仆。当斯之际，悖入者不免悖出，多藏者亦复厚亡，室虽广而不能安居，田虽多而不得安享，身既窘迫，犹累及妻孥，名已谬辱，更沾及祖父，欲益反损，欲进反退。得乎失乎？利乎害乎？

十四、安本分　士农工商各有其业，如果克勤厥职，终日龟伏，犹恐不足，何暇他课。有等不安本分之徒，舍其所事，习为闲游，渐且遇事干涉，妄意唆耸，始图酒食，继以渔利，遂为地方大害。而彼且自诩以为能，殊属无耻已权。又有居心诡僻，秉性强悍，昧骗冒占，尤为宗族之蠹，如有此类，亟予痛惩。

十五、戒洋烟　洋烟俗呼鸦片，美其名曰芙蓉。本昔所未有，自西人通商，来制此物，以运贩中国，贤愚皆嗜而好之，流毒几遍。岂知杀人之利，更有甚于剑戟者。视现有瘾之人，形容类槁木，颜色若死灰，残生损寿，甚或至于绝嗣。无钱者，日食且不中，复加以万不容缓之需，窝窃行偷，卖妻鬻子，何以自救。所以吸洋烟者，鲜不作贼，势固相因也。其为害彰明较著，自爱者，当自慎之。

十六、戒赌博　赌博者盗贼之原，其为祸甚烈，而人顾好之者何也？其以为贵重乎，极恶下流！皆为同辈，一言不合，动加欺侮，既与同赌者，莫可如何，则贱甚。其以为快乐乎？开场窝赌，昼夜不分，只图一己甘肥，不顾合家冻饿，彼此龃龉，斗口奋拳，或受明伤，或遭暗病，则苦甚。其以为美事乎？成群结党，得意扬言，一遇正人，即行缄避，非偏僻密室，不敢开路，团邻访获，哀恳贿求，则丑甚。其以为可兴家创业乎？十赌九输，俗言可证，即或倾人财产，饱我爱囊，而神怒人怒，动遭横祸，则报应尤甚。

所以然者，凡人无论聪秀愚钝，一入赌场，心术便坏，虽至亲密友，俨同仇敌，赢了兴高采烈，输了忍气吞声，不惜精神，不顾体面。而奸者恶少，日相往来，以赌博为名，穿房入室，妇女辈见惯，习以为常，而奸淫等事由此而起，且声外播，自己反昏然不知，皆赌之一事误之也。始则倾家荡产，继且曲衣鬻钗，亲不以为子，妻不以为夫，愤气填胸，怨声满室，甚至流为匪类，坠家声，累父母，或经官司拿问，身辱名裂。若此者，本不耻于人类，宜严加禁绝。

枧田张氏家箴（十则）

一、敦孝弟　人伦有五，孝弟为先。孝弟之道固甚大也。父母存日，勉率己力，致孝致养。殁后，致敬尽礼，事死如生。年长一倍，以父视之；十年以长，以史视之。言必听，行必徐。孟氏云：尧舜之道，孝弟而已矣！如不孝不弟，逆亲犯长，家法具在，各宜禀遵。

二、睦宗族　始祖以下，皆本一原。虽派别之各异，实一气之贯通。无论亲疏，忧喜与共，患难相扶。若逞强凌弱，恃富欺贫，是自断本根，得罪祖宗，天理不容。若遇寡妇孤儿，更宜体恤。

三、重训课　朱子云：子孙虽愚，经书不可不读。况欲成德立名，以承先绪，则择师教训，最为急务。延师者，必内尽诚而外尽礼。俾为师者得以尽心，玉成子弟，小则知书识理，大则名遂身荣，理有必然。如不尊师重道，而能造就子弟者，未之前闻。其道一在尊师，一在不惜费。

四、重农桑　教民稼穑，树之以桑，衣食之原。古圣人之为民计者，详且尽也。凡我子姓，务宜顺时耨，祁寒署雨不惮勤劳，更率家人妇子，采桑养蚕，种棉纺织。衣食既足，礼义自兴。民生于勤，不可不勉。

五、慎婚姻　人伦之始，王化之原，关系大焉。须凭媒妁，纳采通名，卜求淑媛，无索厚奁。世有无知之徒，不缘由天假，不顾伦典大常，百计图维，苟且贪配。或争夺而生非，或叔嫂而转娶，纵一时之妄昧，可为异日秽污奚雪，至任意嫌折，尤为灭理欺天。抚心自问，后悔何及。婚姻一事，尤宜慎之。

六、正品行　人生天壤，修身为先。务期仰无愧，而俯无怍。整躬率物，取法先贤，垂芳奕祺，庶乎近焉。倘荡检踰闲，身蹈匪彝，其何以为父子兄弟法乎。故端品慎行，所当人人自励，以振家声。

七、输国赋　任土作贡，古今皆然。朝廷命官禄赋出，设立官司，催科必严。凡有粮石，应宜及时早完。倘效顽抗，致令暮夜追呼，有损无益。故朱子云：国课早分配权。虽囊橐无余，亦有至乐。先贤之训，最为有味。

八、息争讼　讼之端，起于刁唆。恃其如簧如流之口，不难倒置是非。惟见真而守定者，心平气和不逞势力，弗听唆弄，效之百忍，己所不欲，勿施于人，讼从何来？微论无理莫为，即有理亦宜潜消退让。古语云：王章自守，梦里无惊。真格言也。

九、重挂扫　祖宗骸骨之所，子孙血脉之原。睹雨露之濡、霜露之降，缅惟先人，曷胜惨裂。春冬二季，择吉修筑掛扫，毋使风雨凛伤。则祖宗棲托既安，而子孙自当受福。倘掛扫漠不加意，将至亲等于路人，岂仁人孝子所忍者哉。

十、慎收谱　谱帙之存，关系甚大。盖祖宗源本，子孙支派，事事注载详明。必须择人收贮，珍之重之，藏以木匣，晴明捧晒，免生蠹蚀。春冬两祭，新老二册，一齐会查。倘轻置污损，甚至暂典他人，一经查出，重罚不贷。

（录自枧田张氏 1847 年六修家谱）

洪湖桂花湾祠堂族训

凡看族谱，必须念祖宗功德，创业之艰难，每饭不忘传示子孙，乃为有益。茔兰兴废存亡，强者忽弱，弱者忽强；富者忽贫，贫者忽富，或及身而败，或数世而灭；或累世而不替，皆由积善不积之故也。所当猛然警省，敦孝弟，崇廉耻，克勤俭，忍饥寒，不敢生非，不敢唆事;宝贵不克拙，贫贱不陨获。则家谱，即可为家箴也。书不尽言，言不尽言。

一、祠墓当展

祠堂者，祖宗灵魂之所依；坟墓者，祖宗形骸之所藏。人子设修，所以尽报产及始之心，尊祖敬宗之意也。盖子孙思祖宗不得见，见所依所藏之处，即如见祖宗一般。时而祠祭，时而墓祭，时皆展视大礼，必加敬谨。凡栋宇有坏则葺之，罅漏则补之，垣砌碑石有损则重整之，蓬棘则剪之，坟山树木、祠中什器则爱惜之。或被分割盗卖盗葬，则同心合力以复之。

患无忽小，视无逾时；若使缓延，所费愈大。此事死如事生，事亡如事存之路也。族人所宜首谨之。

二、族类当辨

类族辨物，圣贤不废。近世以门第相高，门有非族认为族者，或同姓而杂一里，或自外邑移居本村，或继同姓子为嗣，其类匪一。然姓虽同而祠不同，入基不同，祭是难淆，疑似当辨。倘称所谓亦从叔侄兄弟，后世如之何？故谱内必严为之防。盖祖宗不歆非类之祀，而处己处人之道，令当如是。

三、孝亲敬长

有子曰：其为人也孝第一。孝顺父母，尊敬长上，因而和睦乡邻。教训子孙，各安职业，毋作非为，斯乃百行之首，万善之源，人能尽得此道，则天地鬼神相之，亲戚乡党重之。顾凡为圣天子之忠臣，盛世之良民，悉由此出。无论智愚贤达不肖，皆晓得此文义，只是不肯着实遵行，故自陷于过恶。祖宗在上，岂忍使子孙辈如此？今吾宗族之中，惟愿各宜，恭敦体认，共成美俗。

四、隆师亲友

书曰："天降下民作之师"。曾子曰："君子以文会友"。夫师友乃五伦之一。无论富贫，所宜重也。即家素清约，自奉宜薄，而待师友则不当薄也。又切不因己无成而不教子孙，亦不可以家事匮乏而不尊师友。务要愈加勉励，则所闻者尧、舜、周、孔之道，所见者忠、信、敬、让之行。渐摩既久，身日进于仁义而不自知也。若为利欲所使，违弃师友，则与不善人处，所见所闻，无非欺诬诈伪污漫邪淫之事，身示蹈于匪类，而亦不自觉了。言之痛心，族人共体之。

五、尊卑称呼

夫一本九族，彼此称呼自有定序。近世风俗浇漓，或狎于亵昵，或狃于阿承，皆非礼也。至拜揖必恭，言语必逊，行坐必依先后，不论近族远族，俱照班次序列，情实亲洽，心更相安。凡族人子孙当体往训，遵守礼法，毋以贵凌贱，毋以贱奉贵，毋以富骄贫，毋以贫屈富。庶名分正而雍睦昭，家声振而先绪恢矣。

六、名分当正

非族者，辨之众人所易知易能也；同族者，实有称祖，兄弟叔侄各分昭穆，不顺亦不可以为后。如鸿雁微物，犹不可乱行。人乃不然，至或有叔拜侄，以弟为子，以孙称祖，又有尊庶母之嫡，跻妾为妻，此种弊习，大乖纲常，皆先祖所隐痛也。兹既是通族合谱，凡族中或有本宗而过继者，宜辨其班次，或有异姓而乱我宗族者，必锄而去之。此亦严蜾蠃以负蛉螟，除稂莠以植嘉禾者也。斯言也，亦防微渐之意也欤。

七、谱牒当重

谱牒所载，皆宗族祖宗名讳世系，孝子顺孙，目可得睹，口亦可得言。收藏贵密，保守贵久。每岁六月六日必晒一次，恐阴雨，候晴晒之三年。冬至祭祖时，各带所编发字号原本，至宗祠会看一遍，祭皆仍各带回。收藏如有鼠侵油污、磨坏字迹者，族长同族众，即在祖宗前，量加惩戒，另择本房贤能子孙收管。登名于谱，以便稽查。或有不肖之辈，鬻谱卖宗，紊乱支派者，不惟得罪族人，抑且得罪祖宗，共黜之不许入族。

八、争讼当息

论语曰："必也使无讼乎"，书曰："刑期无刑"，斯言也。圣人以无讼为贵。方今圣天子爱民如子，当完赋役，息争讼，君民相洽，乐享升平，有何讼乎？盖讼事有害无利，要盘缠，要奔走，若造机关，又坏心术。且无论官府廉明何如，到城市便被歇家撮弄到衙门，便受胥皂呵吒，俟候几朝夕方得见官。理直犹可，理曲到底吃亏，受笞杖，受罪罚，甚至破家亡身辱亲，冤冤相报，害及子孙。总之，为一念，客气始，不可不慎。经曰："君子以作事谋始。"能忍终无祸，始之时义大矣哉。即有万不得已，或关系祖宗父母兄弟妻子事情，私下处不得，没奈何闻官，凡宜从直告诉官府，善察情更易明白，切冥架桥捏怪，致问招回，又要早知回头，不可终讼。

圣人于讼卦曰："惕，中吉终凶。"此是锦囊妙策，须要自作主张，不可听讼师棍党教唆，财被人得，祸自己当，族人其省之。

九、宗族当睦

书曰："以亲九族。"诗曰："本支百世睦族。"圣人且尔，况凡众人乎？夫睦族之有三：曰尊尊，曰老老，曰贤贤。名分属尊，行者尊也，则恭顺退逊，不敢触犯；分属虽属卑，而齿迈众者老也，则扶保护，事以高年之礼；

有德行硕彦者贤也，贤者乃族中祯干，则亲炙景仰之，每事效法，忘分忘年以敬之，此之谓三要。陶渊明之言：“同源分流，人易世疏。”慨焉！寝叹念厥初，范文正公之言曰：“宗族于吾固有亲疏，”自祖宗视之，则均是。子孙故无亲疏，此先圣格言也。能以祖宗之念为念，自知宗族之当睦矣。

十、通用祭文

者祖宗相继，教育子孙，怀抱提携，劬劳万状。每逢四时交替，随其寒暖增减衣服，量节饮食，或忧于水火，或恐伤于虫毒，或惧罹于疾病，百计调护，惟虑不安，此心悬悬，未尝暂息。使子孙或立。而至有今日，皆祖宗劬劳之深恩也。虽欲报之，未知所以，为报兹者，岁序流易，时值或季春，或仲冬，追感岁时，不胜永慕，谨备酒馔饭羹，率阖门眷属，俯伏以献。尚飨。

十一、清明祭文

雨露既濡，岁序交感，万物各呈，其发育一支，随见乎本源，登茔谨念，早率长幼以偕临，抚豆傍捏，更序昭穆，而只荐伏冀，灵爽式凭，永赐后昆之泽，窃若春光秀发，益昭先德之芳。

十二、冬至祭文

岁序云迈，不胜霜露之感；日月其除，难忘水本之源。遐哉！高曾列祖，德泽流尹。邈矣！昙孙未派，明烟几易，兹当冬至岁事，聿新合族遗裔，展申著悫，喜一阳之初，动醪馨元酒，快万物之递，蒸品荐物，刚惟祖有灵，来格来歆，庇佑我后，尔炽尔昌。尚飨。

光绪十一年乙酉岁　谷旦

（摘自洪湖桂花湾祠堂光绪十年谱）

敖田五维张氏续修谱家训

一、孝悌宜昌　为父母，对子女有抚养教育之义务；为子女，对父母有赡养之责任。敬老爱幼，乃是全民族之美德，吾辈则应发扬光大。虐待老人，欺侮妇女儿童，无尊长之分，必遭良心谴责，必受法规制裁。

二、宗族宜睦　宗于吾固分亲疏，自祖宗视之，皆子孙也。可见一族当如一家，一家当如一人，则众心联而争竞息矣。族睦之道，曰尊长爱幼，仰德荐贤，扶弱解危。分属虽卑而年齿已迈，则扶持保护，事以高年礼；有德有才者贤也，本宗之桢干必敬之以礼；幼弱者人所易欺，则怜之；鳏寡孤独者人所易忽，则恤之；异地相遇同宗家族，则互相照应。

三、祭祀宜诚　水有源，树有根，人必有祖。春秋二祭，典礼攸关，一年二度，心必诚，执事必恭。否则有负孙谋，难逃神谴。

四、本业宜精　业精于勤，不勤则事废。今吾辈有亩可耕，勿辞沾体涂足之劳，锄云耕雨之苦，将家室盈而妇子宁。于牵车牛以服贾，守一技以资生，必尽心竭力，而后能家成业就。

五、闺范宜肃　男女平等，且分工有别，男治外，女治内，男不处私室，女不窥中门。淫盗、轻薄、恶念、邪心、沉溺色情，人所不齿，族人奉为炯戒。

六、节俭宜崇　简朴为本，节约光荣。干旱水溢，均匀度日。凡冠婚丧祭，以及衣服饮食，屋宇器皿，俱从朴俭，不尚浮华。庶体祖宗创业之艰难。勿蹈奢靡败度之辙。

七、士习宜恒　古者民生八岁入小学，至十五是因其材而归四民，其秀异者入大学而为士，教之以诚意、正心、修身、齐家治国平天下之道 。今普及九年义务教育，入学当珍惜寸阴，勤读苦练，习之以恒，具备真才实学，立志深造而成名家，报效国家。

八、言语宜谨　书曰，唯口出好兴戎。如侈口妄谈，摘人之短，发人之私，颠倒变幻，造为空中楼阁，自诩言犀利，而积怨多矣。轻于约信而不能践言，多至愤（偾）事，为人鄙笑。鼓簧弄舌，出言不逊，多起祸端。先贤云：半句虚方折尽平生之福。释氏云，说谎为第一罪过。轻言者尚其戒哉。

九、交友宜慎　朋友五伦之一，交友不可不慎。善择交者，必先观其人。贪便宜、多狐疑、奸诈狡猾者，切不可交。志同道合，意气相投，勿分贫贱，当引知己。

十、法纪宜遵　国法必依，家训必遵。行为不轨，试身以法，难逃囹圄。父母羞辱，亲友耻笑，后悔莫及。乃至枉度红尘，千古唾骂。望族子鉴之。

1992 年岁次壬申嗣孙祝文、振飞谨志

（摘自敖田族 1991 年五维《张氏宗谱》）

龙岩张氏家训八律

孝：人生百行孝为先，父母劬劳报昊天。
学礼细研曾子问，吟诗当玩蓼莪篇。
膝前儿女青春日，堂上椿萱白发年。
死后椎中而祭墓，何曾一滴到黄泉。

悌：连形共气本非常，翕合联荣似棣棠。
四岁让梨千古重，两人逊国百年香。
盖思大被同眠事，须读行苇具迩章。
御侮无如兄及弟，休因小忿阋于墙。

忠：闾阎士庶怎言忠，守分循良秉素衷。
诗礼研穷皆报绩，田园服力即趋功。
早完国课追呼免，不犯刑名德化崇。
浑噩性真敦古处，太平和气已充融。

信：不欺不贰历生平，无许无虞本至诚。
然诺未尝忘久约，豚鱼亦且感真情。
片言应念千金重，一语堪当两国盟。
易著中孚明训在，车无把手怎能行。

礼：礼是人生一大贤，何容陨越立尘寰。
尊卑名分由斯辨，交持言行外此难。
态度任天情有节，威仪定命性多娴。
洗除惰慢筋骸束，气象森严似泰山。

义：行事奚缘适合宜，个中质干应先知。
寸心裁处无差谬，毕世经营有设施。

苟得皆由斟酌少，因循便见作为卑。
从来精义推君子，简略终归不细思。

廉：取舍分明真学问，谁人不羡洁而廉。
非关矫饰沽名誉，是儆贪靡见性恬。
李下整冠曾有戒，瓜旁纳履也生嫌。
清操眼界多恢阔，千驷将来一介瞻。

耻：不耻从来不若人，知惭定许迈群伦。
此心惕厉明无咎，尔室惊惶惧有神。
机变应羞生侮辱，殷勤常愧自因循。
一朝失足终难赎，腼面徒为世所嗔。

先儒张氏家训十律

（一）和兄弟

兄弟之亲孰等同，虽分呼吸气相通。
如身手足原相倚，似树树分本共丛。
急难惟持方有济，阋墙犹不似无戎。
友生任是恩情洽，那比同胞至性融。

（二）和乡党

乡党姻邻谊匪轻，好将淑气与逢迎。
老成硕望须时近，流俗睚眦切莫争。
坦率至诚频应接，那堪机巧漫相倾。
鼠牙雀角宜惩忿，仁里相安自在行。

（三）训子弟

人生至乐父兄贤，训尔谆谆属望坚。
上达总由勤学永，成章定计用心专。

功无积累名难就，玉不磨砻美不全。
儿辈劝君须教读，顽愚产业亦徒然。

（四）重农桑

国家自古重农桑，衣食之原莫怠荒。
男力耕耘女纺绩，幼忻饱暖老安康。
饥餐玉粒来风雨，寒暑新棉自篚筐。
一室盈宁欢会聚，好游化日乐陶唐。

（五）戒骄矜

才思富贵那堪骄，但守谦让受益饶。
矜己傲人人共嫉，虚怀下气气相调。
周公才美犹然逊，石子豪华立见消。
试看青年浇薄子，何须过亢首翘翘。

（六）息忿争

此微小忿动相争，不计身家不顾生。
酿祸却忘三自反，罹刑方悔一时横。
行凶立见前途险，忍气才知世路平。
凡事让人非我弱，温柔到处喜逢迎。

（七）禁奢侈

极情奢侈一时光，只恐豪华景不长。
饮食但求饥渴免，衣食何用绮纨装。
寸铢积累成家子，万镒花糜轻薄郎。
直待阮囊羞涩时，始知乘兴太倾筐。

（八）戒懒惰

懒惰之人福不长，只因本业易抛荒。
耕耘尽力饔飧继，诵习惟勤姓氏芳。

玩愒偷闲衣食窘，嬉游佚乐性情戕。
光阴过隙无虚掷，莫把诸居任徜徉。

（九）戒赌博

赌博原来是祸胎，千金那惜片时灰。
俨然富贵豪华子，顷作贫寒下等才。
祖父百年勤积累，子孙一掷不徘徊。
衣衫褴褛成无赖，失陷妻孥泪满腮。

（十）儆窃盗

懒惰原为窃盗媒，又因赌博结群来。
治生本有谋生路，处乏则无济乏才。
种土耕田多获利，佣工贩卖自源财。
甘心匪类多遗臭，孝子慈孙赎不回。

宜阳张氏家训诗十首

（一）孝父母

恩深无比是双亲，忤逆冥冥报不轻；
随分承欢须受日，好将模样示儿孙。

（二）友兄弟

手足原来是一身，同枝同气应同心；
莫因小忿伤和顺，御侮还须亲弟兄。

（三）训儿孙

世上宁馨能有几，养儿不教真堪鄙；
许多白屋出公卿，纵不成名识道理。

（四）务勤俭

一生之计在于勤，衣禄何曾负苦辛？
幸有余财须惜福，莫将暴殄负天心。

（五）睦邻里

比户连居幸有邻，扶持有助赖相亲；
纤纤口角宜消释，世事如棋莫认真。

（六）戒贪欲

自从幼饮至耄年，大斗曾无失足愆；
惟酒无量不及乱，后生切记圣贤言。

（七）戒赌博

愚可耕兮贤可学，劳劳嗜赌真差错；
倾盆斫殴不为奇，致病亡躯还自作。

（八）戒暴气

先代曾开百忍堂，还将此字献君王；
几人忿怒不招祸？戾气孰如和气祥。

（九）戒健讼

莫逞高强莫逞能，漫将无理乱心田；
谎情审实难逃法，责打褫除枉泪涟。

（十）争完粮

朝廷国赋考成严，任土纳粮份所然；
急早输公休抗欠，粗衣淡饭乐尧天。

康熙四十四年乙酉岁秋月，十三世孙大鹏调元氏谨撰（录自宜职族1941年八修《张氏族谱》）

张氏家训五字歌

人生来世上　立身处世难　家训二十则　族人记心间
第一惟忠义　报国尽精忠　昔有张留侯　辅汉天下平
唐有九龄公　朝代兴衰评　千秋金鉴录　古今传其名
宋朝张载公　著有东西铭　来漳平寇乱　赫赫有政声

第二敬爹娘　孝顺理应当　生男又育女　恩情重如山
人老身体衰　千万不能嫌　老来多病痛　医护莫迁延
入夏灭蚊蝇　冬来添衣衫　冷暖常萦怀　接送勤扶搀
三餐要适口　赡养理当然　老人心中乐　益寿又延年

第三亲兄弟　和睦能致祥　姑嫂和妯娌　逢事多商量
侄儿和侄女　都当亲生看　遇事要忍让　百忍全家欢
良言三冬暖　恶语六月寒　家和万事兴　人和事不难
互敬又互爱　家务同承担　妻贤夫祸少　子孝父心宽

第四睦邻里　近邻胜远亲　待人要忠厚　信誉是黄金
防火和防盗　共同负责任　危急和困难　查帮要尽心
孩子和门户　互相多照看　邻里宅基地　互让天地宽
借了邻居物　用了要归还　诚实人喜爱　奸猾厌人烦

第五要勤俭　勤俭持家门　福从勤中得　俭是聚宝盆
田里稻谷熟　山上花果香　鸡鸭鹅成群　牛羊猪满圈
发家靠双手　汗水换甘甜　年丰增人寿　老少乐绵绵
俭朴长流水　奢华梦一场　婚丧和喜庆　节约莫铺张

第六勤学习　学习长才能　知识日日新　不学事难成
生产机械化　精益要求精　生活电器化　不懂难启行

兴农靠科技　推广立功名　青年更要学　德育放在先
今日是桃李　明日成栋梁　报国为人民　来日正方长

第七讲卫生　病由脏乱生　养成好习惯　洁身多康宁
少吃生冷物　暴食种病根　发现传染病　隔离要认真
陋习要戒除　环境要整顿　平安就是福　长寿又怡神

第八守法律　遵纪做良民　国家制宪典　除奸惩罪人
人人学法律　依法办事情　若是执法者　秉公办案明
不分亲与疏　法纪作准绳　知法不犯法　守法保自身
积极纳赋税　踊跃交公粮　见义要勇为　除暴又安良

第九做善事　从小就做起　牵盲过马路　助残恤孤贫
济困与扶贫　人人献爱心　架桥和修路　出力捐钱银
兴学又助教　希望工程新　人间充满爱　久旱逢甘霖

第十隆祭祀　俗美遗淳风　清明扫坟墓　秋日拜祖宗
鞠躬三叩首　孝子哀思正　饮水要思源　永怀祖德功
活时一粒豆　胜过拜猪头　在世多行孝　子孙要记牢
德言常诵读　实践贵躬行　还有十件事　戒之慎莫忘

“三户祠”十戒

第一戒偷盗　贪心壑难填　小时偷支针　大来将牛牵
常偷必落网　逮住不轻饶　不见偷者富　唯见贼坐牢
成了过街鼠　喊打又唾涎　后代有儿女　难于立人前
廉耻心中起　生财有道取

第二戒淫荡　露水宿鸳鸯　寡廉又鲜耻　乐极悲恨添
青年谈恋爱　贞操放在前　志同又道合　相爱到百年

得陇又望蜀　见异莫思迁　莫做西门庆　不学潘金莲
瓜田不纳履　李下不整冠

第三戒赌博　赌博害处多　尔虞又我诈　十赌九输过
赌输想捞本　债台又筑高　典妻又卖屋　父母受牵拖
财迷入心窍　只想蛇吞象　偷骗又抢劫　犯法入铁牢
奉劝嗜赌者　悬崖好勒马

第四戒酗酒　酗酒最伤身　酒醉丑态出　狂言便凌人
逞强又斗殴　无端惹祸根　牢冷酒醒后　后悔心自焚
若中酒精毒　头脑变痴呆　颠三又倒四　步入幽冥界
规劝酗酒者　把握要留神

第五戒打架　打架引纷争　有理走天下　无理打不赢
今日你打我　明天他上门　打来又打去　越打仇越深
打伤要看病　打死要偿命　睚眦怒对报　几代成仇人
冤仇不宜结　凡事让三分

第六戒贪占　贪占罪孽深　越贪心越黑　越占心越狠
要想人不知　欺人难欺心　特别是干部　处处要留神
拿人手就短　吃人嘴就软　莫仗面子大　上边你有人
贪赃枉法者　一律缚法绳

第七戒懒馋　懒馋是穷根　越闲人越懒　越吃嘴越馋
贪吃又懒做　坐食山也空　东游和西走　皮包骨嶙峋
田畴少耕作　哪来谷满仓　堂堂七尺汉　输人不输阵
只要肯出力　脱贫扭乾坤

第八戒教唆　祸及青少年　唆使当盗贼　邪淫魂魄颠
起哄打群架　挥刀又动枪　分赃当窝主　一样入班房

家长严管教　劝告走正道　亲友严法律　规劝莫藏私
大家齐发动　揭发教唆犯

第九戒吸毒　吸毒意志颓　形容类槁木　颜色若死灰
毒瘾一发作　男盗女娼生　卖妻又鬻子　家破难安宁
绝嗣又损寿　奈何桥上行　害己害子孙　夭寿同难磨
奉劝吸毒者　警醒莫徘徊

第十戒谣谤　造谣丧天良　狭私寻间隙　祸起在萧墙
挑拨与离间　杀人不用枪　众生非圣贤　孰能无过样
隐恶且扬善　敦厚仁风扬

第四节
家风选萃

张姓支脉众多，家风各异，自古至今，尚未形成统一的家风。

"百忍家风"形成较早，且特点鲜明，贯穿了唐代张公艺"百忍为上""百忍为高"的主张，并有张公艺亲书"忍"字的劝世歌，影响较大。今人邓洪波主编的《中华姓氏通书·张》和《苍南县张氏史志》等书对张氏家风有整理和阐述。这些新编家风近似"家训"，多劝诫之语。

百忍家风

唐代张公艺以"忍"处世，以"忍"养生，遂有百忍歌传世。

百忍歌，歌百忍。
能忍夏不热，能忍冬不冷。
能忍贫亦乐，能忍寿亦永。
不忍小事变大事，不忍善事终成恨。
父子不忍失慈孝，兄弟不忍失爱敬。
朋友不忍失义气，夫妇不忍多争竞。

刘伶败了名，只为酒不忍。
石崇破了家，只为财不忍。
如今犯罪人，都是不知忍。
古来创业者，谁个不知忍。

百忍歌，歌百忍。
忍字可以走天下，忍字可以结邻近。
忍得淡泊可养神，忍得饥寒可立品。
忍得勤苦可积余，忍得口腹全物命。
忍得语言免是非，忍得争斗消仇恨。
忍得人骂不回口，他的恶言自要靖。
忍得人打不回争，他的毒手自没劲。
须知忍让真君子，莫说忍让是愚蠢。
忍时人只笑痴呆，忍过人自知修省。
就是人笑也要忍，莫听人言便不忍。
事来之时最要忍，事过之后亦要忍。
人生不怕百个忍，人生只怕一不忍。
不忍百福皆云消，一忍万祸皆灰烬。

张公艺书劝世歌三首

九世同居

少年不学老来悔，春不勤耕秋无收。
勤读勤耕自荣华，交商买卖眼前花。
青春要有英雄气，男儿要为天下奇。
事不三思终有悔，气能一忍永无忧。
急难莫求无情汉，得时就近有道人。
家中幸福贤夫造，室内平安智妇谋。
妻贤何愁家不富，子孝必定父亲严。
父子同心家不退，兄弟和气家不分。

世人见诀学仁义，九世同居福禄来。

百忍太和

人间和气福运开，家中吵闹更生灾。
暗中再加邻居笑，定规没有好日来。
夫妻姻缘前生定，夫唱妇随万事成。
百世修来同船度，千世修来共枕眠。
丈夫不可嫌妻丑，妻子切莫嫌夫贫。
妻子丑陋前生定，夫家贫穷命生成。
命好不到贫家去，命穷难进富家门。
夫为家门图发达，妻勤节俭助良人。
平心思念姻缘美，等级无分敬如宾。

三劝格言

义居培育创业大，积德传家后人贤。
奉劝世人三件事，戒花除酒莫赌钱。
见色淫心报妻女，用暗箭祸还子孙。
酒是世间迷人汤，好汉吃着会癫狂。
赌钱交朋最无情，目睹破家害别人。
人到无业花落树，情如水流去无回。
亲友皆由穷处断，世情偏向有钱人。
自有自无当知足，无烦无恼乐神仙。
世人听劝能三省，灾殃远退福禄来。

——福建《仙游张氏族谱》

张氏家风

尚武自强：张，由长弓组成，一看到它，人们就会想到强弓利矢和武猛的军人。在先秦文字中，它的写法极像一个人持弓欲射，而张氏之得姓，也正是因为其始祖挥发明了弓矢，并官封弓正。人们因此称张姓为军武之姓。顶着军武徽记的张姓子孙似乎有着一种与生俱来的尚武精神。历史上张姓将军层出不穷，不说当阳桥头怒吼一声威震敌胆的黑脸大汉猛张飞，就是文弱多病生得像一个娇嫩美女的张良，也能运筹帷幄决胜千里之外。据统计，张姓历史名人中将军大帅最多，军事名人所占的比例也远远高于李、王、陈、杨、赵、黄、周等其他大姓。残酷的刀枪格斗与短兵肉搏培养了张姓子孙威武不屈、自强不息的精神。凭着这种精神，在战时，他们可以勇往直前，奋猛杀敌，享受胜利的喜悦；在平时，则可披荆斩棘，拓荒垦殖，品尝丰收的欢欣。它使人在逆境中奋勇直追，而在顺境中则力求进取。这种尚武自强的精神是张氏艰难跋涉，足迹遍布全国90%以上县区，卜居生息于穷山恶水、沃野平川之间而茂然昌盛的原因所在。如果没有这种精神，我们就很难想象她会发展成今天这样的巨姓大族而岿然立于中华民族之林。

孝友传家：张氏自得姓祖张挥之后，第一个载入史籍的先祖张仲就以其孝友著称于世。从此以后，孝友传家就成了张氏的一种传统，他们认为“惟孝则能立其本，惟友则能广其孝”（民国二十五年张绍曾福州清河堂《张氏家谱》）。孝本乎人的血缘亲情，它既是做人的起码准则，也是安身立命的根本。友（对朋友之信）是孝的推广，又是孝的体现。从孝还可推出重祖、尊长、忠君、睦亲、友邻、节义、忠贞等等原则，由伦理道德及乎政治规范，这些都是张氏家法中屡屡规定与每每强调的，就连尊信神仙的张天师也将孝列为十德之首。因而它能够深深印入张姓子孙的脑海，成为规范其言行的自觉行为，造就了很多张姓孝子与忠臣。如我们前面所谈到的前凉王张轨、张寔、张茂等，他们能在天下大乱、各自为王的乱世之中安境保民效忠晋室，就本乎孝友忠亲的精神。太宁三年（325），张茂临终前对他的侄子、下一任凉王张骏泣说的一席话，既可反映这一传统，也感人至深。他说：“昔吾先人以孝友见称。自汉初以来，世执忠顺。今虽华夏大乱，皇舆播远，汝当谨守人臣之节，无或失坠。吾遭扰攘之运，承先人余德，假摄此州，以全性命，上欲不负晋室，下欲保全百姓。然官非王命，位由私仪，苟以集事，岂荣之哉！气绝之日，白帢入棺，无以朝服，以彰吾志焉。”（《晋书·张轨传》）孝友传家不仅塑造了张氏受人敬重的政治形象，也使张氏家族本身精诚团结，上下和睦，得以安定与发展，并受到世人赞慕。

明人王璞就曾盛赞宁海里坡张氏“孝友睦姻，足称礼义之乡”。

重本而不轻末：中国为农业社会，历来以农业为本，以工商为末，重本抑末，重农轻商似乎成为数千年来的国策。一般家族也将百业排为士农工商的秩序，“万般皆下品，唯有读书高”，“四民之中以士为首”是一个普遍接受的原则，而以农为立业安家之本，男耕女织则是大家的理想。对此，张氏家族有不同的看法。长沙阅田张氏《家训》称：“男耕女织，俭己啬用，起家之道。至于牧养、孳息、贸贩、转移，有资于家计者，皆当相时经营。”沩宁水口张氏也教族人，“凡有田产者，竭力耕田。无恒产者，工贾宜专”。长沙七里港张氏的《族规》说：“居家之法，耕种为先，其次工商末艺，亦足起家，必远虑深谋，庶可以仰事俯畜。”这些都是重本而不轻末，他们强调的是张氏子孙必须有职业，以谋生成家，而不像大多数家族一样禁止族人经商做工。长沙阅田张氏在光绪末年制订的《祠规》中规定：“士农工商皆属正业，族中子弟务须量材学习，不准流为贱役及剃头诸不敦品事。如违，着该房房长传祠严惩，并坐罚其父兄，以正家风而端品行。”当然，不准干剃头理发的活，现在看来是大大的失误，但这里抛开本末旧说，抬高工商地位，比起来就是大大的进步了。正是由于这种谋生的态度，使得张姓子孙就业的机会比别人多得多，这不能不说是历代张姓烟火连绵、家业兴旺的重要原因。

执着求真：张氏子孙对真理有着执着的追求，具有一种求新求变甚至反叛的精神。历史上他们变通儒佛而创造了道教，张鲁用道教治民，而张角以道教起义；张居正变通政制、吏制、驿制、税制而成为中国的大改革家；张学良为了民族的生存而行兵谏；张释之维护法律的尊严，而敢于坚拒皇帝的“无理要求”；理学家张载、张栻能够创新，创立了关中学派与湖湘学派；面对中西文化的大碰撞，张之洞提出了至今还在讨论的“中学为体，西学为用”的哲学命题。凡此等等，都折射出张氏求真、求新、求变的精神。这种精神使得张氏充满活力，敢于进取，时时处于一种积极向上的状态。

其他如俭朴持家、勤学尊师、疾恶如仇、公正刚直、安分守己、厚养薄葬、为政清廉等等，兹不赘述。

——《苍南县张氏史志》

新编家风

（一）爱国遵令

1. 遵政令　守法纪　爱祖国　作良民　勤劳动　尚耕读　做公益　讲文明

2. 正家道　孝为先　父善教　子应贤　溺爱子　视野偏　待醒悟　亦枉然

3. 祖传训　要谨遵　勿折扣　慎厉行　伤风俗　失人伦　均避免　护家声

4. 对尊卑　有分寸　于是非　要分明　著学习　勤抓紧　搞生产　下狠心

（二）孝顺父母

5. 成人子　当孝亲　饥则饱　冻则温　爱宗族　守根本　传万代　继有人

6. 朝夕候　不容紊　既敬老　更敬尊　勿间断　勿留停　长和远　不变心

7. 遇族人　念同根　深关爱　重关心　困相助　苦相怜　互勉励　共生存

8. 敬对老　爱对少　国讲忠　家讲孝　常务事　持久行　不偏爱　自浪平

（三）学术、重业

9. 学无术　事难成　一生世　谁述清　有紧要　必求人　欲圆满　凭自争

10. 积财富　找窍门　学技艺　唯一精　首谦虚　再谨慎　广求师　百炼成

11. 有形产　要区分　钱房地　谷畜禽　均实体　易灾损　要发展　抱有恒

12. 无形产　科技门　识艺术　在有心　非实体　不易损

谁学就　易脱贫

（四）崇尚礼仪

13. 读不耕　衣食欠　耕不读　礼义衰　明礼仪　知轻重　懂道德　知进退

14. 处事物　要严肃　深思虑　防粗鲁　与人言　要亲善　对己严　对人宽

15. 贫与富　视一般　相等待　勿愚贤　渴同饮　饥同餐　众皆举　不招谗

16. 为学者　懂横纵　弃学者　无所从　少当学　勿偏废　失机遇　终吃亏

（五）重法纪

17. 学懂法　世所需　任法度　固权益　组家务　忌生事　逞酗酒　更不宜

18. 敬老残　常留意　扶弱幼　莫诈欺　好勇斗　害无虞　遭刑律　悔无知

19. 理解法　当慎思　言行动　必如一　勿间忘　勿抛弃　常惕己　方致益

20. 凡处事　讲真理　不强词　不盛气　自理弱　当自知　求和解　胜受益

（六）息忿事

21. 轻微事　息相争　保家顺　兼顾身　凡酿祸　欠自省　罹刑苦　错逞横

22. 遇人事　善中劝　遇人疾　无私援　若大事　当化小　若小事　当化了

23. 村寨和　处安宁　利团结　少纠纷　他人富　莫嫉恨　己不及　莫灰心

24. 凶恶事　趋险境　宁忍气　不唆巡　我谦逊　非弱人　温柔祥　喜相迎

（七）敦俭朴

25. 婚丧祭　免铺张　莫奢侈　避排场　入量出　计相当
简操作　便周详

26. 办实事　无式样　少差错　就恰当　不消极　不放荡
亲友族　会体谅

27. 欠周到　实难讲　不理想　自承当　多解释　求宽让
已过了　来日长

28. 计财物　行走向　利事果　不走样　准量体　成衣裳
财恒足　面面光

（八）和戚里

29. 心难测　古有言　藏暗箭　不易探　天勿风　波不现
突霹雳　震晴天

30. 融和爽　乐无边　温良度　本舒闲　利得失　勿尤怨
相怜惜　就安全

31. 彼有事　望相扶　勿远近　勿亲疏　心相照　如手足
助人乐　好如初

32. 识时务　学诗书　懂德理　涵养足　不顽诈　不迁怒
表里一　人称服

（九）慎婚姻

33. 包办婚　本无缘　若卖买　不堪言　重财姿　贱婚缘
夺人妇　非善眷

34. 轻离弃　惹人嫌　擅抛弃　遭祸冤　平淡聘　不厚奁
端自主　美姻缘

35. 结戚谊　重家规　比道德　自行为　会操作　不奢糜
善家计　内在美

36. 夫妻和　在情操　相俭让　体温饱　相哺幼　共敬老
偕白头　伦乐好

（十）慎交友

37. 择友交　视其良　不友贵　不奸邪　同荣辱　共安康　守患难　誓莫忘

38. 友同财　莫负心　宁亏己　莫亏人　友难处　应知音　人助我　必报恩

39. 淡淡交　能久长　酒肉交　不列行　与善交　多受益　与恶交　不相当

40. 弃污浊　合清亮　情如水　义如钢　长补短　弱倚强　安分纪　永无殃

（十一）戒赌博

41. 赌博事　本祸胎　千金户　瞬间栽　富裕老　栋梁材　顷刻败　朽木材

42. 创业难　不一般　流血汗　费心肝　熬岁月　找机缘　若顺利　方实现

43. 失业易　败如泥　一呼吸　一弹指　万贯财　流失去　欲反悔　便招欺

44. 祖积累　后培栽　赌一掷　空徘徊　衫褴褛　成无赖　悔恨晚　泪满腮

（十二）戒淫毒

45. 淫恶罪　实不轻　毁家产　最伤情　损品德　坏身心　染浊疾　无好评

46. 互忠贞　美夫妻　倡随绪　共生息　作风腐　他人指　婚外恋　更卑鄙

47. 毒败产　更丧身　家破裂　横祸临　门风倒　无复生　害自己　殃子孙

48. 不沾染　是福星　早醒悟　自知明　勤苦作　广经营　求致富　托安宁

——重庆市《张氏家谱汇编》

第五节
名联选释

轮奂善颂

孝友传芳

上联典出张老。张老，春秋时晋国大夫。献文子成室，张老曰："美哉轮哉！美哉奂哉！"轮奂，高大华美之意；下联典出张仲。张仲，周代贤臣。《诗经·小雅·六月》有"侯谁在矣，张仲孝友"之句，张仲以孝友闻名天下。

紫光烛剑

黄石授书

上联典出西晋大臣张华。传说晋武帝时，斗、牛星座间常有紫气，张华问通纬象的雷焕。雷焕说，是宝剑之气冲天，并说剑在丰城县。后来果得龙泉、太阿二剑；下联典出汉留侯张良。秦灭韩后，张良在博浪沙槌击秦始皇未果，逃至下邳，遇黄公石，得授《太公兵法》。

兵书三卷桥边授

忍字百篇家内藏

上联典出西汉张良事；下联典出唐代张公艺事。张公艺九世同居，对当时世风影响很大。唐高宗亲临张公艺家，问其和睦相处之道。张公艺即拿笔写一百个"忍"字作答。高宗释然，马上封赏张公艺。张公艺后人便以"百忍堂"为号。

出使穷源，槎泛斗牛之畔

劝农致富，民兴麦秀之歌

上联典出西汉外交家张骞出使西域。建元二年，张骞出使大月氏、大宛、康居和大夏等西域国家时，途中被匈奴扣留达十一年。后乘匈奴内乱，始得脱身归汉；下联典出东汉渔阳太守张堪。他在郡八年，劝课农桑，捕击奸猾，匈奴不敢犯塞。去职之日，乘折辕车布被囊而已。百姓歌而颂之。

图传百忍

鉴著千秋

上联典出张公艺；下联典出唐代宰相、诗人张九龄著《千秋金鉴录》。

正色立朝，声重千秋金鉴

懿文华国，名高万选青钱

上联典出张九龄；下联典出唐代张鷟。张鷟，唐代文学家，深州陆泽人。其作品文字通俗，当时颇风行。有笔记《朝野金载》、传奇小说《游仙窟》等。青钱万选比喻文辞出众，当时人称“青钱学士”。

得姓由轩辕，大儒一人，名垂二篇。辅汉三杰，功高四朝，

敕封五虎，博物六志，貂冠七叶，犹是清河祖源

宗功昭世德，位列八仙，鼎甲九成，平兴十策，忍书百字，

金鉴千秋，青钱万选，道陵亿尊，依然文献宗支

此联为江西省上犹县张氏宗祠联，为清代太史张翱所撰。联语将数字依次嵌入，一气呵成，自然贴切，概述了张姓众多历史人物的事迹。上联，张姓得姓始祖为挥公，乃轩辕黄帝之子；大儒，指张仲；名垂二篇，指宋张横渠作《东铭》《正铭》二篇；辅汉三杰，指张良、萧何、韩信；四相，指张柬之、张嘉贞、张说、张九龄；五虎，指张飞、关羽、赵云、马超、黄忠；六志，指张华著《博物志》六卷；貂冠七叶，指张安世一家五代七人封侯爵；清河族源，即指清河为得姓之地。下联，位列八仙，指张果老；鼎甲九成，指宋张九成中状元；十策，指商朝张嵩为汤王由平乱到中兴共献十策；忍书、青钱已解，不赘述；道陵亿尊，指东汉张道陵受亿万民众信仰。

玉燕投怀，孕相臣之吉兆

纸驴代步，真仙子之奇形

上联典出唐代名相张说，其母梦玉燕入怀而产张说；下联典出传说中的八仙之一张果老，曾隐居中条山，以纸驴为骑。

五龙特出于宋室，花萼相辉

三张鼎峙于晋时，棠棣竞秀

上联典出南宋张镜五兄弟，俱名人，人称“五龙”；下联典出西晋文坛名人张载、张亢、张协三兄弟，并称“三张”。

西铭为理学之宗

南轩负公辅之望

上联典出张载，北宋理学家，世称横渠先生，是关中学派创始人，与周、程、朱并称；下联典出宋代张栻，号南轩，绵竹人，官至右文殿修撰，与朱熹、吕祖谦并称“西南三贤”，有三公和辅相之声望。

功成百雉留怀远

泽溥三农乐凤翔

此为安徽省定远县池河镇张氏宗祠楹联。上联典出明代张谨，官工部郎中，因修筑怀远县城有功升科道；下联典出明代张国纪，正德年间解元，官至凤翔知府，有善政。

为创业、守成人，都须处处关心吾辈，可禀斯言，方可期荣宗耀祖

理读书、耕稼事，总要时时立志尔曹，能遵此意，便堪称肖子贤孙

此联典出丰顺张氏客家人南迁的历史。

鲲岛累迁昭祀典

清河长出尚高风

此为台湾省义溪口张氏宗祠联。上联“鲲岛”指台湾，是本支向台迁徙的记录；下联指本支来自清河郡望。

宴列琼林之首

胪传鼎甲之中

上联典出明代张信、张懋修、张以诚等五状元；下联典出明代张显宗、张春、张修嗣三榜眼。

报国精忠，赫赫英灵光俎豆
传家至孝，绵绵世德衍蒸尝

此为浙江省天台县张氏宗祠联。典出南宋抗元英雄张世杰，与文天祥、陆秀夫同期抗元，战死疆场。明代皇帝下旨为其立祠造像，并赐“大忠世祀”匾额。

清河郡源渊派衍功昭日月
金鉴堂子孝孙贤誉满乾坤

清河传正气处处后浪追前浪
河婆展宏图代代新人胜旧人

以上两对都与清河有关。一出自福建省石壁上市祠谱局，一出自广东河婆汕尾张氏统宗世谱编辑总部。

另外，还有张姓名人自撰联。宋代诗人张耒联：

独爱诗篇超物象
只因山水与精神

清代书法家、诗人张廷济撰联：

拣茶为款同心友
筑室因藏善本书

清代词人、画家张子祥撰联：

一林松月多诗兴
千里云烟入画图

现代国画大师张大千撰联：

诗成掷笔仰天笑
酒酣拔剑斫地歌

落日平原纵马
秋风古道题诗

张姓楹联俯拾皆是，在古今楹联艺术的长廊里熠熠生辉。大多串珠古联也多来自张姓历史名人典故，而张姓名人自撰联又为楹联增添了一抹亮丽。楹联也从另一个方面折射出姓氏文化之丰富。

第七章 张姓庙宇与祠堂

人类在无法解释自然现象和无力战胜自然灾害的远古时代产生了神鬼崇拜和祖先崇拜。神鬼崇拜认为是上天神灵在支配人世，祖先崇拜认为祖宗可以庇佑子孙祸福，所以供奉天地神灵、供奉祖先的庙宇和祠堂先秦时期就有。

张姓是著族大姓，人口众多，且分布全国各地乃至海外，所以历代庙宇与祠堂也遗留甚多。但由于岁月湮废，宋代以前的庙宇、祠堂已很难见，多见于史料或谱书记载。明代庙堂建筑也少见，不过经历代修葺，也有少量存留至今者。现在人们见到的张姓庙宇或祠堂多为清代或民国时期建筑，亦有新近根据古代祠堂复建的。其分布情况是江南祠堂多于江北，闽台数量更多。

庙宇或祠堂是一个家族的重要文化载体。族人每年按节令在祠堂进行祭祀外，过去还会在祠堂内处理族内或家庭重大事项及纷争；族规、家训也大都陈列于祠堂之内，以管教族人。祠堂的建筑样式和风格异彩纷呈，一般随时代和地域变化而变化，有中国传统式古建筑，侨乡与海外则是中西合璧风格的建筑，有的风格如近现代民居等。

第一节
宋代以前祠堂追踪

据《张氏统宗庙墓》记载："按孔子曰，为之宗庙，以鬼享之，卜其宅兆而安厝之。此可见庙墓之制，其来远矣。吾宗历代以降，前人庙墓有载在祀典郡县采食者；有福庇疆里，岁时香火者；有卒葬本地，子孙祀守者。不限远近，不拘今古考据所在。明志谱牒，俾后之人使识某庙某处某墓，某处不惟据狐葬脑丘之说。其或陵谷之迁变，则同宗之子姓，亦各易于管摄，而不至为爇采之场也已。"

这个记载的意思是，庙墓之制，由来已久，自孔子时代就有。历代以来，张姓庙墓祀典有记载，各郡县岁时香火不断，祭祀子孙不管远近，也不管是考证出来的庙、葬之地，都不例外。明确刊载谱牒，记述庙或墓在什么地方，就是有迁变也让后人清楚庙或墓的位置所在，目的是以免后人误作孤魂野鬼之墓，任意变为焚烧、采伐树林之场地。足见张姓对庙、墓祀典及家谱记载庙墓的重视程度。

以下对张氏宗庙、祠堂进行选介。

清河张氏宗庙

张姓最早的庙宇只见于记载。据明朝永乐年间《清河家乘》序言记载："……周末时，讳晁公，字琬采，仕齐国为呈侯；妣齐氏，同葬一穴。生三子，长僎，字殿邦；次仪；三有容，仕齐，袭父爵。仪仕秦为相。策、鲂公当时，坟茔诸处，立庙清河，遂以清河公为郡。至西汉，仕高祖，留侯名良，字子房。妣姜、苏氏，又慎、周氏，自以开国元勋鸣盛于时……"由此可知，周末即秦以前的战国时期，纵横家张仪一支的前人及后人（策公、鲂公）即在清河建有宗庙。清河在战国时期先属齐、后属赵，位置在齐、赵二国交接地带。清河到汉代又改为郡治，地在今河北省清河县。清河张氏宗庙是见于记载最早的宗庙，但原址已无从考察。今清河境内建有"华夏张氏祖庭"。

山西台骀庙

张氏第三世台骀庙在山西太原有二座，分别在晋祠的圣母殿南侧和晋源区王郭村。《左传·昭公元年》记载，昧任治水官，其子台骀继承父职，治理汾河、洮河和大泽，大泽也称晋泽，又称台骀泽，即今晋祠之东盛产大米的稻区，有北国江南之称。台骀治水有功，后人敬其为水神，并建庙以受三晋香火。晋祠台骀庙为明代高汝行所修。

王郭村台骀庙始建无考，但据今王郭村人说，地方志中唐、五代、宋均有相关记载。至明洪武七年重修，清顺治毁于兵火，嘉庆十七年又为汾水所淹，道光十九年又重修，之后失修。现仅存台骀神像。

不过，《左传句解》说“昔金天氏有裔子曰昧”，昧不是张姓始祖挥公之后，是《张氏统宗世谱》记载有误，今天有不少张姓族人不认可台骀庙为张姓祖庙。暂且存疑。

汉留侯庙

一在河南开封府陈留县西南；一在徐州沛县东南二十里；一在今陕西西安府咸阳县东北三十里。张良佐汉高祖定天下，以功封留侯，惠帝六年壬子秋葬，谥曰方成侯，敕封庙祀。唐太宗诏配孔子庙庭，咸亨间出飨太公庙，载在祀典。

陕西张良庙位于留坝县西北山川一小片谷地中，名叫庙台子，北倚紫关岭，西北靠紫柏山，庙东南有河叫紫柏河。据说，最早的张良庙是张良的第十世玄孙汉中王张鲁所建，历经一千七百多年，原址无从考察。

今存台子张良庙是明清建筑，六个大院，有房舍一百五十余间，占地14200平方米，为陕西大型祠庙之一。庙前有用青砖砌成的山门，上方横刻“汉张留侯祠”五个朱红大字，大门左右刻着一副对联：“博浪一声震天地，圯桥三进升云霞。”上联指他在博浪沙刺杀秦始皇一事，下联指他在圯桥求教黄石公一事。庙门右侧竖一石碑，上书“紫柏山汉张良留侯辟谷处”。入山门，便踏上一木桥，名曰“进履桥”，取张良在圯桥为黄石公捡鞋一事。桥上有栏杆和靠椅，桥下流水潺潺。越过木桥，便是高大的保安观。入门后，左右有钟楼、鼓楼，院中央屹立着“灵霄殿”，八角飞檐，琉璃瓦饰顶，彩绘拱斗屋檐，颇为壮观。殿侧分列“三清殿”“三官殿”“三法殿”等配殿。从殿侧北面经过庭便进入大殿所在院落。大殿雄伟庄严，上悬“明哲风高”“帝王之师”匾额，殿门有对联：“毕生彪炳功勋启自授书始，历代崇丰烟祀端由辟谷开。”殿内原有张良塑像，“文化大革命”中被毁掉，现有歌功颂德条幅多幅。大殿前有拜殿，左右厢房对称而立。院内清幽、古雅。殿堂门楣遍布“急流勇退”“机谏得宜”“智勇深沉”等称颂张良的匾额。殿堂立柱饰有众多对联，如：“秦世无双国士，汉廷第一名臣”“富贵不淫有儒者气，淡泊明志作平地神。”从大殿右侧过西面的“方丈院”便是“南花园”，园内有水池，池中立有六角“辟谷亭”，靠北为“五云楼”。大殿左侧向东为“北花园”，园中古树林立，鲜花放香。园内西北有一六角亭，名曰“拜石亭”，取张良拜黄石为师之意。亭内嵌有明隆庆五年（1571）礼部尚书、文渊阁大学士赵员吉所作《怀山歌》石碑一方。从北花园西南出去，地势升高，游客登上层层石阶，可见阶旁的摩崖石刻，石刻上留有明代赵员吉、清代林则徐以及冯玉祥、杨虎城等人的诗文。

登上山顶，就是紫柏山的中峰。山顶有亭曰“授书楼”，取黄石公授书之意。这座重檐飞角的亭子是用大理石和南阳玉砌筑而成，高离地面100米，高雅别致。登楼远眺，峰峦起伏，林海苍茫。

张良庙依山傍水，四季风景如画。且建筑众多，古朴典雅，其匾额对联、文字逸词多有佳句。庙中碑石、摩崖石刻近百块，书法流派纷呈。

张骞庙

位于汉中城固县西2.3公里张骞墓地所处的饶家营村，是由张骞墓扩建而成。1956年被陕西省人民政府公布为首批省级重点文物保护单位之一。

张骞墓为长方形大土丘，高2.3米，南北长20.6米，东西宽16米。原墓地范围南北长170米，东西宽80米。现存清乾隆、光绪年间所立的墓碑数通和西汉时雕刻的石虎一队。

张骞庙后改为“张骞纪念馆”，整体以正殿为中轴，对称分布。正殿内置大型壁画“张骞出使西域图”“凿空图”。东西配殿为展室，分别有“张骞生平业绩”展览和具有鲜明陕南特色的民间艺术展览。阙式大门，青砖筒瓦，古朴大方，两阙相对，飞檐斗拱，再现了两汉宫阙的建筑特色。

三国桓侯祠

俗称张飞庙，明代又叫雄威庙，位于阆中古城西街北侧，包括张飞的陵墓和祭祠。

张飞镇守阆中七年，保境安民，大败张郃。百姓敬其忠勇，为其筑冢建祠，祭祀纪念。据唐阆州刺史崔善《新建巴西太守张桓侯祠记》载，在张飞死后即建起桓侯祠，虽遭兵火毁坏，但累毁累建，“土宇几更，墓田如故”。明代典膳黎重在墓冢四周筑围墙四十七丈。此后还有多次续修。现在的桓侯祠为明清时重建的多重四合院式古建筑群，占地十余亩，由山门、敌万楼、左右牌坊、东西厢房、大殿、后殿、墓亭、墓冢组成，建筑面积2200平方米。山门和敌万楼为明代建筑，门前原有明万历四十年（1612）铸造的铁狮一对，抗日战争中被日军飞机炸坏，“文化大革命”中被毁，今以石狮代替。敌万楼以张飞“力敌万人”而命名，为重檐歇山式屋顶，华拱两侧出象鼻状的斜拱，下檐斗拱繁复。内柱四根，形成井口，直承上檐，每柱用四瓣镶成梅花方柱，以银钉铆合。敌万楼左右各有木牌坊一座。大殿在五级台阶上，阔五间，为歇山式大屋顶，砖雕拼合屋脊，为清同治时重修。外廊置巨鼎，右有张飞“立马铭”，左有《重修庙记》古碑。殿内正中塑有2米多高的张飞文像，头戴冕旒，身着黑蟒袍，手捧玉笏。左有张包执蛇矛塑像，右有马齐捧丹卷塑像。穿过后殿，便是张飞墓冢。墓头正前方建有一墓亭，亭内起一石拱券，塑有张飞武像，原为明永乐年间铁铸，高1.65米，“文化大革命”中被毁，今为泥塑。张飞墓成椭圆形，南北长42米，东西阔25米，高8米。

桓侯祠左右各有厢房十余间，均配以雕花隔扇门，右厢房为阆中出土文物陈列室；左厢房为雕塑厅，有“桃园结义”“鞭督邮”“古城会”“当阳桥”“义释严颜”“战马超”“立马勒铭”“虎臣良牧”等大型群雕，均以张飞生平业绩为主题。祠内现存碑匾二十四通、名联多副，多系名家所书。

从初建时算起，桓侯祠至今已有一千七百多年的历史。

张九龄墓祠

据谱书载，墓祠在广东韶州府南，祀唐相张九龄。玄宗幸蜀，遣使吊祭，因立祠于州东故第，铸铁像祀焉。郭祥正诗云："当年致主陈金镜，后世空祠见铁胎。"又班世杰诗云："韶阳城郭白云关，贤相祠堂香霭间，阶下莓苔春未老，庭前松柏鹤空还。千秋独司呈金鉴，十载先知恨禄山。黄阁勋名昭汉简，曲江流水日潺潺。"（据《仙游张氏族谱》）

今存张九龄家族墓地是广东省重点文物保护单位，墓地前面是张文献公祠，祠堂后山约 120 米处是张九龄及其妻卢氏和弟张九皋、九章的墓冢，是广东省具有代表性的唐代大墓。张九龄墓为砖石结构，坐北面南，平面呈"古"字形，分墓室、甬道、耳室三部分。墓室为主体建筑，成四角攒尖式顶，长 7.98 米，宽 4.8 米，高 5.35 米，四壁及甬道均有侍女蟠桃园等壁画，是广东境内最早出土的、绝无仅有的唐代壁画。墓前神道石像分立于两旁，有唐岭南节度使、著名书法家徐浩撰写的《神道碑》和杜甫的《故右仆射相国张九公龄诗碑》。墓下方有飨堂。飨堂内还保存着明清以来的碑刻。

张巡祠

忠烈侯张巡祠有两处，一处位于河南商丘南门外土城郭内侧，另一处位于江西省鄱阳县。初为祭祀在安史之乱中为保卫睢阳而殉难的张巡、许远等人所建。唐代颜真卿任饶州刺史时，曾极力宣扬张巡的英雄业绩。商丘祠堂为重檐歇山式建筑，有大殿，面阔七间，进深三间。张巡祠内有张巡墓、百龙亭等设施。每年农历九月十四日为"忠烈节"，会举行隆重的祭拜仪式。

黄埔张氏大宗祠

张氏大宗祠位于广东南岗镇庙头村的西北面、广深公路旁，为庙头村张氏宗族祠堂，始建于宋代，扩建于明代，清光绪二年（1876）重修，历时九百多年，是现今黄埔区最古老的建筑物之一。

祠堂是三进院落建筑，南北深 44 米，东西宽 24.5 米，占地面积为 1070 平方米。祠堂的桁角、金钟、顶住门、坤甸木系由日本东京运来。铺地石采用五板式样，与普通祠堂式样有所不同，据说是因大宗祠的后代出了两个翰林才这样建的。

祠堂门楼额匾“张氏大宗祠”系陈澧所题，厅堂横匾“文成小学校”为张发奎所题。张氏大宗祠为广州市市级文物保护单位。

福州凤池坊张睦祠

张睦祠（庙）原位于福州市仙塔街城守前路，坐北朝南，原为王审知赐给张睦的官邸（府第）。因后园有一水池，形似凤眼，故名凤池坊。后人为纪念张睦改为宗祠。宋建隆元年（960）追封张睦为英烈武护国镇闽大王，遂易名曰“榷货金华大王庙”。民国时期曾被充作救火会，20 世纪 90 年代在旧城改造中祠被拆毁，仅存“大王府”门楼，其上有门联有云：“千秋古迹大王府，桂馥兰芬花园街。”2002 年新建社区时门楼也被拆毁。

张睦于唐末随王审知兄弟入闽，史称“十八姓随王”（亦有称二十四姓随王）。时任将领之一的张睦乃清河一百一十五世（或一百一十三世孙），时任光禄大夫，挈眷卜居于侯县孝悌乡惠化里（今闽侯县上街镇榕桥村，里碑犹存）。897 年王审知请于唐，授张睦为三品官，领榷货务（掌管商贸）。张睦佐审知甚忠，能于扰攘之际雍容下士，招来蛮夷商贾，国用日益富饶。其官邸位于福州仙塔街城守前路 24 号凤池坊。闽人感其德，立庙于凤池坊祀之，因此，睦公后代皆以“凤池”为堂号，以睦公为“凤池”一世祖。“清河”“凤池”乃一脉相承。张睦娶姚、陈两氏，姚氏早逝，生一子廊；陈氏乃司马参军陈谏女，封尚贤广德夫人，生三子：庑、膺、赓。

张廊之子张濬从月州迁仙游，后返永泰，分嵩中、下拔、城峰三支。

张庑为守先人庐墓，携其嫡配詹氏及其子宗昭、宗悄、宗询、宗景，定居于侯官县孝悌乡惠化里。

张膺、张赓先分迁于永福（永泰）的汤泉埔（今永泰汤埕）和青铜溪。未及一年，又溯溪而上，见桃花流水环绕沙洲，其形如月，名曰“月洲”，乃披茅诛草作室而居。膺居前曰“前张”，赓居后曰“后张”。张膺庶配方氏则携其子徙居连江县长溪乡，发展成为连江县望族。

闽侯泽江张氏宗祠

宗祠坐落于闽侯县南通镇泽苗村，始建于宋。1922 年重建，砖墙石柱，彩绘浮雕，三进布局，结构雄伟。

1995年海外族亲相继返乡，掀起修祠劝募热潮，集资一百多万元，于同年初夏开工，历时10个月，翌年清明节竣工。重修后的宗祠总面积达2231平方米，主体建筑969平方米。2004年冬再次重修。

张学良将军以“宗裔”自称，题额“源共根同”示贺。台湾政要蒋纬国、林洋港的题额也高悬中座梁间。大文豪郭沫若大条幅墨宝及其女婿、书法家、诗人、文学家张澄寰的题匾“雷池可越”和张澄寰的女儿、闻名欧美的青年书法家张剑书写的中堂“气象万千”令人叹为观止。还有中国书法家协会理事、辽宁省书法家协会主席聂成文和副主席郭敏林的“继往开来”题匾和“承先启后”中堂亦弥足珍贵。泽江是张睦的五世孙张仕僖和张居瑞于北宋天圣元年（1023）由永泰县嵩口镇月洲村迁泽苗，分驻显厝、上厝两地，迄今九百多年，传世三十代，自四十一世孙出生后，实现了在乡世系“十代同堂”。

泽江张氏代有贤能，其七世孙张肩孟生五子：励、面、劝、责、动，父子兄弟四进士，户部、工部两尚书。张元奇是清光绪十二年（1886）进士，历任湖南岳州知府、奉天巡抚、内务次长、参政院参政、肃政厅肃政使等，辛亥革命后任福建省省长，曾在毛泽东创办的《湘江评论》任编辑，有《辽

闽侯泽江张氏宗祠

东集》《洞庭集》《兰台集》等著作传世。

福清龙田张氏宗祠

张氏宗祠始建于南宋嘉熙丁酉年（1237），位于龙田二村，坐南朝北，面积为812平方米，元、明、清各朝几经重修，由于各种原因被充为粮仓，历经数十年风风雨雨，祠宇破损，濒临倾颓，祠内神龛、名贤牌匾、楹联等全部被毁。1978年后，由张氏海内外宗亲、印尼侨领张德理捐巨资，乡亲响应，于1981年收回，1983年重修竣工。

晋江延鲁张公家庙

延鲁张公家庙坐落在晋江市陈埭镇湖中村，坐甲向庚，被誉为泉南三座半祠堂之一，是鉴湖张氏族人的肇居胜地。

鉴湖张氏始祖延鲁公讳叶，祖籍河南光州固始，徙越州（今浙江绍兴），经商于泉之武荣（今南安丰州）。在唐光启二年（886）率耆老迎王潮入泉有功，赏赐冠带，恩授司农卿。唐乾宁三年（896），请命于晋江南岸屯垦，遂于湖澄（湖中）而居。后闽南张姓族人尊延鲁公为开闽始祖，遂成为闽南望族。鉴湖张氏繁衍至今宇，已有人口近百万，传嗣四十余世，分布于闽南湖澄（湖中）尚方、樟林、霞行、曾井、盘涧、惠安、安溪和港、澳、台以及东南亚、欧美各地。鉴湖张氏历世簪缨，英贤辈出，有功名官职者数以百计。有北宋天圣五年（1027）进士、兵部侍郎张德祥（张裕）；同年进士、刑部郎中张德播（惟德）；南宋绍兴年间尚书张汝俊父子兄弟皆进士，明中极殿大学士、著名书法家张瑞图；明翰林张潜夫；清康熙年间大总戎张天福等。

延鲁张公家庙原为“鉴湖张氏家庙”，位于鉴湖东南之滨，建于宋仁宗天圣六年（1028），历代均有修葺。1994年重建，并改为“延鲁张公家庙”，庙名由空军司令员张廷发上将亲笔题写。家庙占地面积2000多平方米，为三进双侧回廊古汉式建筑物，体现了闽南宗祠建筑的特色，是研究闽南宗族礼仪及古建筑造型的宝贵实物史迹。1996年被列为晋江市文物保护单位。家庙规模宏大、布局严谨、装修堂皇，堪称闽南宗祠建筑的典范。家庙中殿厅内匾额高悬，有“大学士”“大总戎”“尚书”“进士”“探花”“四世一品”“四朝元老”等，中堂内墙镌刻明代中极殿大学士、大书法家张瑞图的书法，昭示着鉴湖张氏的辉煌历史。

尤溪后山张氏宗祠

尤溪儒林张氏宗祠位于福建省三明市尤溪县城关后山路 21 号，乃县府之镇山——伏狮山南麓，该地因儒林张氏肇居而被称为儒林里。史称尤溪儒林张氏始祖、宋开封判院秉义公肇基尤溪之初，筑府第于县衙之北，宋时因县衙扩建，遂移居于县衙之后山，即今后山张氏宗祠。

尤溪后山儒林张氏溯源于曲江绮公之子澜公，澜公官任漳南刺史，其孙辈惟裔公官任延平府沙县少伊，生寿辈三人，寿生亮辈二人，亮卜居沈水，生得、养（字秉义）二人。得公长子洪应公迁大田华安，次子洪鸾迁沙县八都，三子洪广。开基至今已九百多载，传嗣三十九世，分布于尤溪、南平、大田、沙县、顺昌、邵武等地。其间四世至十九世因遭战火影响，以至名号俱失。清康熙年间磻庵、柏齐二公巨力修葺宗祠，并重修族谱。“文化大革命”期间宗祠文物毁损惨重。1986 年、1991 年两度续修，建筑总面积 600 多平方米。宗庙内的大埕、花台、左右扶厝、中和房共置坪均已被开发为高层建筑。左边书院亦被他族占据，现宗祠因年湮代，诸多荒堕，墙垣倒塌。有宗亲同仁不忍睹其状，倡议重修。经多方筹措，于 2004 年农历正月二十二日动工，当年农历三月二十七日落成，宗祠焕然一新。其建筑飞檐斗拱，肃穆庄严，仍可观昔日之盛，使人油然而生对祖先的崇敬之情。大门之上悬挂着福建省常务副省长张家坤所题的“尤溪后山张氏宗祠”贴金大字横匾。正堂之上，有雍正十三年朝廷褒奖春太公及夫人谢氏的两道圣旨和历代官府为儒林里张氏宗贤所题的“辅国重臣”“举人”“武举”“进士”“王国羽仪”“父子大学士”以及当代名贤所题的“人杰地灵”“爱满天下”“清河衍派、儒林传芳”等牌匾。正堂两旁书有“儒林张氏家训”、宗贤诗词及唐先

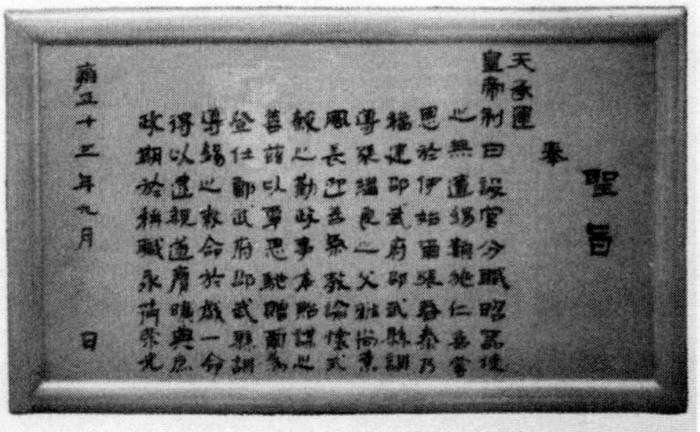

圣旨

贤张公艺“三劝格言”。

史载张氏宗庙情况

汉天师道陵庙:在江西省广信府贵溪县上清宫下十五里,名“龙虎观”,敕赐“正观”。

晋济顺王亚子庙:在剑州梓潼县。唐僖宗入蜀,封济顺王,出郊祀焉。

唐康国公嗣宋公庙:在苏州昆山县北。公为国子祭酒,永徽时致仕,卒谥康国公。太宗授经遣使吊祭,因立庙于邑之故宅。

唐刺史东之公庙:在四川重庆合州治西。公任合州刺史,力论俗弊,士民感德,立庙祀之。

唐相仁愿公庙:在山西大同怀仁县。公于河北筑三受降城,后人思慕,立庙于此。

唐丞相镒公庙:在安徽凤阳濠州之东。公初为濠州刺史,后人立庙祀焉。

唐将军熹公庙:在江西广信府铅山县石塘镇,载《铅山志》。

唐别驾泓公庙:一在安徽凤阳濠州之东,一在江西饶州城北。公由御史大夫出判饶州,以正学校、劝农桑为先务,民乐风化,立庙祀之。

唐将军志和公庙:一在徽州祁门胰西荣园,一在都之张坑口。公由朝廷待诏翰林,授左金吾大将军;时郡范贼结党为变,公捕杀无遗。奏除差征,民受其惠,立庙祀焉。宋相商英经此,感梦谒庙见公。

唐都督嘉贞公庙:在陕西汉中府梁州。公为梁州都督,督政以严。唐玄宗善其政,数慰劳之。后转中书令。军民思之,立庙祀焉。

宋武烈侯日新公庙:敕建怀忠庙在雍州,一又在江西安仁县忠臣祠,载《朱子纲目》。又本族建祠于大塘。

——以上摘自张氏谱江西修水卷

附录墓祠

魏相张仪墓　在山西万荣县张仪村。

汉赵王张耳墓　在河南开封祥符县。

汉北平侯张仓墓　在陕西咸阳。

汉富平侯张安世墓　在陕西西安城南。

汉安乡侯张禹墓　在陕西咸阳。

汉廷尉张释之祠　在河南南阳县城西关释之路。

汉太守张纲墓　在四川眉州崌崃山。

汉鲁王张敖墓　在陕西咸阳。

晋司空张华墓　在北京市大兴县西张华村。

唐宰相张柬之祠　在湖北襄阳城南岘首山。

唐宰相张仁愿墓　在陕西渭南南七城南村。

唐太师梁国公张睦墓　在福建侯官上街镇上街村赤塘山。

唐殿前都指挥使张膺墓　在福建永福县感应里笋林溪西。

宋状元张孝祥墓　在江苏省江浦县黄悦岭。

——摘自《张氏渊谭》

第二节
祠堂遗存数闽台

闽台张氏继承了华夏子孙的聪明才智，用辛劳汗水在东南沿海浇灌出璀璨的历史文化之花。如世界张氏总会创会会长张晓卿所言："谱牒将闽台张氏族人的开发发展和繁衍迁徙载入典册，而宗祠却将其物化为历史碑记，宗祠的祭祀寄托了后人对血缘的崇拜和对先祖的缅怀。"

世界张氏总会原副会长张森霖先生经多地奔波，于 2005 年 4 月编辑出版一册《闽台张氏宗祠文化博览》，共收入宗祠一百四十九座，其中福建一百三十一座，台湾十八座。而据编者在后记中透露，由于编纂时间仓促和征稿原因，仍有部分祠堂未能入载。闽台在一个时期曾同属一省，自闽入台人数占台外来人口的 83%，以泉、漳二州各县为最。所以闽台祠堂建筑风格也基本无差异。本节特选录部分有代表性的祠堂进行介绍。

三明草洋张氏德昌祠

张氏草洋德昌祠地处三明市草洋村，坐南朝北，建筑面积 300 多平方米。

唐开元二年（714），一百五十五世祖开先公受命护送越王入闽建州，开元五年在永安贡川建溯源堂以居之。十一年建沙县开先堂，子孙分居之，后为祠堂。至明洪武二年(1369),祖华狮公自贡川分迁草洋,兴建祖屋以居,扩建后取名德昌祠，现有2270多人，子孙分布海内外。

永泰同安旸谷张氏宗祠

旸谷张氏宗祠坐落于永泰县同安镇同安村59号(原称辅弼),坐东朝西。十八世祖弼公始建于1469年,迄今已有550年的历史。明、清曾三度修建。1843年醵金，建为三层二进四扇三间，土木结构，高三丈九尺。占地面积2568平方米，建筑面积486平方米，深28米，宽17米。因年代久远，墙倾柱斜，联匾毁坏，2000年5月26日，族长高冬公集思广益，率众宗亲集资重建，改土为砖，梁柱照旧，祠貌如初。

祠堂外右下侧为门庭，上为埕，凿一半月池，如弓似月，寓意深邃。建筑形式十分奇特，主屋由三个歇山顶组成厅上厅。上厅堂正中塑祀张睦与陈氏夫人神像，正厅六合堂柱镌刻金字楹联，神龛前列一供桌，龛内供奉本支列祖列宗神主位。

旸谷张氏人杰地灵，代有文士。宋末至清有进士一人，举子贡生五人，授迪功郎、宣教郎等职五人，千总一人，教授五人。现有县处级以上干部四 人，张子平等企业界知名人士数十人。有留学瑞典博士张子丁。理学博士张宗真现为永同昌集团公司总裁、省政协委员、省工商联常委、厦门市人大代表，事业有成，曾受到党和国家领导人贾庆林、田纪云等亲切接见。

长乐猴屿张村张氏宗祠

猴屿张氏始祖清元公世居河南光州固始县龙江桥海口乡，公元907年随王审知携眷入闽，清元公十三世孙应参公于宋代肇迁长乐猴屿乡，为猴屿一世祖。

猴屿张氏至今繁衍千户人家四千余人口，其中旅居美、欧、东南亚及港澳台地区者占人口的百分七十。族风淳朴,子孝孙贤,士农工商人才辈出。明代有仲源、仲淯，皆进士出身，出仕朝官。另有封疆大臣广南王。官阶较高者还有吏部天官家亨。近代，猴屿张氏在科技与政坛也多有成就。

猴屿张氏宗祠始建于明朝，距今四百余载，因历经风雨侵袭，年久失修，已破旧不堪。近年政通人和，国泰民安，族运兴旺，族中贤达发起倡议重修张氏宗祠，得到海外国内族亲的热烈响应，或慷慨解囊或出谋献策，同心协办共襄盛举。1997 年 11 月动工，1999 年 2 月告竣。重建过程中合理拆除卷龙宫通道，使祠堂结构更趋完整，并兴建老人娱乐园、宗祠纪念馆、祠路等配套工程。宗祠建筑雄伟壮观，宽敞明亮，是追思祖恩、秉承祖德、联谊族亲、团结族人、弘扬族风、教育后人的理想场所。

泉州泉港区后张张氏家庙

家庙建于明嘉靖六年（1527），重建于明万历丙申年（1596）。现庙为重建，占地总面积278平方米，上下进结构，颇为壮观。大门横额“张氏家庙”，楹联：“黄石家声远，曲江世泽长。”

福堂两侧相通，各置双开柳式木门，门顶各悬一横匾，左为“兄弟进士”，右为“文魁”。堂间梁上分挂“选魁”“明经”“贡生”“节孝”等各式匾额。“文革”时期损毁。

海峡两岸开放探亲后，台湾宗亲张桂元先生返乡时同侄孙张忠合资，合族众之力，整建一世祖茂夫公陵园并立纪念碑。2003 年清明举行祭祖庆典，除村众外，有月洲祖居地族亲及外迁县内、省内及台湾族亲参祝。

长汀龙头坊琼公祠

睦公五代孙藏兴公的第四代孙十二郎，南宋初由宁化石壁铁炉坊迁长汀龙坊湖边茶树下肇基。其第十二代孙琼公，字岸生，邑庠生，生于明永乐十一年，明成化十二年由茶树下移居三门里。公生四子：辉（庠生）、广（武庠生）、明、耀。

琼公祠“勾鼻象形”，为三进厅结构，有照壁、下厅、中厅、上厅、后楼，左片三直横屋，右片一直横屋。大门前石围墙内空坪中于清嘉庆年间竖石桅一对。围墙外临满月大池塘，号望月大湖塘，占地十二亩多。

该祠始建于明成化十一年，清康熙十二年重建。1935 年冬修复，1986 年将照壁重新粉葺。今为全村老年人活动中心。

永泰月洲张氏宗祠

月洲张氏宗祠是睦公之次子膺公、三子赓公的祖居地，也是膺公九世孙元幹公的故居。现由永泰县人民政府批准为县级文物保护单位。原祠因战乱被毁，现存的祖祠系重建于民国二十五年（1936）。时因战乱，月洲本土裔孙经济实力单薄，仅简陋搭建。1978年以后，各地宗亲寻根访祖，海内外交往频繁。1993年春，泉州泉港始祖茂夫公十九世孙台胞桂元来月洲寻根追本，随后台胞承璜等和省内外宗亲来此寻根谒祖者络绎不绝。在宗亲踊跃献资和积极倡导下，兴建了芦川桥；桂元、承璜捐资修整膺、赓两公陵墓和祖祠；2002年，桂元宗长独资兴建元幹公石雕像。2003年子平宗亲捐资一万元，随后各地宗亲和月洲本地宗亲也纷纷捐资，修建从芦川桥至祖祠的道路。

月洲张氏经千年繁衍，科甲蝉联，人文鹊起，流芳德荫未泯，子孙受赐无穷。仅唐、宋两朝记载，膺公后裔中，科举：解元六人，进士十七人，举人八人。仕官：尚书一人，龙图阁学士一人，郎官三十四人，大夫三人，知县五人，一般仕官二十四人；赓公后裔，科举：状元二人，解元五人，进士六人，举人六人。仕官：编修一人，龙图阁学士一人，郎官二十五人，大夫三人，知府二人，知县九人，一般仕官三十四人。共计一百九十三人。

膺公七世孙肩孟公生五子（勱、勔、�、勸、动）皆成名，父子相继，兄弟登科，五子同朝，荣显天下，缙绅先生俱赞曰："灵椿一株秀，丹桂五枝芳。"肩孟公孙辈，即元幹公兄弟十四人中有十二人出仕、二人不仕。时人称之曰"南渡衣冠盛，清河世泽长"。元幹公声名见重于世，登进士第，官授谏议大夫、将作少监，充抚谕使，钦赐八字金牌"虽无銮驾，如朕亲行"。靖康之难时，辅佐李纲抗金，后李纲被投降派排挤出朝，元幹公一同遭贬。绍兴间，秦桧专权，公面谏参劾，不得志。元幹公目睹江山毁覆，请缨无路，遂归故里，致力于著书。著有《芦川归来集》《芦川词》等流传于世。

月洲张氏从二十九世起排辈行第对联："元德振洪猷长延统绪，英才逢泰运大启祯祥。"现"猷"字辈还有三人，最晚辈已衍至"绪"辈，"延、统"辈最多。"猷"辈荣誉老族长、睦公三十三世孙启荣公在"文革"中冒着极大风险珍藏睦公宝像、月洲张氏旧族谱，为各地宗亲寻根认祖提供了可靠的资料，实为无价之宝；1989年执笔编撰《张氏世谱——太师梁国公家谱》，留下许多珍贵的资料。他知识渊博，通今博古，不论乡间婚丧喜庆求教于他，他都是有求必应。"延"辈守梓，现任福州市人大常委会副主任，成绩卓著，颇有建树。全村张姓共八十户，三百九十余人，其中本科十八人，大专（含中专）二十五人，大专以上文化占全村总人口11%。

上杭石牌岗张氏享祠

坐落于城东村石牌岗的张氏享祠是开基祖斗公的祖祠。始建于明崇祯十七年（1644），又于弘历年间改建成砖石墙，经几次维修，至今已有三百余年。

该祠始祖是张化孙第十七子波云公的第十五世祖孙，现分布于江西、广东、河南、永安、清流以及上杭城关、官庄、旧县、城郊、台湾等地，家族有两万余人。单居住在石牌岗宗祠所在地城东、镇东的就有百余户，计五百余人。

2001年春，族人共同捐资万余元，重新修葺享祠。

宁化石壁下市张氏家庙

石壁下市祠堂亦称张氏家庙、追远堂，坐落在石壁下市井下窠，祀奉一世祖张公茂甫。祠堂始建于清顺治元年（1644），由裔孙一策倡导而建；清顺治三年，不幸被流寇烧毁。清康熙三十七年（1698），由裔孙正立等重建，咸丰八年（1858），因太平天国战乱而被焚毁。清咸丰九年，由裔孙朝据为首再次重建。后因年久失修，1940年由裔孙国瑛倡议维修。后又因“文革”期间损毁严重，由裔孙国珂、兴光等筹措资金，连续进行三次维修。1991年因电源短断路引起火灾，又被焚毁。1992年春，由裔孙思庭组织发动筹集资金，进行了第四次重建。重建后的祠堂主体为硬山顶砖木结构建筑，由正堂、天井、回廊、山门牌楼、大埕、围墙组成。穿斗式与抬梁式相结合。屋面正脊用通秀青砖镶嵌，两头为燕尾式翘角。正厅南向设一神龛，外罩阑干罩，并雕刻各种花卉图案。龛内祀奉张氏开基始祖及历代先祖之神位。

闽侯厚美梁国公张睦祠

梁国公张睦祠建立在闽侯县上街镇厚美村，位于闽江之滨，坐西朝东。为双飞重檐混合砖石木结构的古汉式建筑，重檐横额上的“梁国公张睦祠”贴金大字是福建省常务副省长张家坤的题字。大殿下面是一对青石龙柱，

闽侯厚美张氏宗祠

台阶两旁一对镇祠石狮，形态威武。正殿上汉白玉石雕的梁国公张睦神像慈祥神威。大殿中花岗石磨光石柱上的镌金楹联均是当代名人手迹，中殿厅内匾额高悬，有“开闽首辅”“德政典范”“清河世裔”“睿古涵今”“书传黄石”“金鉴千秋”“德惠于民”等。

梁国公张睦原籍河南光州固始县魏陵乡祥符里，其史绩在“福州东街凤池坊张睦祠”篇中有详述。926年卒，葬侯官县东太平乡兴和里赤塘山。

父老思睦之德，鸠财建庙，塑像于福州东街凤池坊。庙曰“金华榷货大王庙”。明宗长兴四年，王延钧建闽国，改号龙启元年，追尊王审知为太祖，追赠张睦为太师，进尚书右仆射。宋建隆元年追封张睦为英烈武护国公、镇闽大王。开宝年间，吴越王钱氏请于朝，谥王审知为忠懿王，建祠祀奉，以张睦与建州刺史孟威二人配享庙庭，承祀香火。

张睦陵墓及金华榷货大王庙虽历经沧桑，而八闽黎庶皆视为纪念功臣神圣之文物，加以保护，供人崇祀，千秋香火未断。为缅怀张睦的史绩，崇宗绍德，在国内外睦公裔孙及有关文物部门呼吁和支持下，率先成立修复睦公陵墓筹委会，筹备重建。多方集资，选择墓地，破土动工，历时五年告竣。今英灵已安乐土——赤塘山延伸山脉厚美村过排山之阳。墓成飞凤朝阳拱门形，建筑面积200多平方米，用青石磨光拼组而成，并雕刻有二十四幅“二十四孝”人物像于墓前埕。四面围墙，大门正面上方书“张睦陵园”贴金大字，雄伟壮观，内部结构三重墓埕，二重埕内，盖有八角护碑亭，以保护原始坟墓被毁后仅存的墓碑，碑文曰："唐太师梁国公讳睦张公墓。"亭左侧竖立有闽侯县人民政府文物保护碑石一尊。墓体坐西朝东，大殿前水泥大道直通国道。继睦公陵墓修成之后，国内外裔孙皆倍感祖德恩泽，台湾张平沼、张桂元、张冠雄等十五位宗亲倡议，于2000年成立睦公纪念堂筹建委员会，经过一年多筹资、设计、施工，一座巍峨壮观、雕梁画栋、古朴典雅的"梁国公张睦祠"于2002年11月竣工落成。2002年12月5日，旅美、旅澳宗亲以及来自南平、尤溪、屏南、仙游和福州五区八县的宗亲代表一千三百多人参加张睦祠的落成庆典。省人大常委兼副秘书长张振郎、省姓氏源流研究会副会长兼秘书长林伟功、省姓氏源流研究会副秘书长兼张氏委员会主任张森霖等出席了庆典，是福建省张氏百年不遇的大盛会。

现存梁国公睦公祠和睦公墓并排于赤塘山麓的过排山之阳。每年国外远有美国、新加坡、马来西亚和国内十多个县市以及港澳台等地裔孙纷纷前来瞻仰祭祀。

闽侯南屿孝子祠

2002年5月18日，闽侯县南屿镇约三百人隆重举行孝子祠重修竣工及孝子尔修公塑像揭幕庆典活动。台湾宗亲张明健夫妇资助孝子祠的重修工程并亲临剪彩，其大女儿曼淋偕女婿（南非人）亦专程前来参加。福建省张氏委员会主任张森霖及闽侯县南屿镇南旗村及旗山书画社代表等在会上发言。

张尔修系入闽始祖睦公三十一世孙，生于明天启三年（1623），因一生奉孝，曾因割己身之肉为药引治愈继母病，并代兄囚质深入匪穴为民除害，以及乐善好施等事迹闻名遐迩。清康熙六年钦赐孝子奉旨祀典，于乾隆二十五年由孝子七世孙瑞文公在南屿镇建造孝子祠，并塑孝子尔修公像纪念，距今已有近二百六十年。祠建筑面积270平方米。祠正面石匾阴刻"奉旨祀典"，正厅前有对联："孝莫辞劳割臂承欢求母寿，悌能敬长熬刑忍痛代兄囚。"厅内有对联:"孝悌垂乾坤不朽,子孙与日月同光。"横批"孝感天心"。张尔修热心公益事业，现今南屿镇还留有张尔修与乡亲刘端英合建的福罏寺。该寺规模雄伟壮观，建筑工艺精湛，1988年被闽侯县列为重点文物保护单位。

福州马尾东岐张氏宗祠

东岐张氏宗祠位于福州市马尾区亭江镇东岐村。东岐张氏源于唐末五代之梁国公睦公，于唐中和四年（884）由河南固始县迁入福建，卜居侯官。第三世祖宗昭公辞官避迁至磕源东渎。第十五世祖以宁公于宋德祐二年（1276）迁来东岐。

东岐张氏宗祠始建于清康熙年间。甲午年(1954)与其他宗祠遭遇一样，神龛被拆，木柱由各家取走或焚毁，宗祠辟为他用。因年久失修，面临倒塌之虞，遂于1993年修缮。修缮之后宗祠蔚为壮观。1995年，因104国道拓宽，半壁宗祠被拆。为此，修祠理事会于5月召开会议，决定申请新地建祠。6月中旬拆旧祠，同时选择菜园里为宗祠新址(此地原系祖先产业)。同年10月，政府审批同意。1996年上半年，向土地所有者理赔，同年8月围界，10月垫地砌基。1997年农历四月初八全面施工，土木石工程一齐上。历经两载始竣。1999年冬十二月初一举行落成大典。

新建宗祠长34米，宽22米（旧祠仅长28米，宽16米）;马座长5米，宽22米。新祠旁另建有厨房、膳厅、仓库等设施，总面积达1200多平方米。宗祠焕然一新，美轮美奂，古色古香，雕梁画栋，肃穆庄严。

癸酉修祠，花费人民币100万元，丁丑重建新祠，又花费人民币250万元，如斯巨款，皆来自海内外宗亲慷慨解囊。其尊亲敬祖之心、光宗耀祖之义真可激励当代，垂范后生。

凤池张氏人才济济，代有英贤。有宋政和五年进士张鬵公，历任国子监、南剑州守、福建路转运判官、处州守、虔州守，升直龙图阁学士，进秘阁修撰。鬵公长子初公官授剑浦县令；次子褷公官授临川县令。后有顺治三年进士德嘉公。现代陆军少将张有禹；副处级干部张聿柯；博士张宝昆任职于联合国教科文组织；留美博士张修松；著名企业家张修秋、张贤铿等。他们爱国爱乡、热心桑梓公益事业，乃张氏族人的楷模。

张浚福州家祠

南宋名臣张浚福州家祠经三次变迁三次重建，前后历二百多年。从原有“张浚褒忠祠”，因旧城改造，被毁；代之以“张氏家祠”，又拆迁。

福州张浚后裔的被发现并能编入湖南《张氏南轩通谱》和刊出张浚祠照片，与福建省姓氏源流研究会张氏委员会张森霖的宣传介绍分不开。张森霖在《张氏源流》发表文章《福州有支张浚后裔》并牵线搭桥，湖南张浚后裔、湖南“南谱”编委会率编委于 2001 年 11 月前来福州认亲。

秋舫乃清末民初福州首户儒商，在闽沪一带开设钱庄、罐头厂、京果行等二十多家。光绪三十年从上海返闽筹办福州商会，首任总理、会长。其后裔至今还在台北、美国各地从事商务活动。秋舫为人忠孝，为了彪炳入闽始祖张浚的丰功伟绩，供奉仁、义二房先祖光淮、蓥辉两昆仲考妣神位，在福州南台吉祥山麓重造“张氏家祠”。旅居台湾的裔孙张嘉惠、张澄亦于 1984 年在台北重修《清河张氏家谱》，印发给诸房张家子弟。

新盖的张氏家祠占地 1.7 亩，三进一广场，雕梁画栋，气宇轩昂，庄严静穆。二进祠堂大厅中供奉清河张氏列宗列祖神位，两旁木壁书刻朱熹的“忠、孝、节、廉”四字，每字有二米见方大。三进洋楼房二层有魁星楼，

南宋名臣张浚福州家祠

祀文昌帝君张仲之像。

2002年拆迁后，又在闽江之滨的滨江花园内重建“南宋名臣张浚福州家祠”。新家祠保留着有近二百年历史的家祠文物，有篆刻团花的“容光堂”木桌裙；有刻有“千秋鉴”“万选钱”篆文金字横匾以及大理石桌椅、青石假山石、花盆等等。大厅中央奉有魏国公张浚、理学家张栻父子绣像，及张光淮、张蓥辉等神位。周围还悬挂有张氏家谱、世系图表、先祖传略与一百多幅照片和其他资料。

张氏家祠历经数代，三个世纪三次变迁，在城市里尚能保留，并日臻完善，难能可贵。

这支具有传奇色彩的福州清河张氏根在河南，源出四川，八百年前分流至福州。

清河张氏入闽始祖张浚，四川绵竹人，唐宰相九龄之弟九皋后代。南宋高宗绍兴五年，张浚曾官居尚书右仆射、同中书门下平章事兼知枢密使（丞相之职），都督各路兵马抗金，战绩显赫。长子张栻，号南轩先生，著名理学家，湖湘学派宗师，中年主教长沙岳麓、城南二大书院，与朱熹、吕祖谦时称“东南三贤”。父子传略均入《宋史》。其后张焯、张墀、张镗世代在朝为官。镗封南剑勤王，随文天祥御金兵于江西，一俘（叶市），一死（沙场）。镗子遗（张浚第六代孙）随父兵败入闽，寻宋帝端宗不遇，匿居永福。至观（第八世）才重返福州，复台江张浚祖业，世居之。张浚世代忠烈，为后人称颂。经考福州独具此清河张姓世系，今传二十七代。

张浚曾再度被贬来闽，由将入相，为南宋立下汗马功劳。因力主抗金，绍兴四年被奸臣朱胜非、吕颐浩毁谤，六月宿居福州。同年九月复出，任川陕宣抚处置使。五年擢丞相，九年因固琼兵叛，张浚引咎去位。秦桧寻隙陷浚重用韩（世忠）岳（飞）罪，又贬知福州兼福建省抚使。后居连州，徙永州多年，于江西饶州疾卒，奉葬衡山。讣闻于沓帝，辍视朝，赠太保，后加赠太师，谥忠献。

张浚一生忠义，今杭州岳王庙《华夏历代贤臣图》中有南宋张浚绣像。

朱熹为张浚作像曰：“忠贯日月，孝通神明，盛德源于生禀，奥学妙于心通。勋存王室，泽被生民，威镇四夷，名重永世。”

台湾金门沙美张氏宗祠

金门沙美张氏宗祠创建于明万历年间,扩建于1970年,重建于1999年,2003年奠安。宗祠地址：台湾金门县金沙镇汶沙里沙美胜利街11号。

沙美张氏源自晋江张林世家，系出清河，派号儒林，与青屿张氏同为张镜斋胤裔，沙美为六房张恭郎之后，青屿为七房张敬郎之裔，南宋末季先后来金门，聚族而居，繁衍昌大。

开基沙美之始祖为福星公、允三公、仪福公三房，连枝并茂，于今历七百余年，传二十有六世，人丁逾万，大部流播于闽台及东南亚各地，英杰辈出。

沙美自明代万历年间即建有宗祠，毁于清初之际，乾隆间复建为一落一拜亭。1958年"8·23"炮战间又毁于炮火，1970年扩建为二落格局，惜时值军管，选材不易，日久梁柱虫蚀，而于1999年拆除重建，主体悉采钢筋混凝土构筑,雕饰华丽,巍伟胜前。其间先于宗祠之南兴建三楼一栋，作为会馆，以为宗务活动之所，兼作拆建期间奉祀之所；另于宗祠正前方增建九星阁风水照墙一座。

沙美宗祠重建历三年余而成，于2003年11月举行奠安大典。

第三节
庙祠、墓园、馆第览胜

自上两节可以看出，张姓墓祠遗存数量，闽台、浙广、湖川等省远远胜过北方,这或与北人南迁、侨居怀故情结有关联。张氏庙、墓、馆遍布全国,为数浩繁，难以胜数。本节选取部分在当地影响较大的庙祠、墓园以及少数名人馆第进行介绍。

张载祠

又称张子祠，位于陕西省眉县城东26公里处的横渠镇，南靠太白山国家森林公园，北临佛教圣地法门寺，东与道教圣地楼观台相连，西与西府名胜诸葛亮庙、钓鱼台、周公庙、金台观毗邻。

张载祠是我国北宋著名思想家、哲学家、教育家、儒学领袖张载的讲学之地，陕西省人民政府1992年公布其为省级重点文物保护单位。张载祠前身为崇寿院，张载年少时曾在此读书，晚年隐居后在此兴馆设教。在他死后，人们为了纪念他，将崇寿改名为横渠书院。元代元贞元年（1295）开始在原横渠书院旧址上建张载祠。历史上张载祠修复十四次。元代泰定三年(1326),在张载祠内恢复横渠书院,成后祠前书院格局。祠因年久塌废，1990年陕西省文物局正式批准立项修复张载祠。现已完成大殿、讲学堂(两座)、山门等建筑的修复及彩绘工程。整体建筑以仿宋式为主，兼有清代建筑特色，基本恢复了张载祠的历史规模（15亩)。祠内现存清康熙帝御匾一块及横渠书院笔筒、院印、砚台等；另存有北宋以来文人墨客留下的石碑五十余幢。讲学堂内有张载及关学思想文化展，大殿内雕有张载塑像，并绘制了长达60米的巨幅壁画。尤其值得一提的是，祠内矗立的七棵千年古松饱经风霜，仍傲然屹立，成为历史的见证。清眉县举人王象贤有楹联赞曰："云树森森默想闲居气象，水田漠漠堪追往日经纶。"

张煌言墓祠

张煌言墓位于青山碧水的杭州西湖之滨，与岳飞、于谦两位英雄的墓地毗邻。在墓的左前方是一座占地2500平方米的仿明建筑，是张苍水（张煌言字苍水）祠堂。祠堂正厅有3米高的张煌言塑像，八幅壁画追述了张煌言从少年苦读到矢志复国直至英勇就义的悲壮一生。

张居正墓

在湖北省荆州市沙市西北张家台。张居正(1525—1582),明朝政治家，字叔大，号太岳，世居江陵。嘉靖进士，神宗时为相，曾下令清丈土地，推行一条鞭法，改革赋税制度，裁减冗员，加强边防，浚治河道等，均见成效。死后葬此。墓前原有石人、石马等附属文物,现存万历四十一年(1613)所立石碑一通，高3.6米，宽1.24米，上刻"明相太师太傅张文忠公之墓"。碑前还有石制香炉、烛台，再前有半月池。墓四周有土筑茔墙，高3米。墓园占地15亩，颇具规模。

“百忍堂”祠

在河南省台前县桥北张村。一千四百多年前，张公艺以忍耐、修身、齐家之本，率领一个九世同居近千人的大家族，历经多个民不聊生、战乱频繁的朝代，却人丁兴旺、团结和睦。为此，这位乡贤和这个家族受到了很多帝王的旌表。

百忍堂青砖绿瓦，油黑大门，碧草掩映，绿树环绕，古朴典雅。堂前石碑向人们诉说着一个家族千余年的故事。悬挂于厅堂墙壁上的国画、书法，弥漫着浓郁的文化气息。

张徽岳墓园

张徽岳墓坐落在湖南省安仁县城东的平背乡石陂村。始建于宋绍定六年（1233），历经八百多年风雨沧桑。墓葬依山而陵，墓穴坐西朝东，外廓为砖石结构，石灰混合土封顶，呈椭圆形，直径 3.8 米，高 0.6 米。青石碑刻张公徽岳之墓。高大坚实的围墙环绕，气势宏伟。

2001 年被安仁县列为县级文物保护单位，2003 年被郴州市列为市文保单位，并将墓地扩建为陵园。墓葬周围的青石栏杆、青石碑上均布满了刀法粗犷、刻划生动、工艺精湛的飞禽、走兽和花鸟图案。墓正上方的生平石刻庄重肃穆，正东面传统式的牌坊古朴典雅。石雕雄狮双目怒睁，傲首蹲坐两旁，威风凛凛。

陵园内松柏翠竹，枝繁叶茂，绿荫浓浓，草地四面被苍山环抱，层林叠翠，环境清幽。

据史志记载，墓主人公张徽岳（1156—1232）为汉留侯张良之裔，唐宰相张说之后，原籍江西泰和县，宋宁宗时授进士第，以精通经史、博学多才任耒阳教谕、衡州太守等，后因金兵犯京，解职留寓安仁石门石陂。张徽岳任内励精图治，刚正不阿，体恤民情，有“出淤泥而不染，濯清涟而不妖”之誉，颇受世人的敬仰。

张经祠堂

明代抗倭名将张经的祀祠位于福州市建新镇的洪塘村。张经（1492—

1555)，字廷彝，号半洲，侯官（今福州市）洪塘乡人。其人相貌魁伟，有文武之才，累仕嘉兴知县、兵部右侍郎兼总督两广军务、右都御史，至兵部尚书。为官刚正不阿，弹劾奸宦不避权贵；治理两广军务有方，为安定西南边陲多有作为，深得嘉靖皇帝的信任。

张经文韬武略，著有《半洲诗集》传世。由于张经战功显赫，清廉刚正，乡人感念其忠勇，遂将其居住地更名为"半洲街"，至今沿用，并于洪塘山下建祠追记。该祠始建于明万历二十八年（1600），清乾隆、嘉庆间屡有重修。现今祠堂仍遗留了旧时风貌，风火墙建筑形式，由祠厅、文昌阁、门廊、前后天井组成一个建筑群，占地面积592平方米。1992年11月被公布为福州市级文物保护单位，现为建新镇洪光村老人协会活动场所。其墓葬在洪山桥原厝村黄店山，1961年被列为第一批省级文物保护单位。

塔峰张氏祠堂

位于仙游县大济垅村塔兜。塔峰张氏三世祖景安公先于明永乐二年始建小祠堂；清光绪八年，裔孙宪章中举，主持扩建，增深加阔，成为四进二天井、左右厢房相连、占地二亩七分半的大祠堂。祠堂大门顶上额曰"张氏宗祠"，中大厅挂"源远流长""淇传后世"等匾额，后大厅挂有"百忍堂""梁国公""进士"（张兆鳌清乾隆癸未科）"文魁"（张皿清顺治庚子科）"亚魁"（张元禧清同治丁卯科）"武魁"（张宪章清光绪癸酉科）和"海外生辉"等七块匾额。祠堂整体宏伟壮观，世称邑城甲祠。

1954年祠堂被借用为仓库，1992年族人为缅怀先人创业艰辛，同力索回；同年秋月会集各宗亲商议重修事宜，所属各宗支积极捐资出力，特别是侨居海外裔孙张大财捐资16万元，还在通往祠堂路口建立"思源亭"一座。通过族人共同努力，工程于次年竣工，祠堂面貌焕然一新。

台湾金门青屿张氏家庙

创建于明正统五年（1440），宗祠地址为台湾金门县金沙镇官屿村青屿四十六号。全金门现有各姓氏宗祠中，论规模之宽广，要数青屿张氏家庙为最，不论是外观门面抑或是内部格局，都可说是宏伟壮观。水有源木有本，中国人对祖先的追思和对神明的崇拜，除了表现在虔诚的祭祀外，就是竭尽所能为祖先修葺宗庙，为神祇兴筑寺宇。在金门，最富丽的寺庙、最堂皇的祖厝都在金沙镇，就是官澳的广泽尊王庙和青屿张氏家庙，因而地方上流传着“官澳宫，青屿祖厝”的俗谚。

坐落在青屿自然村西北隅的张氏家庙主祀先祖宋朝张均正之神主牌位、明朝先贤张敏的木刻神像，并奉祀列世祖考妣牌位。

青屿张氏祖祠最早堂号是用“清河衍派”，至明成化十一年（1475）因张敏密养孝宗公开，宪宗除大封赠张敏家族官职外，又特御赐青屿张氏祖祠为“忠勤第”，忠勤第即成为青屿张氏堂号，沿用不辍。祖祠大门对联一直沿用“御赐忠勤第，世登科甲家”，灯号（悬挂在大厅堂上的）也用“忠勤第”，闽南各族裔亦皆沿用。

孝宗于弘治元年（1488）继大位，又大封赠张敏家族，钦赐该祖祠为“褒忠祠”，还立“褒忠坊”于祖祠东侧，立“下马碑”于祠前官道上。

青屿张氏祖祠得到孝宗敕赐“褒忠祠”后，祠的建筑物有的改为宫殿式，其最重要者是祠顶用瓦全部改用“筒瓦”，祠大门前两边“石鼓”需改雕“蟠龙浮雕”等，这也是该祖祠另一荣耀所在。

寒谷张氏宗祠

宁化寒谷张氏宗祠始建于清乾隆五十八年（1793），建筑面积为500平方米。上厅神龛祀奉大唐一世祖燕国公（谥忠烈，公张允伸字逢昌）、妣郭氏一品夫人神位，二世祖武昌太守嵩公字季文、妣罗氏老孺人神位。祠堂号“孔安绥祉”，堂内悬有匾“州司马”“文魁”“五代同堂”等，“文革”中被烧废，现已大部分重建复原。据族谱载：宗祠始祖允伸公世居范阳（今河南洛阳），唐玄宗官授幽州（今北京）节度使，累官司中省平章事兼侍中，妣郭氏夫人生五子均荫袭刺史。第五子张嵩广明间黄巢攻破洪都（今江西南昌），与史长张高扶母奔入虔州（江西宁都）；接着黄巢又攻下吉安，便带领家族三百多人避居虔州淦拦廊和坡阳（今石城县所在地）。因石城建县衙和琴江堂等，占原祖堂基地，在南唐保大十年又迁徙田庄坑居住（现寒谷村所在地）。

宗祠按一世祖允伸公在宁化县内十六个乡镇中有十四个分镇两个支祠，共有裔孙三万五千多人，此外还有迁徙江西、四川、广东、闽西、台湾、香港等地的。

张氏继承先祖优良传统，历来尊师重教，人才辈出。古代有允伸公爵封燕国公，官居中省平章事，生五子均袭刺史。恃公字用文，湘平刺史；怙公字时文，颍州刺史；珥公字孟文，常州刺史；高公字仲文，太平刺史；嵩公字季文，武昌刺史；嵩公长子郴公字少通，虔州太守。

张腾蛟字孟词，自幼聪颖好学，才华出众，14岁时他便为家乡戏台撰联："褒贬中千秋青史，点醒外一枕横梁。"横额是"善戏谑分"。22岁考进第一名举人，34岁中进士。1949年后有张新华少将等。

张元幹纪念祠

坐落于福建省永泰县祭门司嵩口，其前身是张氏宗祠，始建于清光绪二十七年（1901）。张元幹纪念祠坐北朝南，占地面积380平方米。1991年春张元幹诞辰900周年之际，此地张氏宗亲自筹资金，修复十六年前遭火灾焚毁的祠堂。纪念祠在保留原祠堂风火墙的基础上按原面积和高度仿古修建而成。

祠堂大门上方悬挂"张元幹纪念祠"蓝底金字门额，铁红大屏门上篆刻立体八个金字"整顿乾坤，廓清宇宙"，展示着张元幹精忠报国之雄心壮志。大厅正屏上方高挂入闽张氏始祖唐太师梁国公张睦画像，其下是九世孙张元幹像。两边对联为"激发睦公匡闽壮志，弘扬元幹爱国精神"。厅堂前上方悬挂宋高宗赠张元幹正议大夫充抚谕使御赐的"虽无銮驾，如朕亲行"八字金字匾。厅堂两壁是张元幹两首著名的爱国诗词《贺新郎·寄李伯纪丞相》和《送胡邦衡待制新洲》以及周恩来总理高度赞扬张元幹的光辉篇章。祠前有石狮一对，正厅左有张元幹像；右有石龟碑立，铭刻张元幹生平。

张謇墓园

位于江苏省南通市南郊，今已被辟为公园。

张謇（1853—1926），清光绪甲午恩科状元，是我国近代著名的实业家、教育家。娶两位夫人，生一子怡祖，字孝若。

张謇1926年8月24日因病在南通濠河之滨的濠南别业（今南通博物苑）

去世，享年 73 岁。10 月 29 日，南通各界举行隆重追悼大会。是日，县政府下令全境禁屠，并下旗致哀。11 月 1 日，举行出殡仪式，葬于此处。

张謇墓茔坐北朝南，方形陵台，由混凝土筑成，四周围以石雕栏杆，外围植龙柏，墓墩在陵台中央，长 3.45 米，宽 2.1 米，高 0.58 米。墓后竖立张謇全身铜像一尊，身着大衣，手持书卷，面朝狼山，立于方形底座上，底座即为墓碑，刻有铜像赞。

在张謇墓西侧，有两位夫人墓和儿媳陈石云墓。1935 年，其子张孝若在上海寓所遇刺身亡，归葬张謇墓东侧，墓碑上方是半身遗像，碑下部题写“南通张公子之墓”。

张謇墓园在“文革”中曾遭毁坏，二十世纪八十年代又重新修葺，以怀念张謇家族在实业救国和教书育人方面业绩，并辟为南郊公园，供世人瞻仰、游览。张謇墓园先后被江苏省和国家列为文物保护单位。

盘锦张氏墓园

在辽宁省盘锦市大洼县东风镇叶家村，占地面积 25 亩。张学良高祖张永贵、曾祖张发、祖父张有财、二伯父张作孚均葬于此。传说张学良祖父张有财年轻时嗜赌成癖。1888 年，张有财因输钱不给被打死，因家境贫寒，只用薄棺装殓，丘于荒碱滩上，汛期被水冲出四里左右。张有财之子张作霖与堂弟张作福用绳将棺顺水往回拽到水浅之地，因无力再葬，就回家找人，准备重新安葬。待找人来时发现水已落，棺材深入泥土，于是就地培土成坟。

1912 年张作孚在镇安任预警总长，在讨匪中阵亡。张作霖将其运回老家东风镇安葬。经风水先生察看，认为张有财之墓处在“龙脉”上，所葬之处正为“龙脊”，定主后人富贵，所以将张作孚亦葬于“龙脊”上，并在墓四周建围墙。此后，张作霖飞黄腾达，官至中华民国海陆大元帅。九一八事变后，墓园被日本人所毁。中华人民共和国成立后，东风镇政府先后两次共投资三百万元，重新修建围墙、门楼等设施。门楼上“张氏墓园”四字为张学良亲笔题写。

张氏帅府

是"大帅府""少帅府"的合称，是奉系军阀张作霖及其子张学良将军的官邸和寓所，位于沈阳市沈河区朝阳街少帅府巷48号。建于1914—1939年。这是一座由青砖素面墙围廊的中西混合建筑群，墙高3米余，四角归方。从建筑时间和使用上帅府可分为两部分，即以现存院内青砖墙为界，分东、西两院。东院是帅府的早期建筑，包括四合院、小青楼、大青楼、关帝庙，还有东土墙外的赵四小姐楼；西院是后期建筑，共有砖混楼房六座。四合院建于1914年至1918年，是帅府的早期建筑。群体建筑中心位居中轴，坐北朝南，呈长方形，南北长、东西窄，三进院落，全院共有房屋六十余间。主要建筑都是石雕柱础转角石刻，墙基镶嵌浮雕石板，墙顶镶嵌砖雕饰件，门前踏步垂带，挂梅栏板精湛雕刻，额枋檐檩廊柱及门窗油饰彩画独具风格。从南起有起脊挑檐正南门，门外有砖雕"寿"字影壁。从前门入内便是第一进院，前有门房七间，中为过道门，东为传达室，西为电话室，两侧为卫士房。东西厢房分别为内账房、大厨房、承启处、餐厅、电工室。通过仪门（垂花门）上二进院有正房七间，中开过门。东西厢房各有五间，是张作霖属下八大处处理公务之地。正房东间是卧室、客厅，西间是书记、仓库。东厢房北为内收发，南是秘书长室。西厢房是一般秘书办公室。第三进院是张作霖的夫人、姨太、小姐等人的居室。正房当中靠北是祖先堂，东、西、南辟三门通往东西屋和院内。东西厢房各五间对称，东为会客室，西是办公室。三进院都各有东西便门与院外相通。

张静江故居

国民党四大元老之一张静江故居位于江南名镇——浙江湖州南浔镇东大街，系其父张宝善于1898年所建。故居大厅内有清末名人张謇的匾额"尊德堂"，中堂之画系谢公展的手指画佳作。两侧是孙中山题写的一副对联：“满堂花醉三千客，一剑霜寒四十州。”抱柱联为翁同龢所题：“世上几百年旧家无非积德，天下第一件好事还是读书。”二厅、三厅里陈列着张静江生平事迹的各种照片、书札、任命状等文物及孙中山、宋庆龄、何香凝、于右任、陈布雷、蒋介石等名人手札；有"尊德堂"家庭合影和朱逸民、陈洁如的生活照；还有其女婿陈友仁致张静江的手札和张静江子女的照片、张家的账本、寿礼簿、全福帖等等。还陈列着明代著名书法家董其昌手书的晋“竹林七贤”之一的刘伶“酒德颂”板屏六块，系用银杏木镌刻，是珍贵文物。

故居建筑为典型的江南洪门豪宅风格。厅堂两座门雕，雕刻精细，门楣分别为“有容乃大”和“世守两铭”，均为南浔近代实业家兼收藏家周梦坡所书。

张大千纪念馆

著名的国画大师张大千纪念馆位于四川省内江市东兴区东桐路圆顶山，西林寺西侧，南临沱江，与市中区仅一江之隔，为纪念这位1899年生于内江的当代第一画家而修建。纪念馆占地21.46亩，主体建筑有大风堂、画苑，配有长廊、亭、榭、水池、花园、山石等，采用三合院、四合院几重进院落式布局，独具民族民居建筑风格。馆内收藏并展出大千先生各个时期的艺术作品，介绍了国画大师一生的艺术成就和艺术生涯。馆内园林布局精巧、环境幽静，是内江市区内风景秀丽的名胜。

张自忠将军陵园

在重庆市北碚区西南缙云山麓，距北碚城区2公里处的梅花山。梅花山原名雨石山，1940年抗日将领张自忠上将阵亡，移尸安葬在这里。陵园内林木苍翠，绿草如茵，青石蓝瓦，肃穆庄严。其墓占地3267平方米，墓高2.64米，周长21米，坐南朝北，用石镶边，青石砌拱封顶，形成半封闭的半圆弧形状。墓前有冯玉祥亲题隶书“张上将自忠之墓”墓碑。蒋介石题写的“英烈千秋”四字也刻碑立在墓前公路边，后来被损毁。

张公祠

位于湖北南漳县武安镇北约200米处，总占地面积约24.7公顷。建筑设计颇具匠心，由各式建筑组成“自忠”二字，计有“张公祠”门楼，蒋中正和冯玉祥分别题写的“气壮山河”“万古不朽”两通大石刻，“演讲厅”、“自忠亭”、“进德亭”、“修业亭”、莲花池和正殿“自忠堂”及两侧偏殿“烈士祠”等。自忠堂内设有高大的张自忠青石刻遗像，全身戎装，胸佩绶带，腰挂指挥刀，脚穿深筒皮靴，威武雄壮。像下刻有张自忠的亲笔遗书，其精忠报国、视死如归的英雄气概读之令人感动。烈士祠内设有与张将军同殉国难的四百余名烈士名碑，四壁挂民国高级官员李宗仁、孙科、李济深等人为张自忠题写的词匾。亭、堂周围小道曲回，绿茵铺地，杨柳蔽日。“自忠堂”后数十米为张将军衣冠冢，繁花簇拥，芳草萋萋。冢前竖立着冯玉祥题写的“张上将自忠之衣冠冢”碑。

张自忠将军纪念馆

位于湖北省宜城市烈士陵园内。纪念馆兴建于1990年9月，占地10200平方米。旌坊式大门面临207国道。该陵园分左右两馆。全国政协副主席王任重生前为两馆题写馆名。左馆是1940年为抗击日本帝国主义而英勇牺牲的原国民党三十三集团军总司令兼五十九军军长张自忠将军纪念馆事迹陈列室，院内正中起矗立一尊汉白玉石雕张上将军半身戎装像。大门两侧勒石“尽忠报国”“英烈千秋”，是毛泽东、蒋中正当年为张自忠殉国留下的墨宝。

在湖北省宜城市与襄阳市之间的长山之巅建有张自忠纪念碑，高1.7米，上书“张上将自忠殉国处”。此外，为纪念张自忠将军，在北京、天津、汉口、徐州、济南、上海等城市均建有以张自忠命名的道路。

第四节
清河“华夏张氏祖庭”

缘起

20世纪90年代中后期，海外张氏宗亲代表团纷纷来清河寻根问祖，引起当时清河县委、县政府的高度重视，县委、县政府决定由县政协牵头，成立“清河县张氏研究会”，研究张姓起源及其历史文化，并与海外寻根团搞好对接。

2004年3月，依据明代永乐《清河家乘》序言记载：“周末时，讳晃公，字琬采，仕齐国为呈侯；妣齐氏，同葬一穴。生三子，长僎字殿邦；次仪；

三有容，仕齐袭父爵。仪仕秦为相。策、鲂公当时，坟茔诸处，立庙清河。”据该谱另则记载：“限次年清明，要赶立祠，分班祭祀，方知代数昭穆辈，祠塚在河南地方，先年是系齐国县郡，即是清河，遂于此郡定祠，立为后裔传芳。”清河在战国时期，先属齐，后属赵。因为清河自战国时期即有张氏建墓立祠记载，所以规划了张氏祖祠、祖墓建设。2004 年 3 月开始复建成张氏祖墓，并在周围种植 20 亩侧柏林。

2006 年 11 月末召开的新加坡世张恳亲大会上，确定清河于 2009 年举办“世界张氏总会第四届恳亲大会”。春节前后，海内外张氏宗亲期望清河建设大祠堂的呼声很高，清河即时响应，准备加大投资力度。此际，世界张氏总会组织控股公司与清河签署投资二千余万元的协议，用于建设“华夏张氏祖庭”，并交由上海同济大学规划设计。

现在矗立于清河县城西的华夏张氏祖庭，2009 年 5 月完成第一期工程——挥公堂、两个南门阙和部分功德碑柱石以及添加建设的入口处石牌坊，以迎接 2009 年 5 月 28 日“世张总会第四届恳亲大会”在清河召开。第二期工程始建于 2014 年 4 月，包括两个北门阙和三面碑廊，并且加盖了可容纳四千人的世张会展中心（临时聚餐可容纳三千人），于 2015 年 5 月完工，以迎接 2015 年 5 月 28 日“世张总会第七届恳亲大会”在清河召开。

下面介绍华夏张氏祖庭设计理念、布局及其风格。

构思

祖庭以“挥公堂”作为“华夏张氏祖庭”的主要建筑形象。“挥公堂”的设计构思把张氏五千年历史进行充分展示，而非像国内其他历史纪念建筑那样，只是对两千年来的建筑风格进行模仿，摒弃了仿古大屋顶的常见做法，而是以黄河流域原始社会的酋长金字塔状建筑为原型，又以上古“明堂”的“亚”字形布局为基础，再配以独特的张氏柱石碑林，形成古朴、宏大、庄严、神圣的历史场景和纪念性效果。

华夏张氏祖庭

布局

祖庭演绎上古祭祖建筑的“品”字形古风，为 300 米 ×200 米南北纵向伸展的序列空间，由北面的200米 ×200米大庭和南面两个100米 ×100米的小庭组成“品”字形。南为柱石碑林，南侧入口为古风双阙，大庭北侧有北阙。祖庭四角有望楼。祖庭整体布局气势恢宏、古朴庄重、秩序井然,将远逝的历史记忆与晚近的现代感完美结合,体现了“古韵新风”的寓意。

风格

挥公堂：平面呈边长72米的“亚”字形，中央为边长36米的巨型台体，取天罡、地煞之数。四面各有18米的厅堂，入口各有七根巨柱的门廊，偶数开间，为上古祭祀建筑特征。方台上部开一圈侧向采光天窗，光线从四面撒向堂中央挥公巨型雕像，祭祀气氛浓烈；采光天窗上部为金字形塔顶；“亚”字形享堂平面四角耸立，构成钟鼓亭。

柱石碑林：两个小庭各有四十九根张氏石柱，取《易》“大衍之数五十，其用四九”。柱径1.5米、高4.5米，转角抹成圆弧状，四个平面上刻张氏祖先的史迹或作功德柱石。瞻仰者均可在这两个谱石柱阵中找到属于自己祖先的那根柱子，也可在谱石柱上续写本门谱牒。

阙与望楼：均为古风厚重的矩形合体，为井干式结构，上置平屋顶，为远古堡台的建筑意象。

碑廊：在大庭的周边设碑廊，造型与主体建筑的方台型相呼应，为三角体长廊空间，有多个入口，每个入口设中柱或都柱，为远古祭祀建筑的典型特征。

其他：水体，指“挥公堂”四周环水，象征远古明堂四周的濠堑。绿化，享堂与碑廊间种植低矮灌木及成片绿地；柱阵两侧种植成排松树或银杏。铺地，以青石、花岗岩相间铺设，主轴线上步道采用“弓”形拼镶图案，寓意张姓来源。

第五节
濮阳“挥公陵园”

1993年春，濮阳县人民政府根据广大人民群众的意愿和海内外张姓华人寻根谒祖的需要，采取政府组织、民众自愿捐资的办法，修建了挥公墓，并在此基础上逐步建成了挥公园。公园占地一千余亩，分挥公园区和省级千亩森林公园区两部分，挥公园区是主要的祭祀场地，占地约百亩。

挥公陵墓位于整个挥公园中央，坐北向南；位于陵墓前方的是挥公碑，碑文记载了挥公的身世和张姓的由来。

最北面是挥公大殿，也叫“弓殿”，建成于 2005 年。

弓殿设计方案是由濮阳张姓研究会会长张广恩和张满飚两位先生提议的。弓殿的设计在国内建筑界堪称经典，因为无论从正面看还是从空中看都成弓形，弓背向西北方向倾斜。弓殿造型象征挥公当年制造的大弓，也象征天上的弧星；弓背中心向西北方向倾斜，象征着弓射天狼；主体建筑高 20.05 米，象征着 2005 年建成，也象征着 2005 年在这里举行的世界张氏总会第二届恳亲大会；众多柱子象征着张姓的众多后裔分支。

中华张姓始祖挥公雕像用上乘花岗岩雕塑，基座高 5.15 米，像高 3.3 米。雕像手持弯弓，身挎利箭，目视前方，威武雄壮，再现了挥公的高大形象。基座周围是四幅线刻图案，生动描绘了挥公的巨大功绩和张氏得姓经过。

殿内东侧为“始制弓矢图”，描绘了挥公夜观弧星、剡木削竹、始制弓矢的经过，再现了挥公观弧星制弓矢的情景。

北面是“射猎鸟兽”图，再现了人们用弓箭狩猎胜利归来的情景。

西侧是“迎战共工”图。据史书记载：共工与颛顼争帝位，多次侵犯颛顼部族。挥公发明弓箭之后，把弓箭用于战争，大大提高了颛顼部族的战斗力。在挥公的带领下，终于打败了共工，使共工怒触不周山而死，从而使颛顼帝统治的疆域空前扩大。

南面是“颛顼赐姓”图。由于挥公发明了弓箭，为颛顼部族立下了巨大功勋，所以，颛顼帝封其为“弓正”或称“弓长”，并赐姓张。自此才有了张姓。

为大力弘扬中华优秀传统文化，园内树立了“专家学者题词碑林”，其中有世界张氏总会会长张晓卿先生的题词。张晓卿先生是一位非常热爱家乡的人物，是马来西亚丹斯里拿督，也是马来西亚的首富，他 1998 年首次来濮阳寻根谒祖时捐款十万元人民币，用于挥公园的建设。

第八章 张姓历史人物

在中国历史的长河中，张姓历史人物可以说灿若繁星。正史所列张姓人物就达一千二百人左右。《中国名人大辞典》也录张姓名人千人之多。张姓人物代不乏人，声名显赫，既有辅国名臣、护国将才，又有文化名家、济世英才，还有许多宰相和文武状元。其中，张姓历代宰相（据不完全统计）有七十人之多，文武状元也有几十人。这些张姓人物的显赫事迹和璀璨光环辉耀古今，也令张姓后人为之骄傲。以下试分别简述。

第一节 辅国名臣

张仪（？—前310） 战国时策士，纵横家代表，魏国贵族后代。相传他曾和洛阳人苏秦同向鬼谷子学习纵横之术。学成后开始游说诸侯，首先去楚国游说。有一天，他与楚相国一起饮酒。楚相国丢失一块玉璧，怀疑是张仪所偷，将张仪拷打审问。张仪妻子心痛地说："唉！要不去游说，怎会受这侮辱呢？"张仪却不后悔，反问道："你看我舌头还在否？"妻子答："还在。"张仪说："这就够了。"

秦惠王九年（前329），张仪离楚，入秦都咸阳，采用连横策略，使秦占有河西、上郡及河东、河南部分地域，次年被任为相。十三年（前325）辅助惠王称王。惠王更元二年（前323），他与齐、楚大臣会于齧桑（今江苏沛县西南）。次年，魏接受连横策略，以他为相，逐走惠施。后三年，魏改用合纵策略，以公孙衍为相，他回秦国。曾入楚见怀王，以割地六百里空言为饵，劝楚亲秦绝齐。由于采用他的连横策略，秦取得"拔三川之地，西并巴蜀、北收上郡、南取汉中"的成果（《史记·李斯列传》），因功封武信君。秦武王即位，他入魏为相，一年后卒于任。《汉书·艺文志》云纵横家有《张子》十篇，今佚。

张良

张良（？—前186） 汉初城父（今河南郏县东）人，字子房。祖与父相继为韩国韩昭侯、宣惠王等五世韩王之相国。秦灭韩后，家族受到清洗，他怀报国复韩之志，尽倾家资，结交刺客。值秦始皇东游，张良以铁椎击其座车，因误中副车而刺秦未成。他隐姓埋名逃亡下邳（今江苏睢宁西北）。

逃亡时得遇黄石公，几忍黄石公"脱履之戏"，而得《太公兵法》，日夜诵读，终成深明韬略、足智多谋、文武兼备之才。

张良

由于秦朝苛法暴政，对人民实行残酷统治，民众纷起反抗。公元前209年，爆发了陈胜、吴广领导的农民起义。张良以为灭秦复韩时机已到，遂聚众百余，响应陈胜起义，并在陈留与刘邦相会，被刘邦拜为厩将。

张良在刘邦营中多以《太公兵法》参谋军机，刘邦常采用其计并屡获胜利。在随刘邦攻秦西进过程中，张良建议刘邦先攻占宛城（今河南南阳），后用计攻取峣关，并先项羽攻占咸阳。刘邦被秦宫富丽堂皇的建筑、姿色无比的美女所惑，意留宿秦宫，以享天乐。张良审时度势，建议刘邦退兵霸上，封官安民，约法三章。此举既赢得了民心，又避免了与项羽过早交战，为楚汉战争的最后胜利奠定了基础。

灭秦后，项羽率军四十万欲灭刘邦，项伯通知好友张良以图良策。张良献计并陪刘邦到鸿门卑辞言好。随后，项羽自称楚王，分封天下，刘邦被封为汉王，领巴蜀汉中之地。刘邦不满，在张良的劝说下未与项羽决裂，西走汉中，烧毁栈道，以示不再东还之心。公元前 206 年，刘邦令韩信引兵陈仓，从汉中攻入关中，开始了历时四年的楚汉战争。

公元前 203 年，项羽见败局已定，提出与汉东西分治，互不侵犯。刘邦意欲接受，张良提醒刘邦，此时若不灭楚，无异放虎归山，将贻患无穷，建议刘邦宜追穷寇，趁势灭楚，一统天下。刘邦纳其言，围歼项羽于垓下，取得了楚汉战争的决定性胜利。

汉王朝建立后，刘邦论功行封，但未封与己有隙之人。张良急谏刘邦兼封仇隙，以安民心、固政权。降臣皆欢。张良还力陈建都洛阳之弊、关中之利。刘邦言听计从，定都关中。后又献计避免太子易立之事，使太子终得嗣位，保证了汉家天下的稳定。刘邦盛赞他助其成就霸业的卓著功勋，要他在富庶的齐国选择三万户作食邑。但是，张良居功不自傲，请求以第一次遇见刘邦的留地作为自己的食邑，因此被封为留侯。

张良反秦扶汉，倾尽心血，“运筹帷幄，决胜千里”，为建立四百年汉朝基业做出卓越贡献，为汉初三杰（萧何、张良、韩信）之一，令后世恒久怀念。

张骞（？—前 114） 西汉时开通西域的使臣，汉中成固（今陕西成固县）人，早期经历不详。建元二年（前 139）汉武帝即位，对匈奴冒顿单于不断侵占汉朝领土的行为予以反击。张骞奉武帝之命，率领百多随从，欲与匈奴宿敌大月氏联系夹击匈奴。穿越河西走廊时，遇匈奴骑兵，寡不敌众，全体被俘，被匈奴扣留十一年后终得脱逃，几经周折，于元朔三年（前 126）返抵长安。这是张骞第一次出使西域，共历时十三年，回来时仅剩他与甘父二人，足见路途之艰险。他就其见闻向武帝报告，为后世留下了研究当时西域地理、历史的珍贵资料。武帝任命他为太中大夫。元朔六年（前 123），他以校尉从大将军卫青出击漠北，因向导有功，被封为博望侯。元狩元年（前 122），奉命在犍为郡（今四川宜宾）主持探辟由西南通往西域路线的活动，虽未达目的，但对西南的开发有很大贡献。元狩四年（前 119），武帝派他第二次出使西域。他率领三百人使团，带着丰厚礼物，到达乌孙国（在今新疆伊犁河和伊塞克湖一带），其后派遣多人出使大宛、康居、大月氏、大夏、安息、身毒等国，四年后返回长安。虽未达到与乌孙国结盟共击匈奴的目的，但汉朝与西域多数国家建立了友好关系。自此，汉朝同各国的使节、商团往来不绝，经济文化交流日益发展，开通了“丝绸之路”西北通道。张骞虽然职位不高，但对西汉经济发展贡献巨大，堪比国之栋梁。武帝任命他为大行，位列九卿。

张华（232—300） 字茂先，西晋名宦、文学家。范阳方城（今河北固安县）人。

张华少孤贫，曾以牧羊为生。在西晋太康年间，尚未发迹的张华以《鹪鹩赋》而名冠晋赋文坛，得以结交名士卢钦、刘放等。当时，刘放是朝廷重臣，非常赏识张华的才能，并将女儿嫁其为妻，提高了他在社会上的地位。自此，张华步入仕途，曾任黄门甲侍郎，封关内侯。

泰始七年（271），张华拜相，任中书令加散骑侍郎。时武帝与羊祜谋划伐吴，群臣多有异议。张华力排众议，竭力支持并参与制定灭吴大计。灭吴大业完成后，张华居功至伟，备受武帝称许。张华也因此遭朝中大臣嫉恨，一些人处心积虑地算计他，欲除之而后快。张华因深受儒家忠于职守的思想影响，凡事皆以国家社稷为重，性格耿介且敢于谏诤，所言终不讨武帝欢心，于咸宁五年（279）终被罢相。

武帝崩，惠帝即位。张华被擢为太子少傅。当时政治上的实权掌握在贾后手中，张华便成为辅佐贾后的功臣，后迁司空。元康元年（291），再次拜相。拜相后，张华在位六年，恪守本分，忠于王室。他虽然公正耿直，但无法在混乱的时局中全身而退。“八王之乱”时难逃杀身之祸，被赵王司马伦所害。太安二年（303），惠帝为其昭雪平反，复原职名，追封广武侯。

张华兴趣广泛，天文地理、政治历史无所不涉，所著《博物志》内容包罗万象，既记“怪力乱神”之事，又记“草木鱼虫鸟兽之名”，保存了不少古代的神话材料。《晋书·张华传》称其“学业优博，辞藻温丽，朗赡多通，图纬方技之书，莫不详览”。《隋书·经籍志》录《张华集》十卷，已佚。明张溥《汉魏六朝百三家集》辑存《张茂先集》。

张文瓘（605—678） 贝州武城人（今河北清河县北部），张彝将军第五代孙。十三四岁时，北方暴发农民起义，先是张金称攻占清河，后是窦建德攻陷清河郡城，因此张文瓘举家迁居魏郡南乐。

张文瓘虽经战乱流离之苦，但手不释卷，并未荒废学业。唐初大治后，通过明经科考，他被补并州参军，步入仕途。后屡屡升迁，从水部员外郎到东台侍郎，从参知政事又到大理寺卿。

他曾劝说高宗：“人力不可不惜，百姓不可不养；养之逸则富以康，使之劳则怨以叛……殷鉴不远，近在隋朝。臣愿稍安抚之，无使生怨。”高宗纳其谏并给予重赏。

他管理刑狱，力除积案疑案，使冤者得昭雪、罪者无怨言，人称执法公平而宽恕，有“青天”之誉。

后张文瓘被任命为侍中兼太子宾客。高宗李治特别倚重张文瓘，朝中大事都托付于他。

张文瓘暮年重病卧床之时，听说大唐的附属国新罗（今朝鲜）和吐蕃（今西藏）叛离朝廷，高宗欲发兵征讨，遂不顾个人安危，带病乘车请奏：“此为吐蕃犯边，兵屯寇境，新罗虽未即顺，师不内侵。若东西俱事征讨，臣恐百姓不堪其弊。”请求息兵修德，以安边夷和百姓。高宗从之，东西边境免除了刀兵之灾，人民也免除了兵役之苦。

张文瓘卒，赠幽州都督，谥号懿。以他效忠有功，朝廷特下诏陪葬恭陵。这是封建皇帝对臣子的最高待遇。

张文瓘的侄子张锡在武后、韦后时期也两度出任宰相。“清河世泽，唐相家声”即源于此。

张说（667—730） 字道济，一字说之。河南洛阳人，先世为范阳人，世居河东。武则天时应诏对策，得乙等，授太子校书。曾预修《三教珠英》，迁凤阁舍人。中宗时任黄门侍郎等职。睿宗时任宰相，劝睿宗以太子隆基（玄宗）监国。开元初为中书令，封燕国公。一度出为外官。因被姚崇诬免相，贬为相州刺史。历任河北道、岳州、荆州、幽州等地方长官。开元九年（720），以军功再次拜相，任兵部尚书同中书门下三品，后改中书令加集贤院学士。在位五年，整顿军备，与吐蕃和好，裁减冗弱之兵二十万还农，多有政绩，且善作诗，深得玄宗宠幸，当朝大臣无人可比。

开元十一年（722），兼中书令，又为修书使，知丽正书院事。因善文辞，朝廷文件多出其手，与许国公苏颋并称“燕许大手笔”。十四年，为李林甫等奏弹罢相。开元十八年（730）卒于尚书右丞相任上，赠太师，谥号文贞。著有《张燕公集》。

张九龄（678—740） 字子寿，号曲江。广东韶关人。出身于官宦世家，天资聪敏，以“神童”广为人知。神功元年（697）中进士，授秘书省校书郎。

开元十年（721）调任司勋员外郎；开元十八年（729）拜秘书省监，集贤院学士，副知院事；开元二十一年（732）加封同中书门下平章事，升任宰相。

张九龄为官时一心想着国家和百姓。他建议在河南屯田，引水种稻，主动兼做河南稻田使。他曾上书唐玄宗李隆基，主张重视地方官人选，纠正重内轻外风气；选官应重贤能，不循资历。当唐朝处在全盛时期，玄宗心生懈怠，只想好好享受清福。而张九龄细心发现隐伏的种种社会危机，遂针对社会弊端，提出以“王道”替代“霸道”的为政之道，强调保民育人，反对穷兵黩武；主张省刑罚，薄征税，扶持农桑；坚持革新吏治，选贤择能，任德才兼备之士为地方官吏。他的施政方针缓解了社会矛盾，对巩固中央集权、维护“开元盛世”起了重要作用，因而被后世誉为“开元之世清贞宰相”的三杰之一。但玄宗晚年听信李林甫谗言，将张九龄罢相。

开元二十八年（739），张九龄病逝于韶州曲江私邸，葬于今韶关市武江区。唐德宗时曾派使臣到韶州祭祀，并下诏赠司徒。

张居正（1526—1582） 字叔大，号太岳。江陵（今湖北江陵）人。明代后期政治家、改革家。自幼聪明好学，16岁考取举人，22岁中进士，历任礼部尚书兼武英殿大学士等职。明神宗时任内阁首辅，前后当政十年，全面推行改革，加强内阁集权，立法考核官吏，重用才臣，裁汰冗员，提高朝廷办事效率。调抗倭名将谭纶、戚继光主持蓟州（今天津蓟县）防务，在边防开屯田整器械陈兵马，以防外敌入侵，同时与蒙古鞑靼部首领俺答汗和好，实行通贡互市，发展民间贸易，开创蒙汉友好往来新局。万历六

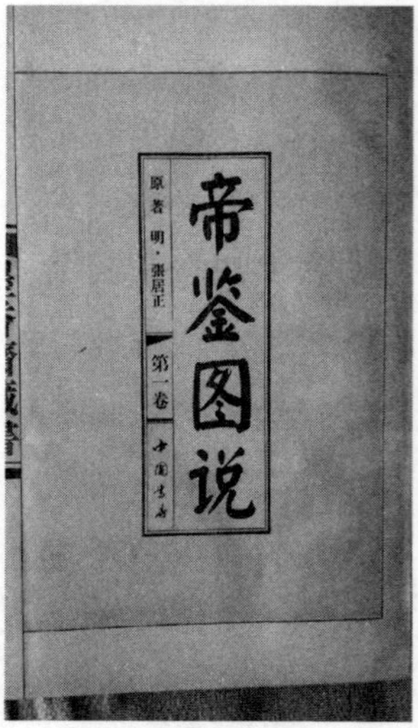

帝鉴图说

年（1578），他下令用三年时间清查全国土地和户口，打击豪强对土地的兼并和对赋税的逃避，使朝廷财政困难有所缓解。四年后，他改革赋税制度，实行“一条鞭法”，把各税合并为一，按亩征银，是中国封建社会赋役制度一次重大改革。他通过治理黄淮、增筑堤防、疏通河道等一系列有利于社会与经济发展的措施，使朝政为之一新。死后被诬，遭削籍抄没，子弟戍边。明熹宗时复官爵。著有《张文忠公全集》《书经直解》《张太岳杂著》《帝鉴图说》等。故后，谥号“文忠”，葬于湖北沙市西北张家台，有墓碑，碑文：“明相太师太傅张文忠公之墓。”

张廷玉 （1672—1755），字衡臣，号研斋。安徽桐城人。

康熙三十九年（1700）中进士，授翰林院庶吉士。四十二年授翰林院检讨。同年任《亲征平定朔北方略》纂修官。次年四月侍职南书房，五月任《御选物诗》《佩文韵府》二书纂修官，十二月任日讲起居注。康熙四十四年以后多次随从康熙南巡视察河工、出宫避暑及巡行蒙古诸部落等，相伴康熙左右。康熙五十一年授司经局洗马，掌管局事兼翰林院修撰。康熙五十五年授内阁学士兼礼部侍郎。康熙五十八年受命领修《骈字类编》，历七年而书成。

康熙五十九年五月，张廷玉授刑部左侍郎，仍兼内阁批本。任上“殚心竭力，务求平允，不敢一事疏忽”。因处理山东盐贩劫夺案得当，深得康熙满意，第二年即调任吏部左侍郎，兼翰林院学士。

雍正即位，张廷玉受命协同掌院学士阿克敦、励廷仪办理翰林院文章之事。十二月升礼部尚书，充《世祖仁皇帝实录》副总裁官。雍正四年（1726），擢内阁大学士，仍兼户部尚书、翰林院掌院学士事务。吏部奏请其为文渊阁大学士兼户部尚书。是年三月，充《圣祖仁皇帝实录》总裁官。五年十月，晋文华殿大学士。六年三月，晋保和殿大学士。七年加少保。雍正八年，西北用兵，雍正命设军机房，以怡亲王允祥、张廷玉和大学士蒋廷锡领其事，后改称办理军机处。

乾隆元年（1736），张廷玉奉命为皇子师。乾隆皇帝亲谒景陵，张廷玉留京总理事务。自此，乾隆每次巡幸，总是留张廷玉总理事务。二年十一月，辞总理事务，晋爵三等。乾隆四年五月，加太保。

乾隆二十年（1755）三月二十日卒，享年84岁，葬于龙眠山。乾隆诏其仍配享太庙，谥“文和”。清代汉族大臣配享太庙者仅张廷玉一人。

张廷玉居官五十年，历三帝，掌词林二十七年，主揆席二十四年，参与军国大政难于数计，无声色玩好之嗜，性情淡泊。著有《传经党集》《焚余集》《澄怀园诗选》《澄怀园载赓集》《澄怀园文存》《澄怀园语》《澄怀主人自订年谱》等，另有疏稿等若干卷。

张之洞（1837—1909） 字孝达，号香涛，晚号抱冰。清末直隶南皮（今属河北）人。同治进士。历任翰林院侍讲学士、内阁学士、四川学政等职。中法战争时，由山西巡抚升两广总督，支持福建、台湾、云南等地的抗法斗争，援助刘永福的黑旗军，起用老将冯子材，在广西边境击败法军。光绪十五年（1889）调任湖广总督，开办汉阳铁厂和湖北枪炮厂，设织布、纺纱、缫丝、制麻四局，创办两湖书院，筹办芦汉铁路。中日甲午战争时，代刘坤一为两江总督，上疏力阻和议，要求变通陈法。又巡阅江防，购新式大炮，筑西式炮台，练江南自强军，设武备、农工商、铁路、方言、军医诸学堂，筹款造船。光绪二十一年列名北京强学会和上海强学会。北京强学会遭查禁后，他下令查禁上海强学会及《强学报》。二十四年，撰《劝学篇》，主张“旧学为体、新学为用”，以维护封建伦理纲常。义和团运动时，力主镇压，在帝国主义策划下，与刘坤一倡“东南互保”，镇压两湖反洋教运动和唐才常自立军起事。二十七年，又与刘坤一连上三疏请变法，其疏被称为“江楚三折”，清廷多有采用。旋晋协办大学士，擢体仁阁大学士，授军机大臣兼管学部。对清末教育的兴革多有主张。后督办粤汉铁路，充实录馆总裁官。他是近代具有爱国主义思想的官员，为近代工商业和教育事业作出了显著贡献。人们为纪念他，将湖北武昌的一条街道命名为“张之洞路”。其著作《张文襄公全集》至今仍流传于世。

第二节
护国将才

张安世（？—前62） 字子孺。西汉杜陵（今陕西西安东南）人。张汤子。昭帝时任右将军、光禄勋，封富平侯。昭帝死，与大将军霍光迎立昌邑王刘贺为帝。旋废贺，定策立宣帝，为大司马。他拥有家僮七百人，使从事手工业生产，家财富厚，超过霍光。

张奂（104—181） 字然明。东汉敦煌渊泉（今甘肃安西东）人。少学《欧阳尚书》，有志操，尝言“大丈夫处世，当为国家立功边境”。桓帝时，累官安定属国都尉、使匈奴中郎将、度辽将军，屡立边功，不愿受赏，唯求移家弘农华阴。灵帝建宁元年（168），窦武、陈蕃谋诛宦官事泄，他受伪诏率禁兵讨武，事后悔恨，因得罪宦官，被禁锢归乡里，闭门撰《尚书记难》三十余万言，今佚。

张飞

张飞（？—221） 字翼德，一作益德，涿郡（今河北涿州）人。因其勇猛，人称“万人敌”。张飞自幼习武，性情豪爽，疾恶如仇，后结识刘备、关羽，三人志趣相投，成为生死之交，留下桃园结义的美谈。

东汉末年，农民起义，军阀混战，天下大乱。张飞、关羽和诸葛亮等豪杰共辅刘备以图恢复汉室。他一生随刘备驰骋疆场，身经百战，取益州、占江州、义释巴郡太守严颜、督军巴西、智取张郃，屡立战功。更有长坂坡一声吼，吓死敌军数人，喝退曹兵数万，留下千古美谈。助刘备形成与曹魏、孙吴三足鼎立之势，为建立和巩固蜀汉政权立下赫赫战功。

张飞一生历任蜀汉宜都太守、征虏将军、右将军、车骑将军、领司隶校尉等职。先后被封为新亭侯、西乡侯。章武元年（221），随刘备攻吴时被部将杀害，刘备追赠其为桓侯。

张飞去世后，人们在江南云阳飞凤山麓建庙以示纪念，此庙迄今已有一千七百多年历史，现为国家重点文物保护单位。张飞故里涿州在隋唐时期建有“三义祠”，以祭祀刘关张，现存张飞庙。

张辽（169—222） 字文远。并州雁门马邑（今山西朔县）人。三国时智勇双全的军旅奇才。

张辽本是聂姓后代，早在东汉末年，其先人聂台因躲避仇人追杀而隐居雁门马邑，并改张姓。

张辽年轻时擅长骑术，勇力过人，颇得张姓勇武之气。先在并州刺史丁源手下任兵曹从事，后归曹操，深得曹操器重，被任命为中郎将，封关内侯。张辽为报曹操知遇之恩，随曹征战一生，每战必奋勇拼杀，多立战功。有一次，张辽和夏侯渊统兵攻打叛将昌豨，在久攻不克的情况下，有人主张撤兵，而张辽审时度势，约昌豨会面，说服昌豨投降曹操。曹操十分赞赏。

建安十二年（207），张辽随曹操进军柳城（今辽宁朝阳南）。在一次遭遇战中，面对数倍于己的乌桓骑兵，曹营不少将士不敢决战，唯有张辽镇定自若，力劝曹操决战。他率一队人马奋勇杀入敌阵，力斩敌将蹋顿，使乌桓兵纷纷投降。

建安二十年（215），孙权率十万大军围攻合肥。驻守合肥的张辽、乐进、李典率七千人守城。曹操发密函至合肥，众将不解其意，唯有张辽悟出曹操用意。他征募八百将士组成敢死队。第二天一早，张辽一马当先率众冲入敌阵，斩杀对方两员大将，并大呼自己的名字杀向孙权指挥所，同吴军力战至中午，杀死吴将无数，力挫吴军士气。曹军士气大振，修筑工事，力抵吴军。孙权围攻合肥十余日无果，率步骑偷袭曹营又遭失败。曹操对张辽以少胜多、智勇退敌、力保合肥不失的壮举十分赞赏，拜张辽为东征将军。后来张辽又多立战功，被封为晋阳侯。

曹操去世，曹丕即位后仍十分器重张辽，封其为都乡侯，授其母舆车，并下令张母所到军营，诸将士都要跪拜。张辽对曹氏父子十分感激。黄初三年（222），张辽带病随曹丕远征东吴，打败东吴大将吕范，这也是他最后一次立功。不久病情加重，死于江都，谥号刚侯。

张绣（？—207） 武威祖厉（今甘肃靖远西南）人。三国时名将，被封破羌将军。

张绣少时身体健壮，爱交豪杰之士，年轻时曾在金城（今兰州西北）担任县吏。汉末天下战事频起，张绣随张济东征西杀，屡立战功，升建中将军，封宣威侯。张济死后，张绣依附刘表。刘、张二人欲起兵讨曹，被曹操知晓。曹操亲率十五万大军,以夏侯惇为先锋,讨伐张绣。为从长计议，张绣听从贾诩劝告，暂时投降曹操。曹操大喜并重赏之。由于曹操强占张绣之婶邹氏，张绣心中恼怒。又闻曹欲派人杀之，张绣即同贾诩商议宴请典韦，使之醉酒，偷去典韦的双戟，又四处放火，并乘乱杀入曹营。曹操左臂中箭逃脱，长子曹昂、侄儿曹安民及名将典韦战死。张绣复投刘表。

曹操回许昌不久，向朝廷奏张绣作乱，又亲率大军征讨。张绣坚守南阳城，并用计大败曹兵，共歼曹兵五万多人。

官渡之战，袁绍率七十万大军与曹操七万兵将对垒。正在曹操用人之时，贾诩劝张绣归曹。张绣虽有担心，还是率众归曹。曹操大喜，盛宴为张接风。儿子曹均娶张绣之女为妻，二人结为亲家，又拜张绣为武将军。张绣随曹操远征仓亭，火烧乌巢，多立战功，被封为破羌将军，得到曹操的信任，后在随曹操西征乌桓时病逝于进军途中，谥定侯。

张郃（？—231） 字隽乂。河间鄚（今河北任丘东北）人。三国时魏国大将。

东汉末年，群雄纷起，张郃应募参军镇压黄巾军，为军司马。后投袁绍。官渡之战袁绍大败，张郃深得曹操赏识，入曹操账下并成为曹操的心腹爱将。破袁谭、乌丸、马超、张鲁等，屡立战功，官至左将军。太和二年（228），他率兵西拒诸葛亮，大败蜀将马谡，使诸葛亮挥泪斩大将马谡、第一次北伐无果而返。太和五年（231），诸葛亮再次北伐。张郃再次率兵御敌，在同蜀军的战斗中不幸中箭身亡。《三国志·张郃传》记载：张郃“识变数，善处营阵，料战势地形，无不如计”，可见张郃乃智勇双全之将。

张昭（156—236） 字子布。彭城（今江苏徐州）人。三国时吴国大臣。

张昭少时好学，善隶书，东汉末渡江南下，为孙策长史、抚军中郎将，深得孙策信任。孙策死后，张昭竭力辅佐孙权，拜绥远将军。

赤壁之战，曹操大军压境。以张昭为首的一干文官力主降曹，令孙权不满。吴立国后，官辅吴将军，封娄侯。著有《春秋左氏传解》《论语注》等，今佚。《三国志 · 吴书 · 张昭传》载：“忠謇方直，动不为己。”

张彝 字庆宾，于北魏文成帝和平二年（461）出生于清河东武城（今清河境北部）张氏名门（张良后裔）。魏高祖孝文帝登基之初，张彝袭祖爵入朝为官，不久被任命为黄门侍郎，伴皇帝御驾南征。后母殁解任。高祖幸冀州，又下诏以骁骑将军起用。张彝又以参定迁都之勋，晋爵为侯，迁散骑常侍兼侍中，持节巡察陕东、河南十二州，甚有名声。

张彝又被任命为安西将军、秦州刺史。当时秦州是北魏西部边境，羌夏犯边，内部也不安宁。张彝能征善战，又深明法典，经外征内剿、恩威并施，羌夏畏服，地方肃静，被时人称为良牧。他又实施强边富民之策，革除积弊，削减酷刑，减轻徭役，惠政富边，为人民拥戴。

此后，张彝曾被人诬陷，一度遭罢官。魏孝明皇帝时又重被起用，并列朝班。张彝年近六旬，身已有疾，但仍与当时贪赃纳贿、争奢斗富之风斗争，表现了凛然正气。

张彝死后，朝廷上下深感惋惜，追赠他为持节卫将军、冀州刺史，谥号文侯。后人评价张彝："风力謇謇，有王臣之气。衔命拥旄，风声犹在。"

张正见 字见赜。南朝陈清河东武城（今河北清河县西北部）人。祖善之，委散骑常侍，渤海、长乐二郡太守。父修礼，委散骑侍郎，后归梁。梁太清初，正见射策高第。元帝时，为彭泽令。入陈，累迁尚书度支郎、通直散骑侍郎。太建中卒，年四十九。善写五言诗。明人辑有《张散骑集》十四卷。

张仁愿（？—714） 本名仁亶，以音近唐睿宗李旦之讳，改名仁愿。华州下邽（今山西富平东）人。有文武才。武则天时，曾任殿中御史大夫、幽州都督、并州都督长史、屯卫大将军兼洛州长史、朔方军总管，威震大漠，使北方突厥不敢越过阴山南犯。唐中宗去周复唐后，于景龙二年（708）春任卫大将军同中书门下三品，拜为宰相，封韩国公。同年秋，督军备边，修"三受降城"，以绝突厥南侵之路。景云元年（710）免相。开元初，又以兵部尚书加光禄大夫致仕，次年病死，赠太子少傅。其为相，秉政不阿，执法严正，用人得当；为将则"号令严明，将吏信服"，是唐代文武兼备名相。

张柬之 字孟将。唐襄州襄阳（今湖北襄樊）人。为太学生时，祭酒令德棻期为"王佐"之材。后中进士，任清凉丞。永昌元年（689）七十余岁，召为贤良，千余人对策，取第一。授监察御史，历凤阁舍人、合州和蜀州刺史、荆州大都督府长史。武则天长安四年（704），以秋官侍郎同凤阁鸾台平章事拜为宰相。次年发动政变，入宫杀张宗昌、张易之，迫武则天退位，拥立唐中宗复唐国号，以功授吏部尚书、中书令等职，仍居相位。不久封汉阳郡王。为政深厚有谋，刚正直爽，能断大事。后被诬告，流放泷州，忧愤而死，终年八十二。景云元年（710）被平反，赠中书令，谥号文贞。

张嘉贞（666—729） 唐蒲州猗氏（今山西临猗）人。初任平乡尉，因事免官。得河东采访使张循宪之荐，武则天任为监察御史。累官中书舍人、秦州都督、并州长史。开元初，为天兵军使。八年（720），擢任中书侍郎、同中书门下平章事，迁中书令。办事长于决断，然不免强躁自用。因与张说不和，出为幽州刺史，又因故贬台州刺史。后任工部尚书、定州刺史，知北平军事，封河东侯。

张巡（709—757） 唐邓州南阳（今河南南阳）人。安史之乱中起兵“讨贼”，不屈而死。

开元末年中进士，早为（756）太子通事舍人，后出任清河、真源县令。“为政简约，民甚宜之”，吏部考试得治绩第一。

天宝十五年（756）发生安史之乱，张巡起兵“讨贼”。在雍丘，他率兵不足两千，与拥兵四万、大将六员的强敌战斗四个多月并取得胜利。朝廷为阻止叛军南下，保护其经济命脉，命张巡把守睢阳（今河南商丘），以保江淮。睢阳城内缺粮草，外无援兵，将士们常常饿着肚子和数倍于自己的敌人作战，足见战斗之艰苦、惨烈。张巡写诗鼓舞士气：“里疮犹出阵，饮血更登碑。忠信应难敌，坚贞谅不移。”他还身先士卒，一日上阵二十余战。由于将帅同心、英勇奋战，守军取得了杀敌万人的宁陵大捷。

至德二年（757），安禄山之子安庆绪派大将尹子琦率兵增援，叛军把睢阳城团团围困，睢阳城成为一座孤城。张巡和将士们以草根、树皮、茶叶、纸张充饥。到十月，可食之物已尽。张巡万般无奈，只得忍心杀死爱妾以“大飨”将士。最后睢阳陷落，张巡被俘。敌人割他的口，敲得只剩三颗牙齿以逼他投降，但他坚贞不屈，最终遇害，终年四十九。史称“（张）遮蔽江淮，沮贼势，天下不亡其功也”。张巡死后，朝廷念其保唐有功，诏赠扬州大都督，并在睢阳建祠庙祭祀。

张美（917—985） 字玄圭。贝州清河人。北宋定国军节度使。生逢乱世，自幼饱经战乱磨难。因他精于书写和计算，先为库房小吏，后为主管。后周太祖郭威又命他出任澶州粮料使。世宗柴荣继位，任命他为枢密院承旨。后代替宰相处理三司之事，旋而为三司使。

后周显德四年（957），张美为左监门卫上将军、充宣微北院使、判三司。宋太祖陈桥兵变后，张美被加封校检太尉。他在怀州、孟州积粮草，以应变局。果然上党节度使李筠叛乱，宋太祖亲征，全赖张美先储粮草。宋太祖凯旋后，封他为定国军节度使，镇守同州。有廉洁名。

乾德五年（967），张美移守沧州。宋太宗登位，张美改任左绕卫上将军，并向朝廷上献个人京中园舍。雍熙二年（985）辞世，被宋太宗追谥“恭惠”。其子守瑛官至供备库使；孙辈士宗官至内殿承制，士禹为崇班，士安为阁门祗侯，士宣为礼殿副使。

张宪（？—1142） 祖籍不详。南宋著名将领。

张宪随民族英雄、南宋名将岳飞东征，屡立战功，绍兴四年（1134）破伪齐、收随州和邓州。后破金兵于颍昌（今河南许昌）、临颍等地，打败金兀术十二万大军，被擢为观察使。随岳飞返临安（今浙江杭州）后，被奸臣秦桧等人诬有“逆谋”而入狱。绍兴十一年（1141）底，与岳飞、岳云同时遇害。《宋史》论：“宪以不证飞狱冤死，悲夫！”

张浚（1097—1164） 字德远，号紫岩。宋汉州绵竹（今属四川）人。北宋政和进士。建炎三年（1129），以传檄勤王平定苗刘之变有功知枢密院事。力主抗金，建议经营川陕，以保东南，遂出任川陕宣抚处置使。富平之役虽失利，但知人善任，得保全蜀，江淮赖以安全。绍兴五年（1135）拜为宰相，部署沿江、两淮诸路军大举北伐。七年，因郦琼兵叛，引咎辞职。秦桧执政，被排斥在外近二十年。三十一年，金完颜亮南下攻宋，重被起用，孝宗即位，授少傅，封魏国公。隆兴元年（1103）再次拜相，督师抗金。次年，为主和派排挤罢相，忧郁而死。以抗金复国大志未酬，无脸见祖宗于地下，遗命葬湖南宁乡。赠太师，谥忠献。著有《中兴备览》等。

张世杰（？—1279） 范阳（今河北涿州）人。南宋著名抗元将领。行伍出身，以功迁都统制，主张抗元。咸淳五年（1269），蒙古军围樊城，他奉命带兵作战。德祐二年（1276），元军逼近临安，他建议帝、后入海，由他和文天祥与元军决一死战。宰相陈宜中不从，临安失守。与陆秀夫等立赵昰为帝，自任枢密副使，坚持抗元。赵昰死后，又拥赵昺为帝，自任少傅军，退守崖山（今广东新会南）。祥兴二年（1279），元军进攻，与元将张泓范在海上决战。由于力量悬殊，取胜无望，陆秀夫抱赵昺投海而死，张世杰拥杨后突围，四天后遇大风溺水而亡。

张珏（？—1280） 字君玉。南宋凤州（今陕西凤县）人。有“四川虓将”之称。自幼习武，练得一身好武艺，成年从军。在抗元战斗中因作战英勇而累立战功，由士兵逐级升为中军统制。开庆元年（1259），他与王坚一起击退蒙古重兵，使其不得入川，人称“四川虓将”。咸淳十年（1274）升为宁江军承宣使，德祐元年（1275）升为四川制置副使知重庆府，又加检校少保衔。次年出兵救重庆、收泸州等，重创入川元军。

景炎三年（1278），元军攻陷南宋都城临安（今杭州）近两年，张珏试图与文天祥遥相呼应，挽回败局。元军包围重庆，张珏坚守孤城数月。张珏部将叛变，开门让元军入城，他又率众将士展开巷战，终因寡不敌众而在渚州被俘。在押解大都（今北京）途中，于西安（今陕西西安）自杀。

张煌言（1620—1664） 字玄著，号苍水。明末抗清英雄。

张煌言16岁中秀才，23岁中举人。明朝灭亡，清兵入关占领北京。当时南方出现了许多反清组织，在南有以福王为首的小朝廷，有浙江的鲁王政权等，历史上统称南明政权。顺治二年（1645）福王政权灭亡，张煌言与张国维等人拥立鲁王朱以海抗清，联合郑成功在东南沿海多次击败清兵，并于顺治十五年（1658）准备收复南京。张煌言作为先锋，率部在南京作战失利。

康熙元年（1662），张煌言家被抄，妻、儿被囚于镇江。但是，他抗清决心不动摇。康熙三年（1664），他又组织义军抗清，义军失败。见大势已去，即遣散余部，隐身于东海荒岛上。后因走漏消息而被俘，誓死不降，以身殉国。按其遗嘱，人们将其安葬在杭州西湖南屏山下，与岳飞、于谦之墓为邻。

张自忠（1891—1940） 字荩忱。山东临清人。1916年起在冯玉祥的西北军中任营、团长。1931年任第二十九军第三十八师师长兼张家口警备司令。1935年华北事变后，任察哈尔省政府主席、冀察政务委员会委员兼天津市市长。七七事变后一度代理冀察政务委员会委员长。后率部在台儿庄等地与日军作战。1940 年 5 月在襄河南岸南瓜店前线作战中殉国。

第三节
文化名家

张苍（？—前 152） 西汉初阳武（今河南原阳东南）人。秦时为御史。读书无所不通，尤精律历。汉初，代任赵相，后封北平侯，迁计相，以列侯居相府，主持郡国上计。文帝时，为丞相十余年，曾改定音律历法。年百余岁乃卒。《汉书·艺文志》记阴阳家有《张苍》十六篇，今佚。

张汤（？—前 115） 西汉杜陵（今陕西西安东南）人。武帝时历任廷尉、御史大夫等职。建议铸造白金及五铢钱，并支持盐铁官营政策，主持制订"告缗令"（奖励告发逃避资产税、打击富商大贾的法令）。曾和赵禹编订律令。撰有《越宫律》二十七篇。

张释之 字季。南阳堵阳（今河南方城东）人。西汉著名法学家。生卒不详。张释之于文帝时以赀选为郎，后历任公车令、中郎将、廷尉等。廷尉任上严格执法，曾要求文帝严格按法处刑，他认为："法者，天下所有与天公共。"（《史记》）景帝立，释之出任淮南相，《史记》称："张季之言长者，守法不阿意。"

张禹（？—前 5） 字子文。西汉河内轵（今河南济源东南）人。通经学，为博士。元帝时授太子《论语》。迁光禄大夫，出为东平内史。成帝时任丞相，封安昌侯。专治《论语》，兼治《易》。曾改编今文《论语》，将《齐论》《鲁论》合为一书，称《张侯论》。

张禹 西汉时清河人。出生于儒学世家，自幼苦读经史，爱好文学。曾投师贾谊门下听《左传》训诂。经数年苦读，以儒学、经史、文学闻名乡里，慕名求教者不计其数，俨然一方宗师，因而被举荐为官。

他与萧望之同为御史时，二人遂成至交。他数次为望之讲解《左传》。尽管当时用《左传》（左丘明著）解释和补充《春秋》尚未被朝廷和世人认可，但张禹为《左传》补充了许多史料，不但史实有所延伸，而且富于文学的生动色彩，使萧望之大为折服。

萧望之成为太子太傅后，又向宣帝刘询推荐张禹讲《左传》。宣帝刚下旨征张禹待诏于金乌门（此为对士人特优异的礼遇），张禹却因病辞世。

张禹生前授徒多人，徒又授徒讲《左传》。多用史实解释《春秋》，与《公羊传》《谷梁传》完全用义理解释有异，所以至今《左氏春秋》得以流传。这其中有贾谊和张禹对这部书的史实补充及新的见解，从口传到记录成形，有传授者不可磨灭的功绩，《汉书》有记载。所以张禹不是以御史知名，而是以讲授《左传》闻名于世。

张揖 字雅让，东汉末年出生于清河名门望族。自幼饱读经史，以擅识古字奇字、能辨经史词义闻名乡里。三国魏太和年间（227—232）被举荐为博士，成为名噪一时的魏国学者、书法家、文字训诂家。《魏书》有简要记载。

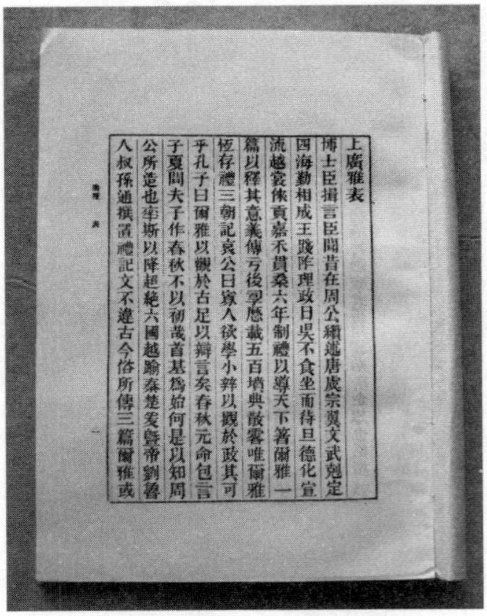
上廣雅表
博士臣揖言臣聞昔在周公纘述唐虞宗翼文武克定
四海勤相成王踐阼理政日昃不食坐而待旦德化宣
流越裳倈貢嘉禾貫桑六年制禮以導天下著爾雅一
篇以釋其意義傳亏後學歷載五百墳典散落唯爾雅
恆存禮三朝記哀公曰寡人欲學小辨以觀於政其可
乎孔子曰爾雅以觀於古足以辨言矣春秋元命包言
子夏問夫子作春秋不以初哉首基爲始何是以知周
公所造也率斯以降超絕六國越踰秦楚爰暨帝劉魯
人叔孫通撰置禮記文不違古今俗所傳三篇爾雅或

上广雅表

他喜读《史记》，经常向人讲《司马相如传》，为此编撰了《司马相如传注》一卷。秦汉时期，教学童识字的书是《三仓》，进入三国时期，由于文字发展变化，这种字书已难满足学童需求，张揖为此编《埤仓》，对《三仓》予以增补。

另一部解释词义的《尔雅》成书于汉初，已不适应三国时情，张揖便书《上广雅表》，奏明皇帝，要求增广《尔雅》。结果撰写出《广雅》三卷（唐代后被析为十卷）。此后，他又针对许慎的《说文解字》，按其体例，订正其中谬误，增补遗漏的古字和新字，用当时通行语言作出新的解释，撰写出《古今字诂》（简称《字诂》）三卷。

张揖作撰《埤仓》《广雅》《古今字诂》等著作，对三国时期文化事业发展起到极大的促进作用，也为后世对古文字、古词义、古文言的研究奠定了基础，贡献极大。

张芝（？—约 192） 字伯英。东汉敦煌酒泉（今属甘肃）人。善章草，后省减章草点划波磔，创为“今草”。唐张怀瓘《书断》称他“学崔（瑗）、杜（操）之法”而变之，“一笔而成，偶有不连，而血脉不断”，“连者，气脉通于隔行”。三国韦诞称他为“草圣”。晋王羲之评汉、魏书迹，首推钟（繇）、张（芝）两家，王氏父子（羲之、献之）的草书亦受其影响。

张僧繇（生卒时间不详） 吴（治今江苏苏州）人。南朝梁画家。天监中任武陵王萧纪侍郎，后直秘阁，掌画事。官至右军将军、吴兴太守。善肖像及宗教故事画，佛寺画饰多出其手。相传他在安东寺画四龙，均不点睛，云点则飞去。人不信，固请点之。须臾雷电破壁，已点睛之两龙飞腾而去。其技法借用天竺画技绘“凹凸花”,有立体感。开创“疏体”画法。作品有《梁武帝像》《醉僧图》等。

张志和 字子同，初名龟龄。唐婺州金华（今属浙江）人。年十六举明经。肃宗时待诏翰林，后隐居江湖，自号烟波钓徒。著《玄真子》，因以自号。善歌词，能书画、击鼓、吹笛。其词今存五首，《渔父》词描写季节景物，尤鲜明生动。

张旭 字伯高。唐吴（治今江苏苏州）人。曾任左率府长史。天宝时与贺知章、李白等游，号为“饮中八仙”。工书，精通楷法，草书最为知名，逸势奇状，连绵回绕，具有新格，与李白诗歌、裴旻剑舞时称“三绝”。颜真卿、怀素均师承其法。相传往往在大醉后呼喊狂走，然后落笔，人称“张颠”。正书有碑刻《郎官石记》，草书散见历代集帖中，墨迹有《草书古诗四帖》。《全唐诗》录其诗六首。

张九龄（678—740） 唐玄宗时期贤明宰相，以卓越文学成就而在中国文学史上占有一席之地。张九龄早即以文名，与文人学士有广泛联系。为政时，曾提拔王维为右拾遗、卢象为左补阙。任荆州长史时，召孟浩然于幕府，王昌龄、钱起、綦毋潜等人曾受他的奖励和关注。

他的五言古诗在唐诗中有很高地位和影响。后人认为，唐五言古诗“夺魏、晋之风骨，变梁、陈之俳优，陈伯玉（子昂）之力最大，曲江公继之，太白又继之”，把他和略早的陈子昂、稍后的李白作为开一代诗风的人物。明人胡应麟曾说：“张子寿首创清淡之派，孟浩然、王维、储光义、常建、韦应物本曲江之清淡，而益以风神者也。”

张九龄一生诗文结集为《曲江集》,共二十卷,收入诗222首、文248篇。

张籍（约767—约830） 字文昌。原籍吴郡（今江苏苏州市），长于和州乌江（今安徽和州乌江镇）。唐代著名诗人。

张籍自幼好学，贞元十五年（779）考取进士，后做了几年闲散小官，结识韩愈并在其力荐下升调国子博士，后任水部员外郎、国子司业等。他在仕途无大建树，而在文学方面颇有成就。张籍和韩愈交情深厚，思想也较接近，均赞成排斥佛老，主张文艺改革，时称“韩张”。

张籍还和当时著名诗人白居易、元稹友谊颇深，是新乐府运动的积极参与者，他刻意写作古风和乐府，与王健齐名，世称“王张乐府”。有《张司业集》传世。

张继（生卒时间不详） 字懿孙。唐襄洲（今湖北襄阳）人。唐朝著名诗人。进士出身,历任盐铁判官、检校侍部员外郎等职,无显赫政绩。但是,张继喜好诗，是唐代著名诗人之一，其诗多登临记行之作，亦有安史之乱之后的忧患意识。他的诗朴实无华,不事雕琢。《全唐诗》录张继诗作一卷,以脍炙人口的“枫桥夜泊”最有名，苏州城外的枫桥和寒山寺也因此诗而名扬中外，成为苏州重要的旅游景点之一。

张祜 字承吉。唐代清河人。出生于清河，长成于清河，后“客居丹阳”。一生官场不利，屡遭挫折，甘于沉沦下僚，所以纵情山水，游玩酒肆，以诗当歌。其诗闻名于世,是中唐进入晚唐时期的一位著名诗人。今存《张承吉文集》十卷，共收诗469首。

元和十五年（820）前后，张祜三十多岁时，当时令狐楚在朝任宰相，比较欣赏张祜，就嘱他带上诗作来长安，以便向皇帝推荐。令狐楚选辑了三百首诗给宪宗皇帝，并上书推荐说：“祜久在江湖，早工篇什，研几甚苦，搜象颇深，辈流所推，风格罕及。谨令缮录，诣光顺门进献，望宣付中书门下。”当时元稹也在朝中任宰相,宪宗就征求他的意见。元稹回答说：“张祜雕虫小巧，壮夫不为，若奖励太过，恐变陛下风教。”坚持不能任用。事实上，元稹与令狐楚因朋党之争积怨较深，张祜成了朋党之争的牺牲品。

但张祜并未灰心，欲走科举之路。穆宗长庆四年（824）春，他赶赴杭州参加乡试，并希望白居易能够把自己列为解元推荐上去。但是，白居易却推荐了另外的人，原来他与元稹是至交好友。元稹所阻挠的事，白居易自然不会帮忙。

张祜后来得以结识杜牧，诗酒唱和很多。杜牧有诗道："睫在眼前长不见，道非身外更何求？谁人得似张公子，千首诗轻万户侯。"对张祜的遭遇表示同情和不平，又对压制者予以讽刺。

张祜性格耿介，行事狂放，有"竹柏之贞"，虽然一生布衣，生活清贫，但四百多首上乘诗作却永留人间，是很难得的精神财富。

张蠙（生卒时间不详） 字象文。五代时清河（今河北清河西北）人。乾宁进士。曾官校书郎、栎阳尉、犀浦令。后入蜀依王建，拜膳部员外郎，终金堂令。卒于官。工诗，以五、七律为多。早年游塞外，作边塞诗颇多。《全唐诗》存其诗百余首。

张齐贤（943—1014） 字师亮。北宋曹州冤句（今山东曹县西北）人。太平兴国进士，八年签署枢密院事。淳化二年（991）为相，四年罢为尚书左丞。真宗即位，复拜同中书门下平章事。旋又免相，出为泾、原等州军安抚经略使。主张对辽妥协，在边加强防御。著有《洛阳缙绅旧闻记》。

张择端（生卒时间不详） 字正道。密州诸城（今属山东）人。北宋画家。早年游学汴京（今河南开封），后习绘画。徽宗朝供职翰林图画院。专工界画，尤擅绘舟车、市肆、桥梁、街道、城郭、宫室。存世作品有《清明上河图》，描绘当年汴京社会各阶层的生活景象，是富有历史价值的风俗画。

张载

张载（1020—1078） 字子厚，世称横渠先生。凤翔县（今陕西眉县）横渠镇人。嘉祐进士。北宋哲学家。历官云岩令、崇文院校书。不满王安石新法，托病归里。熙宁末，同知太常礼院，复以疾归。少喜谈兵，尝有志取洮西失地。年二十一，以书谒范仲淹，仲淹劝其读《中庸》。他读之不足，又访诸释老，反求于六经。讲学关中，其学派被称为"关学"。以为"民胞物与"，当继往圣绝学，开万世太平。以易为宗，以中庸为的，以礼为体，以孔孟为极。著有《正蒙》《易说》《经学理窟》等，今编入《张载集》。

张先（990—1078） 字子野。湖州乌程（今浙江吴兴）人。号称“三影”词人。

张先进士出身，初授官宿州掾，历吴江县令、嘉禾判官、永兴军通判，并以屯田员外郎知渝洲、虢州，治平年间（1064—4067）退隐，畅游于湖州、杭州的湖光山色之间。

张先爱好文学，与欧阳修、苏轼往来较密，工于诗歌，词则与柳永齐名。创作了大量诗词作品，收于《张子野词》。他的作品多花月冶艳之句，之所以被称为张三影，一是《后山诗话》说：“张先善词，有云：‘云破月来花弄影’，‘帘压卷花影’，‘堕轻絮无影’，世称颂之，号张三影。”一是《尚有录》称其“诗格清丽，尤长于乐府，有‘云破月来花弄影’，‘浮萍断处见山影’、‘隔墙送过秋千影’之句，时号张三影。”

张栻（1133—1180） 字敬夫，一字钦夫，又字乐斋，号南轩。张浚子。南宋汉州绵竹（今属四川）人。以荫入仕，累官直秘阁。孝宗即位，张浚主持北伐，他赞预其间，后为左司员外郎。外戚张说用权，他极谏不可。历知静江、江陵府，官终右文殿修撰。师事胡宏，与朱熹友善。主张修德立政，用贤养民，选将练兵，抗金复仇。强调义利之辨，以“天理”为义、“人欲”为利。主讲岳麓书院。著有《南轩集》《南轩易说》《论语解》《孟子说》等，乃湖湘学派大家。

张文谦（1217—1283） 字仲谦。元顺德沙河（今河北沙河）人。因与刘秉忠同学，故荐于忽必烈，命掌王府书记。中统元年（1260），拜中书左丞。至元元年（1264），以中书左丞行省西夏中兴等路，浚唐来、汉延二渠，人受其利。七年，拜大司农卿，奏立诸道劝农司，巡行劝农；请立国子学。十三年，迁御史中丞，为阿合马所忌，力求去职。改领太史院，负责制订新历。十九年，拜枢密副使。卒于官。

张瑞图（1576—1641） 字长公，一字果亭，号二水。明末福建晋江人。万历进士。授编修，积官至少詹事兼礼部侍郎。天启六年（1626），晋礼部尚书兼东阁大学士，入参机务。时魏忠贤用事，忠贤生祠碑文多出其手书。崇祯初罢官，定逆案，赎徒为民。善画山水，工书法，与米万钟、董其昌等齐名。有《白毫庵集》。

张裕钊（1823—1894） 字濂卿，一作廉卿。清末湖北武昌人。道光举人。

官内阁中书,历主江宁、湖北、河北保定等地书院。曾师事曾国藩,与黎庶昌、吴汝纶、薛福成称“曾门四弟子”。通经史,善训诂,精研书法,以散文著称。有《濂亭文集》及续集、诗集等

张大千（1899—1983） 原名正权。四川内江人。9 岁，在母亲指导下作花鸟草虫白描。青年时期随兄在日本京都专攻绘画，又研究染织工艺。回国后一度为僧，法号大千，未及还俗，以法号行。喜临摹清初石涛、八大山人等四僧作品，得其精髓。1936 年受聘为南京中央大学美术系教授。擅画山水、花卉、人物，尤善写荷，独树一帜。20 世纪 30 年代即与齐白石齐名，并称“南张北齐”。50 年代栖身海外，长期侨居巴西“八德园”，又创泼墨、泼彩新貌。1978 年移居台北,出版《大风堂名迹》《张大千画集》五辑等，诸多名作分藏于中国大陆和台湾各大博物馆。1983 年病逝。

第四节
济世英才

张道陵（34—156） 一名张陵。东汉沛国丰（今江苏丰县）人。初入太学，通达五经。明帝时曾任巴郡江州令。顺帝时于鹄鸣山（今四川大邑县境）修道。永和六年（141）作道书二十四篇，自称“太清玄元”，创立道派，凡入道者纳米五斗，故称五斗米道。教人悔过奉道，用符水咒法治病。建二十四治，立祭酒以领道民。后道教徒尊其为天师（一说陵自称）。后裔承继道法，世居龙虎山，称“张天师”。

张衡（78—139） 字平子。河南南阳西鄂（今河南南召南）人。曾任郎中、尚书郎，两度任太史令。精通天文历算，创制世界上最早利用水力转动的浑象（即浑天仪）和测定地震的地动仪。又造候风仪，以精铜铸之。

张衡

地动仪

首次解释月食成因，说明月光是日光的反照，月食是由于月球进入地影而产生。主张“浑天说”，认为“浑天如鸡子”，天和地的关系就像蛋壳包蛋黄一样，天外地内。著有《灵宪》，总结当时天文知识，提出“宇之表无极，宙之端无穷”，并认识到行星运动的快慢与距离地球的远近有关。曾上书反对谶纬，认为虚伪不可信，应予禁绝。善诗赋，有《二京赋》《归田赋》《四愁诗》《同声歌》等。原有集，已佚，明人辑有《张河间集》。

张鲁　字公祺。东汉末沛国丰县（今属江苏）人。天师道创立者张陵之孙，世为天师道教主。初平二年（191），任益州牧刘焉的督义司马，率徒众攻取汉中（治今陕西汉中东），称师君。他以教中“祭酒”管理地方政治，并在各地设立“义舍”，置“义米”“义肉”，过路者量腹取食。又禁止酿酒，在春夏禁止杀牲。犯法的人，原宥三次，然后处罚。有小过者则修治道百步。所建政权持续约三十年，辖区成为东汉末年比较安定的地区。关西人民迁往的有数万家，賨人也有很多迁往。建安二十年（215），曹操攻汉中，他退入巴中（今四川巴中地区）。不久降曹操，被任为镇南将军，封阆中侯。

张角

张角（？—184）　东汉末巨鹿（今河北平乡西南）人。创太平道，自称“大贤良师”。灵帝时，借治病传教，秘密进行组织工作。十余年间，徒众达数十万人，遍及青、徐、幽、冀、荆、扬、兖、豫八州。中平元年（184）起义，称“天公将军”。起义军以头缠黄巾为标志，被称为“黄巾军”。与弟梁会集幽、冀两州黄巾军，在广宗（今河北威县东）击退北中郎将卢植的进攻。此后又打败东中郎将董卓。不久病死。

张仲景　名机。南阳（治今河南南阳）人。学医于同郡张伯祖。相传曾任长沙太守。当时伤寒流行，病死者很多，他钻研《内经》《难经》《胎胪药录》等医书，广泛收集有效方剂。著《伤寒卒（杂）病论》，其书辗转流散，经后人多次收集整理，成《伤寒论》《金匮要略》两书，分论外感热病与内科杂病。倡六经分证和辨证论治原则，具体阐述寒热、虚实、表里、阴阳的辨证及汗、吐、下、温、清、和等治法，总结了汉以前的医疗经验，为后世医家所宗法。

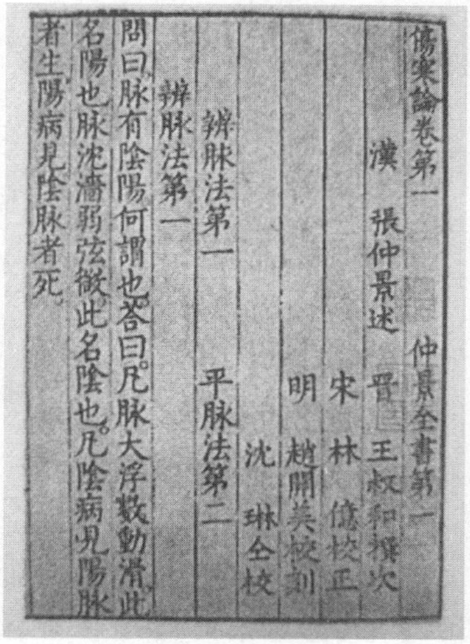
傷寒論卷第一　仲景全書第一
漢　張仲景述　晉　王叔和撰次
宋　林　億校正
明　趙開美校刻
沈　琳仝校
辨脉法第一　平脉法第二
辨脉法第一
問曰脉有陰陽何謂也荅曰凡脉大浮數動滑此名陽也脉沈濇弱弦微此名陰也凡陰病見陽脉者生陽病見陰脉者死

张仲景《伤寒论》

张丘建　贝州（今河北清河人）。南北朝时期北魏数学家，著有《张丘建算经》三卷。关于“百鸡问题”最早见于此书，在世界数学史上有很高地位，是中古时期关于不定方程整数解的典型问题。

《算经》约成书于北魏天安元年—太和九年（466—485）之间，今存三卷，但卷中结尾及卷下开头均已残缺，保存下来的共有九十二个数学问题及其解答，其内容、范围与《九章算术》相仿，然而在最大公约数与最小公倍数、等差数列、不定方程等方面则超过了《九章算术》的水平。

《张丘建算经》中有大约十个题目是关于等差数列的各种问题及其解法的，有些是继承以往的成果，但更多的则是创新。最引人注目的内容是提出并解决了一个在数学史上非常著名的不定方程问题，通常称为“百鸡问题”。说明至迟到 5 世纪，在中国传统教学中已经具备系统的等差数列理论，同类结果直到 7 世纪才在印度人的著作中出现。而“百鸡问题”实开中国古代不定方程式研究的先河，其影响一直持续到 19 世纪。这一问题曾先后传入印度、阿拉伯及欧洲国家，直到 9、13、15 世纪才分别在这些国家的著作中出现，比西方早了几百甚至上千年。

张子信　北魏清河人。关于其生平，史籍记载很少，只知他经历北魏、北齐两个朝代，以“学艺博通，尤精历数”闻名于世。

在北齐时曾为“学士”。公元 526—528 年间，发生了以鲜于修礼和葛荣为首的农民起义。为躲避农民起义，张子信跑到一海岛隐居。他制作了一架浑仪，专心致志地测量日、月、五星运动，一住三十多年，孜孜不倦地探索其运动规律。在取得大量第一手观测资料的基础上，结合前人成果，大约在公元 565 年前后，他敏锐地发现了关于太阳运动不均匀性、五星运动不均匀性和月亮视差对日食的影响，同时提出了相应的计算方法。这在中国古代天文史上具有划时代意义。

发现“太阳运动的不均匀性”，主要贡献是：提出“日行春分后则迟，秋分后则速”，最先建立太阳运动不均匀的概念及其计算方法。

发现“五星运动的不均匀性”，主要贡献是：五星位置的实际观测结果与依传统方法预推的位置之间经常存在偏差；而上述偏差量的大小、正负与五星晨见东方所值的节气也有着密切、稳定的关系，而且给出了独特的描述方法和计算五星位置的“入气加减”法。

发现“月亮视差对日食的影响”，主要贡献是：对日食而言，并非日月合朔入食限就一定发生日食现象，入食限只是发生日食的必要条件，还不是充分条件；只有月位于日北时，才发生日食，若位于南，日食不发生。即所谓“合朔月在日道里则日食，若日道外，虽交不亏”。

张子信的这三大发现以及给出的关于这三大发现具体的、定量的描述方法被应用于之后的历法中，也把我国古代对于交食以及太阳与五星运动的认识推进到一个新阶段，为一系列历法问题计算的突破性进展开拓了道路。

张遂（683—727） 亦称僧一行。魏州昌乐（今河南南乐人）。唐朝高僧，天文学家。

张遂乃太宗时功臣张公谨之孙，少时即厌倦官场之风，因而为避官场斗争，他 21 岁即出家为僧，隐居于嵩山，后成为密宗之祖。助译《大曰经》，作《大曰经疏》《天一太一经》等。修禅之余还对天文历法颇有研究，开元九年（721）制造出黄道游仪，用以测定一百五十余颗恒星位置。在世界上第一次发现恒星变动的现象，他发起在全国十二个地点测量子午线长度取得成功，这在世界科学史上有着重大意义。他与人合作制成漏水转动浑天铜仪，为现代时钟雏形。所著《大衍历》为当时最好的历法，其体例格式为历代沿用。还著有《七政长历》等。卒谥大慧禅师。

张元素　字洁古。金代易州（河北易水县）人。考进士落第，乃去学医。医学药理渐精进，对用古方治新病不认同，自探人生肌理和药理相结合，对脏腑标本寒热虚实有独到诊治方法，使药理与临床效用紧密结合，推进了中药学理论，为后世所用。他还探索、丰富了药物归经理论，认为不同药物对不同脏腑之所以效用不同，是因其各归一经之缘故，辨证施药，成就新方。此外，他还创治疗脾胃病代表方剂——积术丸，领医家研究脏腑病机先河，被李时珍称为“灵素而后一人”。其所撰《脏腑标本寒热虚实用药式》一文也被李时珍收入《本草纲目》。著有《医学起源》《病机气宜保命集》《洁古家珍》《珍珠囊》等。

张三丰　又名全一、君宝、玄化，字山峰、昆阳。辽宁懿州（今辽宁章武）人，一说河南南阳南召人。明朝道士，医学家。

张三丰少时聪慧，生性顽皮，因不修边幅，又号张邋遢，早年即出家到武当山做道士。据《明史》记载，张三丰“书经目不忘，游处无恒，或云能一日千里，善嬉谐，旁若无人”。他剑术精妙，研创太极，武功高超，又通医术，为人医病多能收到奇效。明太祖、成祖曾多次派人求访，均未得见。正统初被封为“通微显化真人”，成化时特封“韬光尚志真仙”。嘉靖时又封“清虚无妙真君”。后人辑有《张三丰先生全集》，收入《道藏辑要》。所著《医方》现已佚。

张謇　字季直，号蔷庵。初名吴起元。生于清咸丰十三年（1853），卒于民国十五年（1926）。江南通州（今江苏南通人）。清光绪二十年（1894）状元。16 岁考取秀才，作淮军提督吴长庆幕僚，随其出使朝鲜。32 岁中举，后中状元，授翰林院修撰，时年 42 岁。甲午之战，张謇上书痛斥后党中坚李鸿章。

张謇居京师，弃仕途，谋振实业，办教育以救亡图存。光绪二十一年，他总办通海团练，主持江宁文正书院、安庆经古书院。光绪二十三年，张謇在通州（今南通）创办大生纱厂。光绪二十四年，任两江商务局总理。光绪二十七年，张謇兴建以大生纱厂为轴心的十九个企业，包括江浙渔业公司、通海垦牧公司、资生铁冶公司及面、油、轮船等实业。张謇成为状元资本家。

光绪二十八年，张謇创办了中国第一所师范学校——通州师范学校，还首创通州女子师范学校。同时，着手职业技术教育和策划高等教育。五年后，又倡导兴办聋哑学校。成为中国近代新式教育的开拓者。

光绪三十年，清廷赏加三品衔的张謇以极大热情投身于立宪运动。光绪三十二年，“预备立宪公会”在上海成立。光绪三十三年，十九个企业合并于大生纱厂创建通海实业总公司，张謇为其中坚人物。光绪三十四年，奉旨筹办江苏咨议局。

宣统元年（1909），江苏咨议局成立，张謇为议长。他与其他省咨议局发动了两次立宪派国会请愿。

民国期间，张謇任南京临时政府实业总长。民国二年，又在北京任农林工商总长兼水利局总裁。以后辞职南下，致力于实业与教育。民国九年，张謇身兼南通海总管理处总理、大生纺织公司董事长、大达轮船公司总理、淮海及交通等银行董事长等职务。他兴实业、开学校、建设地方自治事业，成绩卓然，为近代著名实业家。民国十五年，张謇在忙碌中病逝。

张謇一生为近代中国实业、教育的开拓、发展做出了不懈的努力。著有《张謇日记》《张謇函稿》等。

第五节
历代宰相

根据湖北《孝友堂·张氏宗谱》对张姓宰相的统计，自西汉至清，张姓宰相共有六十三人。编者依据有关材料，补充先秦为相者七人，则张姓宰相共有七十人。这七十人中，“除辽代张孝杰与太子为奸贪佞、陷害忠良，宋代张邦昌卖国求荣，明代张瑞图阿附魏忠贤，张四知庸劣降清外，其他都可称得上忠臣良相，为推动中国社会的发展作出了各自的贡献。他们的功绩值得纪念，他们治国平天下的经验值得借鉴”。下面试作简介。

先秦

张仪 详见本章第一节“辅国名臣”。

张若 战国时期秦国人。秦惠王后元九年（前316）灭蜀，改封原蜀王后裔为侯，使陈庄为相，并以他为守。二十七年，与张仪按国都咸阳规模建设成都城。昭王二十二年（前285），秦杀蜀侯绾，建蜀郡，任为郡守。他由蜀东出，取笮及其江南（今金沙江以南）地。三十年再克楚之巫郡与黔中郡。

张开地 战国时期韩国人，韩昭侯、宣惠王、襄哀王之相，是汉代留侯张良的祖父。

张谴 约在韩宣惠王时任相。

张平 字天佑，号友量，乳名张德。张开地长子。韩嫠王、韩悼惠王之相，韩悼惠王二十三年（前250）去世。夫人陈氏生有两子：张胜和张良（汉留侯）。

张唐 原是秦昭王的将军。公元前246年秦王政初立，吕不韦任相国，派张唐去燕任相国。

张耳（？—前202） 魏国大梁人。公元前209年7月，陈胜、吴广在大泽乡揭竿而起，拜张耳、陈馀为左右校尉。北定赵地后，武臣为赵王，张耳任右丞相。项羽封诸侯王，张耳被封为常山王。后投刘邦。公元前203年，刘邦立张耳为赵王。

西汉

西汉前期宰相称为丞相、相国。汉武帝时恢复古制，以丞相、大司马、大司空为三公，同为宰相。几经变化，于元寿二年改丞相为大司徒，在大司马前、大司空后各设一人，同任宰相。西汉与新朝共225年，有六十四人任过宰相。张姓宰相共三人。

张苍 详见本章第三节“文化名家”。

张禹 详见本章第三节“文化名家”。

张邯（？—23） 籍贯不详。因为推行井田制，得到王莽的称赞，地皇四年（24）拜为新朝宰相，任大司徒。不久被农民起义军所杀。

东汉

东汉初依西汉之制，以大司空、大司徒、大司马为宰相。建武二十七年（51）去“大”字，不久又改司马为太尉。建安年间，曹操罢三公制，设丞相一人为宰相。东汉历时196年，有宰相五十三人。张姓宰相十三人。

张湛 字子孝。扶风平陵（今陕西咸阳西北）人。西汉时官至二千石。

王莽新朝历任太守、都尉。东汉初历任左冯翊、光禄勋、光禄大夫、太子太傅、太中大夫等。建武二十年（44）拜相，任大司徒，但年事已高，不久自请罢相。从政修典礼，设条教，政化大行。居家数年后卒。

张纯（？—56）字伯仁。京兆杜陵（今陕西西安东南）人。历仕西汉、新朝，东汉初以太中大夫屯田南阳，封武始侯。建武二十三年（47）拜相，由太仆任大司空。在位十年，效法曹参，无为而治，选取名儒参政，修建阳渠，引洛水通漕运，多有成就。中元元年（56）卒于相位，谥号节侯。儿子张奋曾任和帝宰相。

张酺（？—104） 字孟侯。东汉汝南细阳（今安徽阜阳北）人。以通晓经学、精于《尚书》入仕，官至东郡太守，封同义男。和帝永元五年（93）拜相，任太尉，十二年罢相。十六年再次拜相，任司徒。为政刚正不阿，抑制豪强。卒于相位。

张奋（？—102） 字稚通。张纯之子。明帝时封侍祠侯，历官中郎将、将作大匠、校尉、卫尉等。和帝永元六年（94）代刘方任司空，拜为相，在位四年，政重礼乐，廉洁清白。九年以病免相，十三年任太常，以病免。卒于家。

张敏（？—112） 字伯达。东汉河间鄚（今河北雄县东南）人。建初二年（77）举孝廉，历任颍阳太守、尚书、校尉、议郎。安帝永初元年（107）拜相，任司空六年。在位奉法守纪，用刑公正平允。以病重免相。

张禹（？—113）字伯达。东汉襄国（今河北邢台）人。永平八年（65）举孝廉，历官扬州刺史、下邳相。和帝永元六年（94）由大司农拜为宰相，任太尉。延平元年（106）改任太傅。永初元年（107）封安乡侯，再任太尉，至五年以阴阳不和免相。为政节俭，重农垦水利。

张皓（49—132） 字叔明。东汉犍为武阳（今四川彭山东）人。随大将军邓骘入仕，历官尚书仆射、彭城相、廷尉等。顺帝永建元年（126）拜相，任司空，在位四年，以阴阳不和免相。元嘉元年（132）再任廷尉，虽为儒家，但对法家刑法多有研究，办案公平无错。

张歆 字敬让。东汉河内（今河南步骘一带）人。桓帝建和三年（149）拜相，由大司农任司徒。元嘉元年（151）免相。

张颢 字智明。东汉常山(今河北元氏)人。灵帝光和元年(178)拜相，任太尉。同年以星象有变免相。

张济 字元江。东汉汝南细阳（今安徽阜阳北）人，汉和帝宰相张酺曾孙。灵帝光和元年（179）济拜相，任司空。中平元年（184）以病免相。卒赠车骑将军、关内侯，封子张根为蔡阳乡侯。

张温（？—191） 字伯慎。东汉南阳穰（今河南邓州）人。灵帝中平元年(184)拜相,任司空,次年任车骑将军,讨平北宫伯玉于美阳。三年(186)再次拜相任太尉,四年以农民起义而免相。献帝初平二年(191)被董卓杀死。

张延（？—186） 字公威。东汉河内人。汉桓帝宰相张歆之子。灵帝中平二年（185）五月拜相,任太尉,次年二月以病免相,后被宦官下狱致死。

张喜 汝南细阳人。汉和帝宰相张酺曾孙。献帝初平四年(193)拜相，任司空，至建安元年（196）免相，在位四年。

三国

三国时，魏虽置太尉、司徒、司空三公，但三公不参与朝政，宰相之职由尚书台尚书令、尚书仆射分任。魏立国46年，有二十四位相。蜀汉初设丞相，后以尚书令为宰相，共立国43年，有八人担任过宰相。东吴有三公而不以为相，立丞相（间分左右）为宰相，其立国59年，有十一人任此职。三国仅东吴有一位张姓宰相。

张悌（？—286） 字臣先。三国东吴襄阳（今湖北襄樊）人。历官屯骑校尉、军师。末帝天纪三年（279）以军师兼任丞相。翌年，率三万大军抗击晋军，力战而死。

两晋

晋设丞相、相国及八公（太宰、太傅、太保、大司马、大将军、太尉、司徒、司空）等，但不领宰相之事，宰相由中书监、中书令充任。两晋共历156年，有四十余人任过此职。有一位张姓宰相。

张华 详见本章第一节“辅国名臣”。

唐代

唐代以尚书省、中书省、门下省三省长官为宰相。三省长官名称多有变化，尚书省有尚书令、左右仆射、左右丞相等，中书省有中书令、右相等；门下省有侍中、纳言、左相等主要称呼。同时皇帝又选一些低品位官员加上“同中书门下三品”“同中书门下平章事”等名号参政，使之成为宰相。唐代共290年，有宰相三百七十三人。张姓宰相十七人。

张行成（587—653） 字德立。定州义丰（今河北安国）人。唐太宗贞观十九年（646）拜相，以刑部侍郎兼太子少詹事掌典机务。高宗即位，以顾命大臣辅政，封北平县公。历任尚书右仆射同中书门下三品、太子少傅，监修国史。永徽四年（653）卒于相位。终年67岁，谥号定。生为两朝宰相，死则赠开府仪同三司、并州都督，享受哀荣。

张文瓘 详见本章第一节“辅国名臣”。

张大安 唐魏州繁水（今河南南乐）人。仪凤二年（667）拜相，同中书门下三品，受到章怀太子倚重。与刘讷言等共注《汉书》。永隆元年（680）罢相，贬为普州刺史。卒于横州司马任上。

张光辅（？—689） 唐京兆（今陕西西安市长安区）人。曾任司农少卿、文昌右丞等。武则天垂拱三年（687），以讨平越王李贞之功拜相，任凤阁侍郎同凤阁鸾台平章事。永昌元年（689）改任讷言，迁内史令。同年，以心怀两端之罪被诛杀。

张锡 唐贝州武城（今河北清河）人。高宗宰相张文瓘侄子。武则天久视元年（700）任凤阁侍郎同凤阁鸾台平章事，代替其外甥李峤为宰相。次年，以泄露宫中机密流放循州。唐中宗时，复工部尚书兼修国史，任东都留守。景云元年（710），韦后杀中宗立少帝，命为宰相，以工部同中书门下三品。仅十余天，韦后被杀，他亦被贬为绛州刺史，后累封平原郡公。

张柬之 详见本章第二节“护国将才”。

张仁愿 详见本章第二节“护国将才”。

张嘉福（？—710） 籍贯不详。唐睿宗景云元年（710）以吏部尚书同中书门下平章事拜为宰相。同年被诛杀。

张说 详见本章第一节“辅国名臣”。

张嘉贞 详见本章第二节“护国将才”。

张九龄 详见本章第一节“辅国名臣”。

张镐（？—764） 字从周。唐博州（今山东茌平西）人。少游京师，嗜酒，鼓瑟自娱，不及世务。天宝中历官左拾遗、侍御史。安禄山叛乱时，守卫玄宗逃往四川。肃宗至德二年（757）任中书侍郎同中书门下平章事，拜为宰相，兼河南节度使，都督淮南诸军事，主持平定叛乱之事，收复东西两京，加银青光禄大夫，封南阳郡公。其间发现史思明叛乱之迹，但肃宗听信与史思明勾结的宦官谗言，以“不切事机”罢其职。后来，史思明果真叛变。代宗即位，镐为抚州刺史、洪州观察使，封平原郡公。广德二年（764）卒于江南西道观察使任上。

张镒 字季权、公度。唐吴郡昆山（今属江苏）人。玄宗时以父荫任左卫兵曹参军、元帅府判官、殿中侍御史。代宗朝，累官至汴州刺史兼御史大夫。唐德宗建中二年（781）拜相，任中书侍郎、平章事、集贤殿学士兼修国史。以刚正而不为同僚所容，次年免相，改任凤翔右节度使。因与吐蕃结盟以改善关系，为叛将李梦琳所杀。诏赠太子太傅。

张延赏（727—787） 本名宝符，玄宗赐名。唐蒲州猗氏（今山西临猗县楚侯镇张嵩村）人，张嘉贞之子。自幼“博涉经史，通吏治”。当时的宰相苗晋卿很赏识张延赏，把女儿许配给他。经父荫入仕，肃宗朝官至殿中侍御史。代宗大历时任河南尹，治绩第一，入拜御史大夫。以事得罪元载，出为扬州刺史、四川节度观察使。为政简约，“治行第一”。德宗贞元元年（785）八月十七日，由中书侍郎、同中书门下平章事升为左仆射。三年正月十七日以本官同平章事，支持德宗和好吐蕃的政策，奏请并主持官员裁减，并罢免全国冗官一千五百人，引起反对。同年七月二十一日卒于相位，赠太保，谥成肃。

张弘靖（760—824） 字元理。唐蒲州猗氏（今山西临猗县楚侯镇张嵩村）人。唐德宗宰相张延赏之子。以父荫入仕，授河南府参军，德宗时历官监察御史、户部侍郎、河中节度使、刑部尚书、同中书门下平章事。宪宗初依然为相。由于集中兵力先讨吴元济、再攻河朔的建议未被采纳而辞相。旋又以拜检校、吏部尚书、同中书门下平章事封高平县侯。不久代刘总为幽州、卢龙军节度使。后被贬为抚州刺史。未几，迁太子宾客、少保、少师。长庆四年（824）卒于太子少师任上。

张浚（？—902） 字禹川。唐河间（今河北河间市）人。性通脱，通经史，曾隐居金凤山学纵横家之术，口才很好，喜欢高谈阔论。曾任太常博士、度支员外郎等。黄巢起义后，他在汉阳帮助县令李康保境安民。广明六年（880），当农民军攻入长安后，他被逃到汉阴的僖宗取用为谏议大夫，游说大将王敬修引兵勤王。僖宗光启三年（887）拜为宰相。在位五年，为政主张以强兵安天下，认为天下大乱的原因是宦官专权、节度使割据，力主加强中央集权，打击割据势力，与权臣李克用矛盾日深，受到排挤。昭宗大顺二年（891）免相，贬为武昌军节度使。后来朱全忠想废唐自立，害怕张浚反对，遂于天复二年（902）派人将张氏一家一百余人全部杀害。

张文蔚（？—908） 字右华。河间（今河北河间市）人。进士出身。唐昭宗时任翰林院学士、兵部侍郎。天复四年（904）初，昭宗被朱全忠劫持至洛阳时，拜为宰相，勉力维持残局。天祐四年（907），朱全忠逼唐复帝李祝禅让，建立后梁政权，唐朝灭亡。他亦随之被任命为后梁宰相，制订多项制度。后梁开平二年（908）卒于相位。

五代

五代均以同中书门下平章事为宰相。其历53年，其中梁、唐、晋、汉、周分别有十三、六、六、六、九人任过宰相。张姓宰相后梁二人、后唐一人。

张文蔚 后梁太祖朝任宰相两年，事见唐代张文蔚。

张策（？—912） 字少逸。敦煌（今甘肃敦煌西）人。年少好学而通经史。初仕唐朝，官至中书舍人，翰林院学士。朱温（即朱全忠）建立后梁，历任工部、礼部侍郎。开平二年（908）拜相，兼刑部侍郎。同年以病辞相，改刑部尚书致仕。著有《典议》《制词歌诗》等。

张延朗（？—936） 汴州开封（今属河南）人。初仕后梁，担任租庸使，管理赋税。后唐明宗朝，任忠武军节度使。长兴元年（930），任三司使，掌管全国钱粮。清泰元年（934）拜为宰相，兼吏部尚书。次年，因病改任三司使。为政攻于心计，主张财粮之权归中央，制止石敬瑭等地方官自留储备。三年十一月，石敬瑭攻入京城，延朗被杀。

两宋

宋初，依唐制以同中书门下平章事为宰相，参知政事为副职。后来分领三馆，首相为昭文馆大学士，次相监修国史，再次为集贤殿大学士。元丰年间改官制，以尚书左右仆射为宰相，并以尚书左右丞相代替参知政事为副相。北宋末曾以太宰、少宰代替尚书左右仆射为宰相。南宋乾道八年（1172）改依汉制，以左右丞相为宰相，以参知政事为副相。两宋共320年，有宰相三十三人。张姓宰相六人。

张齐贤（934—1014） 字师亮。北宋曹州冤句（今山东曹县西北）人。太平兴国进士，历衡州通判、江南西路转运使，“勤究民弊，务行宽大，江右之人思之不忘”。雍熙三年（986），宋军北伐辽兵，自请代替战死的杨业为代州知州，统领河东的抗辽战争，因功升为枢密院副使。淳化二年（991）任参知政事数月即拜相，任吏部侍郎同中书门下平章事。四年罢相。咸平元年（998）再次拜相。其论政“慷慨有大路，以致君自负，留心刑狱”，平反了很多冤假错案。三年，以冬至朝会酒后失仪罢相。四年，任泾、原等州军安抚经略使，请调江淮荆湖壮丁，加强对西夏的防御。后历任兵部、吏部尚书、太常卿分司西京、知青州等，以司空致仕。卒赠司徒，谥号文宣。著有《洛阳缙绅旧闻记》等。

张知白（？—1028） 字用晦。北宋沧州清池（今河北沧州东南）人。端拱进士，历知剑州、判三司开拆司、权京东转运使、知审官院、工部尚书等。曾建议选台阁三官出任州郡，以矫任官重内轻外之弊，并自请外任，出知青州。大中祥符九年（1016）任参知政事，因议政与宰相王钦若不合，称病辞职。后王钦若罢相分司南京，宰相丁谓调知白任南京留守，欲借知白报怨于王钦若，但知白“待钦若加厚”。丁谓降其为亳州知州。仁宗即位，晋尚书右丞。天圣三年（1025），以工部尚书同中书门下平章事拜为宰相，发兵对抗契丹。为相奉公无私，虽为显贵，但清俭如旧。三年后卒于相位，赠太傅、中书令，谥号文正。

张士逊（964—1049） 字顺之。北宋阴城（今湖北光化北）人。淳化进士，历官射洪、襄阳、邵武等县令，为政宽厚，深得民心。荐为监察御史，累迁太子詹事，兼知审刑院、判史馆等。天禧末升枢密院副使。天圣六年（1028）

拜相，任礼部尚书同中书门下平章事。次年，为曹利用开脱罪责被罢相，改任刑部尚书，出知江宁府。明道元年（1032）再次拜相，次年罢相，出判许州、知河南府。宝元元年（1038）三拜相位，封郢国公。时西夏入侵，朝廷机务悉由裁夺，然以老病，无所建树，为言官弹劾，遂不自安，坚请辞职。康定元年（1040）罢相，以太傅、邓国公致仕。九年后病逝，赠太师、中书令，谥号文懿。

张商英（1043—1121） 字天觉，号无尽居士。北宋蜀州新津（今属四川）人。治平进士，知南川县。熙宁中支持王安石新法，升为监察御史里行。坐事责监荆南商税。元丰中，又因为女婿请托，责监鄂州汉川镇酒税。哲宗即位，升开封府推官，反对废除王安石新法，被贬为河东刑狱。哲宗亲政，召为右正言，上疏力攻司马光等元祐大臣。徽宗即位，历任中书舍人、翰林学士、知制诰。崇宁元年（1102），历尚书右丞、左丞。时蔡京为相，议政不合，数劾其非，贬为亳州知州，打入元祐党籍。大观四年（1110），因蔡京罢相，召为中书侍郎，不久拜为宰相。大革蔡京弊政，主张节俭，息土木，行钞法，通商旅，得到朝野称赞。政和元年（1111），罢知河南府。时蔡京复为宰相，贬之为崇信军节度副使，衡州安置。太学生为之请愿鸣冤，蔡京害怕，令其自便。不久官复原职。宣和三年（1122）病逝。绍兴中追赐谥号文忠。著有《宗禅辨》等。

张邦昌（1081—1127） 字子能。宋永静军东光（今河北阜城县）人。进士出身。钦宗靖康元年（1126）任宰相。金兵包围开封，力主割地议和。次年金兵掳徽、钦二帝，立他为楚帝。南宋初被处死于潭州。

张浚 详见本章第二节“护国将才”。

辽代

辽代设南、北宰相府总理军政，各设宰相一人，其中实权在北府宰相，南北府宰相通常由皇族（耶律氏）、后族（萧氏）担任。辽圣宗后，始有个别汉族官员跻身其列。辽代历210年，有宰相八十一人。张姓宰相仅二人。

张孝杰（？—1098） 辽建州永霸（今辽宁朝阳西南）人。家贫好学，重熙二十四年（1055）进士。清宁间，官至枢密直学士。咸雍二年（1066），参知政事同枢密院事，加工部侍郎。八年封陈国公，为北府宰相。太康元年（1075）赐国姓耶律氏，后以其功可比狄仁杰，赐名仁杰，故史书又称作耶律仁杰。为相八年，贪鄙奸佞，伙同太子耶律乙章陷害忠良。太康六年免相，贬为武定军节度使。大安年间病死家乡。乾统初年（1101）被开棺扬尸，以平民愤。

张琳（？—1122） 辽沈州（今辽宁沈阳）人。少有大志，道宗寿隆末任秘书中允。天祚帝即位，官户部使，乾统四年（1104）拜为南府宰相。保大二年（1122），天祚帝为金兵所败，从京中出走云中，留张琳与李处温辅佐魏国王耶律淳守南京。受李处温胁迫迎立耶律淳为帝，封太师平章军国事，但无实权。同年忧郁而死。

金代

金代熙宗天会十三年（1135）前用女真旧官制，此后改用辽宋官制，发领三省事、丞相（有左右之分）、平章政事为宰相。领三省事为首相，由三师（太师、太傅、太保）或三公（太尉、司徒、司空）兼领。丞相与平章政事主持国政，成为事实上的首席宰相。废置领三省事时，亦发尚书令为首相。金代120年，有四十二人出任首相。张姓有一人为相。

张浩（？—1163） 字浩然。金代辽阳（今属辽宁）人。本姓高，曾祖高霸仕辽，始改姓张。金太祖时，任承应御前文学。天会八年（1130）赐进士及第，任秘书郎。天眷二年（1139）任大理卿，详定朝廷内外礼仪程式，后历户、工、礼三部侍郎，升为礼部尚书，行六部事。海陵王即位，任参知政事，晋尚书右丞。天德三年（1151）主持扩建燕金（今北京）及皇宫。贞元元年（1153）金迁都燕京，改名中都。因功拜为左丞相。正隆三年（1158）又主持营建汴京（今河南开封），拜太傅、尚书令，晋封秦国公。六年，海陵王南下攻宋，留守主持尚书省事。大宣二年（1102），入见金世宗，又拜为宰相，任太师、尚书令，封南阳郡王。次年，自请以病辞职。卒谥文康。

明代

明代初年以中书省左右丞相为宰相。洪武十三年（1380）起罢中书省，废丞相制，由吏、户、礼、兵、刑、工六部直接向皇帝负责。十五年，仿宋制设华盖殿、武英殿、文渊阁、东阁等殿阁大学士，任皇帝顾问或秘书。明成祖时命翰林院编修、检讨等官入值文渊阁参预机务，遂发展成“内阁”。到嘉靖年间，内阁大学士才真正位列六部尚书之上，成为真正的宰相。内阁大学士为宰相集团，首席大学士称首辅或元辅，为首席宰相，主持国政。明代277年，有宰相一百一十七人。张姓宰相九人。

张璁（1475—1539） 字秉用。永嘉（今浙江温州）人。正德十六年（1521）进士。次年世宗即位，议“大礼”，意见与世宗合，升为南京刑部尚书，历官给事中、翰林院学士、兵部侍郎。嘉靖六年（1527），以礼部尚书兼文渊阁大学士入阁，参预机务。次年，升吏部尚书、谨身殿大学士。八年，为内阁首辅，成为宰相。在位六年，从政刚明果敢，不避嫌怨，清明廉节，痛惩贪官，但性情狠愎，报复不断。十四年，以病辞职。四年后去世，赠太师，谥号文忠。著有《谕对录》《奏对录》《张文忠集》等。

张璧（？—1545） 字崇象。石首（今属湖北）人。正德进士。嘉靖二十五年（1544）拜相，以礼部尚书兼东阁大学士，次年加太子太保。不久病逝，谥号文简。性情雅直，不近流俗，爱好文学。著有《阳峰家藏集》。

张治（？—1550） 字文邦。茶陵州（今湖南茶陵）人。正德十五年（1520）进士，授编修，历官吏部左侍郎、南京吏部尚书。嘉靖二十八年（1549）拜相，以礼部尚书兼文渊阁大学士参预机务。次年加太子太保。为相慷慨有志，明习典章，究辨时务及治乱、兴衰之故，想有所作为而不得志，不久病逝。赐祭葬，谥号文隐，隆庆间改谥文肃。著有《龙湖文集》。

张居正 详见本章第一节“辅国名臣”。

张四维（1526—1582） 字子维，号凤磐。蒲州（今山西永济西）人。嘉靖三十二年（1553）进士，授编修。隆庆间，以熟悉边防事务，促成与俺达议和而得内阁首辅高拱器重，历官翰林学士、吏部左侍郎。万历三年（1575），为内阁首辅张居正引荐，以礼部尚书兼东阁大学士入阁，参预机务，辅助改革，累进少师、吏部尚书、中极殿大学士。万历十年，张居正去世，遂代为内阁首辅，力反居正改革措施，起用反对派人士，以迎合时议，收拾人心。次年，以父丧离职。卒谥文毅。著有《条麓堂集》。

张位（？—1621） 字明成，号洪阳。新建（今属江西）人。隆庆二年（1568）进士，授编修，参加撰写《世宗实录》。万历元年（1573）以救吴中行等忤张居正，出任徐州同知。十一年，复为国子监祭酒、礼部右侍郎。十九年，任吏部侍郎兼东阁大学士，次年入阁，参预机务。力荐杨镐主持朝鲜抗日军务，并以镇压甘肃农民起义之功加封太子太保，迁吏部尚书、文渊阁及武英殿大学士。为相果敢善断，但弄权示威，终被弹劾。二十六年因杨镐兵败朝鲜，削职闲住。后以主谋撰写“妖书”除名为民。天启年间,平反复官。卒谥文端。著有《问奇集》《词林典故》《闲云馆集钞》《丛桂山房汇稿》《老子注解》《警心类编》等。

张瑞图 详见本章第三节“文化名家”。

张至发（？—1642） 字圣鹄，号宪松。淄川（今山东淄博）人。万历二十九年（1601）进士，历官玉田、遵化知县和礼部主事、河南按察御史等，以厌恶党争称病辞职。天启元年（1621）起为大理寺丞。三年，又以终养归。崇祯五年（1632）,再起为顺天府丞,进光禄卿,厘正积弊。八年，以礼部侍郎兼东阁大学士入阁，参预机务。历太子太保、文渊阁大学士、户部尚书等。十年，代温体仁为内阁首辅。时明王朝经李自成农民起义军打击，已近灭亡，无大作为。次年，因他人牵连罢相归家。十四年诏用，坚辞不就。翌年病逝，赠少保。

张四知（？—1642） 费县（今山东费县）人。进士出身，由庶吉士任检讨。崇祯初年，官礼部侍郎。崇祯十二年，以礼部尚书兼东阁大学士入阁，参预机务，累加太子太保，晋吏部尚书、武英殿大学士。为政庸劣，充位而已。十五年退休，后降清。

清代

清初，以内国史院、内秘书院、内弘文院三大学士共为宰相。顺治十五年（1658），改内三院为内阁最高行政机关，分置中和、保和、文华、武英四殿及文渊阁、东阁诸大学士，以内阁大学士为宰相。三年后复内三院制。康熙九年（1670），再改内阁制。康熙十六年起，南书房行走瓜分内阁相权。雍正七年（1729），设军机房，三年后改军机处，自此军机大臣成为真正的宰相。军机大臣三至六人不等，以满、汉大学士和各部尚书、侍郎及京堂等官充任。清代历时275年,有宰相二百一十九人。张姓宰相七人。

张端（？—1654） 掖县（今属山东）人。明末进士，选庶吉士。李自成攻入北京，降归大顺政权。清兵入关，继降清。顺治初任弘文院检讨，历升为礼部侍郎。顺治十年（1653）拜相，任国史院大学士。次年卒于相位，赠太子太保，谥文安。

张玉书（1642—1711） 字京江，号素存。江南丹徒（今江苏镇江）人。顺治进士。康熙二十年（1681），累官为内阁学士，充经筵讲官。后历刑部、户部尚书等。二十九年升文华殿大学士兼户部尚书。三十五年，随康熙皇亲征噶尔丹叛乱，参预机密，颇得信任。次年，任《平定朔漠方略》总裁官。三十七年，以母丧辞归。四十年再召入阁。为相勤于政事，廉洁谨慎，远避权贵，为康熙皇帝所倚重。曾奉命监治黄河。五十年卒于相位。谥文贞。

张英（1637—1708） 字敦复，又字梦敦，号乐圃、圃翁。江南桐城（今属安徽）人。康熙初年进士，授编修，充日讲起居注官、侍读学士。十六年（1677）设南书房，首中入选，一时制诰多出其手。二十八年迁工部尚书、翰林院掌院学士，历充《国史》《一统志》《渊鉴类函》《政治典训》等书总裁官。三十八年拜相，任文华殿大学士兼礼部尚书。为相恭敬谨慎，忠诤真谏，知无不言，颇受康熙皇帝器重。四十年以疾辞职，七年后去世。谥文端。著有《聪训斋语》《恒产琐言》《张文端集》等。其子张廷玉任雍正、乾隆两朝宰相。

张鹏翮（1649—1725） 字运青，一字宽宇。四川遂宁人。康熙初年进士，历任礼部郎中和苏州、兖州知府等。随索额图勘定中俄东段边界。三十九年（1700）任河道总督治理黄河，逢湾取直，助黄刷沙，多有成效。后任刑部尚书、两江总督等。曾奉命赴陕西办理贪污案，康熙誉之为“天下廉吏”。世宗即位，加太子太傅。雍正元年（1723）拜相，任武英殿大学士。时黄河决口，再往治理。三年，卒于相位，谥文端。著有《张文端公全集》。

张廷玉 详见本章第一节“辅国名臣”。

张之万（1811—1897） 字子青。直隶（今河北）南皮县人。进士出身，咸丰二年（1852）任江南学政。以条陈防剿太平天国军事宜升内阁学士。同治间，历官礼部、工部侍郎，河南、江苏巡抚，河南、闽浙总督等。镇压捻军起义，主持漕运。光绪初，历兵、刑二部尚书。十年（1884）以刑部尚书任军机大臣，又充上书房总师傅、协办大学士。十五年加体仁阁大学士，后转东阁大学士。为相随和，安静无事，在位十年，无甚成就，二十年免相。三年后病逝，赠太傅，谥文达。

张之洞 详见本章第二节“辅国名臣”。

第六节
文武状元

本节资料来源于《中国历代状元传略》《中国状元全传》《中国历代武状元》以及《张氏族谱》等书。共录张姓文状元四十名、武状元二十一名。

张氏历代文状元

张式 南阳（今河南南阳）人。约生于唐玄宗天宝七年（748）。唐代宗大历七年（772）壬子科状元及第。该科进士及第三十三人。

张式出生于官宦家庭。其曾祖张大礼为坊州刺史；祖父张绍贞为尚书右丞；父亲张洮官至苏州司马，其弟张正甫官至吏部尚书，侄儿张元夫、张杰夫、张征夫先后进士及第。张式曾官殿中侍御史内供奉、左司员外郎、户部郎中。贞元十五年（799）为河南少尹飞骑尉。后不知所踪。

张式好学工文，今《全唐文》存其《燕昭王筑黄金台赋》等两篇。

张正甫 南阳（今河南南阳人），字践方。生于唐玄宗天宝十年（751），卒于唐文宗大和八年（834）。唐德宗贞元二年（786）丙寅科状元及第。该科进士及第二十七人。

登第后曾为襄阳从事、监察御史，后不附权要被诬陷，贬为郴州长史，拜殿中侍御史，迁户部郎中，又改任河南尹。在任上，有朝臣推举一人为河南科试解元，遭其拒绝。力主选人公正，任人唯才。后又由同州刺史入朝拜左散骑常侍、工部尚书。大和五年（831）任检校兵部尚书、太子詹事。大和六年以吏部尚书之职告老辞官，赋闲在家。两年后去世，追赠太师。

张又新 深州陆泽（今河北深县西南）人，字孔昭。未知生卒年。

唐宪宗元和九年（814）甲午科状元及第。

张又新曾祖父和父亲都是有名的才子和学人。张又新自幼工于文章，初应宏词科第一，又为京兆解头，后又状元及第，因三占鳌头，人称“张三头”。入仕后为广陵从事，历左右补阙。为人阴险敢言，奉迎拍马，献媚于宰相李逢吉，合谋排斥异己。后陷害李绅，使李绅被贬为端州司马。宝历二年（826），升祠部员外郎，与拾遗李续之、刘栖楚等七人并称为“八关十六子”，把持朝政，颇为得势。大和元年（827），李逢吉被罢相，张又新亦被贬为山南东道节度使，再贬为汀州史。李训掌朝政，张又新趋附。会昌二年（842），李训遭贬，张又新亦被贬为江州刺史，后死于左司郎中任上。

张又新善诗文，有才华，但无才德，私生活淫荡。嗜茶，著有《煎茶水记》，《全唐诗》存其诗十七首。《全唐诗外编》及《全唐诗续拾》有其补诗六首、断句三、序一篇。较有代表性的如《五月水边柳》：“结根挺涯涘，垂影复清浅。睡脸寒未开，懒腰晴更软。摇空条已重，拂水带方展。似醉烟景凝，如愁月露泫。丝长鱼误恐，枝弱禽惊践。怅别几多情，含春任攀搴。”

张温琪　籍贯、生平俱不详。

唐宣宗大中四年（850）庚午科状元及第。其人史传无名，事迹失考。

张确　出生地不详。生卒年不详。五代十国南唐后主末年（975）状元。

南唐后主末年春，宋师兵临城下，依例照常开科取士。张确以第一名登科，赐状元及第。是年十一月南唐国亡。

《续资治通鉴》宋记第八卷第三页记载：“开宝八年二月，是月江南知贡举户部员外郎伍乔，放进士张确等三十人。自保大十年开贡举讫于是岁凡十七榜。”因是年（975）南唐灭，仍沿用宋开宝纪年（八年）。张确为五代十国南唐后主末年状元。

张去华　开封襄邑（今河南睢县）人，字信臣。生于后晋天福三年（938），卒于宋真宗景德三年（1006）。宋祖建隆二年（961）辛酉科状元。

张去华少年好学上进，善诗赋，以荫补太庙斋郎。十八岁时，周世宗平定淮南，去华感叹：“兵战不息，民事不修，难于长治久安。”遂著《南征赋》《治民论》献于世宗。世宗阅后十分欣赏，诏授御史台主簿。去华认为此职非大丈夫所为，竟弃官回郑州，三年不出。

宋朝建立，张去华挟诗文游京师，其行为文章为李昉所称扬，一时名声大噪。中状元后，拜秘书郎，入值史馆。一年后，因未得升迁，上章自述，指责知制诰张澹学识浅薄，却居高位，请求与之考校，惊动太祖，立被召试于殿前，果如其言，遂擢为右补阙。

太平兴国四年（979），去华随太宗征讨太原，受命为京东转运使，历左司员外郎。兴国七年，为江南转运使。雍熙三年（986），太宗讨伐幽州，去华被任命为河北转运使，知陕州。赴任前，著《大政要录》三十篇。太宗阅后深为嘉许，将其留于京师。咸平二年（999），去华患病，请分司西京（今河南洛阳），在其府宅建“中隐亭”，以示隐居。景德元年（1004），以工部侍郎身份致仕。未及二年，病逝于家，享年六十九岁。

张去华相貌英俊，擅长议论，有气节，为官刚正。曾收养父亲生前好友何氏之二子，教导其读书成长。去华为官，关心百姓疾苦，曾著《元元论》，论述为政以养民重农为急，得真宗诏令，以绢书写成十八轴，挂于龙图阁四壁。

张去华擅长诗文，留有文集十五卷。

张师德　开封襄邑（今河南睢县）人，字尚贤。生卒年不详。宋真宗大中祥符四年（1011）辛亥科状元。

张师德为北宋第二位状元张去华之子，在父亲夺魁五十年后，张师德又金榜题名第一，为世人艳羡。张师德中状元后，授将作监丞，通判耀州，迁为秘书省著作郎、集贤校理，判三司都理欠凭由司。曾上疏请求赦免因贫苦无力还债之人，获准。一次，张师德上殿奏事，真宗以时事问之，师德回答详备，真宗喜道：“朕在藩邸时即知卿父名，今又知卿才。”以后每次派人出使，真宗就说：“张师德可用。”而契丹、高丽使者来朝，又大多让张师德接待。

天禧初（1017），张师德安抚淮南时染病，改判司农寺，擢右正言，知制诰。判尚书刑部，出知颍州。迁刑部员外郎，判大理寺，为群牧使。再迁为吏部郎中。因病，知邓州，徙汝州，拜左谏议大夫，罢知制诰。

张师德孝谨有家法，不结交权贵，但体弱多病，不堪重任，曾在任九年未得升迁，并逝于任上。著有文集十卷传世。

张观　绛州绛县（今山西绛县）人，字思正。生卒年不详。宋真宗大中祥符七年（1014）甲寅科状元。

张观年少时即以严谨好学闻名乡里。中状元后，授将作监丞、通判解州。仁宗即位，迁太常丞，为三司度支判官、知制诰，出知杭州。还朝后，进为翰林学士、知审官院，累迁左司郎中，以给事中权御史中丞。时遇灾异，仁宗诏求直言，张观上疏道：“承平日久，政宽法慢，用度渐侈，风俗渐薄。”条陈知人、严禁、尚贤、节用四事。河北发大水，又上疏建议：“导积水以广播种，缓催久以省禁锢，宽刑罚以振淹狱，收逃田以募归复，置工役以先急务，止配率以阜民财，通商旅以济艰食。”复知审官院，遂拜同知枢密院事。

康定中（1040—1041），西兵失利，张观因与陈执中等议点乡兵久而不决被罢，以资政殿学士、尚书礼部侍郎知相州，徙澶州。时遇水患，州人大恐，众人劝其移高地以避险，张观怒道：“太守独去，如州民何？”乃亲领兵民加高堤岸，直至水退为止。徙郓州后，上疏朝廷，请宽煮盐之禁，使获罪者日少。后历知应天府、孟州、河南府，以吏部侍郎兼御史中丞。

张观性至孝，初为秘书郎，上疏愿以己官授父，得真宗嘉奖，以其父为京官。父亲欣赏洛阳风物山川，张观遂在洛阳买田宅、营林榭，并每日早起侍奉，未曾荒废一日。其父年过九十而卒，张观因哀痛过度，不治而死，赠吏部尚书，谥文孝。

张观持廉少欲，言行谨慎，平生为文必用楷书，无一行草，文如其人，人如其文，仁宗曾飞白书“清”字赐之，以赏其节。

张唐卿　山东青州（今山东淄川）人，字希元。生于宋真宗大中祥符三年（1010），卒于宋仁宗景祐四年（1037）。宋仁宗景祐元年（1034）甲戌科状元。

张唐卿十七岁，曾以诗文拜谒韩琦，韩琦对其才华甚为推重。中状元后，张唐卿通判陕州，处事干练，决断如流。曾有一人之生母改嫁后病逝，后其父亦染疾而亡。在安葬父亲时，此人恨母亲不能与父亲同穴，遂掘墓盗尸，将母亲尸骨与父亲同葬一处。事发，官吏欲依法治罪，遇张唐卿复审，言：“不过只知有孝，不知有法而已。”遂释放此人。不久，张唐卿父亲病故，因悲痛过度，唐卿亦吐血而亡，年仅二十八岁。时人对其孝既敬佩又惋惜，韩琦含泪为其撰写墓志铭。

张九成　杭州钱塘（今浙江杭州）人，字子韶，号横浦居士，又号无垢居士。生于宋哲宗元祐七年（1092），卒于宋高宗绍兴二十九年（1159）。宋高宗绍兴二年（1132）壬子科状元。

张九成少年游学京城，拜理学家杨时为师。曾有权贵托人馈赠钱物，言："肯从吾游，当荐之馆阁。"张九成笑而却之。中状元后，任镇东军签判，因对张宗臣不体察民情、滥捕百姓不满，与其发生争执，遂弃官而走。赵鼎为相，力荐九成，遂以太常博士被召入京，任著作郎。上疏请施仁政，被嘉许，授浙东提刑，力辞不就，回归乡里。不久，朝廷召张九成任宗正少卿，权礼部侍郎，兼侍讲，兼权刑部侍郎。张九成恪尽职守，平反诬告案件。朝廷欲以嘉奖，张九成辞却道："任职刑部，出现冤案，我本有责，怎可邀功？"

赵鼎被罢相，张九成因反对宋金议和及拒绝秦桧拉拢被诬为赵鼎一党，屡遭陷害，虽高宗信任，亦不得救，被贬谪南安军长达十四年之久。秦桧死，方起知温州，不久，病逝于任上，享年六十八岁。宝庆初（1226），朝廷特赠张九成为太师，封崇国公，谥文忠。

张九成研究经学，多有训解。早年喜与学佛者交游，被时论所不容。著有《孟子传》《横浦集》等。

张孝祥　历阳乌江（今安徽和县）人，字安国，号于湖居士。生于宋高宗绍兴二年（1132），卒于宋孝宗乾道六年（1170）。宋高宗绍兴二十四年（1154）甲戌科状元。

张孝祥读书过目不忘，下笔数千言顷刻而就。绍兴二十四年（1154）廷对时，一甲第一名本为秦桧之孙秦埙，张孝祥列第二。高宗见秦埙文章尽是秦桧说过的套话，便点张孝祥为状元。张孝祥因力主抗金，反对议和，上疏为岳飞平反，忤怒了秦桧。父亲张祁也被诬告谋反入狱，秦桧死后才获释。

张孝祥对汤思退有师生之谊、知遇之恩，从不得罪汤思退，但亦不依附。御史中丞汪彻弹劾汤思退妥协投降，张孝祥亦被免官。

张孝祥历任礼部员外郎、起居舍人、中书舍人、直学士等。任建康留守时，遇金兵来犯，张孝祥因极力赞同张浚北伐而被弹劾落职。起用后任荆南荆湖北路安抚使。任上，筑寸金堤，绝荆州水患；建万盈仓，用于储备漕粮。政绩播于朝野。乾道六年（1170），张孝祥与好友泛舟芜湖时突然中暑身亡，年仅三十八岁。孝宗闻之，深为惋惜，有用才不尽之叹。

张孝祥是南宋著名文学家、爱国词人。其词学苏轼，为宋朝豪放派重要作家。其《六州歌头》云："长淮望断，关塞莽然平。征尘暗，霜风劲，悄边声，黯销凝。追想当年事，殆天数，非人力，洙泗上，弦歌地，亦羶腥。隔水毡乡，落日牛羊下，区脱纵横。看名王宵猎，骑火一川明。笳鼓悲鸣，遣人惊。/ 念腰间箭，匣中剑，空埃蠹，竟何成！时易失，心徒壮，岁将零。渺神京，干羽方怀远，静烽燧，且休兵。冠盖使，纷驰骛，若为情？闻道中原遗老，常南望，翠葆霓旌。使行人到此，忠愤气填膺，有泪如倾！”充满强烈的爱国激情，对苟且偷安之辈放声谴责，抗金名将张浚曾为之感动得罢席而走。著有《于湖集》四十卷《于湖词》一卷《张紫微帖》一卷。

张孝祥文章、书法、诗词均好，遗憾之处是其出入汤思退和张浚两人门下，游离于和战之间，时人对此感到惋惜。

张渊微 盱江（今江西广昌）人，一说为建昌军新城（今江西黎川）人，字孟博，一字益博，生卒年不详。宋理宗淳祐七年（1247）丁未科状元。

张渊微少年时聪明好学，通晓《五经》，尤长于《春秋》，为文赋诗援笔立成。中状元后，以签书昭庆军节度判官厅公事召赴行在，任秘书省正字。淳祐十年（1250），迁为校书郎。不久，以正字兼庄文府教授任校书郎。十二年，为著作佐郎。宝祐元年（1253），兼司府郎官及史馆校勘；八月，兼景献府教授；十月，兼资善堂直讲。五年，授将作少监，兼职依旧，后官至侍郎致仕。

张渊微为人性直尚义，从不虚美掩饰。殿试后，曾上疏主张节用，乞罢琼林宴，获准。被百姓称颂。

张镇孙 南海（今广东南海）人，字鼎卿，号粤溪。生年不详，卒于宋端宗景炎二年（1277）。宋度宗咸淳七年（1271）辛未科状元。

张镇孙少年时学习刻苦，博闻强记，小有名气。中状元后，授秘书省正字，晋秘书省校书郎。不久出为婺州通判。咸淳十年（1274），度宗驾崩，太子赵㬎即位，仅四岁，是为恭帝。德祐元年（1275）冬，元军逼近南宋都城临安（今杭州），张镇孙因牵念双亲，弃官回南海奉养父母，遭弹劾被罢官免职。恭帝君臣降元后，宋臣拥立端宗赵昰即位，张镇孙为龙图阁待制、广东制置使兼经略按抚。奉诏与都统凌震招兵买马，誓图恢复。景炎二年（1277），张镇孙率军收复广州，军心、民心为之大振。但不久，元军又复占广州，张镇孙兵败被俘，英勇就义。文天祥闻讯，极为悲愤，挥泪赋诗悼念。

张镇孙为人正直，对奸相贾似道收买之举不屑一顾。张镇孙擅于诗文，殿试时，洋洋七千言一挥而就。著有《见面亭集》十六卷。

张俭　宛平(今河北宛平)人，字号不详。生于辽穆宗应历十二年(962)，卒于辽兴宗重熙二十二年（1053）。辽圣宗统和十四年（996）丙申科状元。此科及第者仅两人。

张俭中状元后，调云州幕官。圣宗狩猎云中，节度使进言："臣境无他产，唯幕僚张俭，一代之宝，愿以为献。"圣宗召见张俭，见其容止朴野，即询以治世之道，张俭所对三十余事，甚得圣宗赏识，遂被待为上宾。

张俭于朝中有"明干"之誉。开泰年间（1012—1020），累迁同知枢密院事。太平五年（1025），出为武定军节度使，移镇大同。六年，入为南院枢密使。吴叔达不容张俭，忤怒圣宗，被外放为康州（属今甘肃）刺史，而张俭则官拜左丞相，封韩王。

兴宗即位（1031），张俭被赐为"贞亮弘靖保义守节耆德"功臣，拜太师中书令，加尚文，改封陈王。重熙五年（1036），兴宗莅临礼部贡院，亲试进士时，进士之名皆令张俭签发，并特许其觐见无须通报，且赐诗褒奖其功德。

张俭衣着朴素，食不重味，常以有余之月俸周济亲朋旧友。一年冬季，上殿奏事，兴宗见其衣袍陈旧，密令侍从以火穿洞记之。后屡见张俭不易旧袍，兴宗问其故。张俭道："臣服此袍已三十年矣！"兴宗怜其清贫，令其于内府任取物品，而张俭只持布三端而出。张俭兄弟五人，兴宗欲赐以进士出身，张俭固辞不受。

司法部门抓捕八名嫌疑犯后不审即杀，等真正贼人抓到，被害人家属诉冤。张俭多次上书乞请审理，兴宗大怒道："卿欲朕人偿命耶？"张俭道："八家老稚无告，稍加存恤，使得足慰存没矣！"兴宗感悟，听从了劝告。

张俭居相位二十余年，对朝政多有裨益。即使其退休后，遇朝政大事，兴宗仍至其寓所咨询。一次，宋朝书信无礼，兴宗欲亲征。行前，造访张俭，张俭极陈利害得失，使其放弃攻宋想法。张俭后来病逝于家，享年九十一岁，敕葬宛平县。

张用行　籍贯、字号、生卒年均不详。辽圣宗开泰三年（1014）甲寅科状元。此科及第者三十一人。余事不详。

张克恭 籍贯、字号、生卒年均不详。辽圣宗开泰七年（1018）戊午科状元。此科及第者三十七人。

张克恭中状元后，为平州节度使宰臣，兴宗重熙年间官至司空。曾以堂后官身份充贺夏国王李德昭生日使。余事不详。

张仲举 籍贯、字号、生卒年均不详。辽圣宗开泰九年（1020）庚申科状元。此科及第者四十五人。余事不详。

张渐 籍贯、字号、生卒年均不详。辽圣宗太平二年（1022）壬戌科状元。此科及第者四十七人。余事不详。

张昱 籍贯、字号、生卒年均不详。辽圣宗太平五年（1025）乙丑科状元。此科及第者七十二人。

据《辽诗话》记载：张昱中状元后任太子校书郎。辽国南京（今北京）城百姓因此年谷物丰熟、政宽人和，争相向朝廷献礼，争相观睹及第进士丰采，并通宵达旦欢歌畅饮，整个京城灯火如昼，士庶嬉戏，辽圣宗亦微服与民同乐。

张宥 籍贯、字号、生卒年均不详。辽圣宗太平八年（1028）戊辰科状元。此科及第者五十七人。余事不详。

张仁纪 籍贯、字号、生卒年均不详。辽圣宗太平九年（1029）己巳科状元。此科及第者二十二人。

太平九年（1029）八月，渤海人在东京发动反辽起义，张仁纪等同佐张杰守沈州。平定起义后，圣宗赐张仁纪等进士及第，以嘉其忠。余事不详。

张孝杰 辽建州永霸县（今辽宁朝阳西）人。辽道宗清宁元年（1055）乙未科状元。详见本章第五节“历代宰相”。

张臻 籍贯、字号、生卒年均不详。辽道宗咸雍二年（1066）丙午科状元。此科及第者一百〇一人，考场永安殿。余事不祥。

张毂 籍贯、字号、生卒年均不详。辽道宗大安三年（1086）丙寅科状元。此科及第者二十六人。余事不详。

张行简 莒州日照（今山东日照县）人，字敬甫。生年不详，卒于金宣宗贞祐三年（1215）。金世宗大正十九年（1179）己亥科状元。

张行简中状元后，任应奉翰林文字。章宗即位（1190），累迁为礼部郎中。当时司天台刘道用改进新历后，朝廷诏令学士院更定历名，张行简请求反复校对测验，以防有差。后来，党怀英校验，果然发现新历有很多谬误。不久，张行简任礼部侍郎，提点司天台，兼修国史，对朝廷礼制提出很多建议，均为章宗所采纳。承安五年（1200），为侍讲学士。

泰和二年（1202），张行简为宋主生日副使，章宗召生使完颜瑭告诫道："……每事听于行简。"四年，章宗诏令："每奏事之际，须令张行简常侍左右。"五年，群臣复请上尊号，章宗不准，诏令行简作批答。行简文章典雅，甚得代言之体，被章宗任命为顺天军节度使。六年，召为礼部尚书。秘书监进太一新历，章宗诏令行简校对。七年，累迁为太子太傅、翰林学士承旨。贞祐三年（1215），病逝于任上。朝廷追赠银青光禄大夫，谥文正。

张行简为人端正，处世缜密，深为皇帝信任。其初入翰林，至太常、礼部、典贡举终身，达官贵人每每以之为荣。张行简与兄同居数十年，和睦无间。著有文章十五卷和《礼例纂》一百二十卷。

张檝　山西人，字巨济，生卒年不详。金章宗明昌五年（1194）甲寅科状元。

张檝曾祖张颐宗，银青荣禄大夫。祖张惠，官拜怀远大将军。父亲张天白，为县主簿。张檝中状元后，官至镇州、戎州刺史。其为人蕴藉，擅长谈论，文赋诗笔截然有律度，备受时人推崇。

张本　观津（今属河北故城县）人，字敬之。生卒年不详。金宣宗贞祐元年（1213）癸酉科状元。

张本中状元后，历官翰林学士，后入燕京长春宫（今北京白云观）为道士。张本工书法，尤其擅长大篆、八分两体。余事不详。

张起岩　历城（今属山东）人，字梦臣，号华峰。生于元至元二十二年（1285），卒于元至正十三年（1353）。元延祐二年（1315）左榜状元。授集贤修撰。转为国子监博士，升监丞，晋为翰林院侍制，兼国史院编修官。历任监察御史、礼部尚书、中书省参义，官至翰林院侍讲。

至元三年（1337），出为南台侍御史，入中台，出任燕南廉访使，打击豪富，不容放贷害人、称霸作恶。贫穷百姓得吐怨忿之气。

至正元年（1341），知任南台中丞，晋为翰林承旨。奉诏修撰辽、金、宋史，任国史院总裁官。累迁至荣禄大夫、翰林承旨学士。

张起岩幼从父学，其父为四川省儒学副提举。他学有所成，经察举为福山县教谕。由于他熟悉金代、宋代典故，且历史知识渊博，故总裁《三史》。编修时，据理审定，深厚醇雅，论证充足。辽、金、宋三史修成，后上书辞官归里。卒于乡里，谥文穆。

张起岩博学多识，刚毅果断，待人以诚。著有《华峰漫稿》《华峰类稿》《金陵集》，书迹有《赠季境诗》。

张益 西河（今属山西）人，生卒年不祥。元泰定元年（1324）三月左榜状元。例授翰林国史院修撰。仕至监察御史。

《大明一统志》第二十一卷"汾州"第二十九页记载："元张益，西河人，举进士第一，仕至国子司业。"《元史》第二十九卷泰定帝之一记载："三月，戊戌，廷试进士，赐八剌、张益等八十四人及第，出身有差。"

至顺二年（1331），张益上书劾四川省平章奇彻台"为人反复，不可信任，宜削官远窜"。文宗帝从其言，将奇彻台及其妻儿等禁锢于广东。

张士坚 出生地不详，生卒年不详。元至正五年（1345）左榜状元，授翰林国史院修撰、承直郎。至正十一年任会试监试官。

《元史》第四十一卷顺帝纪之四记载："三月辛卯，帝亲试进士七十有八人。赐普颜不花、张士坚进士及第，其余赐出身有差。"

《畿辅金石志》"至正十一年进士题名记"中记载有张士坚以承直郎、监察御史之职充任辛卯科会试监试官的碑刻。张土坚官至监察御史。

张栋 出生地不祥，生卒年不详。元至正二十六年（1366）左榜状元。授翰林国史院修撰。

《元史》第四十七卷顺帝纪之十记载："至正二十六年三月……乙未，迁试进士七十二人。赐赫德溥化、张栋进士及第，余出身有差。"据此可知张栋为该科汉人、南人榜即左榜状元。该榜为汉人南人榜最后一榜。

张信 浙江定海人。字彦实，号城甫。生年不详，卒于明太祖洪武三十年（1397）。明太祖洪武二十七年（1394）甲戌科状元，授翰林院修撰，官至侍读学士。

张信博览群书，尤精《尚书》《毛诗》。洪武二十六年（1393）应天乡试第一名。甲戌科取状元后，太祖命他负责训导诸王子。张信好杜诗。一次为韩王朱松讲诗，以杜甫诗句"舍下笋穿壁"为讲，太祖知道后龙颜不悦，认为是讥讽大明朝，张信从此失宠。

洪武三十年丁丑会试，有人上疏状告考官刘三吾、白信蹈录取有偏袒，太祖命张信等十余名官员每人复审十份考卷，结果仍维持原榜。事后，又有人上疏称张信与考官刘三吾等勾结，故意拿最差的考卷进呈。太祖大怒，下令将张信、白信蹈等人“磔杀（分尸）”。

据传，在张信家乡定海有一座状元桥，为南宋淳熙十六年（1189）昌国（今定海）县令王阮所造。全国各地的状元桥均是先出状元后造桥，而定海却是在造桥后二百多年，居住在状元桥附近的张信大魁天下，遂使该桥名副其实。

张升　江西南城人，字启昭，号柏崖。生于明成祖永乐十年（1422），卒于明武宗正德十二年（1517）。明宪宗成化五年（1469）己丑状元。授翰林院修撰，官至礼部尚书、太子太保。

张升刚正不阿，疾恶如仇。弘治改元，迁庶子。当时，人称“纸糊三阁老”中只有首辅刘吉侥幸留任。张升上疏孝宗，言“吉乃倾身阿佞，取悦言官”，“由是谏官缄口，奸计始遂”，“盛纳艳姬，恣为淫黩”，历数刘吉纳贿、纵子等十大罪状。刘吉恨甚，指使他人弹劾张升乃轻薄小人，诋毁执政。一时舆论大哗。孝宗不明真相，将张升调往南京任工部员外郎。临行，同乡好友何乔新赠诗云：“乡邦交谊最相亲，忍向离筵劝酒频。抗疏但求神圣治，论思端不忝儒臣。自怜石介非狂士，任诋西山是小人。暂别銮坡非远谪，划将辞赋吊灵均。”

直到刘吉事败被罢官，张升才恢复原职，历任礼部左、右侍郎。弘治十五年（1502）任礼部尚书。张升在礼部五年，不畏强权，直言敢谏，虽屡遭攻击，然自守谨饬。

武宗即位，嬉游怠政。给事中胡煜、杨一汉等上疏劝谏。奏疏交礼部，张升借机上疏，劝武宗“亲贤远佞，克谨天戒”。武宗虽觉得张升言之有理，却不能实行。张升遂连疏乞休，武宗不允。正德二年（1507），张升得罪执掌大权的刘谨，于是谢病辞官。帝不准，下诏加封太子太保。后死于任上，享年七十六岁，谥文僖。著有《柏崖文集》及《柏崖诗集》。

张元忭　祖籍四川绵竹，徙居浙江山阴（今浙江绍兴），字子荩，号阳和。生于明嘉靖十七年（1538），卒于明万历十六年（1588）。明隆庆五年（1571）辛未科状元。

张元忭生有异质，以嗜书如命而闻名遐迩。然而体质羸弱，年少时母亲经常告诫他不要学习太过劳累，他便将油灯藏于幕账之中，待母亲熟睡之后再挑灯诵读。十余岁即以气节自负，常为那些为全气节而捐躯的先贤写文祭悼，每到动情之处便潸然泣下，衣衿尽湿。

元忭父张天复官至云南副使。进击武定起兵反叛的凤继祖有功，获朝廷嘉奖。后反叛者还袭武定，官军败绩，但被巡抚吕光洵讨灭之。隆庆初年，有人上疏追究其父过失，逮至云南对质。元忭万里护行。事情稍缓，他又进京诉冤。当事者无不为他的孝心感动，张天复得以从轻发落，削籍归家。元忭又急忙奔回家乡安慰。一年之内往来奔波万里之遥，刚过三十岁便已鬓发全白。

张元忭登第后授修撰，旋即回乡奔父丧。万历七年（1579），为经筵讲官，他力劝神宗近贤臣。当朝首辅张居正生病，满朝大臣争着为其奔走求神。元忭身为其门生，却不趋附。元忭曾抗疏救御史胡涍，又请进讲列女传于两宫。万历十年使楚府还，过家省母，见母有病，立刻辞官回家侍奉。仅五日，母卒。元忭侍奉二亲疾，凡汤药均亲口尝一尝。他笃于孝行，躬行实践，为乡人所称道。服除，仍为修撰，进左谕德。

张元忭曾以神宗刚登基，请求恢复父亲官职，诏许给冠带。至是复申前请，竟遭到神宗的拒绝。他哭着说："吾无以下见父母矣。" 遂悒悒得疾卒，享年五十一岁。天启初年，被追谥文恭。张元忭善属文，工书法。著有《绍兴府志》《云门志略》《会稽县志》《皇明大政记》等。

张懋修　湖广江陵（今湖北江陵）人，字惟时，号斗枢。生于明嘉靖三十四年（1555），卒于明崇祯七年（1634）。明神宗万历八年（1580）庚辰科状元。

本科共取进士三百人。当时首辅张居正之子敬修、懋修和次辅张四维子嘉征俱中式。廷试，张居正、张四维以子嫌请回避，神宗不允。赐状元张懋修，榜眼萧良有，探花王廷撰。主考官为礼部尚书、文渊阁大学士申时行，礼部右侍郎兼翰林学士余有丁。本科鼎甲三人皆是兄弟同登进士：张懋修兄张敬修；萧良有弟萧良誉；王廷撰弟王廷谕。一时众说纷纭。张居正另一儿子张嗣修为万历丁丑榜眼。榜发后，有无名氏揭帖张于朝门称："状元榜眼俱姓张，未必文星照楚邦。若是相公（张居正）坚不去，六郎（张居正另一子张敏修）还作探花郎。”

张懋修登第后授修撰。三年，张居正病逝，政局突变。次年春，有人追论、诬陷居正生前种种情弊。神宗视“恩相”为仇敌，相府于是被抄没，张家子弟全部削籍为民。当时有“丁丑无眼（榜眼张嗣修），庚辰无头（状元张懋修）”的说法。张敬修不堪屈辱自缢身死，懋修冤愤至极，投井未死，绝食数日仍未死，被谪戍烟瘴之地。直至天启二年（1622），张居正冤案得以昭雪，懋修才得以放还，其时已六十八岁高龄。崇祯七年（1634）卒于家中，享年七十九岁。著有《墨卿谈乘》十四卷，搜集整理了《张居正全集》四十六卷。

张謇 清光绪二十年状元。详见本章第四节“济世英才”。

张氏历代武状元

张仁愿 详见本章第二节“护国将才”。

张重光 字号、籍贯、生卒时间不详。

唐玄宗开元二十三年（735）诏举“智谋将帅”科，重光应试登第，后事迹不详。

张建侯 字号、籍贯、生卒时间不详。北宋天圣八年（1030）庚年科武举会试第一名，曾任职辰州。

天圣八年庚午科共取录武进士八人，建侯以第一名及第，本科是宋朝第一次武举考试。

入仕后初任三班奉职，是皇帝信任的侍卫之臣。康定元年（1040）因抗击陕西叛乱有功，被范仲淹称“勇决身先者”。后在范仲淹的安排下，与王信、狄青、黄世宁等人训练士卒，以提高宋军战斗力。据史书记载，张建侯任职辰州，在平定当地叛乱之战中因寡不敌众，被叛军打败，与王宽之不幸被捕。面对叛军威胁利诱，张建侯义正辞严地说：“作为一个人，我应当知道什么是正义、什么是邪恶，我绝不为求自己的生存而放弃忠义之道……”叛军首领恼羞成怒，把建侯、宽之残忍杀害。

张建侯英勇献身，他的精神激励着宋朝官兵打退叛军数次进攻。战斗结束后，镇江寨军民特地为他建祠堂，以缅怀他的伟绩。

张闳 字号、籍贯、生卒时间皆不详。北宋绍圣四年（1097）夺魁。

绍圣四年丁丑科共录取武进士五十六人，张闳以第一名状元夺魁，及第后事迹未见史书详细记载。《宋会要辑稿补编》中有关武举科记载中略有记述，仅知其夺武状元后任指挥官职。

张深　字号、籍贯、生卒时间不详，北宋绍兴五年（1135）夺魁。

绍兴五年乙卯科共录武进士六人，张深夺得第一名，状元及第。此后事迹未见更多记载，仅从《宋会要辑稿补编》中了解其科考情况。

张宗德　温州府平阳县（温州市平阳县）人，字号、生卒时间不详，南宋宝祐四年（1256）夺魁。

宝祐四年丙辰科，张宗德以武进士第一名状元及第，而后事迹未见更多记载，仅从《弘治温州府志》中得知和德宗同榜的还有八位平阳武进士，即周子文、薛享亮、薛时若、薛享雷、薛一雷、薛曾、林千之、林世聪。

张大德　湖北安陆州人，字号、生卒时间不详。万历五年（1577）夺魁。

万历五年丁丑科共取录武举八十人，大德以武会试第一名状元及第，之后事迹未见太多记载，仅从《明实录·神宗实录》中了解本科会试情况。

张神武（？—1621）　本姓陈，江西新建人，字号不详，明万历三十二年（1604）夺魁，曾任四川都司。

万历三十二年甲辰科武举会试第一名状元及第，初授四川都司佥书，后任四川都司。此时奢崇明袭永宁宣抚史职，其母奢世续仍不交出官印，张神武与永宁参将周敦吉生擒奢世续，掠走她的财物、子女，逼她交出官印。此举激怒奢世续手下阎宗传等人，阎以救主母为名狂掠永宁、赤水等地，使数百里一片狼藉。一些官员弹劾神武贪功冒进，给朝廷惹麻烦，理应处斩。也有人替神武说情。时逢辽东告急，正值朝廷用人之际，熹宗不忍杀死武状元，依征辽经略官袁应泰举荐，诏令张神武、周敦吉从军立功。张神武率二百四十余人昼夜兼程援救辽阳，达广宁时辽阳已失，广宁巡抚薛国让神武留下守广宁，他坚持去救辽阳，并说："不能，则死之。"途中遇辽阳溃逃兵将十余万，他以忠义之词劝告主帅与之一同杀回辽阳，主帅不听。于是，神武亲帅自己的部队渡辽河，在离辽阳十七里处驻扎，将士虽一日没有进食，但是个个奋勇、杀声震天，与金军展开激烈拼杀，终因寡不敌众，神武和众将士战死疆场，仅余十四人负伤而归。

神武死后，监军御史方震孺绘出神武像悬挂辕门，将士出征先拜神武，以激励全军奋勇杀敌。熹宗得知消息，下诏赠神武都督佥事（正二品），世代荫袭千户官，并立祠祀之。特赐张神武“烈愍”。

张大受（1617？—1644？），四川华阳（今成都双流县）人，清顺治年间（1644—1646）状元及第。

农民赵义领袖张献忠建立大西国农民政权，为广纳贤才，下令开科取士，张大受于1644—1646年间（即大西国大顺年间）武科一甲第一名进士状元及第，也有称是1644年（大顺元年）甲申科武元。

大受身高七尺，魁梧健壮，擅长骑马、射箭，众大臣都夸张献忠得一良才。张献忠也十分赞赏大受，当时即赐金币弓刀，官宫中赐宴，次日又赐美女十人、豪华府第一座、家丁二十人。张大受一朝夺魁，享尽荣华富贵。但是，据有关材料记载，张大受中状元第三天，奏请入朝面谢皇上。朝堂之上张献忠却说：“我心里很喜欢他，但害怕再见面了，速杀了他来报。”于是大受被斩首。此事若是实情，那张大受可谓是武举史上最短命的武状元。史实如何有待查考。

张英奇（1654—？） 字子千，直隶深州（今河北深州市）人。清康熙九年（1670）夺魁，曾任粤东高雷总戎。

张英奇出身贫寒，少时跟随父亲远行，曾寄居河北东盐籍，练得一身好武艺。康熙九年庚戌科武举一甲第一名进士，时年仅十九岁。状元及第后初授一等侍卫，任职参将，历任漕标、金华、洞庭、九溪等副协标和洞庭水师协副将、粤东高雷总戎。康熙对英奇颇为赞赏，常加赏赐。

有一次，英奇应诏自粤东回京，途经吴川、电白两邑，当地官员、百姓请求他把当地土地荒芜、租税繁重、百姓受累的情况禀报皇上。回京后，康熙召见英奇，他把两邑情况如实上奏，随后朝廷尽免以往两地所未纳租赋，累计银两一万有余。皇上还赐他良马一匹、金三百两。两邑百姓为英奇建祠以颂其德。

英奇回粤赴任后，剿捕作乱的信宜土寇，擒获寻衅闹事之人，使社会安定、百姓乐业，百姓深感其恩。英奇卒于任上。康熙帝感其勤于职守、恪于其家，故给驿车送回老家安葬，并派官员宣谕祭祀。

张文焕 甘肃宁夏人，生卒时间不详。清康熙三十年（1691）夺魁，曾任云贵总督。

张文焕康熙三十年辛未科第一名武进士，状元及第后初授头等侍卫。康熙四十二年（1703）任大同镇总兵，以后两次任云贵总督，在任十年。作为一个武官出身的张文焕能做到如此高职实不多见，足见他是一个文武全才。

张兆潘 字奂玙，江苏泰州人，生卒时间不详。清乾隆十三年（1748）夺魁，曾任南昌镇总兵。

张兆潘出身官宦，是当地名门望族张政的第十代孙，乾隆十三年戊辰科武试一甲第一名进士，及第后初授一等侍卫，历任宜君参将、副将、兴汉镇总兵等职，后调任南昌巡视军营、审察兵务、勘察广信、封禁山各地驻防关口。他勤于政事，又能把握皇帝好恶、想法，因而得到乾隆称赞、奖励。

一次，兆潘带兵平息所谓的饥民叛乱。他了解灾民情况后，单枪匹马亲赴百姓中进行安抚，解决百姓困难，平息了事端，因此不仅得到皇帝称许，更得百姓的拥戴。据记载，张兆潘曾任陕西陕安镇总兵、南昌镇总兵，并两次出任南赣镇总兵。

张联元 直隶献县（今河北献县）人，字号、生卒时间不详。清嘉庆十年（1805）夺魁。

嘉庆乙丑科武进士第一人。嘉庆十年九月己亥，皇帝太和殿传胪，赐一甲张联元、白凤池、孙抡元三人武进士及第，二甲马天保等六人武进士出身，三甲时龙光等五十一人同进士出身。赐一甲一名张联元等六十人武进士及第，出身有差。初六，武进士参加礼部赐“会武宴”，状元郎张联元接受赏赐的盔甲等，众武进士分赏银两。张联元其他事迹不详。

张云亭 直隶（今河北）清丰人，字号、生卒时间不详。清道光二年（1822）夺魁。曾任抚标左营参将。

壬午科云亭及第，初授头等侍卫，出任抚标左营参将。史书对本次御试等情况记录较详细，从中得知张云亭臂力超众，技勇过人，脱颖而出，由皇上钦点为武状元。以后事迹不详。

张从龙 字子龙，山西临县人。道光三年（1823）夺魁。曾任连江游击。

癸未科从龙以武试一甲第一名状元及第。著名抗英领将、爱国英雄葛云飞与从龙同榜。

从龙及第后初授头等侍卫，宿卫扈从道光皇帝。后连任连江游击（从三品衔）。时值鸦片战争时期，英军进犯我东南沿海，从龙加紧备战，巩固海防。道光二十一年（1841），从龙奉命参加镇海战役，督兵全力作战。因浙江提督余步云贪生怕死闻风而逃，从龙孤立无援，浴血奋战。敌军纵火焚烧从龙所在的山头。他带伤指挥将士突围，赶到两江总督裕谦处。不久镇海陷落，裕谦自杀，从龙被革职。

鸦片战争结束后，浙江巡抚奏请起用从龙。道光诏准，授他守备，留浙江佐办善后事宜。咸丰年间，从龙奉命镇压鄞县、奉化一带民众抗粮事件，后又镇压林俊等起事者，因功升职，任福州副将。几年后因年迈解甲还乡，又率民团参加了镇压陕西回民起义，清朝地方官十分倚重他。后卒于家。

张殿华 直隶枣强（今河北枣强）人，字号、生卒时间不详。清道光二十四年（1844）夺魁。

甲辰科殿华以武试一甲第一名进士及第，初授头等侍卫 。本科共录取进士八十四人。史书对本科会试情况记载较为详细，皇帝、大臣均临考场，从中可以看出这次会试是极为严格的，在众武进士中高中第一实属不易。张殿华其他事迹不详。

张蜀锦 直隶广平（今河北广平）人，字号、生卒时间不详。同治四年（1865）乙丑科以武会试一甲第一名进士及第，初授一等侍卫。本科共取录进士八十三人。由于当时慈禧太后垂帘听政数年，实际上她已独掌大权，所以，本科武举选拔也是在慈禧的控制下进行，并非同治帝御赐。张蜀锦及第后事迹不详。

张凤鸣（1849—1908） 字岐山，河南西平（今河南汝阳西平县）人。清同治十三年（1874）夺魁，曾任鹤丽镇总兵官。

张凤鸣幼时聪慧，从小即有大志，练得一身好武艺。同治十二年（1873）乡试考取武举人，同治十三年参加会试，夺甲戌科一甲第一名，及第后初授一等侍卫。他率武进士多人赴兵部叩请代奏，要求与文进士一样待遇。

皇帝同意所奏事项，众官佩服他的胆识。后历任云南督标城守营参将、副将和鹤丽镇总兵官。

凤鸣戍边西南，屡立战功。反对武官马殿选谎称苗民叛乱而大肆杀戮，他把士兵抢劫的财物扣留后返还苗民。朝廷因凤鸣平苗乱有功而赏赐他，凤鸣托病不受，因此在苗人中有很高的声望。后来西川厅官为得到当地盛产黄金的厚利，诱杀苗民酋长，强迫苗民用黄金赎酋长尸体。此举激怒了苗民，他们杀死厅官，肢解其尸。皇帝闻讯，欲派人带兵征讨。双方相持许久。酋长联名上书，陈述事情经过，并言称如果张凤鸣前来安抚，就愿意服从。张凤鸣奉旨前往，苗民放下武器，卸去甲胄，事态遂平息。光绪三十四年（1908），凤鸣奉旨回京拜见皇帝，走到常德时辞世，享年五十九岁。

张凤鸣一生光明磊落，爱民忧民，深得百姓厚爱。其子张国勋凭父荫官至云南安宁州知州。

张宪周　山东郓城人，字号、生卒时间不详。光绪十六年（1890）庚寅科（庆贺皇帝二旬恩科）武举殿试一甲第一名进士及第，初授头等侍卫。其他事迹不详。

张鸿翥（1868—1931）　字长河，号高腾，江西饶州鄱阳东湖里（今鄱阳县）人。清光绪二十年（1894）甲午科武进士第一人。首任安德参将。

张鸿翥出身农民，自幼随父母在农田劳动，练得一副好身体，身材魁伟，臂力过人，又拜师学习武艺，参加乡试中武举人。参加会试时，因家庭贫困而无路费，老师赠他白银一锭、银元二百块，以备途中使用。经过骑射、演刀、博虎、抛练共四场比武，鸿翥夺得一甲第一名，由皇帝亲点为武状元，初授头等侍卫。

鸿翥首联名文武状元上书支持康有为、梁启超的变法维新，并在大刀上刻上“忠义报国”四字。后任湖北、安德等地副将。他不仅练武，而且注意文化学习，文武兼备，一专多能。

辛亥革命推翻帝制，鸿翥回到家乡鄱阳，以种田、捕捞谋生。

民国二十三年（1931）病卒于家中，享年六十三岁。

张三甲　直隶开州（今河南濮阳）人，字号、生卒时间不详。光绪二十四年（1898）夺魁，为中国科举史上最后一名武状元。

清光绪二十四年戊戌科武举会试以一甲第一名进士及第，初授头等侍卫。由于时势变迁，科举制度已严重滞后于时代。光绪三十一年（1905），直隶总督袁世凯会同盛京将军赵尔巽、湖广总督张之洞等人，联衔奏请立即停止科举。清廷接受呈请，谕告全国“著即自丙午科为始，所有乡试、会试，一律停止，各省岁、科考试，亦即停止”。

至此，延续了一千三百年的文武科举制度寿终正寝。张三甲也成为中国科举史上最后一名武状元，即“天下武科最后一人”。

张三甲其他事迹不详。

第九章 张姓与道教

儒、释、道是中国传统文化的三大支柱。儒学与道教产生于中国本土。儒家思想学说早在春秋时就得以创立，孔子的道德伦理学说奠定了儒学思想的基本模式。道家崇尚老、庄学说和墨家的哲学思想，又吸收西汉董仲舒“天人感应”学说。东汉中叶，道教基本形成。佛教则是在东汉明帝时期由印度传入中国，逐渐成为国人的又一种信仰。在中国历史发展的长河中，儒、释、道三教共存共荣，相互吸收借鉴，又相互排斥斗争，最终形成适于中国社会发展的三大思想文化体系。清代雍正皇帝站在统治者的角度曾言：“以佛治心，以道治身，以儒治世……”

道教的创立、发展和兴衰都与张姓有不解之缘，关系甚为密切。创立“五斗米教”（后改为“正一道”）的是张陵张天师，创立“太平道”的是农民起义领袖张角，使“五斗米教”走向政教合一道路的是张陵之孙张鲁，其他道教支派的发展或形成也与诸多张姓人氏有关，“天师派”的道统延续至今，说明张姓与道教有着不可分割的密切关系。

第一节
张道陵创立五斗米教

关于张陵生平，正史记载非常少。根据晋葛洪《神仙传》和晚出的《汉天师世家》及其他相关史料，可知张陵生平大致情况：张陵（约34？—156），字辅汉，沛国丰人，传为汉留侯张良之后（八世孙）。少时即精研《道德经》，旁及天文地理、河洛图纬之书，曾入太学，通达五经，举贤良方正直言极谏科。明帝时，出任巴郡江州（今四川重庆）令，后隐居北邙山，学长生之道。朝廷征其为博士，称疾不应。和帝时征为太傅，三诏不就。顺帝时，修道于蜀中鹤鸣山，自称太上老君"授以三天正法，命为天师"，"为三天法师正一真人"，并造作道书二十四篇，开始传播五斗米道。其道尊老子为教主，奉《老子五千字文》（即《道德经》）为基本经典，以道教早期经典《太平经》中的社会平等思想吸引民众。据传，张陵还著有《老子想尔注》，称人君按"道意"治国，国则太平；循"道意"爱民，民即寿考；人法"道意"，可得长久。

张陵为何又称张道陵？因为在晋代五斗米道信徒中，常于人名中加"道"字，故被后人称为张道陵。其教为什么叫五斗米教？根据《后汉书》和《三国志》的记载，因为它要求入道的人都须纳五斗米，遂因此而得名。《后汉书·刘焉传》在谈到张鲁的时候说："受其道者，辄出米五斗，故谓之米贼。"《三国志·张鲁传》载："张鲁，字公祺，沛国丰人也。祖父陵，客蜀，学道鹤鸣山，造作道书，以惑百姓，从受道者出五斗米，故世号米贼。"《华阳国志·汉中志》说："汉末，沛国张陵学道于蜀鹤鸣山，造作道书，自称太清玄元，以惑百姓。陵死，子衡传其业。衡死，子鲁传其业……其供道限出五斗米，故世谓之米道。"但也有的记载又说，他们既不要求入道者都出五斗米，也不要求看病之家都出五斗米。后来龙虎山的天师道乃是张道陵之后，也没有这种规定。可见，虽同属五斗米道，并未一律都要求入道者或病家交五斗米，因为具体的经济措施是可以根据不同地方的不同情况而改变的，只要教义相同，虽不收取五斗米，也并不影响他们仍然是五斗米道。

张道陵的五斗米道创立于巫觋盛行的巴蜀地区，实际上五斗米道乃是黄老道与巫道相融合的宗教。《正统道藏》所收张道陵著述皆近巫觋就是明证。其时，巴蜀地区是汉族与少数民族杂居之地，五斗米道不仅在汉民族中传播，而且在少数民族中传播，受到了汉族和少数民族共同的欢迎与拥护。东汉后期，宦官外戚专横，朝政非常黑暗，人民遭受深重的灾难，少数民族也受到残酷的欺压，反抗到处发生，社会阶级矛盾空前激化。五斗米道就是这种空前激化的阶级矛盾的产物。

张道陵弟子有三百余人，并在蜀汉一带和东都洛阳立二十四治，二十四治既是二十四个教区，为其后五斗米道的发展奠定了基础，后与其弟子王长、赵升等同时升天而去。此中虽有后人加上的神话，但是张陵确实于蜀中创立五斗米道和设立二十四治，却为大多数资料肯定。

张道陵的五斗米道，其术主要是祷祝和刻鬼，假借鬼神符箓以聚徒惑众，以符水为人治病，与以炼丹求长生为目的的丹鼎派道教不同，属于符箓派。因后来的道教徒称张陵为天师，并奉为道教的创始人，改称其名为张道陵，而天师这个称号又是子孙世袭的，因此，五斗米道以后又叫作天师道、正一道或正一盟威之道。

张道陵死后，其子张衡继续传布五斗米道。除了用符水为人治病以外，还设立"静室"(一作"净室"),"使病人处其中思过"。其道徒有祭酒和鬼吏，祭酒主传授老子《道德经》，鬼吏主为病者请祷。请祷的办法是将病人的姓名和服罪的意思写成文书，一式三份，一份"上之天，著山上"，一份"埋之地"，一份"沉之水"，叫作"三官手书"，祈祷于"三官"。所谓"三官"，即来源于古代神话的天官（天帝）、地官（地祇）、水官（水神）三神。古代有的神话认为，天官赐福，地官赦罪，水官解厄。五斗米道承袭，以此为人治病。治疗之后，病家一般要出五斗米作为报酬，其师故被人们称为"五斗米师"。张衡死后，其子张鲁继续传布其道。张鲁在传布五斗米道时又增加了一些新的内容。他自号"师君"，为了使其组织更加严密，把初来学道的人叫"鬼卒"，把入道较久已受箓的叫"祭酒"，"祭酒各领部众"，势力迅猛壮大起来。当时割据益州的刘焉为了利用五斗米道，遂任命张鲁为"督义司马"，并派张鲁到汉中布教，同时将张鲁之母及弟留居巴郡，以为人质。

张鲁借助刘焉势力占领汉中后，并没有听从刘焉的摆布，而是按照五斗米道的传统建立了政教合一的独立政权。这个政权不另设官吏，而是以五斗米道的“祭酒为治”，即由五斗米道的大小头目来管理。史籍记载，张鲁在汉中推行了具有互助性的公益设施。例如，让各地的祭酒设立义会，供过路人使用，且备有义米、义肉，让“行路者量腹取足”，不收任何费用。民有不老实隐瞒了自己的小过的，罚修路一百步就算了。犯了法的，以说服教育为主，先原谅三次，不给处分，再不改正，仍然继续犯法的，然后乃行刑。“又依月令，春夏禁杀”生物，又禁止酿酒。东汉后期，在封建统治者残酷剥削和压迫下，广大农民大批破产，流离失所，痛苦不堪，对比之下，张鲁这些政治和经济的措施受到了广大人民群众的拥护和欢迎。所以，范晔和陈寿的《三国志》也不得不同声称赞说“民夷信向”或“民夷便乐之”，“朝廷不能讨”。张鲁在汉中推行的这一系列措施引起了刘焉刘璋父子的愤恨，他们杀害了张鲁的母亲和弟弟。这时张鲁的实力已经相当强大，刘焉死后，张鲁便出兵从刘璋手里夺取了巴郡，使汉中与巴郡连成一片。张鲁以五斗米道雄踞汉中、巴郡前后近三十年，将这里治理得井井有条。张鲁在汉中还推行“市肆贾平”。秦汉的市设有市会及属吏，其职责之一即为均贾平市，但汉末已废弛，而张鲁却行之于汉中，这是十分难能可贵的。这样，汉中就成了当时避难之民的“乐土”，关西之民前来避难的达数万家之多。其时，东汉王朝已摇摇欲坠，无力征讨，遂封张鲁为“镇夷中郎将”，领汉宁太守。“赤壁之战”后，曹操致力于经营北方，削平盘踞关中的韩遂、马超等割据势力后，建安二十年（215），曹操亲自率领十万大军进攻汉中，张鲁最后投降了曹操。张鲁投降之后，曹操待以客礼，拜他为镇南将军，封为阆中侯，邑万户。他的五个儿子皆被封为列侯。汉末镇南将军的地位仅次于三公。张鲁的女儿嫁给了曹操的儿子燕王曹宇（亦名彭祖）。曹宇曾一度为大将军。这说明张鲁归顺曹操后，地位是十分显赫的。张鲁于建安二十一年（216）卒，葬于邺城（今河北临漳），其道众也大量北迁，五斗米道遂发展至中原地区。

第二节
张角创立太平道

早期道教形成的重要标之一是道教经书的出现。《太平清领书》(又称《太平经》)分为十部，共一百七十卷，在东汉顺帝时该书已面世。该书主要内容有三：一、提出“一分为二”及天地人“三合相通”的宇宙观，论述了天、地、人和万物的起源及其相互协力的生存法则;二、提出建立“太平世道”的政治设想,描绘了公平、大乐、无灾的理想社会蓝图;三、提出“乐生”“好善”的传教依据和有关生死的理论及修炼方术、道术等。

东汉中后期，统治集团趋于腐朽，豪强势力日益扩张，轮流当政的宦官外戚竞相压榨农民，农民生存处境日益恶化。水旱、蝗虫、冰雹、牛疫甚至地震等自然灾害又不断袭击农村，加之沉重的赋役严重破坏了农村经济，农民到处流亡。而地方官吏为了邀赏，常常隐瞒灾情，虚报户口和垦田数字，这又更加重了农民赋税的负担，逼迫更多农民逃亡异乡。

“太平道”正是在此社会背景下应运而生。

张角（？—184)，巨鹿（今河北平乡）人。他于汉灵帝嘉平（172—177）年间得到一部《太平经》，这是早期的道教经典，内容庞杂，非一时一人所作，其中的太平理想反映了农民群众反剥削、反压迫和经济上要求“均平”、政治上要求“平等”的强烈愿望。张角以此为依据，结合民间巫术以及黄老崇拜，创立了民间符箓派道教——太平道。《后汉书·皇甫嵩传》说：“初，巨鹿张角，自称大贤良师，奉事黄老道，畜养弟子，跪拜首过、符水咒说以疗病，病者颇愈，百姓信向之。”《资治通鉴》卷五十八所载与此基本相同。十余年间,其众徒竟达数十万,遍布青、徐、幽、冀、荆、扬、兖、豫八州,于是置三十方以统属之。太平道的特点是信徒多、地域广、规模大、来势猛。

太平道教派在当时为什么会受到民众这样热烈的欢迎呢？这是因为在汉灵帝熹平年间，宦官当权，朝政非常腐败和黑暗，人民痛苦不堪。《资治通鉴》卷五十八记载：“是时，中常侍赵忠、张让、夏恽、郭胜、段珪、宋典等，皆封侯贵宠。上（指汉灵帝）常言：张常侍是我公，赵常侍是我母。由是宦官无所惮畏，并起第宅，拟则宫室。”这说明当时宦官专横跋扈，骄奢淫逸，简直到了无以复加的地步。《通鉴》卷五十八又云："张角所以能兴兵作乱，万民所以乐附之者，其源皆由十常侍多放父兄子弟婚亲宾客典据州郡，辜榷财利，侵掠百姓，百姓之冤，无所告诉，故谋议不轨，聚为盗贼。”可见这些宦官不仅把持了当时的中央政权，而且还把持各地的地方政权，他们骑在人民的头上作威作福，欺压人民，掠夺人民，人民的生命财产被他们任意侵占和宰割，人民有冤无处申，有理无处讲，只好纷纷投奔太平道。而太平道所信奉的《太平经》，其中不少思想也正好代表了当时民众的要求和愿望，反映了民众的利益，因此，太平道就受到了民众的广泛支持和热烈欢迎。由于当时社会阶级矛盾空前激化，张角便用太平道这一宗教形式，以传教为名在农民中组织力量，利用道教这一组织领导农民起来造反。他按照军事编制将起义农民分为三十六方。据《后汉书·皇甫嵩传》记载："方，犹将军号也。大方万余人，小方六七千，各立渠帅。”设置将帅统率各方。利用谶语“苍天已死，黄天当立，岁在甲子，天下大吉”作为起义的口号。所谓“苍天”，是指汉王朝;“黄天”，是指黄巾政权。意即代表汉王朝的“苍天”已经死了，将出现另一个代表农民利益的“黄天”主持世界。“岁在甲子”，指汉灵帝中平元年，即公元 184 年。“天下大吉”，指这一年各地教民同时起义，推翻汉王朝的反动统治之后，代表农民利益的黄巾政权成立，天下就太平了。张角教他的信徒在京城和各州郡的一些官府门上都用白土写上“甲子”二字，作为起义的信号。中平元年，又派大方帅马元义等往来京师，收买宦官封谞、徐奉等人为内应。又准备调距离洛阳较远的荆、扬二州的信徒数万人，先集中到起义的中心地点邺城，作为起义军的主力，配合洛阳附近的各州郡起义军。约定甲子年（即公元 184 年）的甲子日（即三月五日）京城内外同时起义，一举攻下洛阳，推翻汉王朝的统治，建立代表农民利益的黄巾政权。不料离约定的起义日期还差一个多月的时候，张角的一个弟子济南唐周便向汉灵帝上书告密，于是马元义在洛阳被捕遇害，京城内的太平道信徒一千多人亦同时被诛杀。汉灵帝还命令冀州官吏追捕张角。叛徒出卖所引起的这一突然事变打乱了张角原来的起义布置。张角闻讯以后，马上派人昼夜兼程飞告各方，要他们立即起义，向封建统治者发起进攻。起义人员皆著黄巾，以为标志，因此被称为黄巾军。张角自称天公将军，角弟张宝称地公将军，宝弟张梁称人公将军。兄弟三人起义以后，烧官府，杀官吏，攻破地主坞壁。州郡长官纷纷逃窜，封建统治集团被打得落花流水。旬日之间，各地黄巾军像暴风骤雨一般起义响应。汉灵帝赶快召集群臣会议，商讨镇压黄巾军的办法。汉灵帝接受皇甫嵩的建议，解除党禁，大赦党人，以缓和统治阶级内部的矛盾，把统治阶级的力量都动员起来。“于是发天下精兵，博选将帅”，以大豪强出身的皇甫嵩、小豪强出身的朱儁为首，统率董卓、曹操、刘备、孙坚、卢植、冯翊、郭典等，向黄巾军进攻，对黄巾军展开了极其残酷、极其野蛮的血腥大屠杀。每一郡被他们屠杀的黄巾军至少都有数千人。经过几次激烈的大血战，张宝兄弟终于被血腥的刽子手皇甫嵩等所杀害。皇甫嵩等在围攻张宝、张梁的两次战役中就屠杀了黄巾军近二十万人，尸骨堆积成山，筑为“京观”，“焚烧战车三万余辆，悉虏其妇子，击获甚众”。他们对黄巾军烧杀掳掠，无所不为。张角“先以病死”，也被“剖棺戮尸，传首京师”。一场轰轰烈烈的大规模的黄巾起义在封建统治阶级的残酷镇压下基本上失败了。但是，青、徐、豫各州郡的黄巾军仍然继续坚持战斗。青州黄巾军还有战士三十万，合男女老幼共百余万人，于初平二年（191）攻入兖州，杀兖州刺史刘岱，使统治者大为震恐。但终因力量悬殊，起义军最后被曹操等人消灭。建安十二年（207），余下的黄巾军又攻杀了济南王刘赟，坚持战斗二十余年。此后，张角的太平道仍在民间秘密流传，农民起义的发动者还是经常利用它以及其他道教派别作为联络的工具。但以后太平道的传授不明。其影响所及从后来的明教中可以看到一点线索。

明教是在公元7世纪末波斯的摩尼（一译“牟尼”）教传入中国，与道教相混合后发展而成的一种秘密宗教组织。尊张角为教祖，崇拜摩尼为光明之神，还崇拜日月，服色尚白。其主要教义为“二宗三际论”。所谓“二宗”，即指光明和黑暗两种势力；所谓“三际”，即指初际、中际、后际，也就是过去、现在、未来。它认为，光明和黑暗这两种势力，在混沌未开的初际阶段，是势均力敌的；到中际阶段，黑暗力量即超过光明力量，并压迫光明，因此，教徒必须团结一致向黑暗势力作艰苦斗争，经过斗争，光明力量就必然最终战胜黑暗力量；进入后际阶段，光明和黑暗便各复原位，不相斗争，矛盾得以调和。它还提倡素食、戒酒、裸葬，讲究团结互助，提倡教徒间互相救济，互通有无，称为一家，主张“平等，无有高下”。这些思想反映了农民的艰苦朴素和友爱、平等的愿望及反抗压迫的意志。从上述内容来看，有些思想可以从张角的太平道所崇奉的主要经典《太平经》一书中寻找到渊源，说明明教和张角的太平道或许有一定的思想继承关系，它尊张角为教主，是有其内在原因的。

第三节
其他道教与张姓道士

在中国道教发展史上，张道陵于东汉顺帝时期创立了五斗米教，张角于东汉灵帝时期创立了太平道，两者先后相差仅有四十多年时间，对中国其他道教派的形成与发展影响巨大。尽管在三国、两晋、南北朝时期，对道教有扬有抑，对佛教也是有兴有灭，但对于国人信仰的改变却是一时难以做到的。道教信仰的火种一旦撒下，常常遇风重起，难以阻挡。尤其是隋唐以降，国家重归大一统，社会经济、民生民计日益繁荣，道教各派别随之复兴。当然，其中也不乏国家统治集团利用道教治人治世的因素。

除上述两大教派外，其他教派的形成与发展（其中自然包括上述两大教派分支）也有诸多与张姓人氏相关联的。现根据相关史料，分述如下。

道士张宾

北周时，道士张宾和焦子顺均帮助周武帝兴道灭佛，受到周武帝青睐。周武帝死后，杨坚起兵灭周，张、焦二人向杨坚密告受命之符，帮助他夺取北周政权。据《隋书·律历志》载：“时高祖作辅，方行禅代之事，欲以符命曜于天下。道士张宾揣知上意，自云玄相，洞晓星历，因盛言有代谢之征；又称上仪表非人臣相，由是大被知遇，恒在幕府。及受禅之日，擢宾为华州刺史。”可见，杨坚因相信符箓科谶而为道士张宾等人提供了向其密告符命机会，张宾等人也以能揣摸其意而受到提拔重用。随后，杨坚在都城内大造道观三十六所，度道士二千余人。

大德张万福

张万福，其生平事迹难详考，生卒年也不明，大约活动于唐睿宗和玄宗之时，为长安太清观道士，并以太清观大德身份参与编撰《一切道经音义》。从其著述看，他注重发展道教斋醮科仪，编撰《传授三洞经戒法箓略说》《三洞法服科戒文》《洞玄灵宝道士受三洞经戒法录择日历》《洞玄灵宝三师名讳形状居观方所文》《醮三洞真文五法正一盟威箓立成仪》等。张万福在其著述中对道教的醮仪、经戒以及戒律为何有多种名目，是因信教对象不同而设等均作了说明；并且对道教服饰制度作了说明。总之，张万福对科仪斋醮的整理，为道门科仪之大成奠定了良好基础。

大道教张信真

大道教原名真大道，为金代沧州乐陵（今山东乐陵县）人刘德仁创立。教人以忠君孝亲，诚以待人，清净无邪，安复乐道，力耕而食，量入为用，爱生勿杀。在饱经战火蹂躏的北方，得信众共鸣，不数年，信其道者遍及中原。大道教二世祖为陈师正，三祖张信真。

张信真（1164—1218），号希夷子，青州乐安（今山东广饶）人，年十五参礼陈师正为道士，1194 年嗣教。《洛京缑山改建先人天宫记》谓其“戒行精严，祛邪治病大有灵应”，“禀质不凡，行法好古，敷宣圣教，克肖先师”。有诗文数百篇，名《玄真集》，今已佚。

全真道张姓道士

全真道首领为丘处机。丘处机当时曾拒绝金、宋两国诏请，正在观望形势之时，际遇成吉思汗，为全真道在元代的发展奠定了基础。

张志敬为全真道后世掌门人，中统三年（1262），赠玄门掌教真人张志敬为“光先体道诚明真人”，并赐金冠云罗法服一套，仍命翰林词臣作《瑞应记》，刻之碑石。至元二年（1265），奉命在长春宫建醮井，修葺四岳一渎五庙。至元七年，张志敬仙逝。

张志仙为全真教第十一任掌门人，生平不详，号玄逸。嗣教后，于至元二十八年（1291）十二月奉旨诣东北海岳济渎致祷。

全真道在元代还有张志静、张守微、张志希、张志洞、张若讷等丘处机门下张姓知名道士。

玄教大宗师张留孙

龙虎山第三十五代天师张可大次子张宗演于至元十三年（1276）四月应世祖忽必烈之召赴阙时，曾携其弟子张留孙同往。至元十四年，张宗演返回龙虎山，张留孙留在京师。张留孙受到元室信赖，创立了正一教支派——玄教。

张留孙（1248—1312），字师汉，信州贵溪（今属江西）人，自幼学道于龙虎山。据《元史·释老传》载，留在京师的张留孙由于祷止暴风雨和为昭睿顺圣皇后祷病有验，于是“上大嘉，命为上卿，铸宝剑，镂其文曰：‘大元赐张上卿’，敕两都各建崇真宫朝夕从驾”，博得了元世祖的信赖。至元十五年(1278)，赐号玄教宗师，授江南诸路道教都提点。十六年(1279)，诏谕张留孙悉主淮东、淮西、荆、襄等处道教，令自别为籍，此后，“宠遇日隆，比于亲臣”。成宗于大德（1297—1307）中加号张留孙为玄教大宗师，同知集贤院道教事，且追封其三代皆为魏国公，官阶品俱第一。武宗海山登极，立刻召见张留孙，升其为“大真人”，知集贤院，位大学士之上，寻又加特进上卿。仁宗爱育黎拔力八达加授张留孙特进上卿，开府仪同三司，加号“辅成赞化保运玄教大宗师”，赐刻玄教大宗师玉印。这样，留在京师的张留孙就利用元世祖的赏识和留守京师为天师在京的合法代理人，皇恩日隆，政治地位稳固，道教权力日益扩大的机会，陆续从江西龙虎山征调许多道士到两京崇真宫，委以京师教职，或派遣到江南各地管理教务。这些人又在各地发展数百名教徒，他们聚集在张留孙周围成为其弟子或再传弟子，一个以他为中心的龙虎宗支派——玄教逐渐形成。虞集《陈真人道行碑》谓：“开府公（指张留孙）受知世祖皇帝，肇设玄教，身为大宗师，择可以受其传者，非奇材异质不与也。”对玄教之名称，张留孙的说法是：“钦惟圣朝治尚清净，乃崇道家之言，谓之玄教，实始命臣典领。”

茅山宗张雨

元末，茅山宗又出了一个以文学闻名于世的道士张雨。

张雨（1277—1348），又名天雨，字伯雨，法名嗣真，别号贞居，又号句曲外史，吴郡（今苏州市）人。年二十，弃家游天台诸名山，师茅山宗师许道杞弟子周大静，受大洞经箓。后又师玄教道士王寿衍，居杭州开元宫。皇庆二年（1313），入京居崇真万寿宫。因其素以诗才名世，故京中士大夫和文人学士多与之交游。延祐（1314—1320）初离京返杭，居开元宫。至治二年（1322）回茅山，主持崇寿观。又曾主持镇江崇禧观。至正八年（1348）卒。张雨著述现存《玄品录》五卷和诗集《句曲外史集》八卷。

清微派张姓道士

清微派在元代分两支传往南北。其弟子张道贵以湖北武当山为中心传行于北。向北传的这支颇盛，是由一批全真道士兼行，因而内炼特点更为彰明，而且受到元室看重，所以武当山道教在元代也颇为兴盛。

张道贵，据《武当山志》载："名云岩，号雷翁，长沙人。至元间入武当，礼汪贞常为师"，而汪贞常是一位全真道士。随后又"同云莱、洞阳谒雷囦黄真人得先天之道。归五龙宫，潜行利济，门下嗣法者二百余人，得其奥旨，唯张洞渊（张守清）焉，终于自然庵"。

张守清，名洞渊，号月峡叟，宜都（今属湖北）人。幼习举子业，年三十拜全真道士鲁大宥为师，后又得张道贵、叶云莱、刘洞明之道，也是一位身兼两派的道士。至大三年（1310），遵皇后之命建金箓醮。皇庆元年（1312）春，奉召至京师祷雨有验，赐号体玄妙应太和真人。延祐元年（1314）春，奉旨还武当山致祭，营领教门公事。张守清传有弟子甚众，著名者有唐中一、刘中和、彭通微、单道安等。

全真道士张三丰

明代全真道士中得到明统治者优遇、推崇的有以隐而名愈著的武当道士张三丰。关于张三丰的种种传说非常多，时隐时显，不仅生辰时日、籍贯行踪神秘莫测，甚至连他的真面目也无人能知晓。据《明史·张三丰传》谓："张三丰，辽东懿州人，名全一，一名君宝，三丰其号也。以其不饰边幅，又号张邋遢。欣而伟，龟形鹤背，大耳圆目，须髯如戟，寒暑唯一衲囊，所啖升斗辄尽，或数日一食，或数日不食，书经目不忘，游处无恒，或云能一日千里。善嬉谐，旁若无人。尝游武当诸岩壑，语人曰：'此山异日必大兴。'时五龙、南岩、紫霄俱毁于兵，三丰与其徒去荆榛，辟瓦砾，创草庐居之，已而舍去。"明初张三丰即受到明统治者的青睐。洪武十七年（1384），朱元璋下诏征其入朝，并下令要张三丰弟子沈万三、丘玄清恭请，皆未获。洪武二十四年（1391），"遣使觅之，不得"。明成祖更是多次遣人寻访。永乐十年（1412），敕命正一道士孙碧云于武当山建宫住持，预候张三丰。十四年（1416），敕命安车迎请张三丰，亦不得。明成祖还有给张三丰的御书，谓"朕久仰真仙，竭思亲承仪范"，以至"至诚愿见之心，夙夜不忘"。天顺三年（1459），英宗赐诰，封张三丰为"通微显化真人"。成化二十二年（1486），宪宗特封"韬光尚志真仙"。嘉靖四十二年（1563），明世宗加封"清虚元妙真君"，到天启三年（1623），熹宗还加封"飞龙显化宏仁济世真君"。张三丰虽然未尝入朝居官，却受到明朝诸帝屡次诏封，声名大著。

张三丰的弟子丘玄清是明代全真道士中获得统治者宠遇的又一全真道士。据《万历野获编·补遗》卷三谓，有司以其有贤才而荐为御史，后转太常卿，封三代，"每遇大祀天地，上宿斋宫，咨以雨旸之事，奏对有验，暇则凝神默坐"。身居高位，仍保持全真道的清净自守之风。在嘉靖朝时，崂山全真道士孙玄清因其求雨有验，世宗赐号为"护国天师左赞教主紫阳真人"。全真道士仍是以祈祷之术受统治者宠遇。

全真道在明代既有以张三丰为祖师的系别，而据北京白云观《诸真宗派总簿》所列，又有王屋山邋遢派、自然派、三丰派、三丰祖师日新派、三丰祖师蓬莱派、松塔派等。

第四节
五斗米道与张天师

五斗米道在中国历史上有最为显赫的地位。建安二十一年（216）张鲁死后，其子张富在曹操的控制下袭职天师，继续在北方传道。后来张鲁的第四个儿子张盛辞谢东都尉、散骑侍郎之职，带着祖传印剑到江西贵溪龙虎山登坛受箓，传其道法。这样，五斗米道便以龙虎山为中心，在南方迅速传播开来。

张盛在龙虎山传道，大约始于西晋初年。晋惠帝时政局已趋于动荡，宫廷政变、八王之乱、流民起义、五胡兴兵此起彼伏。至永嘉之世，战火纷飞，四海幅裂，血流成河，哀鸿遍野。西晋在中原的统治崩溃，衣冠士族纷纷随晋室南渡，在江东重建政权，是为东晋，偏安江左。东晋的统治更加腐朽。从西晋到东晋的一百五十多年间，统治集团在激烈的内讧和相互厮杀中，往往朝不保夕，生死无常。他们对前途的失望、悲观衍成了崇尚老庄、专务清谈的玄学风气。而早期五斗米道所信奉的经典则大多是从黄老哲学脱胎而来，其中《老子五千字文》更是道众必读之书。这种思想的接近使得道教在社会上层找到市场而获得了新的发展空间，由此也开始了天师道贵族化的进程。在社会下层，五斗米道极为流行，活动的区域扩至大江南北，巴蜀又成为道众的乐园。当时残酷的社会现实逼迫这些道徒又像其先辈一样用宗教组织群众，开展反压迫的斗争。

早在西晋时，门阀士族中已有人信奉五斗米道。到东晋时，在门阀士族中出现了很多信奉五斗米道的世家。据陈寅恪统计，当时北方的大士族如清河崔氏、范阳卢氏、冯翊寇氏、京兆韦氏、天水尹氏，南方侨姓大士族琅琊王氏、高平郗氏、殷川痍氏、陈郡殷氏、阳夏谢氏、泰山羊氏、谯国桓氏、汝南击氏、晋王室司马氏，次等士族如琅琊孙氏、长乐冯氏、丹阳葛氏、许氏、陶氏、吴兴沈氏、晋陵华氏、会稽孔氏、钱唐杜氏、吴郡顾氏、陆氏、张氏、孙氏（孙吴后裔）等等，这些家族中都有人信奉道教。实际可能还不止此。这么多的门阀士族信道，表明五斗米道在东晋时在向上层的传播方面取得了很大成功。

琅琊王氏家族中的王羲之一门是东晋最有代表性的文化士族，“世事张氏五斗米道”。王羲之去官后，与东土人士尽山水之游，弋钓为娱。又与道士许迈共修服食，采药石不远千里，遍游东中诸郡，穷诸名山，泛沧海。羲之诸子亦信五斗米道，羲之父子诸人皆为书法名家。王羲之为道士写《道德经》《黄庭经》换取白鹅，为书林韵事。王献之亦写有五斗米道符箓及神咒。与王羲之家世代通婚的高平郗氏也是东晋著名奉道世家。与王、郗二族同为一流侨姓士族、互相通婚的陈郡殷氏、颍川庚氏、阳夏谢氏等家族也信奉五斗米道或与道士交往密切。

在今江苏茅山附近的丹阳、晋陵、吴郡一带居住着一些著名的吴地士族，如丹阳葛氏、陶氏、许氏和晋陵华氏以及吴郡顾、陆、朱、张及孙吴后裔等等。他们多系吴地土著或晋以前较早南下的士族，彼此通婚，在孙吴时已形成强大的地方势力。西晋灭吴后，对江南士族采取歧视政策。东晋时，江南士族又受侨姓士族压制，在仕途上很不顺利，不少人因而转向宗教，寻求安慰。东晋以后，因受从北方南下的五斗米道徒尤其是天师道祭酒魏华存（西晋司徒魏舒之女）的影响，江南士族遂信天师道。在东晋南朝茅山上清派形成过程中是有重要影响的道派，如葛洪、杨羲、许谧、许翙、葛巢甫、陆修静、顾欢、孙游岳、陶弘景等等，大多出自吴地士族。

综上所述，两晋时期（265—420），五斗米道在北方和南方都得到了广泛的传播，甚至在门阀士族中也找到了市场，获得了新的发展空间。可以说，这是五斗米道的一个复兴时期。隋唐时期，尤其是唐代，是我国道教全面发展的繁荣时期。隋朝建立之初,隋文帝利用道教编造“受命之符”，为他篡夺北周政权制造舆论，故隋文帝对道教加以扶植和崇奉，使道教有所发展。因隋文帝幼时由尼姑养育，自称“我兴由佛法”，对佛教尤为重视，规定三教的序位是佛教为先，道教次之，儒教为末。佛、道行立的序位是佛先道后，故道教与佛教相比，其发展在隋代较为缓慢。

在唐朝近三百年的统治中，道教始终得到扶植和崇奉，道教的地位处于儒教和佛教之上，居三教之首。道教教主老子不仅被尊为唐宗室的“圣祖”，而且先后被册封为“玄元皇帝”和“大圣祖高上金阙玄元天皇大帝”，事实上已成为道教的至高神和唐王朝的护国神，道教也得到前所未有的尊崇。李唐王朝利用老子姓李，攀附为同宗，尊老子为“圣祖”，自称是老子的“圣裔”，以利用老子在历史上的广泛影响来提高唐宗室的社会地位。

李唐王朝对道教的扶植和崇奉促成了道教与皇权的结合，道教迎来了发展的鼎盛时期。道教宫观遍及各地，名山都邑的宫观规模日益宏大。唐高宗曾召第十二代天师张恒至京师，问以治国安民之道。张恒对曰：“能无为则天下治矣，上嘉之。”从此，唐高宗便将“清静无为”奉为治国之道，加以推行。这对唐代的繁荣和“开元之治”的出现都起了一定的积极作用。天宝七年（748），唐玄宗册封祖天师张道陵为“太师”，并召见第十五代天师张高，命他在京师置坛传箓，颁赐金钱玉帛，免除龙虎山的租税。唐肃宗时，又赐龙虎山香币，并在龙虎山建醮，又赐宸翰以赞祖天师像。唐德宗贞元年间（785—793），又赐镀金银香炉、香合、绯罗金帕及多种器物。会昌元年（841），唐武宗又召见第二十代天师张谌，赐传箓坛门额“真仙观”，还拟赐张谌官衔，张谌辞归不受。咸通时（860—874），唐懿宗又为第二十代天师张谌建金箓大醮，赐金吊还山。

宋代皇帝大多崇奉老子而信道教，尤其是真宗与徽宗几乎到了狂热的地步，各地遍置道观，以退职官吏统领，称为祠官，领取祠禄，这是历朝所没有的。政和四年（1114），又正式设立道官道职，置道阶，分为二十六级，其中先生最高，处士、八字、七字、四字、二字次之，官秩相当于中大夫至将仕郎一级。对于天师道，比之唐代更为礼待。自宋真宗大中祥符八年（1015）召见第二十四代天师张正随，在京师正式设立了专门接待道教天师的授箓院。次年，赐天师张正随为“真静先生”。张正随仙逝后，宋真宗还亲自为他写赞词。宋仁宗在位期间（1023—1063），天圣八年（1030），召见了第二十五代天师张翰曜；至和二年（1055），召见了第二十六代天师张嗣宗，并赐号“虚白先生”。张嗣宗仙逝后，仁宗为其赐赞云：“汉天师二十六代孙张嗣宗，绍承家学，绰有祖风。”不久，又召见了第二十七代天师张象中，特赐紫衣，亲洒宸翰，又赐束帛金器等。熙宁年间（1068—1077），宋神宗召见了第二十八代天师张敦复，命其设醮于内殿，赐号“葆光先生”。崇宁年间(1102—1106),宋徽宗曾四次召见第三十代天师张继先，并赐号“虚靖先生”，同时追封第二十九代天师张景端为“葆真先生”。崇宁四年召见张继先时，正值金兵南下威逼宋王朝，张继先又以“赤马红羊”之凶兆劝徽宗修德治国，挽回颓势。五年期间第三十代天师张继先连续四次赴京拜见，说明龙虎山与宋王朝关系之密切。天师从神仙世界返回人间劝谏皇帝，说明道教与政治已再度结缘。政和六年（1116），宋徽宗宠信道士林灵素后，经过一番策划，群臣及道箓院上表册封宋徽宗为“教主道君皇帝”，自此，宋徽宗便成为人君、天神、教主三位一体的皇帝。唐玄宗、宋真宗都是利用“灵符”“天书”来神化皇权和神化帝王，而宋徽宗则更进一步，自称是天神下凡，是神与人合一、神权与君权合一的皇帝。当他成为金人的阶下囚时，依然身着紫道袍，头戴逍遥巾，一派道流打扮。由于“靖康之耻”应验了“赤马红羊”之兆，据说金兀术是红脸膛、赤胡须、山羊脸，攻克开封时骑一匹红色的火龙驹，更进一步提高了天师道的神圣性和权威性。端平三年（1236），宋理宗召见第三十五代天师张可大，赐钱重刊先朝箓板。嘉熙二年（1238），宋理宗加封张道陵为“正一静应显佑真君”。三年（1239）四月复召张可大赴行都设醮退潮祷雨、灭蝗保边。同年七月，赐号“观妙先生”。理宗又下诏令由张可大提举三山（茅山上清宗、西山净明道、龙虎山天师正一宗）符箓并兼御前诸宫教门公事，又赐田免税，大修龙虎山，这样便正式确立了龙虎山天师道在道门中的领导地位。

南北朝时期的道教改革为唐宋时期道教的发展和鼎盛打下了坚实的基础。在道教发展鼎盛时期，张天师的地位和影响也达到了它的顶点。

附：张天师代系表

一代张道陵　祖籍江苏沛丰，东汉光武帝建武十年生，明帝时中举，任四川江州令，和帝时来龙虎山炼丹，顺帝时赴四川创建道教，桓帝时在青城山飞升，年123岁。道教称为祖天师。加封“正一冲元神化静应显佑真君”，加赠“六合无穷高明上帝”。

二代张衡　正一嗣师太清演教妙道真君。陵长子，世称嗣天师。

三代张鲁　正一系师太清昭化广德真君。衡长子，以政教合一雄踞巴蜀三十余年，葬邺城，世称系师。

四代张盛　清微显教弘德真君。鲁三子，汉末迁居龙虎山，创龙虎正一道。

五代张昭成　元顺帝至正十三年赠“清微广教弘德真君”。盛长子，居龙虎山，年119岁。

六代张椒　元顺帝至正十三年赠“清微广教弘德真君”。昭长子，居龙虎山，年百余岁。

七代张回　元顺帝至正十三年赠“玉清辅教弘济真君”。椒长子，居龙虎山，年百余岁。

八代张迥　元顺帝至正十三年赠“玉清应化冲静真君”。回之子，居龙虎山，年90岁。

九代张符　元顺帝至正十三年赠“玉清赞化崇妙真君”。迥之子，居龙虎山，年93岁。

十代张子祥　元顺帝至正十三年赠“上清玄妙大虚真君”。符之子，居龙虎山，年120岁。

十一代张通玄　元顺帝至正十三年敕赠“上清玄应冲和真君”。子祥之子，居龙虎山，年97岁。

十二代张恒　元顺帝至正十三年敕赠“上清玄德太和真君”。通玄之子，居龙虎山，年98岁。

十三代张光　元顺帝至正十三年敕赠“太玄至德广妙真君”。恒之子，居龙虎山，年104岁。

十四代张慈正　元顺帝至正十三年敕赠“太玄上德紫虚真君”。光长子，修道于圣井山，年百余岁。

十五代张高　元顺帝至正十三年敕赠“太玄崇德玄化真君”。慈正长子，居龙虎山，年90岁。

十六代张应韶　元顺帝至正十三年敕赠“洞虚演道冲素真君”。高长子，居龙虎山，年99岁。

十七代张颐　元顺帝至正十三年敕赠“洞虚阐教孚佑真君”。应韶长子，居龙虎山，年87岁。

十八代张士元　元顺帝至正十三年敕赠“洞虚明道赞运真君”。颐之子，居龙虎山，年92岁。

十九代张修　元顺帝至正十三年敕赠“冲玄翊化昭庆真君”。士元长子，居龙虎山，年95岁。

二十代张谌　元顺帝至正十三年敕赠“冲玄洞真孚德真君”。修长子，居龙虎山。

二十一代张秉一　元顺帝至正十三年敕赠“守玄紫极昭化真君”。谌长子，居龙虎山，建天师庙，年92岁。

二十二代张善　元顺帝至正十三年敕赠“清虚崇应孚惠真君”。秉一长子，居龙虎山，年87岁。

二十三代张季文　元顺帝至正十三年敕赠“清虚妙道辅国真君”。善长子，居龙虎山，年87岁。

二十四代张正随　元顺帝至正十三年敕赠“清虚文教妙济真君”。季文之子，居龙虎山，年87岁。

二十五代张乾曜　元顺帝至正十三年敕赠“崇玄普济湛寂真君”。正随长子，居龙虎山，年85岁，葬耳口乡曹家源。

二十六代张嗣宗　元顺帝至正十三年赠“崇真普化妙司真君”。乾曜长子，续建上清观。

二十七代张象中　元顺帝至正十三年敕赠“崇真通惠紫玄真君”。嗣宗长子，居圣井山，年81岁。

二十八代张敦复　元顺帝至正十三年敕赠“太极无为演道真君”。象中长子，年53岁。无嗣，弟敦厚之子景端过继。

二十九代张景端　元顺帝至正十三年敕赠“太极清虚慈济真君”。敦复侄子，年52岁。无嗣，叔敦信嫡孙继先过继。

三十代张继先　元顺帝至正十三年敕赠“虚靖玄通弘悟真君”。景端长侄，9岁嗣教，13岁应诏赴阙敕建上清正一宫、天师府、演法观，年36岁，葬安徽天庆观，终身不娶，无子。著《虚靖语录》七卷。

三十一代张时修　元顺帝至正十三年敕赠“正一弘化明悟真君”。敦直长子，继先叔父。

三十二代张守真　元顺帝至正十三年敕赠“崇虚光妙正应真君”。时修长子。

三十三代张景渊　元顺帝至正十三年敕赠“崇虚太素冲道真君”。守真长子，葬上清吕家源。

三十四代张庆先　元顺帝至正十三年敕赠“崇虚真妙光化真君”。景渊长子，好酒，宴坐而化。

三十五代张可大　元顺帝至元二十八年敕赠“通玄应化观妙真君”。守真次子，主领龙虎宫，葬瑞订观。

三十六代张宗演　元贞元年敕授“冲和真人掌江南道教事”，赠“演道灵应冲和玄静真君”。可大次子。

三十七代张与棣　至元二十八年授“体玄弘道广教真人”，领江南道教事。宗演长子。

三十八代张与材　至大元年授“凝神广道真人”，领江南道教事，加授“正一教主”。葬金溪鸣阳山。

三十九代张嗣成　明洪武三年授“太玄辅化应道大真人”。加授“正一教主”，知集贤院道教事。

四十代张嗣德　至正十三年授“太乙明教大真人”。与材次子。

四十一代张正言　至正十三年授“正一嗣教弘文广教大真人”。嗣德长子，微疾而化。

四十二代张正常　洪武五年授“正一教主、护国阐祖大真人”。嗣成长子，敕建大真人府，撰《天师世家》一卷。

四十三代张宇初　永乐四年授“正一嗣教阐祖光范大真人”，奉旨编修《道藏》。正常长子，撰《龙虎山志》十卷、《岘泉集》十二卷。

四十四代张宇清　宣德元年授“正一嗣教光祖演道大真人”，加封“正一嗣教静洞元大真人”。正常次子，敕管武当山，中秋集欢，雷击而化。著有《西壁文集》。

四十五代张懋丞　正统六年封“正一嗣教演法大真人”，加封“正一嗣教弘化妙应大真人”。正常三子。

四十六代张元吉　成化三年授“正一嗣教崇法真人”，授“正一嗣教洞译音大真人”，授“正一嗣教妙应大真人”。懋丞之孙，品行不端，死后葬本里播基湾。

四十七代张原庆　成化十三年授“正一嗣教保和守道大真人”。元吉之子，葬金溪长生观。

四十八代张彦頨　嘉靖五年授“正一嗣教丞先弘道大零点人”，授“正一嗣教葆光大真人”。原庆长子，建上清宫、真人府和正一观，葬弋阳叠山书院。

四十九代张永绪　嘉靖三十年授“正一嗣教崇道大真人”。彦頨长子，10岁袭教，善剑术。

五十代张国祥　万历三十五年授“正一嗣教阐元大真人”。永绪堂侄，补写《天师世家》，辑《龙虎山志》三卷，编《续道藏》等书，葬金溪明阳桥。

五十一代张显庸　康熙四十二年封“正一嗣教清素大真人”，掌天下道教事。国祥长子。著《三教同涂论》《金丹辩惑论》《浴梧诗集》等书。

五十二代张应京　康熙四十二年授“正一嗣教大真人”，掌天下道教事。显庸长子。

五十三代张洪任　应京长子，葬金溪朱坊。康熙四十二年追赠光禄大夫。

五十四代张继宗　康熙四十二年授“正一嗣教大真人”。洪任长子，葬筱岭背南山。

五十五代张锡麟　病故于杭州，年 29 岁。继宗长子。

五十六代张遇隆　锡麟之子。

五十七代张存义　遇隆之子，年 28 岁，无嗣。

五十八代张起隆　锡麟继子，葬正一观。

五十九代张钰　起隆之子，葬南极观。

六十代张培源　钰长子，葬南极观。

六十一代张仁政　培源之子，葬青城山。

六十二代张元旭　仁政长子，中华民国道教总会发起人。病故于上海，葬杨家山。

六十三代张恩溥　元旭长子，1949 年 2 月去台湾，1969 年 12 月底病故于台北，由堂侄张源先在台湾继承六十四代天师。

六十四代张源先　现任张天师。

另：在大陆的第六十四代：张稻香，恩溥之女。

第六十五代：张金涛，稻香之子。张金涛目前是中国道教协会副会长、全国人大代表、江西省龙虎山嗣汉天师府的主持。在大陆的这两代，政府并没有明确册封其为张天师。

附：张源先，为嗣汉天师府第六十四代天师，掌道教正一派万法宗坛。张源先为张恩溥天师堂侄，1969 年张恩溥过世，其子张允贤早于 1954 年病故，翌年张源先于台湾台南市天坛启建道教，天师张源先既成科仪，1971 年正式接任。张源先出身行伍，1970 年退伍袭职。接任天师后，增补《正统道藏》中张天师世家，于 1977 年出版《历代张天师传》。1992 年创立“中国嗣汉道教协会”，曾任第一、二任理事长和第三任荣誉理事长，后又出任第四任理事长至今。1995 年于台湾南投国姓乡建“中国道教嗣汉天师府”，祀奉道教诸神与天师张道陵。

第五节
张姓神仙考略

中国的神仙传说起源于上古时代，远远早于中国图画、文字符号等等的起源。人类在蒙昧时期，由于生产力极为低下，对大自然所发生的各种现象不能解释，对自然灾害与生存困境不能抗拒，又伴随着智力的不断提高，才开始在想象中让周围的世界布满了超自然的存在物——神灵与魔力，并按照人类生存愿望的各种需求创造出神力无比的各路神仙。

这种“造神”活动自上古时代起，几乎一直延续了整个农耕文明社会。道教兴起之后，更崇神尚仙，且与民间宗教信仰相结合，将神权及分工自上而下系统化，成为上天世界的主宰；而道教也将修炼成仙变为一个终极目标。所以，后来的神大多有名有姓，具有历史人物的真实性。仅姓张的神仙而言，就有玉皇大帝、灶王爷、张果老、张仙爷、张天师、文昌神等等。

玉皇大帝的来历版本异出

说起张姓神仙，最让张姓自豪的是玉皇大帝，即中国人俗称的“老天爷”。玉皇大帝姓张，叫张玉皇。如果有人说中国历史上没有一个皇帝姓张，张家人则说：“老天爷上管天，下管地，中间还管人，所以就不叫姓张的再做皇帝了。”

据《高上玉皇本行集经》：玉皇，是道教中地位最高、职权最大的神，即“昊天金阙至尊玉皇上帝”，简称玉皇或玉皇大帝。相传他总管三界（上、中、下）和十方（四方、四维、上下）、四生（胎生、卵生、湿生、化生）、六道（天、人、魔、地狱、畜生和饿鬼）的一切祸福。在中国民间，不仅道教信奉者供奉玉皇大帝，一般老百姓也大都信奉玉帝。时至今日，还有不少农村人家在过春节时把“十方真宰”老天爷供在家中。

据袁柯《中国神话传说》，可知“玉皇大帝”之神仙名的出现至早不超过汉代。关于玉皇大帝的来历和为什么姓张，说法各异，但主要有两种：一是源于道教说，一是源于民间传说。

按道教的说法是：很久之前，有个光严妙乐园，国王净德和王后宝月老年无子，于是令道士举行祈祷，后梦见太上道君抱一婴儿赐予王后，王后梦醒而有孕。怀胎一年，于丙午岁正月初九午时生下一男。太子长大后继位，不久舍国去普明香严山修道，功成超度，又经历万劫，成为天庭玉帝。

民间传说与张姓“百忍堂”的传说有些近似：盘古开天辟地之后，天地间一片祥和。可是，好景不长，由于各路神仙争强斗狠，天地之间乱成了一锅粥。太白金星决定找一个德才兼备的人来管理、扭转这种局面。于是，他化装成乞丐，四处寻找。到了张家湾，终于发现了张友人。张家湾是个有几万人的大山寨，张友人是寨主。治理好一个小家尚不容易，张友人居然能将这么一个寨子治理得人人谦逊有礼，邻居和睦互助。问他有何高招，张友人笑了笑说，无非一个“忍”字。忍者，耐烦也。由于张友人慈悲为怀，百忍为上，因此能包容繁杂，以宽得众，有海纳百川之胸怀。太白金星认为张友人是一个理想人选，就传他上天，又经各路神仙试探，一致同意他管理天庭。张友人就这样做了玉皇大帝。

张果老实有其人

张果老是一个仙人，是传说中的“八仙”之一。相传他是唐代邢州人，今广宗县张固（果）寨是其家乡，邢台西部有仙翁山，俗称张果老山。又传他久隐中条山，往来汾晋间，唐武则天时已数百岁。武则天曾遣使欲召见之，其即佯死。后人复见其居恒州山中。他倒骑白驴，日行数万里，休息时即将驴折叠，藏于巾箱。唐玄宗好神仙，召果老至京师，令他表演种种法术。玄宗大喜，授其银青光禄大夫，赐号“通玄先生”。他的故事最早见于《明皇杂录》,《新旧唐书》方伎卷均有记载。“张果老”是尊称，“张果”是其真名。

至于张果老是如何成仙的，民间有诸多说法，仅流传在河北一带的就有多种。这是介绍其中的一种说法。

据说张果老原本是个穷赶脚的，一年四季赶着小毛炉给人驮物送货，挣点儿钱糊口度日。一日在地精山下一座小庙前“打尖儿”（吃东西），闻到一股奇异肉香从庙里飘出。张果老早听说过这里的和尚吃肉喝酒偷女人，是个花和尚。他想进去，逮住和尚痛斥一回。

他穿过前殿来到后殿，只见殿里支着一口小铁锅，锅下干柴烈火烧得正旺，锅上热气腾腾，香气四溢。“锅里煮的是什么，这么香？”他一边自言自语，一边走过去随手掀开锅，一看，嗬！——是一锅白肉！他东张张西望望，见四下无人，又连喊了几声，也没人答应。这时张果老的肚子饿得咕咕直叫，馋得口水都流了出来。他想：八成这老和尚见有生人，躲了起来。正好我先尝尝再说。他用柳条从锅里夹出一块肉来，也没仔细看就吃下去，觉得又鲜又香，简直比天上的龙肉地上的蟒肉的味道还美。他越吃越香，越香越馋，不到一袋烟的功夫，就把一小锅肉吃了个精光。

其实，这肉不是龙肉也不是蟒肉，而是千载难逢的“地精娃娃肉”。地精山上长着地精娃娃，一千年一开花，三千年一结果。人若吃了，长生不老，成仙成佛。原本是老和尚正煮着这地精娃娃肉，忽听庙后人家有人喊失火，他一听是李寡妇家，这李寡妇不是别人，正是他的老相好，就赶快跑出去救火了。待他回来一看，锅里的肉被生人吃光了，几口汤也正让毛驴喝着。他急着就去打张果老。张果老吓得一下跌在驴背上。和尚撵，驴就驮着他跑，和尚眼看就要揪住驴尾巴，毛驴却一腾空，驮着张果老飞起来……

这则传说是说张果老因偷吃了“地精娃娃肉”而成仙。所谓“地精娃娃”其实是人形的何首乌，一种较名贵的中药材。张果老的做法虽然有些不雅，不同于道教中“修道成仙”说法来得冠冕堂皇，然而人们对于张果老这则成仙传说还是津津乐道的。

张果老的传说在河北流传很广。过去有一首很著名的河北民歌《小放牛》，年长者几乎人人会唱，歌词中就唱到了张果老，歌词是这样的：

赵州桥来什么人修？玉石栏杆什么人留？
什么人骑驴桥上过？什么人推车轧了一溜沟？
赵州桥来鲁班修，玉石栏杆圣人留。
张果老骑驴桥上过，柴王爷推车轧了一溜沟。

灶王爷由记载到传说的演变

灶王爷亦称灶王、灶君。灶王的传说出现很早。灶王是古代腊祭五祀之一。《礼记·月令》载："孟夏之月……其帝炎帝，其神祝融……其祀灶，祭先肺。"《风俗通义》云："《周礼说》，颛顼氏有子曰黎，为祝融，祀以为灶神。谨按《明堂月令》：孟冬之月，其祀灶也。五祀之神，王者所祭，古之神圣有功德于民，非老妇也。《汉记》：南阳阴子方积恩好施，喜祀灶。腊日晨炊而灶神见，再拜受神。时有黄羊，因以祀之。其孙识，执金吾，封原鹿侯；兴，卫尉，鲖阳侯。家凡二侯，牧守数十。其后子孙常以腊日祭灶以黄羊。"《古今图书集成》载："古传腊月二十三，灶君朝天欲言事。云车风马小留连，家有杯盘丰典祀。猪头烂熟双鱼鲜，豆沙甘松粉饵圆。男儿酌献女儿避，酹鱼烧钱灶君喜。婢子斗争君莫闻，猫犬触秽君莫嗔。送君酒饱登天门，长杓短杓莫复云，乞求利市归来分。"《新搜神记·神考》云："今人谓人面黑者比之灶王，非也。灶神状如美女，非黑面也。"《月令广义》又说："燕俗，图灶神以纸印之，曰灶马，腊月二十四日焚之，谓送灶。次年元旦，乃迎灶归。"

透过以上记载，可见祭灶活动由来已久，且是广泛流传的习俗。祭灶王的日子，有的是二十三，有的是二十四。但都说灶神曰祝融，而没说姓张。

那么，灶王爷怎么又姓张了呢？中国北方民间有一个习俗：每逢小孩受到惊吓，就要为小孩"叫魂儿"，先在灶神前供上一碗清水，然后点燃三炷香，口中念道："灶王爷爷本姓张，没事不烧三炷香……"灶王爷姓张，是妇孺皆知的。

这里有一个故事，这个故事应该是后来流传开的：说是有个张大郎，出身富家，挥霍无度，对亲朋好友却吝啬无比，就是对自己的妻子也是如此，还不断非打即骂，妻子赌气削发为尼。没几年，张大郎就把家业挥霍一空，于是出门靠乞讨度日。这一年冬，天寒地冻，寒冷异常，张大郎乞讨来到一座尼姑庵，听说这里施舍粥饭。可是排队挨到张大郎打粥时，锅里的粥分完了。张大郎饥饿难耐，眼冒金星，一头栽倒。小尼姑马上报告师太，师太一看此人是张大郎，赶紧亲手做一碗热面条，端给他吃。

原来师太正是张大郎的前妻郭丁香。一碗热面条下肚，张大郎睁开眼一看，端饭的竟是自己的结发妻！他无地自容，一头钻进煮粥的灶门间。此后，张大郎就帮尼姑烧火熬粥，施舍天下穷苦百姓。后来，此事被玉皇大帝知道了，于是就封张大郎为灶君，掌管各家灶房事物，人们就称他为"灶王爷”。

尽管这位“灶王爷”的来历不大体面，但是，每到年腊月二十三日祭灶，百姓都献上糖果、年糕，让他“上天言好事，回宫降吉祥”。

张天师由人到仙

张天师也实有其人，而且是有据可查的历史人物。据《中国人名大词典·历史人物卷》载：张道陵（34—156）一名张陵。东汉沛国丰（今江苏丰县）人。初入太学，通达五经。明帝时曾任巴都江州令。顺帝时于鹤鸣山（今四川大邑县境）修道。永和六年（141）作道书二十四篇，自称“太清玄元”，创立道派。凡入道者纳五斗米，故称“五斗米教”。教人悔过奉道，用符水咒法治病。建二十四治，立祭酒以领教民。后道教徒尊其为“天师”。后裔承继道法，世居龙虎山，称“张天师”。

至今龙虎山道观香火兴旺，祭拜者络绎不绝。笔者有幸去过龙虎山，见其道观规模宏大，多是新复建仿古建筑，坐落于龙虎山下。据道长讲，他是张道陵第 ×× 代（六十余代，确切数字已记不清楚）孙，并拿出世系谱让众人观看。

有关张道陵的传说不甚多，有的只是方伎之类。最重要的一个传说是，张道陵活了一百二十多岁，最终修成正果，骑虎升天。尔后周游四方，驱邪救难于民。

过去，在中国的北方农村，一到春节来临，集市上便有卖“张天师”木刻年画的，连同“老天爷”“灶王爷”“财神爷”等等，一齐被“请”进家去，说张天师是镇邪的。

文昌神的说法纷纭不一

文昌神多称文昌帝君，也称梓潼帝君，是主管文运的神，在历史上多被读书人信奉。

关于文昌神的记载，最早见于司马迁《史记·天官书》：“斗魁戴匡六星曰文昌宫：一曰上将，二曰次将，三曰贵相，四曰司命，五曰司中，六曰司禄。”即是说“文昌宫”是指六个星，六星并各司其职。“索隐”解释说：“上将建威武，次将正左右，贵相理文绪，司禄赏功进，司命主老幼，司灾主灾咎也。”——这就是说，不是一星主宰文运，而是由多星各司其职。在古代，人们信奉“天地对座”，如《史记正义》云：“……众星列布，体生于地，精成于天，列居错峙，各有所属，在野象物，在朝象官，在人象事……”但是到后来，经历代演变，多星变为一星（魁星），一星又向更“人性化”的人神演变。

据北宋初孙光宪撰《北梦琐言》云：“梓潼县张垩子神，乃五丁拔蛇之所也。或云嶲州张生所养之蛇，因而祠之，时人谓之张垩子。其神甚灵，伪蜀王建世子名元膺，聪明博达，骑射绝伦，牙齿常露，多以袖掩口，左右不敢仰视。蛇眼而黑色，凶恶鄙亵，通夜不眠。竟以作逆伏诛。就诛之夕，梓潼庙祝亟为张垩子所责，言：‘我久在川，今始方归，何以致庙宇荒秽如是耶？’由是蜀人乃知元膺为庙蛇之精矣。”宋代史料笔记《铁围山丛谈》记载：“长安西去蜀道有梓潼神祠者，素号异甚。士大夫过之，得风雨送，必至宰相；进士过之，得风雨则必殿魁。自古传无一失者。”

以上两则记载说明，文昌帝君是梓潼县（今四川省梓潼县）人，叫张垩子，梓潼也是神话中五个大力士拔蛇的地方；或者说是嶲州（今山东临淄）人。张生所养的蛇成精，因而放进祠堂供奉，当时的人称之张垩子。——总之，文昌神由原来天上的星斗逐渐演变成为地上的人神，且冠以姓氏——张，叫张垩子。士大夫礼拜他时，如遇风雨，必夺头名，而且很是灵验。

据台湾张桂元先生主编《张氏统宗世谱溯源》说，周宣王时的张仲被封为文昌帝君。不知源于何据。

笔者前些年去山西，有幸于某景点处拜过文昌帝君，但见庙内塑一尊黑面神，手执一蛇，甚是威武。文昌帝君在庙内怎么是凶巴巴的而不见半点文气呢？因此当时就心存疑虑，觉得这尊神不像是掌管文运的。也许是我的一闪念对神灵有所亵渎，又未得“风雨送”，所以至今文章难以“夺魁”。

历代府城、县城内多建有文昌庙或文昌祠，由文昌帝掌管地方文运事，供士子或学校祀之。据清河旧县志记载，康熙十四年秋，清河曾建“文昌祠”于旧文庙右边；清河明朝城池之上也曾建有“奎星阁”。或是供人祀拜，或是期望文运昌盛。可见在古代盛行奉祀文昌帝君。

张仙爷从一个谎言开始

张仙爷是民间奉祀的神仙，相传能赐贵子。过去，在河北的清河奉祀张仙爷颇为盛行。

关于张仙爷的来历，文字记载见于明代史料笔记。郎瑛撰《七修类稿》:“近世无子者多祀张仙以望嗣,然不知其故也。蜀主孟昶（河北邢台人）美丰仪，喜猎善弹弓。乾德三年蜀亡，掖庭花蕊夫人随辇入宋宫。夫人心常忆昶，郁郁不敢言，因自画昶像以祀，复佯言于众曰：‘祀此神者多有子。’一日宋祖见而问之，夫人亦托前言，诘其姓，遂假张仙。蜀人历言其成仙之后之神处，故宫中多因奉于求子者，遂蔓延民间。”

按此记载，民间奉祀张仙，始于宋代，而张仙也是孟昶之假托，来自一个美丽的谎言。后来自宫中蔓延到民间，凡求子者都供奉张仙。

笔者学识面窄，有关张仙的文字记载仅见于此说。民间是否还有其他说法，也未及调查考证。仅就清河县而言，在中华人民共和国成立之前，很多人家都供奉张仙爷，尤其是新婚夫妇求子的，或是家里有小孩的。《清河民俗与张姓》一文的作者冯清泰曾经谈到关于民间信奉张仙爷的事。张仙爷在清河是具有两种“本事”或者说两种“功能”的神：一是赐赠贵子，二是看护小孩。在过去，平民生活贫苦，家庭养育儿女困难，孩子生下后常夭折，民间就说是犯了天狗星。因为古时候传说，天狗星经常到人间来偷吃小孩，是张仙爷制造了神力无比的弹弓，打败天狗星，才保住了子孙繁衍昌盛。从前的清河人多睡大火炕，新婚夫妻也不例外。如果结婚一二年尚无子嗣，就会在炕上方贴上一张张仙爷的套色木刻画供起来。画上的张仙手持弹弓,面对天狗。新夫妻求来子嗣,张仙爷的像还是一年一换新的，为的是再让其看护小孩儿。

只见于记载的另路神仙

下面所介绍的另路神仙，有道教中得道的“真人”，有可通神的清官，有人死后被拥立的神，甚至还有半人半鬼、贻害民间的人鬼，所以列为“另路”。他们的一个共同的特点是，民间供奉的香火很少，传说也不多，只是史书有记载。

张三丰 《历史人物》记载："丰亦作峰。元末明初辽东懿州（今辽宁阜新东北）人，名全一，一名君宝，号玄玄子，又号张邋遢。武当山道士，终年只穿一衲一蓑。明太祖求之不得。游历陕西、四川、湖广，踪迹莫测。永乐初明成祖累致书敦请，积数年不遇。英宗时封赠通微显化真人。不知所终。世传为太极拳创始人，实为后人假托之词，不足凭信。有《张三丰全集》。"

张铤 为官清廉，鬼神畏之。宋代徐铉撰志怪小说《稽神录》载："张铤者，累任邑宰，以廉直称。后任彭泽令，使至县宅，堂后有神祠，祠前巨木成林，乌鸢野禽，群巢其上，粪秽积于堂中，人畏其神，故莫敢犯。铤大恶之，使巫祈于神曰：'所为土地之神，当洁清县署，以奉居人，奈何使腥秽如是耶！尔三日中，当尽逐众禽，不然，吾将焚庙而伐树矣。'居二日，有数大鹗，奋击而至，尽坏群巢。又一日大雨，粪秽皆净。自此宅居清洁矣。"

张太尉 亦称嘉应侯，泰山冥府鬼神。宋人撰明代刊行的《事物纪原》云："熙宁间，百姓共立东岳张太尉祠于国城之外东南隅。俗传神姓张氏，淮阴人，死隶岳神，主阴府要职。京东州郡，往往有祠，世谓张舍人者是也。至此号太尉。元丰中，光献太皇后祈有感，始封嘉应侯号。"

张奇神 人名，以妖术害人者。清代袁枚笔记小说《子不语》载："湖南张奇神者，能以术摄人魂，崇奉甚众。江陵书生吴某独不信，于众辱之。知其夜必为祟，持《易经》坐灯下。闻瓦上飒飒作声，有金甲神排门入，持枪来刺。生以《易经》掷之，金甲神倒地，视之，一纸人耳，拾置书卷内夹之。有顷，有青面二鬼持斧齐来，亦以《易经》掷之，倒如初，又夹于书卷内。夜半，其妇号泣叩门曰：'妾夫及两儿，皆附纸人来，此刻现有三尸在家，过鸡鸣则不能复生矣。'哀告再三。吴曰：'汝害人不少，当有此报。今吾怜汝，还汝一子可也。'妇持一纸人泣而去。明日访之，奇神及长子皆死，唯少子存。"

张铤与张奇神两则记载，实为小说家言，不足信也。然而，古代的神仙传说和后来的史料记载的神或仙、人或鬼，则都是赐福劝善的，张姓的神仙也不例外。

附录二

张姓起源今人研究成果说

近些年，随着海内外姓氏寻根热的出现，姓氏研究和新续家谱也悄然兴起。1995 年，巴蜀书社率先出版了《中华族谱集成》，由著名谱牒专家张海瀛先生主编，收录“李王张刘陈”五姓族谱共 93 种，其中收录张姓古谱 21 种，编为 20 册。之后，东方出版社、吉林文史出版社先后分别出版了《中华姓氏通史》和《中华百家姓氏渊谭》两套丛书，均各有张姓卷一册。上述书目为今人研究张姓起源奠定了基础。

研究张氏发源并出版有关图书较多的是山西太原、河北清河、河南濮阳等几个地方。山西以《太原张氏史略》主张“太原说”为主要内容的有六七部；河北清河以《天下张姓出清河》为主要内容的有九部；河南濮阳以《张姓祖根在濮阳》为主要内容的有十余部。这些书尽管角度不同、观点不一，但丰富了张姓文化研究成果，总的来说是一种有益探索。

第一节
“天下张姓出清河”说

《天下张姓出清河》一书（方志出版社2009年出版）第二章依据史籍文献、姓氏著作和张氏谱牒记载，对张姓起源地——青阳、清河说作了比较系统的研究，与本书第二章“张姓血缘寻根”大同小异，故不再转述。现只将书中一节“今人的研究成果”，即清河境外学者对“张姓起源清河”的说法，作部分转抄。进入二十世纪八十年代后，姓氏文化研究倍受重视；张姓文化研究更是硕果累累，关于张姓源出之地，大多书籍认可清河。

其中出版较早、影响较大的，应首推邓洪波先生著《中华姓氏通史·张姓》一书（2000年东方出版社）。在书中，作者以“祖居之地”一节叙述了“张姓源出清河”由来——

张挥以尹城国的清阳为居住地。清阳以在清河以南而得名，汉代它属于清河郡、清河国。所以后世张氏谱书提到得姓郡望时，有讲尹城的，而更多的是讲清河郡，谱书的版心也往往有“清河堂”字样，以示不忘先祖之地。

清河郡始设于汉高祖刘邦，治所在清阳县（今河北清河县东南），辖地相当今河北清河全县及枣强、南宫各一部分，山东临清、夏津、武城及高唐、平原各一部分地方。东汉初改为清河国，移治甘陵（今临清东北），建和二年（147）曾改名为甘陵郡。三国复清河郡名。晋以后辖区缩小。北齐移治武城（今清河西北，隋改清河县）。唐清河郡属贝州，被定为张氏望郡，（张为国柱姓）“乙门”。唐以后郡被废。但清河县一直保留，到宋代又并入清阳县。今清河县治所在葛仙庄。

清河是一条古老的河，战国时介于齐赵两国之间。据《水经注》记载，它源起河南北部，流经今河北威县以下始称清河，东北流经清河县故城北、景县南，至东光西，则略循今卫河、海河入海。隋代以后，东光以下被导为永济渠，东光以上则渐归湮废。现在的清河县已没有清河了。

但在数千年前，情况就不是这样，当时整个华北平原的气候比现在要温暖湿润得多，降雨较多，清河的流量很大，并常常造成水灾。因此，大禹的父亲鲧曾到这里来治水。现在在县西南部还有当时的堤防遗迹，称为“鲧提”，大堤村也是因此而得名的。

当时的地形与现在差不多，属华北平原，海拔在100米（应是30米，编者著）左右，一望无际的原野上，只有白虎冈等一些不高的土丘土冈。由于温湿气候的影响，当年的地貌则大不同于现在，这里雨水既多，草木亦极茂盛，有大型食草动物及食肉动物出没其间，我们可以想象当年的张姓先民手执强弓硬弩，如何在平原树丛中追捕虎、豹、豺、狼，在清河中捕鱼。洪水来了，他们率族撤到高处的土冈，水退之后，又到平原上过着聚族而居的渔猎生活。

清河之水不知养育了多少代张氏子孙，直到周宣王时的张仲，还居住在这里。汉唐以来，这片土地上的张氏子孙更是生生不息，干粗、枝繁、叶茂，成为国家倚为柱石的巨族大姓。

以清河为张姓的祖居之地和最早、最大的郡望，多见于张氏族谱和一般的谱学史籍。

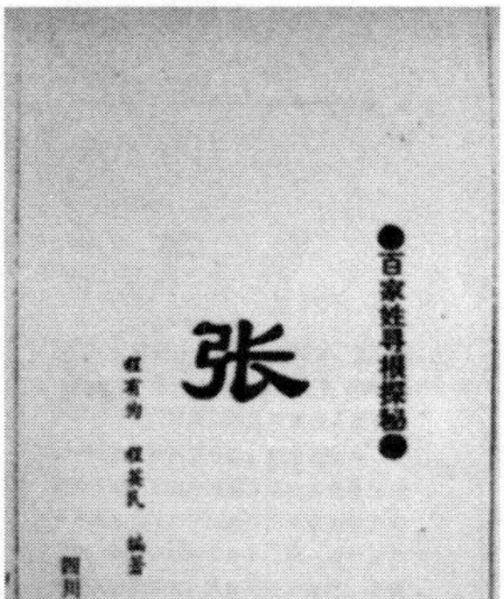

《百家姓寻根探秘·张》

再一本张姓研究专著，是河南省社科院历史研究所研究员程有为先生和程英民共同编著的《百家姓寻根探秘·张》（1995年四川人民出版社）。作者在“张姓历史演变”一节中阐述了张姓源出之地：

发迹冀州，聚集晋国。古书《禹贡》所列九州中的冀州，相当于今天的山西、河北以及河南的黄河以北南区，它就是张姓的发迹之地。

张氏的得姓始祖挥是少昊青阳氏的第五个儿子，已如上述。据说挥的居住地在尹城国的青阳。青阳应为清阳，就是清河以北，古代人称水北为阳。清阳后来改称清河郡。西汉时的清河郡治所在清阳县（今河北清河县东南）。辖区相当于今河北清河全县以枣强、南宫各一部分，山东临清、夏津、武城以及高唐、平原各一部分。这个地区当时属于冀州东部，是传说中张姓最早居住地。清河水养育了张姓的世代子孙。一直到汉唐时期，这方土地上的张姓子孙仍然生生不息，根深叶茂，成为当时的巨族大姓。

另有著名姓氏专家王大良先生所著《姓氏探源与取名艺术》(气象出版社 2001 年版)。在关于“张姓起源”问题上，他也认同以上观点：

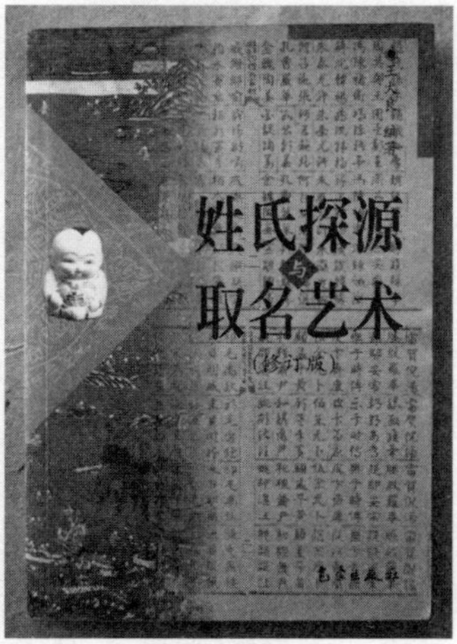

《姓氏探源与取名艺术》

张姓历史颇为悠久，相传出自黄帝，是黄帝第五子挥的后代。据明嘉靖年间张浚等纂修的《张氏统宗谱·得姓郡望》称，“吾张氏得姓者，自轩辕黄帝第三妃彤鱼氏之子曰挥，观弧制矢，赐姓张氏，官封弓正，主祀弧星，居尹城，国于青阳，后改为清河郡，此张氏得姓之由，而望清河郡者独最”。这是说，张姓得姓于黄帝之子挥，母名彤鱼氏。挥因发明弓箭，被任命为弓正(官名)。弓正亦即弓长，二字相合，正是“张”字，这样便有了张姓。此后，挥的后代世居清河郡(治所在今山东临清一带)，而清河也就成了张姓的一大郡望。

特别值得谈起而且令人敬仰的是台湾张桂元老先生，他耗数十年之心血，潜心研究张姓起源，编纂成张姓文化巨著《张氏统宗世谱溯源》。这是继明代统宗世谱后引经据典、考评全面、纠误存正的一部文化宝典。作者这样考证张姓源出之地：

考我始祖挥公，为黄帝轩辕公之五子，母为帝之三妃。当蚩尤无道之时，虐害生民，黄帝征之，战于涿鹿。蚩尤有妖术，放云雾，帝兵难辨路径。帝有贤臣风后，取陕之磁石，发明子午仪，定八方，名八门，更以色旗为八门之号，滴水而为时刻，按时以定方向，为攻守行营之用，即遁甲奇门，测时行兵布阵之始也。蚩尤放雾而潜伏不出，化整为零，窥伺反击，为游击战之始也。帝忧之。一夜，挥公偶观天上流星，飞宫过度，光芒有尾，见流星出发，星座有零星，闪耀前进，星座形为半弧，稜弦有势，乃发明弓矢弹丸，献于帝前奏曰："远以弹、以矢而射，近以弓代器，而可挥击。"帝以此射击，迫使蚩尤入海，遂命应龙擒杀而亡。帝乃以长弓为姓赐之，以弓之用为名赠之，国封青阳，居河北青阳，即冀州婺（武）城县明德乡归仁里，后易为清河郡。

还有近年出版的《张氏源谭》（吉林文史出版社 2006 年版）也是一部很重要的著作。该书是以中国科学院华夏姓氏源流研究中心主任袁义达先生等为顾问、丛松坡先生为总编纂的一部巨著。该书在张姓起源地有纷争的情况下坚持了自己的见解：

……关于这五种张氏起源说，近年来争议最大，不少专家学者及各地张氏祖源研究者热心撰文认证，出版了很多专集，在此就不一一引证了。但是，我们认为，张氏祖源郡望的诸多说法，特别是历史上就存在的清河、张城、太原三地说，都与挥公有着不可分解的渊源。但是黄帝时期挥公的生平及流动迁徙，决非是我们今天能考评清楚的。大家都知道前几年由国家投资数千万，历时五年多，集全国史学界、科技界顶尖高手 200 余人所搞的"夏商周断代工程"，至今都争议难平，别说我们要研究考评的挥公，是比夏商周还早了千余年以上的远古黄帝时期的人物。所以尊重历史，尊重诸多张氏谱牒，尊重大多数张氏后裔，我们倾向于历史上的清河故郡是张氏得姓发祥郡望。

目前，关于张姓起源地问题，正如《张氏源潭》一书所说，确实有四五种说法，有的还在争论；但是，张姓源于清河说，不只是清河人自己在说，有众多的专家在说，张姓近一亿人口中的绝大多数在说；而不是像其他某种说法，在全国只是一二个人在说，甚至武断地推说，一时使不明张姓来源真相的张姓人无所适从。笔者早就说明过自己的观点："关于张姓起源的问题，当下谁都难以拿出自己确凿的证据。各说论据均不够充分，而要驳倒别说，则比较容易。历史上唯有张姓源出清河的说法，广为流传；

但是今人看来，也有依据不充足之嫌，这是因为历史太久远造成的。”还是让我们“尊重历史，尊重诸多张氏谱牒，尊重大多数张氏后裔”的意思，暂且保留目前的认同。同时，也希望把最后的结论留给明天、留给后人去做吧。

第二节
“张姓起源太原”说

关于挥公“封尹城”即“张姓起源太原”说，著名谱牒专家张海瀛先生所著《太原张氏史略》（山西古籍出版社 2003 年版）一书的第一节张氏起源“始祖张挥说”即持此说。现原文转引如下：

始祖张挥说

张氏始祖张挥说，出自林宝的《元和姓纂》一书。林宝是唐朝后期的谱牒学家。该书备载唐代族姓世系和人物，并对其源流进行了详尽考订。《元和姓纂》云：

“黄帝第五子少昊青阳生挥，为弓正，观弧星，始制弓矢，主祀弧星，因姓张氏。”

宋代邓名世在《古今姓氏书辨证》一书中，谈到张姓起源时写道：

“张，出自姬姓。黄帝子少昊青阳氏第五子挥为弓正，始造弓矢。实张罗以取禽兽。主祀弧星，世掌其职，赐姓张氏。周宣王时有卿士张仲，其后裔事晋为大夫。”

欧阳修、宋祁在《新唐书·宰相世系表》中，采用的也是始祖张挥说。《新唐书·宰相世系表》云：

“张氏出自姬姓。黄帝子少昊青阳氏第五子挥为弓正，始制弓矢，子孙赐张氏。”

欧阳修（1007—1072）不仅是著名的史学家、文学家，而且是著名的谱学家。他和苏洵（1009—1066）创立的编写族谱的体例，被尊为“欧苏体例”，广为后世修谱所效法。张挥为开宗立姓之始祖说，同欧阳修的名字一起，伴随着私修族谱的盛行，便广为流传开来。

现存的张氏族谱，绝大多数是明清现代编修的。这些张氏族谱，很多都尊奉张挥为开宗立姓之始祖，太原尹城为张挥受封之地。明代嘉靖年间，张宪、张阳辉主编的《张氏统宗世谱》(以下简称《统宗世谱》)之《本源纪》载：

"尹城派:始祖挥公,受封之国在山西太原府属之地。挥生昧,为玄冥师。昧生台骀，能业其官，宣汾洮，障大泽，以处太原，帝用嘉之，封诸汾川，掌水旱属疫之职，即山川之神也。世飨其祀。今太原县有庙存焉。"

"鲁国派，在山东兖州府曲阜县所属之地。周武王封周公旦于鲁国，晋改国为郡，隋改曲阜县。周宣王时召公辅政，逢逸民仲山甫荐仲公于朝，王以为卿，公不愿仕，隐居曲阜之防山。派出尹城。"

"曲沃派，在山西平阳府城南一百二十里，古冀州之域。春秋时，晋平公即位之初，中军司马张君臣改服修官蒸于曲沃。汉改河东郡，后魏复置曲沃县。派出鲁国。"

"廪延派，在河南开封府城南西北九十里，春秋时属郑之廪延，战国时韩王建都之地。秦置酸枣县，汉属陈留延郡，梁属开封府，宋改延津县。韩相开地居之。派出曲沃。"

上述《本源纪》表明,山西太原尹城即为张氏始祖张挥受封之地,故曰:"尹城派。"鲁国派源于尹城派,曲沃派又源于鲁国派,廪延派则源于曲沃派。它们的渊源关系如下：

尹城派→鲁国派→曲沃派→廪延派

可见，太原尹城即是张氏开宗立姓之处，张挥即为张氏开宗立姓之始祖。清嘉庆二十一年（1816）编修的《张氏合修家谱·宗庙》载："始赐姓张挥公庙在山西太原府太原县尹城里。"

清光绪四年（1878）张廷辉等修《清河张氏宗谱》之《张氏古今通派分迁地舆图考》载："山西通派，尹城派，始祖挥公受封之国，昧公居之，在今太原府太原县……此天下通派之祖也。"光绪《旌阳张氏通修宗谱·本源宗支》载:"尹城派始祖挥公,所居之地在山西太原府太原县,有庙存焉。"乾隆《清河张氏宗谱·古今世表图》载："挥，封国尹城，在山西太原府。"等等，这些记载都是说张氏起源于太原尹城。那么，尹城位于何处？其庙宇又坐落于何处呢？

其实，这里的尹城指的就是古晋阳城。古晋阳称曰尹城，得名于晋阳城西门外的尹公祠。清道光《太原县志》卷二载："尹公祠在县城西门外，祀赵简子之臣尹铎、知县金砺建，岁以六月二十八日祭。"晋国出现了智伯、赵、韩、魏、范氏、中行氏"六卿专政"格局。范氏、中行氏与赵简子相互火并时，赵简子招架不住，便是从邯郸逃到晋阳，并令其家臣董安于修筑晋阳城。这是周敬王二十三年（前497）之事，是我国历史上有文字记载的较早的筑城记载。董安于筑城之后，赵简子又令另一家臣尹铎再次加固。尹铎从实战出发，增筑壁垒，聚积粮食，使晋阳城成为坚固而富裕的堡垒。其时，智伯掌握了晋国的实权，势力最强。智伯恃其强盛，向韩、魏要领地，韩、魏都答应了。又向赵襄子（赵简子之子）要领地，襄子不给，智伯就联合韩、魏攻打赵襄子。赵襄子退守晋阳，智伯与韩、魏联军久攻不下，于是便"决水灌城"，围困晋阳城长达一年有余，淹城水面将近城墙之高，晋阳城依然屹立如初。在此危急关头，赵襄子密派张孟谈连夜出城，说服韩宣子、魏桓子，订立赵、韩、魏联合反击智伯同盟。赵襄子杀了智伯守堤官兵，韩、魏响应，活提智伯，接着赵、韩、魏三分智伯领地，形成了三足鼎立之势。后人回顾赵襄子固守晋阳、转败为胜时，无不赞许尹铎固城足食之功，遂将晋阳城称曰尹城，即坚固之意，并建尹公祠，以资纪念。此即古晋阳被称为尹城之由来。

明万历《太原府志》卷八载：

"台骀泽，一名晋泽，太原县南十里。晋水下流，汇而为泽，中产蒲、鱼，民人利之。泽广二十里，今为汾水所没，尽为民田。其旁有昌宁公庙，即台骀神也。"

台骀，早在先秦时代就被神化了。据成书于战国时期的《左传·昭公元年》记载：

"昔金天氏有裔子曰昧，为玄冥师，生允格、台骀，台骀能业其官，宣汾洮，障大泽，以处大原。帝用嘉之，封诸汾川……台骀，汾神也。"

传说，台骀为治洪水，南北奔波。他率领民人疏导汾水和洮水时，奋战在灵石山头，日夜施工，挖山不止，终于打开灵石口，将汾水导入黄河，空出了晋阳湖。此即"打开灵石口，空出晋阳湖"这个在山西广泛流传的民间传说之由来。

金天氏即少昊青阳氏。少昊，身号；金天氏，代号也。“大原”即指“太原”。古“大”与“太”通用。大而高平之地谓之太原。这里所说的太原并不是专用地名。正如今人杨伯峻《春秋左传注》所说:“此太原非地名，乃指汾水流域一带高平之地。”《左传》杜注曰：“太原，晋阳也，台骀之所居。”先秦时代的所谓“太原”，就是指台骀居住的高平之地。战国以后太原才变成特定的地名称谓。太原之得名即出台骀所居的高平之地。从太原的地形来看，东面是山，西面也是山，汾河自北向南流过，形成了一个较为广阔的平原，先秦时代称曰“太原”。本世纪50年代，在太原地区陆续发现了彩陶文化遗址。这些遗址的一个共同特点，就是都靠着山面临着水。我们的先人选择这样的地方居住，显然是为了狩猎和取水的便利。现代考古还证明，最早的石箭镞就是在山西朔州峙峪遗址中发现的，约相当于旧石器时代晚期。到黄帝时已进入了新石器时代。《世本》的《作篇》曰：“挥作弓，牟夷作矢。”（见《世本八种》，商务印书馆1957年版，第38页）牟夷在总结和改进石箭镞的基础上，发明了更为先进的矢；挥在总结劳动人民生产实践的基础上，又发明了发射矢所用的弓。弓矢的发明极大地提高了人们的狩猎能力。挥所在的氏族借助弓矢这一先进工具，开创了人类狩猎的新时代，这是一个历史性的飞跃。《说文》曰：“张，施弓弦也。从弓，长声。”“张”字正表现了开弓射矢的形态。如若我们将张挥视为首先发明并使用了弓矢的群体（不论是部落还是氏族），犹如人们把黄帝和炎帝视为中华民族的始祖和象征一样，把张挥看作是张氏家庭的始祖和象征，那么，关于张挥是黄帝之子还是黄帝之孙也还是黄帝之臣的不同记载以及关于他们活动范围的不同记载，也就不必深究了。到台骀时，又治理了太原地区的洪水，人们才在这块高而平的黄土地上安居下来。正如台骀神庙楹联所曰：“能业其官障泽宣汾昭亘古，永垂厥德平汾静浪到于今。”

台骀神庙，是极其古老的张氏之神庙。晋阳，左有恒山之险，右有大河之固，地势险要，自古就是兵家必争之地，魏晋南北朝时期尤为突出。北魏末期，秀容部酋长尔朱荣乘机盘踞了晋阳，以太原王的资格，掌握了北魏实权。尔朱荣死后其部将高欢进入晋阳，在晋阳建起“大丞相府”。北魏分裂为东魏和西魏后,高欢又控制了东魏的大权。东魏都城是邺城（河北临漳），大权在握的高欢却住在晋阳，故称晋阳为别都。东魏孝静帝武定三年（545），高欢在晋阳修建晋阳宫。武定八年，高欢次子高洋篡东魏自立，国号曰齐，史称北齐。北齐时期，晋阳始终处于别都地位。每个皇帝都往来于晋阳、邺城之间。而文宣帝高洋、孝昭帝高演都死在晋阳宫。废帝高殷、孝昭帝高演、后主高纬又都是在晋阳宫即皇帝之位的。晋阳的地位不言而喻。晋祠的飞梁及难老、善利二亭，三台阁，读书台，望川亭，都是这时修建的。天龙山石窟，亦创始于北齐。这时王郭村的台骀神庙已有相当规模。相传，高欢之妻有病，到王郭村台骀神庙祈祷有验，病愈后率领侍卫、宫女前来还愿，做道场七天七夜，盛况空前。清道光《太原县志》卷三记载：

“汾水川祠即台骀神庙，在晋泽南王郭村。节度卢钧改今名。晋封昌宁公，宋封灵感元应公，赐额曰宣济庙。有掌禹锡所撰碑记。”

节度卢钧，字子和，范阳人。元和进士，唐宪宗时曾从裴度（765—839）为太原观察支使。唐宣宗大中六年（852）为太原尹、河东节度使。他改台骀神庙为汾水川祠，当是大中年间之事。掌禹锡，字唐卿，许州郾城人，进士，并州通判。宋英宗时以工部侍郎致士。好储书，所记极博。他撰写的《重修昌宁公庙碑记》原碑立于王郭村昌宁公庙内，今无存。但碑文在雍正《太原县志》中全文保留下来。据邑人王锡考证，在唐代王郭村的昌宁公庙已有很大的规模。其时庙宇高大宏伟，占地面积30多亩。遗憾的是这样一座好端端的庙宇，北宋太平兴国四年（979）五月十八日，宋王朝火烧晋阳城，次年四月又引汾河和晋水水灌晋阳城期间被毁。其后，宋代又重修，明初再次重修。但规模已大不如前。清顺治六年（1649）汾阳义军与清军激战时，重修之庙宇又毁于战火。嘉庆十七年（1812）汾河水涨，劫余殿堂全部倒塌。道光十九年（1839）重建，但仅建正殿三间，东西厢房各五间。由于年久失修，人为损坏，庙宇倾倒，树木被伐，庙院荒芜。但明朝洪武年间彩塑的台骀神像，至今依然完整地保留了下来。

王郭村作为张氏开宗立姓之地，至今仍有一些痕迹。诸如，在王郭村西南5华里处有以青阳氏命名的青阳河村，现在这个村里这居住着100多户人家；村旁有以青阳氏命名的青阳河，从古到今，川流不息；为纪念青阳氏，在青阳河畔还建有青阳庙。据道光《太原县志》卷三记载：“青阳庙在县西十五里，今废。”但其遗址依然存在；以青阳氏命名的青阳沟，从古到今，代代相传，妇孺皆知。青阳沟南是张家坟，赵国谋臣张孟谈之墓就在这里。王郭村有条街叫张家巷，这里仍有十几处张家宅院。其布局都是正院附偏院，偏院套花园。现在的一处花园中还有望月楼，是用明矾和生铁修筑的，特别坚固，是明代建筑。外院中还有供骑马用的上马石。相传，旧时张家媳妇乘车、骑马都必须从外院起步。张家乃是王郭村的名门望族。王郭村的得名，并不是因为该村姓王的民户多，“王郭”乃系指帝王城廓之意，王郭在晋阳的历史上曾有过很高的地位。

需要说明的是，晋祠内圣母殿西侧还有一座台骀神庙，是明嘉靖十二年（1533）邑人高汝行修建的。据《晋祠志》记载，高汝行，字修古，明代太原东庄水堡人。正德十六年(1521)进士，观政户部。嘉靖元年(1522)，授户部江西清吏司主事，其妻张氏特封为安人。后迁郎中，督理淮扬漕运，厘剔宿弊，时人称快，以政绩优异升南直隶庐州知府，课农讲学，振兴文教。嘉靖十年（1531）四月，以母忧去官，返里守孝。十二年于晋祠广惠祠、难老泉之间，建台骀庙一座。传言是高汝行居官江浙，渡江遇险，得台骀神拯救才化险为夷，是为还愿而修建的。十三年冬，丁忧期满，出任浙江按察使司副使，持身廉洁，秉公执法，吏治兵政，焕然一新。后遭权贵诬陷，于十七年解职还乡。旋里后以事父为乐。嘉靖二十七年（1548），倡议督工重修唐叔虞祠暨善利、难老两亭，修建读书台，重修望川亭，晋祠由是更加秀丽。由于台骀治理汾水有功，被尊为汾神，所以在汾河流经的宁武、汾阳、曲沃等地都建有台骀祖庙。台骀本来是张氏始祖张挥的孙子，台骀庙原本是极其古老的张氏之祖庙。然而，随着时间的推移和台骀神化程度的加强，淡化了台骀与张家一脉相承的血缘关系。后来，姓氏起源与谱牒学研究者依据文献记载，追根溯源，才廓清迷雾，弄明白台骀与张姓的血缘关系。

综上所述，张挥是张姓开宗立姓之始祖，太原晋源区王郭村残存的昌宁公庙，就是极其古老的张氏之祖庙。这种看法是明清现代姓氏研究者和谱学研究者考察认定的有文字记载的共同看法，并为明清两代编修的方志与张氏族谱所引用。

第三节
“张姓祖根在濮阳”说

最早见到“张姓祖根在濮阳”的提法，是于20世纪90年代末，在濮阳县政协文史委辑印的文史资料上，文章由时任文史委主任的张焕先生所写，题目似是“张氏授姓始祖挥公，根在濮阳”之类。稍后，又有河南大学朱绍侯教授撰写了类似文章《张姓始祖根在濮阳》。因为朱绍侯先生名声大，文章更权威一些，故选朱教授文章如下：

张氏是中国四大族姓（张王李赵）之一。据姓氏专家统计，张氏族姓居住在中国和世界各地的总人口约有一亿左右。对于这样一个显赫大族的族根的研究，从目前的情况看，除赐姓、改姓（如三国时诸葛亮赐龙佑那为张姓，世居云南；张辽本为聂氏，后改为张氏，世居马邑）之祖根外，有关张氏祖根主要有三种说法：一．根于濮阳，始祖挥公说；二．根于山西，始祖解张说；三．河北清河为张氏祖居之地说。

据笔者所看到的文献资料，除《通志·氏族》不承认挥为张姓始祖，主张解张为张姓始祖外，其它所有数据都认为挥为张氏之始祖。

《世本》（秦嘉谟辑补本）：“张氏，黄帝第五子青阳生挥，为弓正，观弧星始制弓矢，主祀弧星，因姓张氏。”（唐《元和姓纂》所引与此全同）

北宋《姓解》：“张氏，出自轩辕第五子挥。始造弦弧，以张网罗取禽鸟，世掌其职，遂以为氏。”（《广韵》所记与此全同）

《路史·后纪五》：“黄帝子挥封于张，为张氏。”

《新唐书·宰相世系表》：“张氏出自姬姓，黄帝子少昊青阳氏第五子挥为弓正，始制弓矢，子孙赐姓张氏。”

明张浚《张氏统宗谱》：“吾张氏得姓者，自轩辕黄帝第三妃彤鱼氏之子挥，观弧制矢，赐姓张氏，官封弓正，主祀弧星。”

清乾隆朝重修《张氏族谱·受姓渊源考》：“张氏出自黄帝轩辕氏，生少昊金天氏，又号青阳氏，第五子挥始制弓矢，官为弓正，主祀弧星，世掌其职，赐姓张氏。”

类似数据，不再一一赘引。从以上所引用的数据中可以看出来张姓始祖挥在历史上确有其人，但由于挥是历史传说时代的人物，各书记载互有出入，如挥得姓的原由就有三种说法：一说“挥始制弓矢，官为弓正，世掌其职，赐姓张氏”；一说“挥始造弦弧，以张网罗取禽鸟，世掌其职，遂以为氏”；一说“挥封于张，为张氏”。虽有不同，但在挥为张姓始祖这一点上则是一致的。再从张字的结构上分析，弓长或长弓为张，《说文》：“张，施弓弦也”，说明挥的得姓与发明弓矢、弓弦有密切关系，这也是不容怀疑的历史事实。还有挥是黄帝之子还是黄帝之孙，各书记载也不一致。根据《国语·晋语》的记载：“黄帝之子二十五宗，其得姓者十四人，为十二姓（有二人同为姬姓，二人同为己姓），姬、酉、祁、己、滕、箴、任、荀、僖、姞、儇、依是也。”在这十二姓中没有张姓，可以断定挥不是黄帝之子，而是黄帝之孙。但挥是黄帝哪个儿子之子，各书记载也不相同。一说是青阳之子，一说是青阳少昊之子。据古书记载，黄帝之子中，有两个青阳氏，除少昊之外，还有一个青阳玄嚣（枵）。据《史记·五帝本纪》《索隐》考证：“案：皇甫谧及宋衷皆云：玄嚣青阳即少昊也”，企图调节少昊、玄嚣两个青阳氏并存的矛盾。但据现代学者的研究成果，认为少昊金天氏是东夷族的首领，与黄帝族不是一个族系，这就排除了少昊为黄帝之子、挥之父的可能性。另外，从姓氏学的角度来看，少昊为己姓，玄嚣为姬姓，而挥在得姓之前亦为姬姓，这就说明挥只可能为玄嚣之子，不可能是少昊之子。所以《路史》注说：“以挥为少昊第五子尤无据也。”

以上是从所引用的资料中，论证挥为张姓始祖的历史根据，尽管这六条资料互有矛盾，但是，作为后人追记的传说时代的历史人物，在追记中存在矛盾是正常现象，是可以理解的，而这些互有出入的数据却都证明了挥是张姓始祖的事实。

挥是张姓始祖，但为什么张氏祖根在濮阳呢？这还要从挥之父青阳玄嚣研究起。

《史记·五帝本纪》载：“嫘祖为黄帝正妃，生二子，其后皆有天下：其一曰玄嚣，是为青阳，青阳降居江水。”这里所说的青阳，是玄嚣的封号，江水是玄嚣的降生地。意思是说玄嚣降生于江水，封邑在青阳。《正义》引应劭云：（江水）古江国也。《地理志》亦云：“安阳古江国也。”又引《括地志》云："安阳故城在豫州新息县西南八十里。"按豫州新息县即今河南息县，就是说玄嚣降生地古江国安阳，不是现在的豫北安阳。玄嚣的降生地与挥的一生活动关系不大，玄嚣的封邑青阳才是挥成长、生活的地方。

按中国以"山南为阳，水北为阳"的传统解释，青阳即在清水之阳（青，清古通用）。而古清河就流经濮阳，这就证明张姓始祖挥就生长活动在今濮阳地区。

《水经·清水》曰："清水出河内修武县之北黑山，东北过获嘉北，又东过汲县北，又东北入于河。"郦道元："谓之清口，即淇河口也，盖互受其名耳。"《地理志》曰："清河水出内黄县南。无清水可来……盖河徙南注，清水渎移，汇流径绝，余目尚存，故东川有清河之称。"《读史方舆纪要》曰："淇水东过内黄为白沟水，亦称清河。"又曰："淇水经内黄，清丰之间，其下流入于大河，故渎今湮。"上引《水经注》及《读史方舆纪要》，说明古清河与淇河、白沟为一河的不同名称，它源出于修武之北黑山，流经获嘉、汲县、内黄、清丰之间，后因河水南移，故内黄、濮阳一段清河断流，但遗迹尚存。现在濮东9公里有一地名清河头，明代称清河里，足证古清河与濮阳有密切关系。又据实地调查，在今濮阳张仪村、班家村一带的村民，仍称村北为北清河，村南为南清河，说明在古代，濮阳、内黄确实存在过一条清河。

清河，在中国境内何止一条。河北、山东、安徽等省都有清河；同是在河南，邓县流入湖北境内的也有一条清河。怎么断定濮阳的古清河就是玄嚣的封邑青阳所在地呢？这是因为帝丘（濮阳）是"帝后所都"，并有颛顼、帝喾二帝陵（在今内黄境，古属帝丘）可作见证。

帝丘（濮阳）在上古时期是东夷势力和黄帝族势力的交接地区，因此黄帝必须在帝丘设防，所以才把其子玄嚣封于青阳。在蚩尤族北进之后，黄帝族的经营重心也移向豫北豫南地区，故黄帝族才能在涿鹿（河北省西北部桑干河流域）大败蚩尤。至黄帝之孙、昌意之子颛顼帝时，遂以濮阳为帝都，其后玄嚣之孙帝喾也以帝丘为都城，故《路史·国名纪丙》记载说："濮阳，帝后所都，今澶之属县，所谓帝丘，有颛顼城。"颛顼、帝喾死后又都葬在濮阳。由此可知，张姓始祖挥幼年随其父玄嚣生活在濮阳，成人后辅佐其堂兄弟颛顼帝任弓正，工作在濮阳也是顺理成章的事。据此，可以说张姓祖根就在濮阳。

关于“根在山西，始祖解张说”，是宋人郑樵最早提出来的意见。他在《通志·氏族三》中说：“按晋国有解张，字张侯，自此晋国世有张氏，则因张侯之字以命氏，可无疑也。”晋之解张（张侯）在晋齐鞍之战中立了赫赫战功，确实是张氏族中的一位佼佼者，但要说解张为张氏的始祖，“因张侯之字以命氏”，并不是“无可疑也”，而是大有可疑，或说难以成立。因为早在周宣王时代就有一位叫张仲的人，《诗经·小雅·六月》：“侯谁在矣，张仲孝友”，注曰：“张仲，吉甫友也，善父母曰孝，善兄弟曰友，此言吉甫燕饮喜乐，而孝友之张仲在焉。”张仲以孝友著称于时，并能参加周宣王大将吉甫的宴会，可见他也是一位赫赫有名的大人物。《新唐书·宰相世系表》载：“周宣王时有卿士张仲，其后裔事晋为大夫。张侯生老，老生趯，趯生骼，至三卿分晋，张氏仕韩。”这就说明，晋国张氏并不始于解张，而是周宣王卿士张仲的后代。从《新唐书·宰相纪系表》的上下文意来看，欧阳修（《新唐书》作者）也认为张仲是挥的后代。尽管由挥到张仲之间出现一段历史缺环，由于史书失载，后人也无法使它衔接上，但从姓氏渊源来考查，晋国张氏出于姬氏，故说张仲为挥的后代，也不能算是无据的推断。

根据以上的论证，关于解张为张氏始祖之说，已是不攻自破。王利器、王贞岷在《汉书古今人表疏证》中说：“张氏其来甚远，不得言始于张侯。”晋解张既然不是张氏始祖，则张氏祖根在山西之说，自然也就成为无源之水了。

关于河北清河张氏，从郡望的角度讲，它确实是张氏族中声望最高、影响最大的一支，但从张氏族系发展、演变的角度讲，它却是枝而不是根，是流而不是源，因此不能说它是最早的郡望。《新唐书·宰相世系表》明确记载：“清河东武城张氏，本出汉留侯良裔孙司徒歆。歆弟协字季期卫尉，生魏太山太守岱，自河内徙清河。”按张歆为张良11世孙，张岱为张良13世孙。张岱由河内迁至清河，已是三国曹魏时期，这当然说不上是张姓中最早的郡望。有人可能误为河北清河就是张氏始祖挥公的居住地，其实河北清河并不是“帝后所都”，也没有颛顼、帝喾二帝陵墓。挥在颛顼帝时任弓正，只能在都城办公，不可能跑到河北清河去上班。据此可知，河北清河张氏，只是张氏族姓中张良系的分支。但在这一分支中北魏以后人才辈出，高官荣爵代不乏人。张岱11世孙张文瓘在唐高宗朝任宰相，张岱12世孙张锡在武则天、韦后当政时两任宰相，清河张氏遂成为张氏族姓中的望族。其后人遂以“清河世泽,唐相家声”（清河张氏堂联）相标榜，成了最为显赫的郡望。

研究张氏族姓的根、枝、源、流，汉三杰之一的留侯张良是一位关键性人物。通过张良可以上挂下连找出张氏族姓中根与支、源与流的关系。

《史记·留侯世家》:“留侯张良者，其先韩人也”,《索隐》曰：“王符、皇甫谧并以良为韩之公族，姬姓也，秦索贼急，乃改姓名。而韩先有张去疾及张谴者，恐非良之先代也。”即是说，张良本姓姬，为逃避秦的追捕，才改姓张,不承认张良为韩之张姓后代。这种意见最早见于王符《潜夫论·志氏姓》:“秦始皇灭韩，良……为韩报仇，击始皇于博浪沙中，误椎副车，秦索贼急，良乃变姓名为张。”王符不仅认为张良本不姓张，而且还认为汉代一些张姓人物如张耳、张仓、张汤等也并非“晋张之祖所出”。日本学者泷川资言不同意这种说法。他在《史记会注考证》中引《张氏谱》说明：“良，张仲三十七代孙，张老十七代孙”，并据此得出结论：王符、皇甫谧提出的张良改姓说，“其言谬矣”。这一考证是正确的，张良在秦时确实没有改过姓，因为其祖父名张开地，父名张平，其父祖在韩时就姓张，张良当然也应该以张为姓。不过，要说张良出自姬姓，也不能算错，因为挥公、张仲、张老均出于姬姓，张仲、张老仕晋之子孙也都出自姬姓。三卿分晋，张氏子孙不仅仕韩，也仕赵、仕魏。如辅佐赵襄子的张孟，大梁人张仪及张耳的先人也都是张仲、张老的后人。如此说来,《新唐书·宰相世系表》所列的张氏郡望，不仅出自张华的河东张氏、始兴张氏、出自张皓的冯翊张氏、出自张嵩的吴郡张氏、出自张歆的清河张氏是张良之后，是张仲、张老的后裔,就是出自张耳的河间张氏、出自张仓的中山张氏,也都是张仲、张老的后裔，他们属于张氏的魏国支脉。《新唐书·宰相世系表》还列举了世居繁水的魏郡张氏、郑州张氏、汲郡张氏，但都没有说明他们出自张氏的哪一支脉，然而从这些郡望都兴起于北方的情况看，应与晋之张氏有血缘关系，其始祖均可上溯至挥公。

从以上的论证可以看出，张姓始祖挥公的后裔，在周时有张仲，在春秋时晋国有张老，三卿分晋后，韩、赵、魏三国皆有张姓，至汉则“张姓滋多”，“司邑间里无不有张者”，但由于张姓枝蔓渐繁，各支脉之间的关系已不大清楚。如杜陵人张汤与张良的关系，连司马迁也没有理清，但《汉书·张汤传·赞》则说：“冯商称张汤之先与留侯同祖，而司马迁不言，故阙焉。再如张良与南阳堵阳人张释之、汉中成固人张骞的宗族关系，《汉书》各传中均没有提及，赖《张迁碑》才知道张良、张释之、张骞以及陈留己吾人张迁,都是周宣王时以孝友著称的张仲之后裔。张氏望郡见于《新唐书·宰相世系表》的就有10个，对其中的郑州张氏、汲郡张氏、魏郡张氏,欧阳修也搞不清他们属于哪一支脉。袁桷在《张氏宗谱序》中说:(张氏）得望者十二，曰襄阳、洛阳、河东、始兴、冯翊、吴郡、平原、清河、河间、中山、曰魏、曰蜀。”《姓氏考略》则说张氏有14望:即清河、南阳、吴郡、安定、敦煌、武威、范阳、犍为、沛国、梁国、中山、汲郡、河内、高平。《张氏谱图》又说张姓有43望，支脉越多，关系越远，就难以说得清楚。但是张姓中的绝大多数（改姓、赐姓者除外）是挥公的后裔，张姓祖根在濮阳，则是有据可查的结论。

第四节
“古张国说”兼起源地考辨

张姓始祖挥公受封于“古张国”说是现居西安的张华封先生力主的观点。“古张国”研究者虽然没有像其他各说主张者一样出版多部研究专著，但是张华封先生写了多篇颇有影响的论证文章，对其他发源地说法均予以否定。今选其有代表性的《张姓得姓起源和发祥地考辨》全文，以见其所持观点全貌（抄录自2002年“新加坡张氏总会双庆纪念特刊”）。

姓氏源于上古部落，远在文字出现之前。由于长期口头相传，因传异而记异，或因后人见解不同，致使史籍、姓氏著述和家谱记载多有不一，张姓也莫能外。张姓得姓起源，主要有以职官为姓说、以祖字为姓说和以封地为姓说。此外还有一种出自战国之姬姓说。张姓发祥地，源于清河郡，源于太原府，源于古张国之说，具有代表性。最近又出现了源于濮阳说。

人类文明久远，先古祖系是历史的客观存在，犹如三皇五帝事，虽为传说，却不可不信。应当本着历史唯物主义的观点，去伪存真，求同存异。依此，试对张姓得姓起源和发祥地问题浅谈、考辨如下。

一、以职官为姓说

历代姓氏著述，多认同张姓得姓始祖是黄帝时司职弓箭制作的弓正（官职名）挥。早在秦汉时的古籍《世本》和《说文》就有“挥作弓，夷牟作矢”的记载。宋朝刘恕所著《通鉴外记》曰：“黄帝三妃彤鱼氏生挥及夷鼓。”夷牟即夷鼓，是知该著把始制弓矢者归于挥及夷鼓兄弟：挥与夷鼓同为黄帝之子。隋陆法言撰、宋陈彭年重修之《广韵》更明确认为挥为黄帝第五子。其文曰：“张姓，本轩辕第五子挥始造弓弦，实张罗网，世掌其职，后因氏焉。”而唐朝林宝所撰之《元和姓纂》和宋朝欧阳修所主修之《新唐书·宰相世系表》则是认为挥为黄帝之孙，少昊第五子：林氏曰：“黄帝子少昊青阳生挥，为弓正，观弧星，始制弓矢，主祀弧星，得姓张氏。”欧阳氏曰：“张氏出自姬姓，黄帝子少昊青阳氏第五子挥为弓正，始制弓矢，子孙赐姓张氏。”今人邓洪波先生新著《中华姓氏通书·张姓》（东方出版社 2000 年 12 月第一版）认为：“据著名民族源流史家何光岳先生考证，少昊为东夷，与青阳乃两码事，故此，我们倾向于挥为黄帝子之说。在我国古天象图上，廿八宿之一的张宿，共六颗星，在轩辕座下，这或许表明古代天文学家早已认定张姓始祖张挥即是黄帝之子。”

张氏家谱，除个别他姓文人所撰序言有他说外，也都尊挥为得姓始祖。但对挥是黄帝之子还是黄帝之孙，分别取前人之说，也有两种记载。如明嘉靖年间张浚、张士镐主修之《张氏统宗世谱》（共 18 卷）记载：“吾张氏得姓者，自轩辕黄帝第三妃彤鱼氏之子曰挥，观弧制矢，赐姓张氏，官封弓正，主祀弧星……此张氏得姓之由。”而同时期由张宪、张阳辉主修之同名《张氏统宗世谱》（共 21 卷）则记载：“张氏出自姬姓，黄帝子少昊青阳氏第五子挥为弓正，始制弓矢，子孙赐姓张氏。”此后的张氏家谱，关于得姓起源，多受这两部统宗世谱的影响。

无论挥公是黄帝之子还是黄帝之孙，也不管是否是弓矢的最先发明者，其与制作弓矢有关，则是张氏家谱和多数姓氏著述一致的。黄帝时期是我国黄河中下游南北广大地区众多部落、部族大融合，由原始社会转向奴隶社会的重要历史阶段，战争频繁，规模宏大。弓矢乃当时最重要最先进的武器和狩猎工具，必然有专事制作者。挥为弓正，督制弓矢，正顺其理。金文即有张字,结构就是弓与矢的结合。有学者引述《尔雅》云:“正,长也。弓正，即弓长，合而为张。”《说文解字》云：“弓，以近而穷远，象形。古者挥作弓,凡弓属,皆从张。”“张,施弓弦也。从弓,长声。”《辞源》曰:“凡施弓弦皆曰张，罗取鸟兽曰张。”可见，张，无论形、声、义，都与弓有关，都是与挥联系在一起的。挥得姓张，显然属以职官为姓，这正是中国汉族得姓的主要来源之一。

以封地为姓说

清王仁俊所辑之《姓氏考略》云：“黄帝子挥，始造弓矢，受封于张，其后遂为弓氏和张氏。”今人姓氏著述,如史国强所著《中国姓氏起源》(山东大学出版社 1990 年 11 月第 1 版)，张海彤、金连昌主编之《百家姓探源》(首都师范大学出版社 1996 年 2 月第 1 版)、陈明远、汪宗虎所著之《中国姓氏大全》(北京出版社 1987 年 7 月第一版)均引同此说。这是有根据的。

《汉书·地理志》云：“昔在黄帝，作舟车以济不通，旁行天下，方制万里，划野分州，得百里之国万区。”宋罗泌所撰之《路史·国名记》记载：“黄帝之子所封之国有陈、昌、张、资、寇、郦、瞿等，凡七十。”可见，古张国是存在的。那么它在何地呢?

《蒲州府志》记载，诸侯国张，就在其郡地。其文曰：“张,《国名记》云古挥之封，或云黄帝臣张若封。王符云：‘今河东有张城，西张城，至晋为大夫张老采。岂晋张之祖所出耶。’”文中所称王符，东汉人，上述其言出自其著《潜夫论》;张若，据《庄子》记载，乃黄帝时人物，张氏家谱记载其即挥子昧。

《山西通志·临虞今古分合辩》云：“临晋旧志引《括地志》云：张扬城一名东张城，在蒲州虞乡县西北四十里。”刘纬毅编著之《山西历史地名录》(晋刊 017.1)曰：“东张城：在虞乡西北有张扬故城，一名东张村，今称东开张村。”可见，古张城，即今山西省永济市之东其地，就是古张国，亦即挥之封地张。

张国，其地属古之解（或者紧邻解）。春秋时，晋献公于解地置解梁城，故解又称解梁。而《解县志》云："解梁也称涿鹿"，黄帝与蚩尤涿鹿之战，就发生于此。解名即得之于此战。《孔子三朝记》云："黄帝杀蚩尤，其血化为卤，因其尸解，故名其地为解。"《路史·外纪四》云："黄帝传战蚩尤于中冀而诛之，爰谓之解。解者，宋之解州，今山西之解县也。"涿鹿大战后，"黄帝邑于涿鹿之阿"（即解梁），"舜都蒲阪"，"禹都安邑"，蒲阪，安邑均属解。史称"尧都平阳"（今临汾市），然而也有"尧天舜地，尧都禹城"之说。可知，包括解在内的河东之地，曾是黄帝以至尧、舜、禹这些中华民族早期领袖统帅各部族及部落联盟的中心地区（本人另有专文论述）。挥是黄帝胄胤，在黄帝开拓时期，官为弓正，主管制作弓矢，举足轻重，封于京畿地，正在情理之中。而以封地为姓，是汉族得姓的又一重要来源。

张姓之得姓，以封地为姓和以职官为姓说都认为挥是张姓得姓始祖，得姓由制作弓矢有关，这是具有根本性的共同点，本质上并不排斥，可以求同存异。

以祖字为姓说

有关张姓起源的著述中，独有南宋人郑樵所撰之《通志》认为："谱家所谓黄帝子少昊青阳氏第五子挥为弓正，观弧星，始制弓矢，主祀弧星，赐姓张氏，此非命氏之义也。"称："张氏，世仕晋，晋分为三，又世仕韩，此即晋之公族以字为氏者……按晋有解张，字张侯，自此晋国世有张氏，则因张侯之字以命氏可无疑也。"郑氏此说，与张氏家谱不合，也与史籍相舛，更与实际存在矛盾。虽明代大学士宋濂所撰《张氏图谱序》引其说，仍信者不多。然而由于《通志》之声名，今人倒时有引述者。

源于古张国说

词典语曰：发祥地，旧指帝王祖先兴起的地方。引其意，挥得姓之封地或固定居地，就是张姓源起之地，亦即张姓发祥地。如前所述，挥封于张（国），张在解，则解地自然就是张姓的发祥地。无论是挥封于张而得张姓还是因挥为张姓而使其封地得名张，都是如此。但是，可能由于以职官为姓说已被普遍接受（这并不错），且影响较大的明朝两部《张氏统宗世谱》分别认同清河郡和太原府为张姓源出之地，以致以封地为姓说和张姓发祥地为古张国的观点，未能引起广泛的重视。但是，这一观点现代又重新引起了学者的关注。上述邓洪波先生新著《中华姓氏通书·张姓》就写道："湘人何光岳先生经过考证，提出了河东张城（今山西永济县东北）可能是张姓始居地的新说，值得重视。"本文赞同此说。理由是：一、东汉学者王符即已提出此点，此观点有具体事实根据；二、弓氏与张氏同祖同源的观点确认古张国是得姓始祖挥之封国；三、《蒲州府志》确认张国在其郡地并认为是张挥之封；四、山西是张姓早期集中居地，春秋时古籍所记述的张姓著名人物基本都在晋；五、解是黄帝与炎帝、与蚩尤阪泉之战和涿鹿之战战地，也是黄帝"都"邑，张国位在"京畿"，与挥负责制作弓箭的重要地位相一致。

源于清河郡说

前述明嘉靖年间张浚、张士镐主修之《张氏统宗世谱》云："吾张氏得姓者挥……居尹城，国青阳，后改清河郡，此张氏得姓之由，而望清河郡独最。"此说反映了清河张氏曾有的辉煌，但称清河郡为张氏得姓之由，则不符合事实。《史记》言青阳乃玄嚣（黄帝子，帝喾祖父）。晋人皇甫谧著《帝王世纪》称青阳乃少昊，林宝、欧阳修取皇甫谧之说。但任何史籍从无挥封国青阳之语，也无清河曾名尹城，曾为青阳国之说。倒是有的今人姓氏著述不暇深辨，附而言曰："青阳，即清阳，就是清河以北，即后来的清河郡……是传说中张姓的最早居住地。"显然是牵强附会。

事实上，汉代才有张姓迁居清河郡。据张氏家谱记载：张良孙张典（张不疑次子）汉文帝时任清河郡太守，由京师迁居清河郡里仁乡节孝坊，为张氏清河派始祖。《新唐书·宰相世系表》则称："张良裔孙司徒（官名）歆，歆弟协，生魏太山太守岱，（岱）自河内迁居清河，为清河派始祖。"张典是西汉人。张岱乃东汉人，是张睦的四世孙，而张睦乃张典的五世孙。无论是张典还是张岱始迁清河郡，清河郡都只是张姓迁播过程中一个支派的始居地，而不是张姓源出之地。

早在宋、元时期，张姓显贵以被封为"清河郡公"、"清河郡侯"为荣。与清河无关的张姓祠堂或豪门望族，也喜欢标榜为"清河世家"、"清河世第”。这说明张姓发祥于清河郡之说，在宋、元之前即已盛行。这与清河郡张氏家族鼎盛和社会地位十分显赫有很大关系。南北朝时清河张氏就“一宗将近万室，烟火连接，比屋而居”。到唐朝张文瓘兄弟时达鼎盛之极。张文瓘乃张岱后裔,任唐高宗相。四个儿子均官居三品以上,加上文瓘本人，号称“万石张家”(每人官秩二千石以上，合超万石)；文瓘弟文琮及文琮的三个儿子也均为高官厚禄，其中三子张锡在武后、韦后时两次拜相。唐朝廷遴选全国十大姓望族为“国柱”，清河郡张氏名列其首。清河郡张氏如此显赫，贵溯汉、魏、晋、隋，支脉遍布南北，其后代皆以出自清河为荣，宣称祖出清河郡，是自然而且符合事实的。但久而久之，清河郡就被讹传成了整个张姓的源出之地。

源于太原府说

《新唐书·宰相世系表》记叙挥之后裔云：“周宣王时有卿士张仲，其后裔仕晋为大夫，张侯生老，老生趯，趯生骼……”除漏记君臣(张老之子，张趯之父)外，与张氏家谱吻合。张氏家谱记载：张仲，字仲甫，乃挥之第五十八代裔孙，下传十二代，至张侯。张侯，字义昭，应为挥之第七十代裔孙。

张仲,周宣王时卿士;张侯,晋景公时大夫,二人相距二百多年。就是说，在张侯之前二百多年就有张姓张仲。谱牒学家王剑霓先生考证解之张城早于张侯,证明了张侯之前就有张姓聚居地(见《张氏源晋古牒探讨》,载《太原张氏遍天下》，山西人民出版社 2001 年 1 月第一版)。如此，怎么能说张姓出自张侯，即解张呢？可见郑樵所言之谬。

郑樵称张侯乃解张之字，纯属臆测，乃其谬误之根源。

解张或者张侯事迹，见于《左传·成公二年》对齐、晋于鞍之战的记述。其文曰：“癸酉，师陈于鞍。邴夏御齐侯，逢丑父为右。晋解张御郤克，郑缓丘为右。齐侯曰：‘余姑翦灭此而朝食。’不介马而奔之。郤克伤于矢，流血及屦，未绝鼓音，曰：‘余病矣！’张侯曰：‘自始合，而矢贯余手及肘，余折以御，左轮朱殷，岂敢言病？吾子忍之！’缓曰：‘自始合，苟有险，余必下推车，子岂识之？然子病矣！’张侯曰：‘师之耳目，在吾旗鼓，进退从之。此车一人御之，可以集事。若之何其以病败君之大事也！擐甲执兵，固即死矣。病未及死，吾子勉之。’左并辔，右援枹而鼓，马逸不能止。师从之，齐师败绩。逐之，三周华不注。”《左传集解》注曰：“张侯即解张也。”从文意看,此注应是。但没有根据可以说张侯乃解张之字。《国语·晋语五》也曾记述此事，文中只言张侯，并无解张其名。

实际上，所谓解张，不过是张侯的别号。《周礼》曰：“号为尊其名更为美称焉。”是说对人称其号，是对其名的尊重（不直呼其名），更是美称。姓前冠一地名，正是当时名族名士得号的一种方式。解张此号即因张侯乃解之名族名士而得。解张，即解地之张氏某某，而不是姓解名张。这种古时称谓习惯，另有实例为证：周武王之子叔虞，本姬姓，被成王封于唐（今山西省翼城县境），称唐叔虞。叔虞有个儿子名良，食采于解，时称解良，其后代遂以解称姓，成为解氏（《姓名考略》）。张侯居解被称为解张，与姬良食采于解而被称为解良类同，只不过解良后代以解为姓，而张侯后代仍沿用祖姓张而已。退一步说，即使张侯当时已姓解，则因其祖（张仲）姓张，这个解姓也是出自张姓，就像姬良后裔虽姓解，但实出于姬姓一样。郑樵谓晋之张氏来源于解姓，恰恰颠倒了。

出自战国韩之姬姓说

东汉王符在《潜夫论》中误认为：“留侯张良者，韩公族姬姓也。秦始皇灭韩，良为韩报仇，击始皇于博浪沙中，误椎副车，秦索贼急，良乃变姓为张。”晋皇甫谧引此说，以致后世误认为张良原姓姬，从而认为张氏出自韩之公族姬姓,成为张得姓起源之一说。元代袁桷所撰《张氏宗谱序》称“张姓出于姬姓，至周而氏者祖于韩，其得望者十二……”即是受王符、皇甫谧所说的影响。上述，王剑霓先生所撰《张氏源晋古谱探讨》一文已对此作了有力的驳斥。其文曰:“《史记》原文载:‘为张良故也,良乃更名姓’,以今天的话说，就是‘因为名叫张良原故呀！良便改名姓’。《史记》这句文义很明白，说张良本名张良。刘向《高士传》载：‘张良易姓为长’，据此张良是曾改名长良。《汉书·张汤传》曰:‘冯商称张汤之先与留侯同祖’，汤、良同祖，汤姓张，良无疑姓张。”“试问:西周张仲，春秋晋张侯皆‘周而氏’皆在韩（战国韩）以前,岂‘祖于韩’？此说比郑樵、宋濂之说更谬。”

二、关于张姓发源地

张宪、张阳辉主修之《张氏统宗世谱》曰："尹城派，始祖挥公，受封之国在山西太原府属之地。挥生昧，为玄冥师。昧生台骀，能业其官，宣汾、洮，障大泽，以处太原。帝嘉之，封诸汾川，掌水旱疠疫之职，即山川之神也。世飨其祀。今太原府有庙存焉。"此后，张氏家谱沿袭此说者渐多。清乾隆十七年张日佐纂修之《清河张氏宗谱》称："挥，封国尹城，在山西太原府。"清光绪四年张延辉等纂修之《清河张氏宗谱》称："尹城派，始祖挥公受封之国，昧公居之，在今太原府太原县……此天下通派之祖也。"其中"有庙存焉"的庙，指台骀庙。

尹城即春秋时赵简子所筑之晋阳城，后世于其地置晋阳县、太原县。据当代学者、谱牒学家张海瀛先生考证，今太原市晋源区晋祠镇王郭村，因地处尹城郊外，按明制，曾称尹城里，而这里正是台骀庙所在地。于是，太原市的部分学者对照上述家谱所叙，提出"张氏发祥于太原"，称"王郭村的台骀神庙就是张氏的祖祠堂，其内供奉的汾水神——台骀，是黄帝的第五世孙。张氏的发祥地就在此"（见太原市晋源区政协文史资料委员会晋祠风景名胜管理局合编的《张氏始祖在太原前言》，1995 年 1 月刊行）。又称："台骀庙是为纪念张氏的先祖——即一世祖挥及二世祖昧、三世祖台骀而建造的家族祠堂。"认为："挥被黄帝赐为张姓，分封在青阳国……即王郭村一带……最关键的理由还是王郭村张氏始祖昌宁公台骀庙的存在。"（见晋源区政协文史资料委员会编辑的《太原张氏遍天下序》，郭永安主编，山西人民出版社 2000 年 1 月出版）

但是，一、挥是天下张姓始祖，称其为"尹城派"，本就不通；二、称挥"封国尹城"，"封国青阳"，都没有根据；三、称台骀庙是张氏的祖祠堂，与事实不符；四、台骀不是张姓始祖，以台骀庙的存在作为张姓发祥地的依据，不符合常理和逻辑。

台骀的事迹，见于《左传》和《史记》。《左传·昭公元年》文曰："晋侯有疾，卜台骀为祟，问于子产。子产曰：'昔金天氏有裔曰昧，为玄冥师，生允格、台骀。台骀能业其官，宣汾、洮，障大泽，以处大原。帝用嘉之，封诸汾川。沈、姒、蓐、黄实守其祀。今晋主汾川而灭之矣。由是观之，则台骀，汾神也。'"文中所称子产，乃春秋时郑国卿士。上述记载就是子产答晋平公问卜的对话。《左传集解》注曰："金天氏，帝少昊；帝喾，颛顼；沈、姒、蓐、黄，乃四国，台骀之后；大原，即太原，高平之地。"《史记》记载此事，取材于《左传》，因而二者大同小异。《史记·郑世家》文曰："二十五年，郑使子产于晋，问平公疾。平公曰：'卜而曰实沈、台骀为祟，史官莫知，敢问？'对曰：'……昔金天氏有裔子曰昧，为宣冥师，生允格、台骀，台骀能业其官，宣汾、洮，障大泽，以处大原。帝用嘉之，国之汾川。沈、姒、蓐、黄实守其祀。今晋主汾川而灭之。由是观之，则台骀，汾、洮神也。然是二者（指实沈和台骀）不害君身。山川之神（指台骀），则水旱之菑禜之；日月星辰之神（指实沈），则雪霜风雨不时禜之：君问疾，饮食哀乐女色所生也。'"《史记集解》注曰："菑，同灾。禜为营（音），祭山川之神以祈福也。"这些记载，成了后代史籍、姓氏著述、家谱以及邑志等记述台骀事迹的渊源。太原其地建台骀庙，尊台骀为汾水神，张宪等主修的宗谱关于祖源的记述，都来源于此。

《左传》《史记》所述台骀受封之汾川，固然乃尹城所在之地；但是，二者均未言及昧公封地，更未涉及挥公。因此，言尹城"昧公居之"，是猜测；言"挥封国尹城"，更是附会。祠堂，是同族人供奉、祭祀祖先的地方，随后代子孙的居地而建，本就不能作为该姓发祥地的根据，何况台骀神庙，是汾水神而非祠堂。唐朝河东节度使卢钧"不欲称（台骀）其名"，改台骀神庙为汾水川祠。五代之后晋皇帝封台骀为昌宁公，又改汾水川祠为昌宁公庙。宋仁宗宝元二年官府重修此庙，并州通判掌禹锡为歌颂州官李公政绩，撰写了《重修昌宁公碑记》。其中云："昌宁公即金天氏遐裔，世掌水官，通汾、洮，障大泽，而能世续其业，以处太原。春秋左氏纪之详矣。"左氏，即《左传》撰者、鲁国史官左丘明。可见，台骀庙是根据《左传》的记述而建，不会早于《左传》传世之前。庙山官府修建，当地官员即可数更其名，且由官府公祭，显然是社会公众活动，与张姓祖祠无关甚明。挥、昧二祖在庙中只处于配享地位，更说明了这一点。

掌氏撰碑文又云："在昔建祠，居泽之阳。渊渟神瀵，洪波浩渺，蒲苇蕃芜，鱼鸟游泳；力田生聚，赖其遗利。或水潦作，一时缺雨，帅府以牲币禜之，必如响应之验；及天有六气，晦民生疾，编民以豚蹄祝之，多获勿药之喜。”其意思是说，当年庙建在晋泽北岸，水势壮阔，水产丰盈，其地成了人口众多的鱼米之乡，这都是台骀治汾带来的好处。有了涝、旱灾害，官府用牛羊纸钱到台骀庙祭祀，有求必应；老百姓有了病，去庙里摆上猪蹄子祈祷，不用吃药就好了。这清楚而形象地说明了，人们是把台骀作为神，为祈求保佑而祭祀的。这与同族人祭祀祖先没有相同之处。

《太原张氏遍天下》中介绍了台骀庙附近有青阳河、青阳沟、青阳庙，意在说明此地就是古青阳国其地，以支持“挥封国青阳”之说。问题是，称“挥封国青阳”，是以讹传讹，本就无据，而且挥也并非青阳氏。青阳庙供奉的是少昊，而少昊非张姓得姓始祖，其封国不管在哪里，都不是张姓的发祥地。

明、清家谱称挥封国尹城，实乃受台骀庙位于尹城的影响而作的猜测。唐时清河张氏显赫，此后相当长时期都说张姓发祥于清河，尽管名家欧阳修在《新唐书》中已写明汉代张岱始迁居清河，也未能改变。不过，也鲜有说张姓源出太原的。经过历代战乱，南北分裂，蒙元民族压迫，人民多有迁徙、离散。至明统一全国，社会稍为安定，人们渴求正祖明系，遂出现了寻根问族、修牒续谱高潮。洪武七年重修昌宁庙以及隆重的公祭活动，影响远播。张氏家谱有挥生昧、般的记载，也就与子产语“昔金天氏有裔子曰昧，生允格、台骀”联系了起来，与台骀庙联系了起来，加进附会成份，出现了源出太原之说。与此前的“源于清河郡”之说一样，众相蹈袭，以讹传讹。甚至有的家谱把台骀庙也混淆成了挥公庙。其讹误不言而喻。

值得注意的是，依《左传》所述，台骀之父昧是金天氏裔子，《辞源》曰：裔，末也，胄也，犹言远代子孙。上述掌锡所撰《重修昌宁公庙碑记》更称“昌宁公即金天氏之遐裔”，说明台骀是其始祖。所以，有人对台骀是张姓先祖提出了质疑，不是没有道理的。

三、源于濮阳说

以往的史籍、邑志、家谱未见有“张姓源于濮阳”说的。此说是最近才有的，福建省姓氏源流研究会张氏委员会会刊《张氏源流》2000年第二期（总第三期）上所载中国濮阳张姓研究会会长张焕书先生的文章《张姓祖根在濮阳》，大约代表了此说的基本观点。其文称“挥公得姓于帝丘（今河南濮阳），帝丘是张姓先民最早的祖居地，张姓源于濮阳”。其基本论据是张姓得姓始祖挥是黄帝之孙、玄嚣之子，与颛顼是亲叔伯兄弟。玄嚣受封于青阳而得青阳之号。青阳就是清河之北。而古清河流经帝丘，因此帝丘附近的古清河就是玄嚣封地青阳所在地。挥从小就生活在此，年长之后又在辅佐颛顼。因发明弓矢，助颛顼打败共工有功，被颛顼封为弓正，并赐姓张。帝丘，即今濮阳，因而张姓祖根在濮阳。

但是，此论没有直接证据，多是推测，不能排除结论的或然性，自然无法令人信服。濮阳说既然也认同挥是张姓得姓始祖，那么，称“张姓根在濮阳”，就必须证明挥得姓的封地或固定的居地是濮阳，而上述观点恰恰证明不了这个问题。

1.濮阳说以张姓得姓始祖挥是玄嚣之子，而玄嚣封地在帝丘，作为立论的前提，从而推断帝丘是挥的居地和得姓之地。挥是否玄嚣之子，这先不争执。然而何以知玄嚣封于帝丘处的清水之阳？张焕书先生其文答曰：“颛顼建都于此……所以只有帝丘附近的古清河才是玄嚣封邑青阳所在地。”这在逻辑上是不成立的。没有道理可以认为颛顼建都之地就必然是玄嚣被黄帝所封之地！二者没有必然的因果关系。另外，《史记·五帝本纪》曰：“玄嚣是为青阳，青阳降居江水。”《史记索引》曰江水在蜀。《大戴礼记·帝系第六十三》记曰：“黄帝居轩辕之丘，娶西陵氏之子，谓之嫘祖氏，产青阳及昌意。青阳降居泜水。”清人王聘珍撰《大戴礼记解诂》曰：“泜水即江水也。《说文》云：‘江水出蜀湔氐徼外岷山。’《水经》注：‘岷山在蜀郡氐道旦，大江所出。”固然，言江水在蜀，似可质疑，然而又根据什么能够用玄嚣封于帝丘处的清阳取代它？再则，张焕书先生文既说明“山南水北为阳”，为什么只认为青阳就是清河之阳？而不是青山之阳？比如，《史记正义》云：“《史记》云河东郡青山东山中有二泉，下南流者妫水，北流者汭水。”如前所述，此青山所在之解地，不少古籍记载是炎帝、黄帝、蚩尤阪泉之战、涿鹿之战战地，地位可谓重要，又是玄嚣生母嫘祖的家乡，何以不认为玄嚣的封地青阳就在此？还有，《尔雅》云：“春为青阳。”郭濮注曰：“气清而温扬。”《辞源》曰：“青阳，天子之东堂也。春为青阳，故天子所居之室名之。”青阳也是县名，唐置，在今安徽芜湖。有什么根据一定要把青阳解释为清河之阳呢？

所以说，称玄嚣封地在帝丘这一前提就不是确定的结论。

2. 即使玄嚣封地在帝丘，并不能断定其地就是挥之居地；即使挥从小随父而居，也不见得挥得姓时帝丘仍是其居地。当然也没有根据认为至挥之封地在帝丘，即使挥为弓正是颛顼所封，封职并不等同封地。何况，挥、颛顼与黄帝也是同时代人（“黄帝崩，高阳立”，就是证明），排除不了挥跟随黄帝征战有功而被黄帝所封的可能。因此，不能确定帝丘是挥之居地或封地，当然也就得不出“张姓根在濮阳”的结论。

3. 黄帝时期，还处于氏族公社阶段，姓不是个人的标识，而是氏族的代号，挥不过是其所在氏族的代表人物，黄帝 25 子得 12 姓，这是诸说之一，其 12 姓就应是 12 个新的氏族名称。然而此外尚有他说。如上述宋罗泌所撰之《路史国名记》记载:“黄帝之子所封之国有陈、昌、张、资、寇、郦、瞿等,凡七十。”其中张国,显然是挥之封国,也就是挥所率领的氏族所在地,本文已论证其在解。没有根据能把张国与帝丘联系起来！称“濮阳是张姓先民最早祖居地”，是没有根据的。

张姓在中华民族的发展历史中做出了重要贡献，具有重要地位。现在，海内外已有上亿张姓人口，这么多人祖先的起源历史是中华民族历史的重要组成部分，自然是令人关注的。对其确认，应严肃而慎重。摒弃不正确的讹传，给予有据的、合乎实际的结论，是研究这一问题的任务。

（撰成于 2000 年 4 月，2001 年 9 月修订，2002 年 3 月初补充了“源于濮阳说”和“出自战国韩之姬姓说”二节）

附录二

张姓恳亲大会与海内外宗亲组织

20 世纪 80 年代，随着境外华人到大陆“寻根热”的兴起，东南亚张姓华人纷纷组团到大陆寻根问祖。大约是在这个时期或更早，东南亚国家的张姓华人组织了以血缘关系为纽带的宗亲社团组织。其实，张姓华人在异国他乡，为加强凝聚力，为相互帮助，为争取华人的共同利益，有的早就组织起诸如同乡会、宗亲会等社团组织，较早的已有上百年的历史。

大陆张姓宗亲组织，起初是为“对接”海外张氏宗亲寻根问祖而建立的宗亲团体，之后逐渐具有恢复祠堂等祭祖场所、研究祖先起源、弘扬传统姓氏文化的功能。

张姓世界性组织——世界张氏总会于 2003 年在香港登记注册，现已历经七届理事会，并组织召开了八届“世界张氏总会恳亲大会”，影响巨大，进一步凝聚了海内外张姓族人的亲情，激发了张姓族人自强不息、爱家爱国、无私奉献的家国情怀。

第一节
世界张氏总会组织和历届世张恳亲大会

世界性张姓恳亲大会是在世界张氏总会组织下召开的，所以有必要先介绍该组织。

世界张氏总会是世界性的宗亲组织，于2003年9月19日在香港正式注册，当年11月29日在马来西亚砂拉越诗巫市成立。其主要宗旨是：促进全球张氏宗亲的社群精神，增进友谊，加强合作，促进团结，谋求世界各地张氏宗亲的经济社会福祉。

世界张氏总会先由新加坡张氏总会发起。1997年9月19日，新加坡张氏总会举行交流会，策划筹组世界张氏联谊总会。由新加坡张氏总会的张树宽、菲律宾河源张颜同宗总会的张锦星、泰国张氏宗亲总会的张炳华、砂拉越张氏公会的张仕国签署发表联合声明。

新加坡张氏总会于2002年12月18日再次举行交流会。出席的团体有新加坡张氏总会、泰国张氏宗亲总会、马来西亚砂拉越张氏公会、威省张氏清河堂公会、槟城张氏清河堂公会、亚庇清河堂张氏公会、斗湖清河堂张氏公会、世界张廖简宗亲会筹委会、中国台湾张廖简宗亲总会、台湾台中市张廖简宗亲会、台湾板桥市张廖简宗亲会等。大会决定以“世界张氏总会”之名建立世界性组织。

砂拉越张氏公会受委托负责办理“世界张氏总会”的筹组工作。经过多方调查研究，会众认为香港是适合注册的地点，决定以非营利公会无股本之担保有限公司性质注册。世界张氏总会有限公司于2003年9月19日正式在香港注册登记，注册编号862509。

砂拉越张氏公会于2003年11月29日主办世界张氏总会第一届恳亲大会，世界张氏总会宣布成立，并产生第一届理事会。

世界张氏总会首届理事会名誉会长为丹斯里拿督阿玛张守辉（砂拉越）、丹斯里拿督张泗清博士（吉隆坡）、张允伏（新加坡），会长为丹斯里拿督张晓卿（砂拉越），副会长张天成（新加坡）等若干人。义务秘书为张强开（砂拉越），助理义务秘书长张文彪（新加坡），义务财政为拿督张仕国（砂拉越），助理义务财政为拿督张联发（亚庇）。

世界张氏总会第二届理事会名誉会长分别为丹斯里拿督张泗清博士（吉隆坡）、丹斯里拿督阿玛张守辉（砂拉越）、张允伏（新加坡）、张平沼（中国台湾）、张福开（印尼）、张成顺（槟城），会长为丹斯里拿督张晓卿（砂拉越），副会长为拿督张仕国（砂拉越）、张锦雄（印尼）、张顺团（新加坡）、拿督张渊秋（槟城）、张裕泰博士（中国台湾）等若干人，秘书长为张强开（砂拉越），助理秘书为张文彪（新加坡）、张宗钦（中国）、张陆雄（中国台湾），财政为张建卿（砂拉越），助理财政为拿督张联发（沙巴）。

世界张氏总会第三届理事会永久荣誉主席兼创会会长为丹斯里拿督张晓卿（砂拉越），名誉主席分别为丹斯里拿督张泗清（吉隆坡）、拿督张仕国（砂拉越）、拿督张泰卿（砂拉越）、拿督斯里张庆信（砂拉越）、张强开（砂拉越）、拿督张成顺（槟城）、拿督张飞局绅（沙巴）、拿督张公贤局绅（沙巴）、张福开（印尼）、张平沼（台湾）、张允中（新加坡），会长为张允伏（新加坡），副会长为张建卿（砂拉越）、拿督张渊秋局绅（槟城）、拿督张贵芳（柔佛）等人，秘书长为张文彪（新加坡），副秘书长分别为张抗祥（印尼）、张印普（河北）、张昌锦（砂拉越）、张森霖（澳门）、张进锋（台北），财政为张群发（新加坡），副财政分别为拿督张联发（沙巴）、张邦育（台北），理事 27 名。

第四届世张理事会选举张允伏连任会长，副会长人选有相应的变动；第五届世张理事会选举马来西亚拿督张贵芳为会长，副会长人选有相应变动，张文彪仍为秘书长；第六届世张理事会选举马来西亚拿督太平绅士张庆信为会长，副会长和理事人选有相应变动，秘书长为张文彪；第七届，张庆信连任会长，张远谟任署理事长，副会长二十人，理事若干，秘书长张文彪，副秘书长十一人。

世界张氏总会第一届恳亲大会

2003 年 11 月 29 日，世界性的张氏宗亲组织世界张氏总会于马来西亚诗巫市成立。总会的主要宗旨是：增进张氏宗亲友谊，加强合作，促进团结，谋求世界各地宗亲的经济社会福祉，缔造族群优势。来自中国、马来西亚、印尼、新加坡、菲律宾以及中国港澳台等三十二个国家和地区的宗亲组织、一千多人参加了盛会，这即是“世界张氏总会第一届恳亲大会”。

大会选举产生了世界张氏总会第一届理事会。马来西亚常青集团主席、砂拉越张氏公会会长丹斯里拿督张晓卿荣任首届会长，副会长分别为：张天成（新加坡）、张广恩（中国濮阳）、张森霖（中国福建）、张万华（中国台湾）、张成顺（马来西亚）、张福开（印尼）。义务秘书长：张强开（马来西亚），义务财政：张仕国（马来西亚）。

大会制定了《世界张氏总会章程》，并确定其他会务事项。

世界张氏总会第二届恳亲大会

2005 年 4 月 27 日至 30 日，世界张氏总会第二届恳亲大会在中国河南濮阳召开。

这次大会由濮阳市人民政府、世界张氏总会第二届恳亲大会工委会主办，濮阳县人民政府、中国濮阳张姓研究会承办，国务院侨务办公室、中华全国归国华侨联合会、河南省归国华侨联合会、河南省工商联合会协办。参加盛会的有来自马来西亚、新加坡、泰国、印尼、菲律宾、美国、韩国、西班牙和中国香港、澳门、台湾、北京、上海、福建、浙江、广东、山西、河北、海南等国家和地区的一千六百余名张氏宗亲，群贤毕至，欢聚一堂，敦睦宗谊。

世界张氏总会第三届恳亲大会

2007 年 4 月 28—30 日，世界张氏总会第三届恳亲大会在新加坡新达城会展中心召开。来自世界各地三十多个国家和地区的近百个张氏组织、一千五百多人参加了盛会。新加坡张允伏宗长被推选为世张总会第三届会长，张晓卿宗长被推选为永久名誉主席兼创会会长。会间举行了祭宗族仪式和联谊活动，并参观了狮城风光。

世界张氏总会第四届恳亲大会

2009 年 5 月 28 日，世界张氏总会第四届恳亲大会暨“华夏张氏祖庭落成庆典”在中国河北省清河县隆重举行，来自海外和中国港、澳、台等十余个国家和地区的海外张姓人士及国内二十多个省市宗亲代表共计二千八百余人参加。国务院侨办、中共河北省委、河北省人大、政协有关省领导及邢台市领导莅临大会。在大会上，中国民间文艺家协会副主席郑一民和中共河北省委常委、统战部刘永瑞共同向清河县颁发“中国张姓文化之乡”和“中国张姓历史文化研究中心”两块国字号牌匾。世张总会创会会长张晓清、时任世张总会会长张允伏、华夏张氏祖庭复建筹备委员会主席张贵芳等分别致辞。会议在长弓舞、祭祖大典、世张之夜、游览清河名胜等项活动中完成了盛况空前的庆典活动和亲情交流。

世界张氏总会第五届恳亲大会

2011 年 6 月 4 日至 6 日，世界张氏总会第五届恳亲大会在马来西亚历史名城马六甲召开。马来西亚本土宗亲和来自中国大陆、香港、澳门、台湾以及印尼、新加坡、菲律宾等东南亚国家的张氏宗亲共计一千多人参加了大会。会议以“千年古城，继往开来”为主题，按照欢迎晚宴、谒祖大奠、世张之夜、理事会议等惯例依次进行。会议遵循源脉久长的文化情结和穿越地域时空、寻求合作发展的同族意愿，体现了互相交流、共谋宏兴的办会精神，洋溢出欢庆和谐的浓浓亲情。

世界张氏总会第六届恳亲大会

2013 年 10 月 29 日至 11 月 1 日，世界张氏总会第六届恳亲大会在中国广东省韶关市隆重举行。出席这次大会的共有一百二十五个宗亲组织、三千余名海内外张氏宗亲，分别来自马来西亚、泰国、印尼、新加坡等国家和中国港、澳、台地区及国内河北、广东、福建、河南等二十个省份。此次恳亲大会由欢迎晚宴、世张主席团会议、祭祖大典、世张会员大会、世张之夜、世张第六届理事会就职典礼、招商推介会、参观张九龄纪念公园等活动组成，处处洋溢着韶关人的无比热情。

世界张氏总会第七届恳亲大会

2015 年 5 月 28 日至 30 日，世界张氏总会第七届恳亲大会（暨乙未年华夏张氏祖庭祭祖大典）在中国清河隆重举行。来自新加坡、马来西亚、菲律宾、韩国、加拿大等国家及中国港、澳、台地区和北京、广东、福建、湖南、湖北、山东等二十多个省市六千余名张氏后裔再次齐聚祖根地，隆重举行祭祖大典，拜谒天下张姓共同的祖先挥公。在大典乐曲中，大家向始祖挥公敬献花篮，依次净手上香、献爵敬酒，全体祭祖人员向始祖挥公深鞠三躬，表达敬祖情思与家园情怀。祭祖大典之后，依照世张恳亲大会程序，依次圆满完成了其他活动事项。

世界张氏总会第八届恳亲大会

2017年12月7日至9日，世界张氏总会第八届恳亲大会暨新加坡张氏总会八十周年庆典在新加坡圣淘沙隆重举行。中国大陆十几个省份及港、澳、台地区有近千人参加，马来西亚、印尼、泰国、韩国等并新加坡国内张姓华人及其新加坡政要参加了大会。大会依照程序进行。9日晚在圣陶沙名胜世界宴会厅举行的晚宴共有二千三百多人参加，晚宴和演出同时并举，场面宏大，盛况空前。

第二节
海外张氏宗亲组织及其名录

马来西亚砂拉越张氏公会

砂拉越张氏先民于百年前离乡背井，远渡重洋，由中国祖居地迁徙砂拉越。先民披荆斩棘，刻苦耐劳，历尽沧桑，艰辛创业。为解乡愁，团聚一堂，守望相助，最先成立的是地缘性之会馆，接着成立同业性之工商组织，血缘性之宗亲公会亦应运而生。

张氏先民早有组织张氏公会之意愿，经多次会谈未有成果。然他们对于组织公会之热诚从未减弱。张师珍、张公巧、张守钦、张康全、张道赏、张智忠等再接再厉，力排众难，并得到教育界先贤本固鲁张宗清的支持，于1985年7月14日召开同宗座谈会，产生筹备会委员，正式发起筹组砂拉越张氏公会。

砂拉越张氏公会于1986年7月8日正式获得社团注册官批准。1987年3月1日召开第一次会员大会，选举产生第一届理事会成员，推选张晓卿上议员为主席，本固鲁张宗清为署理主席，张仕国和张昌资律师为副主席，张鹤岑为秘书长，张学圣为财政。

砂拉越张氏公会成立后开展了多项重大活动：1992 年组团一百三十六人参加福建省闽清县六都张氏祠堂重修开工典礼；1992 年购置张氏公会义山；2002 年组团前往陕西省黄陵县桥山祭拜轩辕黄帝；2002 年编修出版砂拉越张氏宗谱；2002 年 12 月受委托筹组世界张氏总会，2003 年成功在香港注册；2003 年举办姓氏公会嘉年华会。

砂拉越张氏公会于 1991 年 10 月 27 日举行双庆：成立五周年纪念暨会所落成。2003 年 11 月 29 日举行四大庆典：成立十七周年纪念公会大厦落成、世界张氏总会成立暨世界张氏总会第一届恳亲大会，广邀世界各地张氏宗亲团体如张廖简颜宗亲会、龙冈亲义会等参与盛会，敦睦情谊，群贤毕至，冠盖云集，盛况空前。

新加坡张氏总会

1930 年，张氏先贤在新加坡组织小规模的祭奠祖先活动，后活动逐年扩大。1937 年后，先贤们利用当年清明节祭奠大典春宴之机，提出筹组正式社团建议，召开发起大会，推张进之为临时主席，议决社团名为“张氏家族自治会”。自治会正式成立后,张进之任首届会长。该会历经三次更名：“马来亚统属张氏公会”“新加坡张氏公会”“新加坡张氏总会”。

新加坡张氏总会自成立到现在累计三十八届，张进之连任前五届会长。1942 年日军侵占新加坡，公会停止活动。自 1944 年开始，张三品任八、九届会长，张淑源、张汉三、张梦生、张泗川分别连任四届会长，张木杉、张树宽、张长中各任一届会长，张天成任两届会长。

公会初成立时，会所设于厦门街，后因会所陈旧狭小，为发展会务之长远计，乃于 1969 年由董事会议决通过购置新会所，成立筹委会，负责号召及推动。在宗亲们热烈响应、慷慨捐助下，终购得芽笼 8 巷 81 号 A 座为新会址，经过一番装修后，于 1971 年 12 月 12 日举行开幕典礼，仪式隆重，奠定了永久基业。

公会于 1962 年注册成立互助会，以互助互爱为原则，为宗人谋求福利。1968 年开始创设中、小学奖助贷学金，以奖励张氏子弟努力向学。福利股及康乐股活动也有迅速进展，并扩展服务界限，为国家、社会作出贡献。

公会之成立，旨在联络宗亲情谊，图谋宗人福利及对社会人群作出贡献。在历届董职的合作下，会务已取得一定的进展。

世界张廖简宗亲联合总会

中华民族的千百姓氏中，多姓联宗的例子很多。因为中国人讲究“血缘”，所以，不论有几多姓氏，查知同一祖宗、一脉相承的，则会互相认亲结合，而组成团体，昭告后辈子孙，不可数典忘祖，此乃中国人数千年之传统美德。其中以张、廖、简联宗最为突出。有族史记载，此三姓联宗始自宋朝，迄今已逾七百年。张廖简联宗陆续延伸至台湾，其后张廖简宗亲会的组织也如雨后春笋般蓬勃发展。

近年来，世界各地张廖简宗亲会相互参访联谊，互动频繁。在2002年11月马来西亚槟城张氏清河堂庆典时，东南亚各国宗亲领袖、贤达俊彦齐聚一堂，由拿督张渊秋局绅担任主席。会中议决，责成台湾张廖简宗亲总会理事长廖运权宗长筹组世界总会。受此大任，廖运权抱持兢兢业业、愈益奋发之精神，着手筹备各项事宜。

廖运权理事长率秘书廖善求，随同张平沼总裁远赴美国寻求联署，期约共同负起振兴宗族之历史任务，世界各地宗亲组织纷纷响应，各媒体也争相报道。计有美国的旧金山、洛杉矶、纽约，南美洲的阿根廷，亚洲的新加坡、泰国、马来西亚、柔佛州、雪兰莪暨联邦直辖区，还有澳洲、南非等地的宗亲团体参加联署。

廖善求应命负责，筹备事务。遵照《国际性民间团体申请设立要点》之规定，拟定组织章程，阐明本会宗旨、任务。依规定向台湾有关机构提出申请。经张平沼、张昌财等督促指导，2003年11月21日完成合法登记。廖运权为创会总会负责人，廖善求为创会秘书长。遂以创会发起人为主轴，推选张平沼为创会总会长，张庆章为创会副总会长。2004年8月下旬举办“第一届世界张廖简宗亲恳亲大会”，与基隆市闻名国际的中元祭结合，邀请世界各国的宗亲代表参与，成为有亲情、有文化、温馨而热烈的宗亲联谊活动。

马来西亚柔佛州柔南张氏公会

柔南张氏公会地处柔佛州南部。柔南区辖新山、哥达丁宜、笨珍和居銮四县，公会会员来自这四县。公会创立前，张氏宗亲就已有互助互惠的运作，如遇婚丧嫁娶等事宜，族人必定踊跃到场协助办理。

1999 年初，在柔南加拉巴沙威镇，众多张氏宗亲进行新年团拜，互道吉利。席间宗长张国清在致辞时提出，张氏族人在柔南一带为数众多，理应有一个宗亲会组织，以供族人聚会联系。此语一出，群声响应，众皆认同，即席推出五位宗长组成联络小组，负责联系柔南四县族人。征询族人意见时，族人一致要求尽快成立宗亲会，联络小组召集各地宗亲代表，研究决定成立筹委会，草拟章程。2000 年初召开首届会员大会，选出第一届理事会职员。柔南张氏公会倡议人张国清宗长当选为会长。柔南张氏公会成立后，积极筹建会馆。在族亲团结协作、合力支持下，经数年努力，设立宗祠，置龛放主。同时先后成立了青年团和妇女组。现任会长为张贵芳宗长。

菲律宾河源张颜同宗总会

该会始创于 1924 年。当时，张德续、张尚凝、颜文初、颜祜为、张云章（中西校长）等有鉴于本族宗亲散居各地，无从联络，乃于是年筹组宗亲会，命名为“旅菲河源张颜自治会”。暂用树日街张尚凝糖行二楼为会所。此后会所多次迁徙。1941 年太平洋战事爆发，日寇侵菲，会务活动全部停顿。1945 年日本投降，第二次世界大战结束，会中热心族人张炳煌、张义枫、颜昌铭、张嘉民等在苑春公司集会讨论复会事宜。战后当地满目疮痍，百废待兴，尚幸能集资在雪文街购得旧屋一座为会所。1946 年，张炳煌被推选为第一届理事长。后因多数会员皆在菲土生土长，为适应菲国社会环境，遂改名为“菲律宾河源张颜同宗总会”。嗣后怡明、宿务、棉兰佬等地相继成立分会，现有会员共千余人。1967 年购得地皮 300 平方米，由当时第二十一、二十二届理事长张文炳及颜文耀、张家良等宗长热心负责筹建总会大厦，并先后成立青年组、妇女组等，以协助理事会各项活动。

1994 年在第四十七、四十八届理事长张春圃任内，该会联合台湾宗亲张福禄家族，重建福建省晋江市湖中乡“开闽始祖延鲁张公家庙”。该建筑规模宏伟，被市政府评为“优质古建筑”。当时常务顾问张尚流、副理事长张锦星等奔走各地，其功甚巨。此项投资约三百万元。

该会设有清寒子弟助学金，每年提供资助近七八十万元。该会同时又为岷市华人区义诊中心发起人之一，长期资助义诊活动，嘉惠贫寒菲人无数。已故永远名誉理事长张文炳宗长创设“张黄乌顺太夫人优秀生奖学金”，其哲嗣张孚超、张孚宗、张孚礼等又创设“张文炳华文教师奖励金”，两项每年合计开支近四十五万元。他们乐善好施，数十年如一日，深为全会同仁钦敬。

香港张氏总会

1952年，侨港宗长天龙、伯常、达才、泽卿、乃贤、日成、张礼、张明、荣锦、瑞汉、尊三、活海、永德、荣光、祝廷、炯怀、景秋、张采、朝基、树根、树榕、深记、锦添、保光、怡记等三十余人，为敦睦宗谊，加强团结，乃发起组织宗亲会。筹备经年，1953年3月22日在湾仔轩尼诗道416号二楼正式成立，先后选出天龙宗长任第一届理事长、张礼宗长任第二届理事长、乃贤宗长任第三届理事长。第四届理事长，原选出乃贤蝉联，旋谦让天龙重任。其间创办人之艰辛缔造，更赖伯叔昆仲之鼎力支持，规模初具。第五届应权宗长当选首席会长，活海宗长出任理事长，更以促进宗亲福利为中心工作，于任期内宵旰勤劳，出钱出力，购置庄士敦道庄士敦大厦5楼2号为永久会所。第六届由镇汉宗长出任首席会长，炽昌宗长任理事长，随时代之进展，于1973年改组注册为有限公司，由炽昌、启瑞分任第一届会长及理事长，扩大征求会员，促进会务，成绩斐然。第二、三届理监事长由永廉、福善二宗长连任。介伦、永廉二宗长当选为第四届理监事长。第五届、第六届、第七届分别由建中宗长、乃贤宗长、永廉宗长任理事长。第八、九届由有洪宗长任理事长。第十、十一、十二届由启瑞宗长连任理事长。第十三届由荣辅宗长接任理事长。第十四届复由启瑞宗长重掌会务、张李明坚出任监事长。第十五届由启瑞连任理事长。第十六届由有洪任理事长。第十七届香港张氏宗亲总会成员有永远荣誉会长张有兴、张人龙、张永贤、张浚生、张耀荣、张国良、张祝华、张新村、张李明坚，会长张祝华、张玉泉、张新村、张仲良、张兴宗、张宏业、张佐华、张鸿、张柱良、张建国，理事长张有洪，副理事长张伟、张国坤、张思满、张思鉴，监事长张启瑞，副监事长张准华、张铭光、张炜生和张伯勋等。

泰国张氏宗亲总会

张氏移居泰国者，千百年来无从调查，且甚多随同泰国风俗化归泰籍而改用泰姓名者，子孙繁衍，散居于泰国各府，处处皆有。张氏宗亲，由于族大人多，各县各府相继组织族亲会、家族会，各自为政，故对宗亲总会之组织未予重视。

1978 年初，鹤洲、蔡雨、达福、铁笔、来想、水川等宗长请木鸿宗长领导筹组宗亲会，经过数月努力奔走，终于获政府当局批准注册为合法社团，“泰国张氏宗亲总会”宣告成立，并推选木鸿宗长为第一届理事长。租曼谷石龙军路联合银行对面两间排楼为会址，广招会员。

到了第十二届，理事长秋根宗长认为原会址是租的，非长期会址，为长远之计，必须购置新会址。上任后，他四处奔走，终于发现在曼谷石龙军略六十八巷口有三间排楼要出卖，立即通知诸位宗长前往参观，大家看后一致认可，便召开全体理事会议决购买。他自己首先献金泰币一百万铢。松山副理事长特别热心，乐捐四百万铢，朝江永远荣誉理事长乐助二百万铢，永远荣誉理事长永吉、长春和荣誉理事长建禄、副理事长建勤、慰文各乐助一百万铢，其他宗长及理事们也都乐意捐助。购新址后即着手兴工装修，竣工后焕然一新，冠冕堂皇，并择吉于 2002 年 11 月间举行新会址揭幕暨庆祝总会成立二十四周年纪念庆典。

马来西亚槟城张氏清河堂

槟城张氏清河堂坐落于本本屿沓田仔街，又称“张氏宗祠”或“张氏家庙”，为张姓先辈在成立“古城庙”会之前创立的血缘性团体。

19 世纪中叶闽籍张氏族人自立“张家”组织。进入 20 世纪以后，随着客籍的参与，籍贯藩篱的障碍始被打开，“张家”日益扩大。这时，有来自不同方言的族群加入，客籍人成为主要领导层，现今仍然堂皇壮观的建筑“张氏宗祠”亦于是时落成。

张氏宗祠在未创建之前已有一个称为“张家”的组织存在。“张家”与“张氏宗祠”之间有密功关系，“张家”的存在距今至少已有一百五十年以上的历史。

“张家”目前的主席张成顺，署理主席张锦财，副主席张锦祥、张成吉，正总务张万禄，副总务张青云，财政张水金，中文文书张德明，英文文书张国兴，查账张秋兴。

马来西亚沙巴州斗湖清河堂张氏公会

1993年8月11日，张玉光医师在自己的医务所召开了有十七位同宗参加的座谈会，共商成立斗湖清河堂张氏公会之事。首先，成立以张玉光为主席的筹委会，张永叙任副主席，并由英文秘书张健雄负责向社团注册局申请注册。1995年4月6日获社团注册局批准，6月15日召开第一届第一次会员大会。大会选举张玉光为执行会长，张永叙为署理会长，张健华任副会长。2003年召开第五届会员大会，张玉光继任第五届理事会执行会长，署理会长张顺明，副会长张玉才，秘书长张国祥。

马来西亚砂拉越州民都鲁省张氏公会

民都鲁省是砂拉越州十个省份之一，位于州中部，面向南中国海，原本是一个渔村。在1977年时是只有区区七八千人的小市镇。但从1980年开始，外省的居民开始移居进来。政府与蚬壳滨油田公司、日本公司联合开采天然煤气，并在1983年完成了建厂工程，开始生产天然煤气运往日本及其他国家。随着木材业及其他工业的逐渐发展，它已成为一个极有潜能的工业城，改变了经济状况，越来越多的人移居进来，到2004年止，人口约有十七万。

随着马来西亚各姓氏公会如雨后春笋般不断成立，在砂拉越张氏公会成立第十三周年时（1999年）通过一个议决案，要各省张姓各自成立公会。经过几个月的工作，终于在1999年8月19日由张福岑召集第一次研讨会，与会的十九位宗亲都热烈地支持成立本省的张氏公会。于是张福岑又在1999年9月16日召集第二次研讨会，共邀请了五十五位宗亲（其时五十五人中绝大部分已是砂拉越张氏公会的会员）。这次出席的五十五人均赞成成立自己的姓氏公会，并在会议上马上推选了十七人的筹备委员会，张福岑被推选为筹委会的主席。

同年9月23日成立七人小组，研究公会章程及条文细则，10月23日通过拟订的章程条文细则，呈交给政府社团注册局。有了筹委会，政府规定可按章程细则的条文开展活动，故于2000年1月28日举办千禧年新春联欢会，并于7月27日举办中秋联欢晚会。

两年后，公会获得当局批准。经酝酿之后，正式选举创会首届理事会。理事会产生后，青年团及妇女团组也相继成立。截至2004年12月，该会会员达二百人。

马来西亚马六甲清河堂张氏公会

清河郡望，累世人文荟萃；张氏源流，古城胄裔流芳。清河堂宗人，早年南殖拓疆于斯，藩衍者众，为敦宗睦族之缘起，马六甲清河堂张氏公会于1982年元月应缘而生。当时发起人策组筹委会，拿督武易局绅宗长膺任主席。翌年8月选出购置会所委员，授权雅山、松坑、高国、伦周、良才、永进、明哲、建国八宗亲，负责向宗亲筹款，以定建业之基。

1983年4月，首届理事会就职典礼恭请交通部长丹斯里张汉源监誓，嘉宾云集，情况殊盛。

1986年署理主席雅山宗长带动筹委及理事积极推动购置会所大计，获得主席拿督武易局绅宗长捐献一万元，永久名誉主席武帮宗长捐献五千元，副主席松坑宗长捐献五千元，并获得各级理事及宗亲热烈响应支持，筹得十万元。

1987年购置马六甲拉也门牌541-B为会所，完成伟业。

1993年倡设“马六甲清河堂张氏公会奖助学金”时，获得永久名誉主席武帮宗长率先捐献一万元。他登高一呼，众理事、宗亲热烈响应，在1995年7月9日庆祝十三周年纪念暨筹募奖助学金千人宴上，圆满筹获逾10万元基金。其间武邦、拿督武易局绅，雅山、郎金、义发局绅，光炎、炳辉、明海等宗长，财力捐输或用力推行，诸理事和宗亲慷慨支持，以惠泽宗亲，优惠子女，为国社造育英才。

马来西亚霹雳州太平龙岗亲义会

太平乃是霹雳州的旧首府，享有历史古城之称，而今升为自治市。

1972 年，在太平湖公园邻近拉律山麓小岗上发现一座龙冈四姓先祖的总坟。墓碑上刻记“皇清显考妣刘关张赵公义冢总坟墓，于同治三年三月吉旦，由宗众弟子等立”三行字。据查系于公元 1864 年立，距今有百多年的历史。当年即有一班太平龙冈宗亲老前辈刘合海、关文彬、张金星、张晋发、张亚华、张镇国、张清美、赵振民等一同前往视察。嗣后，定于每年农历三月及七月初到总坟前举行春秋二祭，慎终追远，并设秋祭联欢宴会，联络情谊。

直至 1977 年 7 月 8 日晚，借太平刘文习住家、龙胜企业公司之办公厅，召开第一次龙冈宗亲临时会议，商讨筹组龙冈宗亲会。出席者共有五十四位，即席成立“太平龙冈亲义会”筹委会。推选张清江世长为首领导，起草章程及申请注册。翌年 10 月 3 日获准注册，会所附设于太平郑太平路门牌二十八号楼上（即刘文习之住址）。当年会员仅有七十多位。

1979 年 3 月 25 日首次召开太平龙冈亲义会会员大会，解散筹委会，照章选出第一届（1979—1980 年）理事会职员三十一位。

1983 年第三届理事会改选，由张文忠接任会长。同年 8 月 17 日晚，借太平翠华楼酒家特设晚宴聚会，当晚即发起筹募购置会所活动。席间获得宗亲的热烈支持和响应，慷慨认捐，成绩斐然，突破十万元基金。终于在 1984 年完成宗亲的宏愿，购置现今的会所，并于 1985 年迁入新会所，开展推动会务。

1988 年 11 月 19—20 日，隆重举行盛大庆祝会，庆祝亲义会成立十周年纪念及新会所开幕典礼，同时承办大马龙冈亲义总会及总青团全国代表大会，在会史上写下光辉的一页。

马来西亚北马厚美张氏同乡会

北马厚美张氏同乡会的前身——循善社，是一个八十多年前注册的团体，也是厚美乡张氏宗亲组织的最早团体。

19 世纪，厚美乡张姓宗亲因祖籍家乡耕地缺乏，为谋发展，不惜背井离乡，相率梯航南渡。起初居留吉打、实兆，远及泰南一带，参加披荆斩棘的种植工作，稍后移居槟城，投入各行业。

侨居槟城的同乡儒医秉涵宗亲及前辈聿财宗亲等牵头向当时殖民地政府申请注册循善社。循善社成立后不久，租赁了槟城沓田仔双层排店屋，楼下开设洪洲茶室（厚美乡古称洪洲），楼上辟为社所，茶室收入作为社务活动经费。

第二次世界大战，日军铁蹄南进，马、星相继失陷，循善社活动也告停顿。1957 年一次祭祀联欢宴会中，关怀桑梓的同乡前辈鸿翔宗亲倡议筹组同乡会，与席宗亲乡情流露，即席认捐基金者颇众。

1957 年 8 月 14 日召开第一次筹备会议，并定名为“北马厚美张氏同乡会”，成立了筹备委员会负责筹备工作，起草章程申请注册，并于 1958 年 2 月 10 日正式成立。

原议租赁会所，但在筹募基金时响应者热烈，仅数月已筹基金两万余元，超乎意料，所以改变原租赁计划，改为自置会所，遂以二万二千五百元购置槟城爱民律新建双层楼房一座。

装修布置后即迁入办公。由于年轻宗亲纷纷加入，会员人数增加，会所稍嫌不敷应用，尚且基金累计增加，所以物色到地点更合适、更宽敞的现会所——槟城那莪律 33 号，购价四万三千元，加上装修，共耗资七万余元。

第一届会员子女奖学金于 1970 年颁发，惠及莘莘学子。

80 年代，在社会环境演变下，该会议决将奖学基金扩展成大学贷学金。同时也筹组厚美控股，以集中宗亲经济力量，作长远的投资计划，来配合国家经济发展。

该会主席文铭局绅昆仲特拨款四万元成立秉雄伉俪慈善教育基金，援助贫病张氏宗亲，造福清寒学子。

马来西亚沙巴州古达张氏清河堂宗亲会

1996 年 6 月，斗湖张氏清河堂公会创会会长张玉光到访古达，与张瑞然、张永康、张伟庭等宗亲商讨成立古达张氏宗亲会。成立了以张志华为主席的筹委会，向沙巴州首府亚庇社团注册局提出申请。1997 年 1 月 27 日获准，同年 7 月 17 日在古达金河餐厅举行成立庆典，选出第一届理事会，张志华任会长，张瑞然任署理，张志尧任副会长，张菊香任秘书长。

古达张氏清河堂宗亲会成立后，每年年初召开一次会员大会，举行新春聚餐。与沙巴州内的斗湖、亚庇、山打根宗亲组织成立联谊会，共同推进沙巴州宗亲交流。该会于 2003 年派代表前往砂拉越诗巫市参加了世界张氏总会成立大典。

马来西亚柔佛州南安东房乡张氏家族会

1977 年秋，柔佛州南安东房乡张氏家族会筹委会成立，张景章任筹委会主席。1978 年 9 月 27 日获社团注册局批准，柔佛州南安东房乡张氏家族会正式成立。1979 年，第一届董事会产生，张景章任第一届会长，连任两届；第三、四届会长由张世忠担任；第五届由张泉庆担任。

1982 年 4 月 4 日举行新会所奠基动土仪式，1983 年新会所落成，翌年春迁入办公。新会所内设宝龙宫，1986 年农历十二月十一日在宝龙宫举行佛坛开光仪式。另设东房乡张氏家族报德堂，设祖祠神主龛，奉祀始祖皇思公暨祖考妣及历代祖先，供族亲安奉其先人之神主牌，以资慎终追远。1988 年成立了青年团组织。

附　海外张氏宗亲组织名单

香港张氏宗亲总会有限公司
马来西亚大马张氏总会
菲律宾河源张颜同宗总会
缅甸仰光清河堂
马来西亚柔南张氏公会
马来西亚柔佛州麻属张氏公会
马来西亚砂拉越张氏公会
马来西亚斗湖清河堂张氏公会
马来西亚亚庇清河堂张氏公会
新加坡张氏总会
新加坡客属张氏公会
新加坡慈济堂岭美乡张氏族亲

新加坡儒林张氏公会
马来西亚泗里街张氏公会
马来西亚柔佛张氏公会
马来西亚山打根张氏公会
马来西亚古达张氏清河堂宗亲会
马来西亚槟城张氏清河堂
马来西亚民都鲁张氏公会
台湾张廖简宗亲全国总会
台湾桃园县张廖简宗亲会
台湾台北市张廖简宗亲会
台湾金门县张氏宗亲会
台湾苗栗县张氏宗亲会
印度尼西亚吉里汶县张氏公会
印尼张氏宗祠互助总会
台湾高雄市张廖简宗亲会
马来西亚砂拉越古城会
马来西亚槟城刘关张赵古城会
马来西亚威省张氏清河堂
马来西亚雪隆刘关张赵古城会
马来西亚雪隆张氏公会
马来西亚柔南安东房张氏公会
马来西亚柔佛刘关张赵古城会
马来西亚吉玻刘关张赵古城会
马来西亚吉辇县龙冈亲义会
马来西亚霹雳刘关张赵古城会
马来西亚霹雳太平龙冈亲义会
马来西亚关丹龙冈亲义会
马来西亚威南吉辇万拉拉越汝古城会
马来西亚森美兰龙冈亲义会
马来西亚古晋张氏总会

泰国张氏宗亲总会

印尼苏北刘关张赵古城会

印尼万隆清河堂张氏宗祠基金互助会

美国旧金山张家公所

澳洲龙冈亲义会

欧洲张氏宗亲福利会

老挝万象张氏族亲会

马来西亚马六甲清河堂张氏公会

马来西亚砂拉越马拉瑞张氏公会

马来西亚北马厚美张氏同乡会

马来西亚柔佛新山张氏公会筹备委员会

印度尼西亚坤甸清河世家

瑞士龙冈公会

韩国张氏大宗会

越南清河张氏大宗祠

第三节
国内张氏研究机构及其宗亲组织

福建省姓氏源流研究会

福建省姓氏源流研究会成立于 1989 年 10 月，是由福建省各地从事姓氏、文化源流研究的学者专家及热心本项事业的人士自愿组成的学术性、非营业性社团组织，现已重新登记，为法人社团。

研究会宗旨：在遵守宪法、法律、法规和国家政策，遵守社会道德风尚的前提下，恪守国际法规，尊重各国法令与风俗习惯，以从事姓氏和其他文化源流研究，开展寻根探源服务，促进海内外学术交流，拓展海外联谊，增进乡情、亲情、友情，进而为促进祖国和平统一作贡献。

下设十六个姓氏委员会及一个咨询部，有三百多会员。福建省张氏委员会是其中的一个分支机构。

研究会业务范围：

一、接受海外寻根者、研究者委托，承办福建姓氏、文化源流之查访、研究与考证；

二、广泛收集海内外有关姓氏、文化源流的资料，组织研究、编纂、出版；

三、参加海内外各地举办的有关学术研究活动，发表国家法令允许的有关学术论文；

四、开展与源流研究有关的海内外其他交流活动，与海外同乡会、宗亲会、同学会等社团加强联系，促进联谊；

五、开展源流研究的咨询服务工作；

六、组织有关的研讨、纪念、展览、交流等活动。

福建省张氏委员会

福建省张氏委员会成立于 1999 年，是隶属福建省姓氏源流研究会的二级分支机构，是经福建省民政厅民间组织管理局正式登记批准的非营利性民间社团组织。张委会宗旨：遵守国家法律，开展张氏源流、谱牒研究和学术交流，为海内外张氏宗亲寻根探源服务；开展联谊活动，促进闽台及海内外宗亲交往，增强亲情和友情，构建和谐社会，促进祖国和平统一；促进张姓文化建设共谋发展，为海内经济建设服务。

福建省张氏委员会址设在福州。第一任会长张森霖，副会长张金旺。2005 年在福州召开全省张氏宗亲代表会议，选举产生张氏委员会第二届领导班子。会长为省人大原常委、研究室主任兼副秘书长、省民政厅原厅长张振郎；副会长为张木良、张建庭、张顺在、张兴秒、张守祥、张森霖、张昌日、张能波、张平海、张拱北、张金忠、张子泉、张木林；秘书长张发平，副秘书长张进璋、张瑞平、张文总、张瑞霖。

福建省张氏委员会创办了《张氏源流》会刊，成为学术研究和交流的园地、张氏宗亲寻根谒祖的平台，是省内外宗亲团结联谊的桥梁和纽带，创刊以来深受广大张氏宗亲喜爱，为张姓文化建设发挥了积极作用。

福建省张氏委员会成立以来，在广大张氏宗亲大力支持下，积极开展张氏源流、谱牒研究和学术交流，开展寻根谒祖活动，推进张氏文化建设，取得了可喜成绩。

清河张氏研究会

河北省清河张氏研究会成立于1998年8月，由第一任会长李洪贵，副会长赵杰、张一海、张印普、沈世远、李月波等六人及成员四十余名组成，由当地民政局登记注册。由于第一任会长退休，未及换届，后由县政协主席钱士合、任山景分届负责，副会长赵杰主持日常工作。

清河张氏研究会成立后，开展张氏研究及联谊工作，先后接待了来清河寻根问祖的马来西亚沙巴州、新加坡和香港、澳门、深圳等海内外的宗亲及其组织；赴京、沪、湘、晋、陕等地广搜族谱，查证资料；刊印《清河张氏研究》，出版研究书籍；根据谱书关于清河建有最早的张氏祖庙记载，规划设计了"中华清河堂"，修建了中华张姓始祖挥公墓；建立了"中华张氏网"；2005年，以集体名义加入了世界张氏总会，成为团体理事会成员；与清河张氏宗亲联谊会一道，多次参加世界张氏总会组织的恳亲大会及理事会议，在世界张氏总会第二届第四次理事会议上成功申办"2009年世界张氏总会恳亲大会"。

清河张氏研究会通过开展各项张氏研究与联谊工作，既印证、确立了"天下张氏出清河"的理论依据，也使张氏祖根地清河与海内外张氏宗亲及其组织之间扩大了交流，增进了联谊，加深了感情，强化了相互之间的经济、文化等方面合作。

2009年5月，第四届"世界张氏总会恳亲大会"在清河召开，中国文联民间文艺家协会和中共河北省委相关领导将"中国张姓文化之乡"和"中国张姓历史文化研究中心"两块牌匾授予清河县，原清河张氏研究会自此更名为"中国张姓历史文化研究中心"，并按要求扩大了组织机构组成人员。该组织已成为世界张氏总会永久性团体成员。

清河张氏宗亲联谊会

清河张氏宗亲联谊会成立于2005年4月28日。第一届理事会由张一海会长和张瑞岭、张同山、张印普三名副会长以及二十九名理事组成。

2008年4月28日在清河亿力大酒店召开第二届代表大会。换届选举后，张一海连任会长。同时，会议选举产生张瑞岭、张同山、张印普、张彦果、张一臣、张立栋、张印巨、张松波、张百丕等九名副会长和三十七名理事。

2011 年 9 月 28 日召开第三届会员代表大会，选举张银豪为会长，副会长增至二十三人；2015 年 12 月，召开第四届会员代表大会，张银豪连任会长，副会长人选略有变动。

清河张氏宗亲联谊会自成立以来，始终以“尊祖敬宗、爱乡爱国、和谐互助、共同发展”为宗旨，以“加强张氏宗族人的联系与交流，增进亲情，扩大招商引资，促进经济社会发展”为己任，积极开展各项活动。

清河张氏宗亲联谊会于 2005 年创办内部刊物——《清河张氏》，截至目前已印制二十三期。同时，通过“请进来、走出去”等多种形式，与世界张氏总会以及海内外宗亲团体广泛开展联谊互助活动，增进了亲情，得到了海内外广大宗亲族人的热情帮助与支持。在确立与巩固祖源地清河的地位、扩大联谊成果，在世张总会第四届恳亲大会和第七届恳亲大会的筹备工作等方面取得了丰硕的成果。清河张氏宗亲联谊会已成为世界张氏总会永久性团体会员。

福建宁化张氏宗亲会

福建宁化张氏宗亲会成立于 2002 年 8 月 17 日。该会全称为福建宁化石壁客家宗亲联谊会张氏宗亲会（简称宁化张氏宗亲会），是宁化石壁客家宗亲联谊会的分会。该会是联络客家张氏为主体的海内外张氏宗亲、开展联谊及文化经济交流的非营利性社会团体。该会宗旨：遵守宪法、法律、法规和国家的政策，遵守社会风尚，积极联谊海内外张氏宗亲，为寻根探源服务，增进乡谊亲情；开展张氏历史与世系方面的研究，弘扬中华文化、客家文化，发扬优良传统，为促进地方的繁荣昌盛而努力。该会业务受宁化石壁客家宗亲联谊会管理和领导。

该会业务范围：

1. 开展对海内外张氏同胞和团体的联络，建立友好往来，加强文化经济信息交流。

2. 广泛收集、整理、储存张氏历史资料，开展学术调查研究：①客家张氏渊源、世系与现状：②客家张氏在客家民系形成和发展中的地位和作用：③张氏宗族文化和经济；④客家张氏人物；⑤编辑《宁化张氏》会刊。

3. 协助地方行政搞好族间调解、治安，在经济可能的情况下扶贫济困、奖学助学，开展社会主义精神文明活动。

4. 帮助地方招商引资，发展地方文化、经济和社会公益事业。

该会领导成员：第一届会长张恩庭，常务副会长张守仁，副会长张瑞标、张恩元、张明朋、张桢、张家昌、张仁通、张捷新，秘书长张清细。

济宁市张良学会

济宁市张良学会是由热衷于张良研究的各界人士发起的，于2004年8月经市文化局同意、市民政局批准成立的有法人资格的学术团体。2003年11月26日召开学会第一届会员代表大会，会议通过了学会章程，选举产生了第一届理事会理事、常务理事及会长、常务副会长（法定代表人）、副会长、秘书长，还审议通过了学会工作章程、学会筹备期间的财务执行情况和财务预算、会员守则、选举办法及相关管理制度。会议一致决定，聘请北京大学教授张岱年、原山东省副省长张瑞凤、中国圆明园研究会会长张纯良、原中共济宁地委副书记张正仪为名誉会长，聘请山东省政协副主席朱铭、中国秦汉史研究会会长周天游、山东师大教授安作璋、华中师大教授熊铁基、复旦大学教授魏嵩山、陕西省历史博物馆研究员杨东晨、中共中央党校教授张永谦及济宁市有关部门领导为顾问。

学会现有团体会员十二人、个人会员一百余人。代表机构设有微山办事处；办事机构设有综合部、外联部、财务部、编辑部；研究机构设有张良及传统文化研究室、民俗研究室、谱牒研究室、企业文化研究室、书画研究室。

学会的主要工作：一是组织开展张良文化思想研究，举办学术研讨会、报告会与展览会，创办学术研究刊物，出版学术著作；二是发掘、收集、整理张良及相关历史人物遗产，配合相关部门保护、开发微山岛张良墓、古留城等历史古迹，并在适当时机筹建张良纪念馆；三是收集整理有关张良的史实、传说，开展谱牒、风俗民情等相关学科的研究，探讨其传统文化的历史意义及现实意义；四是开展小说、传记、影视、戏剧、诗词、书画等文学艺术创作活动，大力推介、展示张良事迹及精神，弘扬中华民族优秀传统文化；五是运用优秀传统文化精髓，开展企业文化研究，与时俱进，服务社会。

厦门板桥儒林张氏华侨联络理事会

1989年秋，台湾新庄市宗亲张进财先生致电板桥，拟率团回乡寻根谒祖。众长老极为重视，即召集会议，荐举数位宗耆概董其事。政府有关部门审核批准成立“厦门市集美区板桥儒林张氏华侨联络理事会”。1995年春，张进财先生再度组团省亲谒祖，目睹村中之古刹“智门院”年久失修，遂与乡亲共思鼎建，约年余而告竣，庙貌焕然一新。

2004年2月，经中共集美区委统战部、集美区民族宗教事务局批复，“厦门市集美区板桥智门院管理委员会”成立。

浙南张氏文化研究会

浙南张氏文化研究会是浙江南部一个张氏宗亲联谊组织，其宗旨是加强联络，促进团结，研究张氏文化，谋求共同发展。首先由张宗钦、张岩法发起，2002年秋开始筹备。次年2月21日（正月二十一日），在永嘉县城上塘镇仁堂村张宅乘该村张氏宗祠落成暨圆谱庆典之机会召开筹备会议，就组建张氏宗亲组织征求各地宗长意见，大家一致表示赞同。3月9日，在张溪乡深川村召开第二次筹备会议，就组织人选进行协商，取得基本一致意见。2004年2月15日（正月二十五，张溪张氏大宗祠落成暨圆谱庆典前夕）晚在张溪村委会办公楼召开成立大会，参加会议的有来自永嘉、乐清、温州龙湾、台州黄岩、玉环、仙居等县市张氏宗族代表三十多人，浙南张氏文化研究会正式成立，由张溪张氏宗长张岩法出任第一任会长，张宗钦任秘书长。因时间紧促，具体问题未详细议论，大家议定夏初在罗浮街召开代表大会再认真讨论。5月23日，大会按期在永嘉欧北镇罗浮人人大酒店隆重召开，来自浙南各地张氏宗亲代表八十多人参加会议。经过反复协商，选举了第一届理事会成员，通过了章程及其他事项。浙南张氏文化研究会开始运作。2005年4月7日，浙南张氏文化研究会在温岭市新河镇下张村召开第二次代表大会。4月28日，浙南张氏文化研究会代表团六十四人赴濮阳参加世张第二届恳亲大会。张宗钦当选为世界张氏总会理事。5月20日，在乐清珠垟召开特别会议，张岩法因健康原因，请求辞去会长职务，推选张云亮继任会长。2006年7月15日，在永嘉大若岩风景区召开第三次代表大会。2007年4月28日，浙南张氏文化研究会组织六十六人赴新加坡参加世张第三届恳亲大会，张云亮被选为世界张氏总会副会长。2008年12月16日，在乐清雁荡山召开第四次代表大会，出席会议一百八十多人，世界张氏总会张允伏会长和张云峰博士和世张总会副会长、河北清河张氏宗亲联谊会张一海会长以及福建省民政厅原厅长、福建省张氏委员会张振郎主任等莅临指导，世张北京代表处张一臣主任、河南濮阳张姓研究会张广恩会长、《世界张氏》会刊主编张森霖宗长等发来贺电贺函。在这次会议上，张云亮辞去会长职务，选举张贤钏继任会长。

浙南张氏文化研究会成立以来，积极到各地开展宣传，讲述张氏家族发展历史，通报世界张氏总会及国内外各地张氏宗亲组织活动情况，发动各县市建立自己的宗亲组织，并开展联谊活动，派出代表或代表团参加世张或各地宗亲组织的会议和活动，积极参加域内宗亲组织的圆谱庆典、宗祠落成、春秋祭祖、宗支源流考研及敬老祝寿、救灾济困等活动，指导帮助各地修纂宗谱。永嘉各地张氏宗谱及乐清、黄岩、仙居等地部分张氏宗谱就是在理事会成员直接参与下修成的，平阳、苍南的张氏组织编纂出版大型综合性张氏史志，具有很高的文化价值。

目前，浙南张氏文化研究会会长为张贤钏，副会长为张叶挺、张新国、张必华、张昌林、张荣林、张立辉、张朝银、张正修、张学相、张献桥、张来允、张妙德、张夏清、张利君、张克伟、张林明、张培清、张帆舟，秘书长为张宗钦。下属十六个县市级宗亲组织及一些未建立宗亲组织的族群，地域跨浙江省南部几十个县市，覆盖张氏人口约八十万人，已有世界张氏总会会员一百二十人，其中永久会员二十人。

张璁文化研究会

张璁（1475—1539），浙江省温州市龙湾区永中街道普门村人，明代嘉靖朝华盖殿大学士、内阁首辅，被人们尊称为"张阁老"，明朝著名的政治家、改革家、哲学家、教育家和诗人。张璁入阁辅政期间，敢为人先，鼎新改革，严于律己，关心民生，勤政廉洁，为中国历史上继王安石之后、张居正之前的又一伟大的改革家，被称为“中兴贤相”。张璁在政治上锐意进取，主张严革贪风、澄清吏治、清勋戚庄田、撤除镇守太监等，为嘉靖中兴奠定了基础。张璁在思想上主张以人为本，重人性、重人伦，赞同王阳明的新理学。张璁的《大礼奏议》《礼记章句》《周礼注疏》《仪礼注疏》《杜律训解》等著作发展了永嘉学派的事功学说，使事功学说在明朝达到了高峰，堪称永嘉学派的杰出代表。张璁为后世留下了宝贵的思想文化遗产和精神财富。

为了弘扬张璁的进步思想文化，传承历史文明，促进文化建设，经龙湾区文化局批准（批文为“龙文广新〔2007〕51 号”《关于同意筹备成立温州市龙湾区张璁文化研究会的批复》），于 2007 年 10 月 27 日正式成立了温州市龙湾区张璁文化研究会，经龙湾区民政局批准于 2008 年 1 月 25 日领取社会团体法人证书（登记证书号：温龙社证字第 081 号，代码：50212623-6 号）。张璁文化研究会是由热衷于张璁文化学术研究的各界人士自愿组成的学术研究和文化交流联谊的非营利性社会组织，主要业务为研究张璁政治、哲学、教育等方面的思想；通过开展学术报告会、举办展览会等形式交流研究成果，大力弘扬张璁文化；组织开展以张璁思想文化为主要内容的文化交流联谊活动和宗族联谊活动，目前有会员近三百人。张璁文化研究会聘请中国人民大学教授、中国孔子研究院院长张立文先生，国家一级编剧、温州市文联名誉主席张思聪先生，厦门大学教授、博士后张侃先生为名誉会长，还聘请中国科学院研究员、教授叶祥奎先生，浙江社会科学院研究员、教授董楚平先生，西北师范大学教授、中国明史研究专家田澍先生，温州文献丛书副主编、著名历史学者胡珠生先生，温州大学教授、温州市历史学会会长蔡克骄先生等学术界名流为高级学术顾问。在第一届理事会的领导下，张璁文化研究会大力开展各种形式的活动，为弘扬张璁先进思想文化和温州市文化大市建设作出了积极贡献。

仙游县张氏委员会

仙游地处福建东海沿岸，与台湾隔海相望，历史悠久，民风淳朴，古有“文献名邦”之称，拥有百余万人口，张姓占全县人口的 8% 左右，有四十三个宗系，分布在一百四十五个村庄。2003 年政府批准成立“仙游县姓氏文化研究会张氏委员会”。几年来，张氏委员会在姓氏源流、谱牒文化、祠堂文化、祖德家风等方面做了大量工作，编印《仙游张氏通讯》六期，接待台湾、海南岛、厦门等地的宗亲寻根谒祖，编撰《仙游张氏族谱》。2007 年 7 月，收回仙游张氏宗祠并成功举行张氏宗祠中元祭祖联谊盛会。同年 10 月，在张氏企业家、宗贤和热心敬老奖学公益事业的有识之士的鼎力支持下，筹集几十万元资金，成立“仙游县张氏敬老奖学基金会”，宗亲活动逐渐活跃。

广西贺州张氏组织

贺州市地处广西东端，与广东、湖南两省相邻，处于经济发达的珠江三角洲边缘与大西南之间，是沿海与内陆腹地的接合部，市区至桂林 200 公里，距广州 316 公里，距深圳、珠海约 500 公里，国道 207 线和 323 线贯穿境内，为桂西北乃至大西南通往珠江三角洲和港、澳的便捷陆路通道。全市国土面积 5147 平方公里，居广西各县（市）的第二位，总人口二百万；张氏家族约六万人，大部分是明朝中期从广东各县迁徙而来，小部分是明末清初从广东、湖南、江西迁徙而来。迁来贺州的宗支中，最久、繁衍最多的已有二十三代。

1995 年，族中贤人以及桂林市、平乐县、梧州市、苍梧县、藤县、蒙山县、贺州市、八步区、平桂区、昭平县、钟山县、富川县等县区的宗亲组织倡导成立了贺州张氏宗祠建设委员会，负责贺州张氏宗祠筹建工作，由亚胜宗亲任主任。1996 年贺州张氏祠建成，贺州张氏宗祠建设委员会也就转为贺州张氏宗亲管理委员会，由亚胜宗亲继任主任。2006 年冬，筹建贺州张氏文化研究会、贺州张氏宗亲联谊会，2007 年 11 月 18 日正式挂牌成立。名誉会长：春维、钊荣；会长：亚胜；副会长：耀群、慕华、先强、原芳、昌福、杰忠；秘 书 长：成瑜；副秘书长：顺府；财务管理：先赞（会计）、国丰（出纳）；执行理事：华勇、张鸽、怀连、钒开（新旗）、自孟、德灵、新营、民权、镜如、美治、吨云、优波、和彊、俊达、志良、先景、运卓、汉平；监事成员：新辉、荣林、仕生、德聪、水有、崇贝；法律顾问：钢柱、新军。

附　大陆部分张氏宗亲组织名单

世界张氏总会驻北京办事处

（福建上杭）张化孙文化研究总会

（福建）屏南县张姓研究会

（福建）张化孙研究会武平分会

（福建）闽清县张氏公会

（福建）三明市三元区中村乡草洋张氏研究会

（福建）政和县张氏历史文化研究会

（福建）宁德市张氏文化研究会

（广东）张化孙文化研究会梅州分会

（广东）紫金县张氏文化研究会

（广东）河婆张氏宗亲联谊总会

（广东）蕉岭县张氏宗亲会

（广东）蕉岭张氏文化研究会

（广东）汕尾市县区张氏宗谱编委会

（广东）张化孙文化研究会五华县分会

（广东）深圳市罗湖区张氏宗亲会

（广西）贺州张氏宗亲联谊会

（湖北）荆楚张氏宗亲理事会

（安徽）蚌埠市张氏族务筹委会

（江西）上犹县张氏文化研究会

（云南）宣威市滇黔张氏文化研究会

（河南）濮阳县张姓文化研究会

（河南）固始县张氏文化研究会

（河南）临汝镇张姓宗族联谊会

（山西）太原市张氏文化研究会

（浙江）永嘉县浙南文化研究会

（浙江）宁海县清潭张氏编辑委员会

（浙江）永嘉张氏文化研究会

（浙江）乐清张氏文化研究会

（浙江）虹桥张氏文化研究会

（浙江）瑞安张氏文化研究会

（浙江）平阳张氏理事会

（浙江）苍南张氏文化研究会

（浙江）泰顺张氏文化研究会

（浙江）黄岩张氏文化研究会

（浙江）路桥张氏文化研究会

（浙江）温岭张氏文化研究会

（浙江）玉环张氏文化研究会

（浙江）天台张氏文化研究会

（浙江）仙居张氏文化研究会

（浙江）武义张氏文化研究会

第四节
编修《华夏张氏统谱》

《华夏张氏统谱》编修动意由来已久。因为这是一项涉及全国及海外张姓人口的浩大工程，故多次举行会议，征求海内外宗亲意见，最终得到世界张氏总会和国内专家学者支持，《华夏张氏统谱》编修工作得以启动。

《华夏张氏统谱·总谱》框架初步构想

说明：2011年5月28日编修《华夏张氏统谱》第二次座谈会暨《华夏张氏统谱》编修委员会成立大会原则通过，经修改，提交2012年5月28日《华夏张氏统谱》编委会扩大会议讨论通过，会后对有关问题做了说明，2016年5月做了个别修订。

一、总体框架

1.《华夏张氏统谱》（或简称为《统谱》）分为总谱和分谱，总谱和分谱统一各地始迁祖（或开基祖）为衔接界限。

2. 总谱记载远古先祖至各地始迁祖（或开基祖）前的世系（一般是指

明朝人口大迁徙之前的世系）及谱序、人物、祠墓等。

3. 分谱记载各自始迁祖（或开基祖）至现在的所有张氏族人的世系；一般以村镇小支系编修家谱为基础，以各县市编修分谱为主体；较大支脉也可跨县、跨市、跨省进行编修；力求实行五统一，即统一体例凡例、统一字派、统一版本、统一编号、统一装帧印刷。

二、原则方法

1. 坚持尊重历史、实事求是的基本原则，不先入为主、不主观臆断、不冒认祖源；知者叙之，不知者宁缺勿错，确保统谱的真实性、完整性和权威性。

2. 坚持文化认祖与血缘认祖相结合的修谱方法，参考欧苏谱法，借鉴邱氏谱法，横排世系，纵贯时间；谱以最早为断，祖以知者为断；不强其所不知，不略其所已知。

3. 坚持缜密负责、科学严谨的工作态度，去伪存真，准确翔实，严谨规范，言之有据，以经得起历史检验，经得起专家学者考究，对得起祖先和子孙后代。

三、编修步骤及总谱内容

1.《华夏张氏统谱》编委会近一时期主要任务是为编纂《华夏张氏统谱·总谱》收集资料、物色总谱各卷编修人员。同时，积极推动、指导、督促各国和各省、市、县分谱的编修；现在尚不具备编修分谱条件的，也应千方百计把当地各个支脉的始迁祖及繁衍辈数、迁出、总人口及分布情况搞清楚，并及时上报《统谱》编委会。

2. 总谱初步设想分为《综合卷》《综合世系卷》《各地旧谱序卷》《各地开基祖和后裔集聚地卷》《古今人物卷》《历代文翰卷》《祠墓文物卷》《张氏重大事件卷》《功德卷》等卷。

3. 总谱各卷内容初步构想：

①《综合卷》，其内容主要包括：国家领导人和海外（国家、地区）领导人及全国著名资深专家学者序；国家相关部门对修家谱的有关文件依据，伟人论谱、报刊文摘、名人题词；以及古今有代表性的序、跋、赞、诗词、歌赋、楹联、文诰等；张姓远祖像赞、陵墓图片、著名张姓祠堂、书院、族徽、世系及各地主要开基祖和后裔聚居地等。

②《综合世系卷》，其内容主要包括各地各宗旧谱世系、各地新修谱世系等。

③《各地旧谱序卷》，其内容主要包括各地各宗支最早的或最具有代表性的或有较高史料价值的历代谱序、引，以及有关源流世系的源流考、名人纪略、墓志铭、碑记、祠堂神主、宗祠记、附记文、总论、祝文等，选录时，以各地或各支系族谱中落款最早的谱序为主，辅以其后历代谱序；以各地现存最早的老谱中所收录的谱序为准，参校于其后历代族谱中所收录的谱序。

④《各地开基祖和后裔聚居地卷》，其内容主要包括县市概况、各地主要宗支开基时间（限于清宣统三年前）、开基祖起往下五代先祖名讳及吊线图、后裔聚居地概况等。

⑤《古今人物卷》，其内容主要包括：A　中国古代张氏名人传（公元 1911 年前）；B　中国近代张氏名人传（公元 1911—1949 年 9 月 30 日，收录县级及相应级别的各行各业人员等）；C　中国现代张氏名人传（公元 1949 年 10 月 1 日以后至今，收录地师级及以上及其相应级别的各行各业人员等）；D　海外张氏名人传（收集所在国和地区的张氏名人），原则上每个国家（或地区）一本，由各国张氏宗亲总会或组织负责收集资料，单独编纂成卷；但须由《统谱》编委会统一编号，各国各地区可单独印刷。

⑥《历代文翰卷》，其内容主要包括：以古代典籍《四库全书》等及各县地方志文献为主，编录张氏在历史文化领域中彪炳史册的杰出文学家的传世文集、经典著作、诗词歌赋等书目文章名称或完整作品（收录书名、文章摘要或全文照录），分朝代编排，并注明来源出处。

⑦《祠墓文物卷》，其内容主要包括：张氏各个历史时期的名祠、名墓和重要文物的图片信息和文字资料，集中编纂成卷；侧重将名祠、名墓的形制、平面图、立面图、结构图和其神主生平事迹及历史影响、人丁衍传、涌现名人等情况以及择地传说、风水典故、易理分析，以图文并茂的形式予以介绍。

⑧《重大事件卷》，其内容主要包括起源、世系考证；重大迁徙活动、重要宗支迁徙、发展脉络；当代张氏重大活动，如世界张氏总会及各地主要宗亲组织及重大活动、重要文献等；其他相关文字与图片等。

⑨《功德卷》，其内容主要包括：为编纂《华夏张氏统谱》捐资百元以上者姓名及捐资五千元以上者事迹，为编纂工作献智出力做出贡献者的事迹等，以启迪后人。

《华夏张氏统谱》编纂委员会组织架构

荣誉主任

丹斯里拿督张晓卿爵士　世张永久荣誉主席兼世张创会会长

丹斯里拿督张仕国　世张总会永久荣誉主席创会人

拿督张贵芳　世张总会永久荣誉会长兼前任会长

拿督斯里张庆信　太平局绅　世张总会总会长

张远谟　世张总会署理会长

张锦雄　世张总会名誉主席

顾问

袁义达　中科院研究员、华夏姓氏源流研究中心主任

王鹤鸣　上海图书馆原党委书记、研究员、《中国家谱总目》主编

张英聘　中国地方志指导小组办公室研究员、中国社会科学院研究生院教授、博士生导师

孙继民　河北省社会科学院原副院长、河北省历史学会秘书长

张海瀛　山西省社会科学院原副院长

张文生　内蒙古师范大学历史文化学院教授

张绪根　湖北理工学院师范学院原院长、湖北理工学院老年大学副校长

丛松坡　华夏姓氏源流研究中心副主任、《中国百家姓氏源谭》丛书总编纂

钱正民　美国犹他家谱学会亚洲区经理、香港大学亚洲研究中心研究员

廖庆六　台湾谱牒专家

方为民　谱牒专家、中华方氏总会会长、《中华方氏全族统谱》主编

张文学　广西政协原副主席、广西张氏文化经济促进会顾问

张振郎　世张总会名誉主席、福建省张氏委员会顾问

赵　杰　中国张姓历史文化研究中心主任、清河县政协原副主席、张氏文化研究者

张一海　世张总会名誉主席、清河张氏宗亲联谊会永久名誉会长、《华夏张氏统谱》初始牵头策划人

沈世远　高级编审、清河县县志办原主任、张氏文化研究者。

主任

张泰超

常务副主任

张银豪　世张总会副会长、清河张氏宗亲联谊会会长

副主任

张冠彩　世张总会名誉主席、海南张氏总会执行会长

张文立　世张总会副会长、贵州省张氏文化研究会会长

张先炳　世张总会副会长、湖北省张氏总会会长

张兴福　世张总会副会长、北京张氏文化研究会会长

张福有　吉林省委宣传部原常务副部长

张振东　广西张氏文化经济促进会会长

张运标　湖南省张氏文化研究会会长

秘书长

张文彪　世张总会秘书长

委员

张庆光（海南）

张金生（北京）

张印普（河北）

张书芬（河北）

张梁森（湖北）

张习万

张志虎（湖北）

办公室主任

张银豪（兼）

办公室常务副主任

张印普

办公室副主任

张书芬

办公室成员

宋书亭、王博、张其伟

（备注：名单最后更新于 2017 年 5 月 26 日）

附录三

主要参考文献

《世本》，稡集辅注，商务印书馆，中华民国二十六年十二月
《二十四史》，中华书局，1999 年 1 月
《风俗通义》，民国版，上海中华书局据汉魏丛书校刊
《炎黄汇典》，吉林文史出版社，2002 年 12 月
《中国史纲要》，人民出版社，1983 年 3 月
《道教史》，中国社会科学出版社，1994 年 12 月
《姓氏寻源》，清 · 张澎，岳麓书社，1992 年 10 月
《中国历代状元传略》，中国人事出版社，1998 年 12 月
《简明中国历代官制词典》，齐鲁书社，1990 年 4 月
《天下张姓出清河》，赵杰编著，方志出版社，2009 年 8 月
《张氏源谭》，总编纂丛松坡，吉林文史出版社，2006 年 11 月
《闽台张氏宗祠文化博览》，张森霖主编，中华出版社，2005 年 4 月
《族谱姓氏研究集》，张海瀛著，天马图书有限公司，2003 年 7 月
《太原张氏史略》，主编霍润德，山西古籍出版社，2003 年 8 月

《张氏历史文化研究》，主编赵杰，翼内 2003 年 3 月
《天下张姓与清河》，主编赵杰，中国文联出版社，2006 年 9 月
《张氏人物汇注》，张华封编注，冀内 2009 年 5 月
《张姓文化史料选释》，李月波编注，冀内 2009 年 5 月
《客家图志》，谭元亨主编，岭南美术出版社，2008 年 10 月
明代《张氏统宗世谱》，巴蜀书社，1995 年成都影印版
《张氏统宗世谱溯源》，张桂元主编，台湾台北，2003 年增订再版
《苍南张氏史志》，中国文史出版社，2007 年 11 月
《张氏家谱汇编》，重庆市长寿地区张氏分会，2010 年 10 月
《仙游张氏族谱》，仙游县张氏族谱编委会，2000 年 2 月
《龙岩东肖三户祠 · 张氏族谱》，岩内书 2000 年 12 月
《张 · 崇祀祠族谱》，四川富顺（内）2008 年 3 月
《清河堂 · 江西修水卷》，（内）2014 年 12 月
《孝友堂 · 张氏宗谱》，江西瑞昌（内）2010 年
《中国历代武状元》，解放军出版社，2004 年 1 月

图书在版编目（CIP）数据

张姓简史 / 赵杰主编 .-- 南昌：江西人民出版社，2018.8

（中华姓氏简史丛书 / 袁义达，邱家儒主编）

ISBN 978-7-210-10632-6

Ⅰ．①张…　Ⅱ．①赵…　Ⅲ．①姓氏－史料－中国　Ⅳ．① K820.9

中国版本图书馆 CIP 数据核字（2018）第 161886 号

张姓简史

赵　杰　主编

责任编辑：陈世象

封面设计：揭同元

出　　版：江西人民出版社

发　　行：各地新华书店

地　　址：江西省南昌市三经路 47 号附 1 号

学术出版中心电话：0791-86898330

发行部电话：0791-86898815

邮　　编：330006

网　　址：www.jxpph.com

E-mail：swswpublic@sina.com　web@jxpph.com

2018 年 8 月第 1 版　2018 年 8 月第 1 次印刷

开　　本：787 × 1092 毫米　1/16

印　　张：22

字　　数：330 千字

ISBN 978-7-210-10632-6

赣版权登字—01—2018—573

定　　价：48.00 元

承 印 厂：南昌市红星印刷有限公司

赣人版图书凡属印刷、装订错误，请随时向承印厂调换